JN447114

【개정보급판】

점에서 철학으로

: 점서역(占筮易)의 해체와 『주역』의 철학적 해석의 길

이 책의 저작권은
저자와의 독점계약으로 도서출판 동과서에 있습니다.
저작권법에 의해 한국 내에서 보호를 받는 저작물이므로
무단전재와 무단복제를 금합니다.

【개정보급판】

점에서 철학으로

: 점서역(占筮易)의 해체와 『주역』의 철학적 해석의 길

초판 2014년 6월 25일
개정보급판 1쇄 2024년 9월 10일

지은이 / 정병석

펴낸곳 / 도서출판 동과서
경기 고양시 일산서구 송파로 151번길 24
등록번호 / 제22-405호

D.K.S. Publishing Co.
24, Songpa-ro 151 beon-gil, Ilsanseo-gu,
Goyang-si, Gyeonggi-do, Korea

전화 / (02)333—7533
팩스 / (02)6280—2353

값 27,000원

ISBN 978-89-6525-165-1 (03140)

【개정보급판】

점에서 철학으로

점서역의 해체와 『주역』의 철학적 해석의 길

정병석 지음

동과서

차 례

개정보급판에 붙여 / 8

제1장 서론 / 11

1. 책을 시작하며 / 12
2. 예비적 고찰 / 18
   (1) 점과 철학의 모순적 통일체로서의 『주역』 / 18
   (2) 연속적 역사 발전 과정으로서의 『주역』의 철학적 해석의 과정 / 22
   (3) 『주역』의 상징적 부호체계와 통일적 사유모형 / 25
   (4) 유가의 철학적 점서관(占筮觀)의 형성과 역학사 / 29

제2장 『주역』의 원류로서의 귀복(龜卜) / 37

1. 점과 귀복의 출현 / 40
2. 귀복의 목적 / 48
3. 거북의 상징성과 우주의 모형 / 52
4. 귀복의 과정과 점법의 고정화 / 57
5. 조상(兆象)의 해석 / 63

제3장 『주역』 형성 이전의 점서역학(占筮易學) / 75

1. 귀복(龜卜)에서 서점(筮占)으로 / 76
(1) 시조(視兆)의 행위와 신(神)과 인간의 중개(仲介) / 76
(2) 귀복에 대한 문자적 해석의 부가(附加)와 점사 / 83
(3) 점법(占法)의 간이화(簡易化)와 서점(筮占)의 출현 / 91
2. 점서역학(占筮易學)의 구조 / 95
(1) 상(象)에서 수(數)로 / 95
(2) 상점(象占)과 『역상(易象)』의 의미 / 99
(3) 대연서법(大衍筮法), 서의(筮義)와 서법(筮法) / 107
(4) 점단(占斷)의 해석 / 126
3. 『좌전』과 『국어』의 서례(筮例)에 보이는 『주역』의 초기 형태 / 132
4. 점(占)에서 덕(德)으로: 점서역학과 인문정신의 출현 / 151

제4장 『역경』의 형성 / 165

1. 『역경』 텍스트의 형성[成書]과 성인작역(聖人作易) / 166
(1) 괘효상(卦爻象)의 기원과 성인작역 / 166
(2) 출토자료를 통해 본 성인작역에 대한 비판 / 174
(3) 역류(易類) 출토자료를 통해 본 『주역』 경전 텍스트의 형성 과정 / 183
2. 괘효사의 기원과 구조 / 192
3. 효제(爻題)의 출현과 음양을 통한 해석의 가능성 / 208
4. 점단사(占斷辭)에 보이는 인문주의적 요소 / 221

제5장 점서역학의 해체와 『역전(易傳)』의 형성 / 241

1. 『역경』에서 『역전』으로 / 242
2. 점서 해석의 위기와 팔괘취상설(八卦取象說) / 256
3. 점서역학의 해체와 8괘 모형의 상(象) 사유 / 287
4. 『역전』 형성의 몇 가지 해석 방식 / 300
   (1) 괘상(卦象)을 통한 『주역』 해석 / 300
   (2) 괘덕(卦德)을 통한 『주역』의 의리적 해석 / 310
   (3) 괘위(卦位)를 통한 『주역』 해석 / 316
   (4) 괘서(卦序)를 통한 『주역』 해석 / 320

제6장 『역전』의 철학적 해석과 『주역』의 유가화(儒家化) / 331

1. 점(占)에서 도(道)로: 『역전』의 철학적 해석의 방향 / 333
2. 『역전』의 『역경』 해석의 주요 명제 / 345
   (1) 일음일양지위도(一陰一陽之謂道) / 345
   (2) 강유상추이생변화(剛柔相推而生變化) / 356
   (3) 삼재지도(三才之道) / 363
3. 공자와 『주역』 / 373
   (1) 공자의 『주역』에 대한 언급과 '부점(不占)' / 375
   (2) 공자찬역(孔子贊易) / 380
   (3) 공자학역(孔子學易) / 381
   (4) 공자전역(孔子傳易) / 383
   (5) 공자해역(孔子解易) / 384

4. 『주역』의 유가 경전화(經典化) / 386
(1) 육경(六經)의 형성과 공자(孔子) / 388
(2) 초기 유가 경전 체계 속에서 『주역』의 지위: 주역과 육경의 관계에 대한 논란 / 393
(3) 공자의 『주역』에 대한 관점 전이(轉移)를 통해 본 『주역』의 유학 경전화 문제 / 399

제7장 맺음말 / 409

저자 후기 / 424

참고문헌 / 427

미주 / 435

찾아보기 / 471

개정보급판에 붙여

이 책의 초판은 지금부터 딱 10년 전에 출판되었다. 당시 정해진 시간에 맞추느라 무척 급하게 만들다 보니 빈틈이 적지 않았다는 사실을 고백하지 않을 수 없다. 이런저런 생각이 방해하고, 다루어야 할 적지 않은 자료들이 작업하는 발걸음을 더디게 만들었다. 시간에 쫓기지 않고 나온 문장이 없다는 말에 위안할 뿐이다. 다행히 동과서 출판사의 체계적이고 전문적인 일 처리 능력에 힘입어 겨우 문세(問世)할 수 있었던 아찔한 기억이 있다.

이 책이 나오게 된 배경에는 『주역』이라는 책이 가진 묘한 정체성에 대한 저자 개인의 근본적 물음이 자리하고 있다. '어리석은 생각의 창고'(엥겔스의 말)로 불리는 점(占)과 '지혜를 추구하는 학문(愛智學)'인 철학이 어떻게 같은 지평에서 만날 수 있는가라는 물음이다. 이 책이 '점에서 철학으로'라는 제목으로 되어 있어서 마치 『주역』에서 점의 부분은 무시하고 철학적인 내용만 다루고 있는 것으로 오해를 줄 가능성도 있다. 『주역』에서 점과 철학, 이 둘을 완전히 분리하거나 어느 하나를 완전히 버리는 것은 어렵다. 『주역』 속에는 점과 철학이 여전히 함께 공존하고 있다. 다만 철학적인 내용이 새롭게 부가되고 점의 내용들도 철학이란 옷으로 새롭게 치장하고 있을 뿐이다. 이 책은 이런 문제들에 대해 논의하려고 한다.

이 책을 새롭게 개정하면서 부족한 부분들을 보충하고 오자들을 찾아내어 교정하였다. 이 책을 출판하고 또 새로운 개정판을 내는 것에 전적인 도움을 준 황병기 교수님에게 깊은 감사를 드린다.

2024년 8월

정 병석

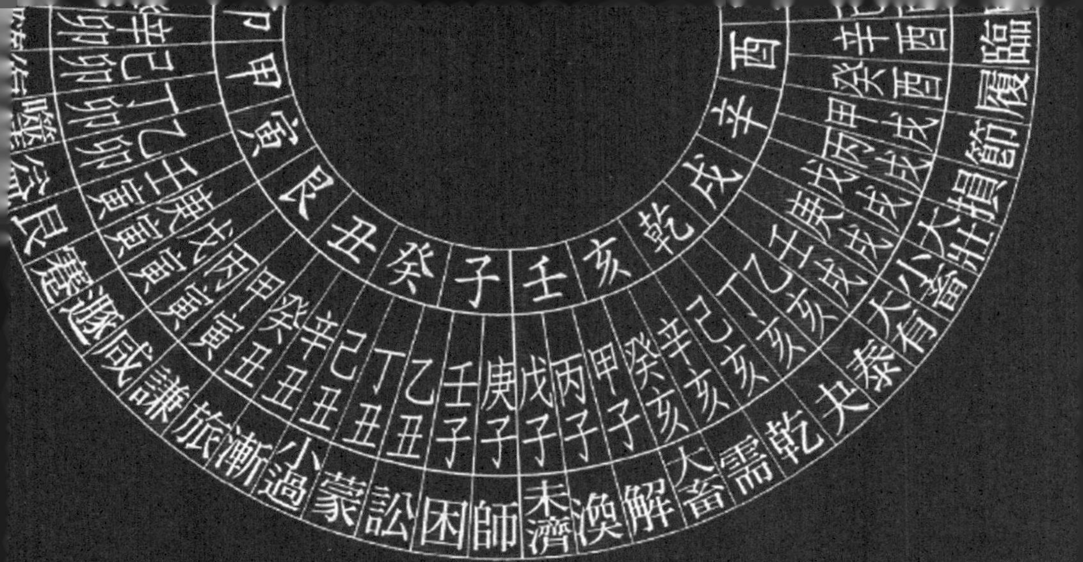

1

서론

서 론

1. 책을 시작하며

이 책의 목표는 점을 치던 점서(占書)였던 『주역(周易)』이 중국 철학의 세계관과 수신(修身)의 체계를 제공하고 있는 유가의 대표적인 경전으로 변신하게 되는 철학적 해석의 과정을 체계적으로 분석하는 데에 있다. 후대에 『주역』은 유가가 중요하게 여기는 경전 중의 하나로 오경(五經) 중에서도 우두머리(五經之首)로 인정되어 왔지만 그 출발, 즉 발생적 기원은 분명히 점(占)을 치는 데 이용된 점서서(占筮書)였다. 발생적 기원은 분명히 점서임에도 불구하고 『주역』은 어떻게 철학서(哲學書)로 변신할 수 있었는가?

점서에서 철학서로의 전환이라는 이 문제에 대한 기존의 연구는 대부분 구체적이지 못하거나 핵심적인 내용들에 대한 충분한 논의가 이루어지지 못한 것이 사실이다. 특히 여기에서 가장 크게 문제가 되는 것은 점서에서 철학적인 책으로의 전환 과정을 대부분 『역경(易經)』에서 『역전(易傳)』으로의 발전과정과 동일시하고 있다는 점일 것이다. 이럴 경우 대부분 『역경』, 즉 『주역』의 고경(古經) 또는 경문(經文)을 점의 기록 혹은 점서의 단계로 간주하고, 『역경』과 『역전』의 다른 점을 부각시키고 『역전』의 철학적 해석의 내용을 소개하고 분석하는 데 그친다. 이런 식의 관점은 『주역』이란 책이 가지고 있는 성격과 형성 과정을 지극히 편협하게 규정하여 문제의 핵심을 비켜가거나 논점을 구체적으로 끄집어내지 못하게 만들 가능성이 크다. 여기에는 두 가지 중요한 문제를 매우 소홀하게 다루고 있는 것으로 보인다.

첫째는 『역경』에서 『역전』으로의 발전 과정에 대한 구체적 설명 없이 『역경』과 『역전』을 분리하여 설명하는 입장은 유가철학 또는 중국철학에서 강조하는 연속적인 역사발전의 과정을 무시한 것이라고 할 수 있다. 왜냐하면 『역경』은 서점(筮占)을 자료로 하여 형성된 것이고 또 서점은 그 근원을 귀복점(龜卜占)에 두고 있다. 이것은 일련의 연속적인 역사적 · 철학적 발전과정이다. 『역전』의 철학적 해석은 갑자기 생긴 것이 아니다. 『주역』 고경은 물론이고 심지어 복서(卜筮) 속에도 비록 미성숙하지만 당시로서는 최고로 높은 단계의 철학을 가지고 있었고, 『역전』의 철학은 이것을 바탕으로 하여 형성되었기 때문이다. 모든 해석은 그 해석을 주도하는 선이해(pre-understanding)의 근거가 있기 마련이다. 말하자면 미성숙한 철학적 사유를 바탕으로 하여 이것이 발전되고 진화되어 『역전』의 성숙한 철학체계가 형성된 것이다. 어떤 하나의 성숙한 철학체계가 출현하기 위해서는 반드시 그것을 가능하게 해주는 미성숙한 철학으로서의 사유체계가 존재하고 있기 때문에 이에 대한 구체적인 분석과 논의는 필수적이다.

두 번째로는 복서(卜筮)의 점에서 『역경』을 거쳐 『역전』의 철학적 해석으로 발전하는 과정에서 점에서 철학으로의 질적(質的)인 변화를 가능하게 하는 것이 무엇인가 하는 구체적인 내용에 대한 전문적이고 깊이 있는 분석 작업이 필요하다. 기존의 연구들은 이 부분에 대한 논의나 분석에 많은 노력을 기울이지 않고, 다만 『역전』의 철학적인 내용들만을 중심으로 이런 문제들을 논의하고 있는데 이는 문제의 핵심을 비켜간 것이라고 할 수 있다.

이 책은 위에서 지적한 문제들과 여기에서 파생하는 문제들을 논의의 중심 내용으로 삼으려고 한다. 우선 첫 번째 문제에 대해서는 '복(卜) → 서(筮) → 『역경』 → 『역전』'으로 이어지면서 점차적으로 발전하여 가는 철학적 주제와 내용들을 분석하려고 한다. 『주역』 형성 이전의 복서와 경문의 형성 및 『역전』의 철학적 해석을 아우르는 역학사(易學史)의 문제를 연속적인 철학적 발전이라는 관점에서 다룰 수 있는 근거는 크게 두 가지로 나누어 볼 수 있다.

이 중에서 분명히 말할 수 있는 것 중의 하나는 『주역』의 원 텍스트는 분명히 64괘로 이루어진 상징부호체계라는 점이다. 구체적으로 『주역』 형성 이전의 서법(筮法)에서도 괘상(卦象)의 체계는 존재하였고 『주역』의 고경 부분에서 64괘로 정형화된다. 상징적인 부호체계이기 때문에 여러 가지 다양한 내용으로 언제든지 교체가능하다. 동일한 부호체계라 하더라도 각기 다른 구체적 역사조건 하에서는 얼마든지 다른 내용과 성질을 가질 수 있는 것이다. 64괘의 상징부호 체계가 서점(筮占)에서 시작되었지만, 이런 상징부호 체계가 출현할 수 있었던 배경에는 귀복점이 존재하고 있었다.

연속적인 철학적 발전이라는 측면에서 다루어야 하는 또 하나의 문제는 귀복점에서 『역전』 또는 이후의 역학에 이르기까지 공통적으로 가지고 있는 통일적인 사유모형이 존재하고 있다는 사실이다. 그것은 시기적으로 약간 다른 의미를 표현하기는 하지만 대체적으로 신인합일(神人合一) 혹은 천인합일(天人合一)의 모형이라고 할 수 있다. 각 시대의 구체적인 역사조건에서 천(天)은 인간의 운명을 주재하는 힘을 가진 절대적 인격신인 신(神)으로 해석되기도 하고, 인간의 가치근원인 도덕적 천으로 해석될 수도 있기 때문이다. 여기서 중요한 것은 천과 인간의 조화 혹은 합일을 강조한다는 점에서 통일성을 가진다는 점이다.

또 위의 문제를 다루기 위해 점과 철학의 관계, 선진 유가의 점복에 대한 관점과 유가의 인문주의적 점서관(占筮觀)의 문제 등이 분석되어야 할 것이다. 아울러 동시에 괘효의 출현 문제를 성인작역(聖人作易)과 최근 출토된 수자괘(數字卦) 등을 통하여 논의해 보려고 한다.

두 번째의 문제에 대해서는 팔괘(八卦)의 취상(取象)·효제(爻題: 효의 이름으로 효칭爻稱 또는 효명爻名이라고도 함)·괘덕(卦德)·괘효사(卦爻辭)·괘서(卦序)·음양(陰陽)의 내용들을 통하여 점이 점차 철학화되어 가는 내용들을 구체적으로 분석하려고 한다. 이 중 중요한 몇 가지만 이야기하면 여섯 개의 부호로 구성된 64괘를 8괘로 독립적으로 나누어 해석하는 팔괘 취상은 철학적 해석을 가능하게 하는 중요한 단서로 작용하고 있고, 64괘가 배열되어 있는 괘의 순서는 이미 우주의 순환적 질서에 대해 말하고 있다. 또 하나 철학적 해석을 가능하게 만드는 중요한 사건은 6효의 개별적인 독립이다. 바로 효제의 출현이다. 효제 속에는 음양과 변화(變化), 동(動) 개념이 출현하는데, 효는 여기에서 비로소 독립적인 개별적 의미를 가지게 된다.

효제가 『주역』에 나타난다는 사실은 『주역』 텍스트가 서법(筮法)에서 벗어나 철학적 해석을 가능하게 하는 근본적인 변혁을 의미한다. 효제의 출현은 '⚊'과 '⚋'이 존재적인 형식을 가지도록 하여 64괘 중 모든 효획(爻劃)은 독립적 의미를 가지게 되고 또 모든 괘효사(卦爻辭)의 해석을 더 이상 점서에 의지하지 않게 만든다.

사람들은 효제를 통하여 모든 괘 효사를 직접적으로 해석할 수 있게 된다. 이로부터 '⚊'과 '⚋'의 기호는 『주역』을 이해하는 통일적인 바탕이 되고 "한번 음하고 한번 양하는 것을 도라고 한다(一陰一陽之謂道)"는 명제는 『주역』을 철학적으로 해석하는 근본 핵심이 되어버린다. 여기에서 중요한 것은 역시 "일음일양지위도"라는 유가 형이상학의 중심 명제 혹은 모체명제(母體命題)의 출현을 가능하게 만드는 음양을 통한 해석이라고 할 수 있다. 더욱 중요한 것은 64괘를 8괘로 나누어 물이나 불 등의 상(象)을 부여하는 취상설(取象說)과 괘의 특성을 말하는 괘덕을 통하여 8괘는 자기 독립적인 철학적 의미를 가질 수 있게 되고, 여기에 도덕적인 의리가 개입할 수 있는 여지가 생기게 되는 것이다.

이처럼 팔괘의 취상 · 효제의 출현이나 음양을 통한 구체적인 해석을 통하여 『주역』은 철학적인 해석의 길을 걸을 수 있게 된다. 팔괘의 취상 · 효제의 출현과 음양을 통한 해석의 내용들은 『주역』의 경문(經文)에서 이미 시작된 것도 있고, 또 『역전』에서 출현하는 것도 있어서 시기적인 차이가 있는데, 『역전』 이후에 발생한 것만은 아니다. 특히 점에서 철학으로의 발전이 의미하는 것은 수동적인 서점(筮占)에 의지하는 괘효의 해석에서 어떤 다른 것에 근거하지 않고, 오직 자신에서 출발하는 능동적이고 창조적인 괘효의 해석으로 전환한 것을 의미한다. 즉 괘와 효가 초월적인 신의 명령이 아닌 인간 자신의 목소리로, 자신의 주체적인 이성적 판단으로 해석할 수 있을 때 비로소 철학이 될 수 있다. 바꾸어 말하면 괘상(卦象)의 체계는 더 이상 전문적인 복사(卜師)의 전유물이 아니라, 보통 사람 누구나가 해석할 수 있는 모두의 것이 된다. 이것이 바로 철학화되었다는 하나의 표시이다. 물론 『주역』이 철학으로 전환되었다는 직접적이고 결정적인 표지는 『역전』이란 텍스트와 공자의 해석이다.

이런 새로운 해석 경향에 따라 『역전』은 8괘의 괘상(卦象) · 괘덕(卦德) · 괘위(卦位)와 괘서(卦序)의 네 가지 단서를 확립하여 철학적인 관점에서 『역경』을 해석하여 중국철학에 매우 풍부한 사유방법과 형이상학을 제공해 준다. 이런 해석이 가능하였던 것은 초월적인 귀신이 가지고 있었던 권위와 점에 대한 회의(懷疑)가 생겨나면서 인간의 이성과 노력을 강조하는 인문주의 정신이 부각되었기 때문이다.

이런 관점들은 『좌전(左傳)』이나 『국어(國語)』 등에서 점의 절대성을 회의하는 '의점설(疑占說)'이나 덕이 점의 지위와 권위를 대신해 버리는 '이덕대점설(以德代占說)' 등으로 나타난다. 이런 『주역』에 대한 철학적 해석의 관점은 후대에 더욱 철저하게 계승되면서 철학적 해석을 하고 있는 『역전』을 보탠 『주역』은 더 이상 점치는 책이 아니라 우주관과 세계관을 말하는 철학서로 변모하게 되는 것이다.

『주역』의 발생적 기원이 점에 있다고 한다면 『주역』의 원류는 분명히 거북이나 동물의 뼈에 점을 치는 귀복(龜卜)이나 시초(蓍草)로 점을 치는 서점(筮占)과 직 · 간접적으로 연결되어 있다. 그러나 현재의 통행본(通行本) 『주역』은 결코 점서(占筮)를 행하기에는 적합하지 않다. 이는 상당 부분 기능 상에서 점이라는 측면이 퇴색되고 그보다는 도덕적 수신이나 형이상학적인 내용들을 이야기하는 부분이 훨씬 더 강화되었기 때문이다. 오늘날 점을 말할 경우 무조건 『주역』의 권위를 이용해 관련 지우는 세태에 비추어 보면 『주역』의 발생적 기원과 그것의 철학적 해석의 길을 통한 발전이라는 문제는 학문적인 측면이나 현실적인 입장에서 분명히 연구할 필요성이 있을 것으로 보인다.

이 책에서 시도하는 『주역』의 발생과 그것의 철학적 해석 과정에 대한 기존의 연구 성과는 표면적으로 보면 대단히 풍부한 것으로 보이지만 대부분 초점을 달리하고 있다. 물론 『역경』에서 『역전』으로의 발전과정에 대한 언급이나 『역전』의 형성에 대한 연구는 매우 많다. 가장 대표적으로 이경지(李鏡池)의 『주역탐원(周易探源)』, 유정(劉正)의 『주역발생학(周易發生學)』, 대연장(戴璉璋)의 『역전의 형성과 그 사상(易傳之形成及其思想)』, 양경중(楊慶中)의 『주역경전연구(周易經傳研究)』 등은 대부분 『역경』과

『역전』의 성립과 내용에 대해 분석하고 있다. 특히 오전형(吳前衡)의 『전전역학(前傳易學)』은 『역전』 성립 이전의 『주역』 해석 문제에 대해 매우 독창적이고 빼어난 견해를 주장하고 있는데, 대단히 참고할 만한 가치가 있는 자료로 보인다.

2. 예비적 고찰

(1) 점과 철학의 모순적 통일체로서의 『주역』

『주역』의 발생적 기원이 점에 있음에도 점치는 책인 『주역』이 어떻게 유학의 최고 경전의 자리에 머무를 수 있었는가? 이런 관점은 상식적 판단으로는 이해하기가 쉽지 않을 것이다. 오랫동안 최고 경전의 자리에 머물러 있었던 『주역』은 결코 점치는 책이 아닌 철학서 혹은 수신서로서의 『주역』이다. 다시 말하면 『주역』의 발생적 기원이라는 문제가 『주역』의 본질이나 성격을 규정하는 것이 아니라는 점이다. 오히려 『주역』의 본질이나 성격을 규정하고 형성하는 것은 후대의 끊임없는 철학적 해석의 과정 속에 놓여 있다.

점의 바탕(易經) 위에 철학적 해석 내용(易傳)을 부가한 모순적 통일체로서의 『주역』에서 점과 철학의 긴장 관계를 어떻게 보아야 하는가? 이 문제는 『주역』이 형성된 이래 항상 논의되어 온 중요한 철학적 과제라고 할 수 있다. 사실 우리는 『주역』이 가지고 있는 본질적 성격을 점이라는 성격이나 철학 혹은 사상과 관련되는 성격 어느 하나만으로 규정할 수는 없다. 왜냐하면 발생적 단계와 발전적 단계 중 어느 하나를 통하여 배타적으로 규정하는 것은 어렵기 때문이다. 예를 들면 통행본 『주역』

은 경(經, 원문, 주로 점을 친 기록)과 전(傳, 후대의 철학적 해설)[1])을 혼합하고 있는데 수괘(需卦, ䷄)를 예로 들면 다음과 같다.

需, 有孚, 光亨, 貞吉, 利涉大川.(역경易經에 속하는 괘사卦辭)

彖曰, "需", 須也, 險在前也, 剛健而不陷, 其義不困窮矣. "需, 有孚, 光亨, 貞吉, 位乎天位", 以正中也. "利涉大川", 往有功也.(역전易傳에 속함)

象曰, 雲上於天, 需, 君子以飮食宴樂.(역전에 속함)

初九, 需於郊, 利用恒, 無咎.(역경에 속하는 효사爻辭)

象曰, "需於郊", 不犯難行也, "利用恒無咎", 未失常也.(역전에 속함)

九二, 需於沙, 小有言, 終吉.(역경에 속하는 효사)

象曰, "需於沙", 衍在中也, 雖小有言, 以終吉也.(역전에 속함)

九三, 需於泥, 致寇至.(역경에 속하는 효사)

象曰, "需於泥", 災在外也, 自我致寇, 敬愼不敗也.(역전에 속함)

六四, 需於血, 出自穴.(역경에 속하는 효사)

象曰, "需於血", 順以聽也.(역전에 속함)

九五, 需於酒食, 貞吉.(역경에 속하는 효사)

象曰, "酒食貞吉", 以中正也.(역전에 속함)

上六, 入於穴, 有不速之客三人來, 敬之, 終吉.(역경에 속하는 효사)

象曰, "不速之客來, 敬之終吉", 雖不當位, 未大失也.(역전에 속함)

이처럼 본질적인 측면에서 전혀 양립할 수 없는 점과 철학이 함께 동거하고 있는 『주역』의 이런 상황들은 어떻게 설명하여야 할 것인가?

이 문제에 관해서는 두 가지 관점에서 생각해 볼 필요가 있을 것으로 보인다. 그중 하나는 『주역』이 출발한 형식이 비록 점이라고 하여도 그것이 발생한 시기에 비추어 보면 비록 미성숙하지만 당시에는 최고의 철학적 사유의 결과라는 점을 간과해서는 곤란하다. 즉 『주역』은 인류의 지적 인식이 오랜 역사 속에서 발전되어 형성된 역사적 산물이라는 점이다. 『주역』의 출발에 해당하는 복서의 형식은 지금의 입장에서 보면 비록 유치하고 낙후된 것으로 볼 수 있지만, 복서 형식 자체만 하더라도 당시에 있어서는 분명히 최고의 선진적인 철학 내용을 담은 것이라는 사실을 부정할 수 없을 것이다. 이런 오래된 복서 형식에 새롭게 추가된 내용들은 당연히 그 시기에 있어서는 가장 참신하고 발전적인 철학적 관점이라고 할 수 있을 것이다. 이처럼 점을 친 기록 혹은 형식과 새로운 철학 내용을 동시에 가지고 있는 모순적 통일체가 바로 『주역』이라는 책의 본질적 특징이다.[2)]

또 하나의 중요한 사실은, 『주역』의 형성을 단순히 복희씨(伏犧氏), 문왕(文王)이나 공자 등의 몇몇 성인들에 의해 창작되었다는 '성인작역(聖人作易)'의 관점은 사실상 의미가 없다는 점이다. 바꾸어 말하면 철학적 발전 과정으로서의 『주역』의 형성은 인간 사유의 장기적 발전의 축적과 결과라고 할 수 있다. 전체적으로 보자면 『주역』에서는 점의 형식이 여전히 잔류하고 있으나 이미 점의 기능이나 작용은 더 이상 크게 영향을 발휘하지 못하고 일종의 자각적(自覺的) · 수신적(修身的) · 자기반성적인 철학적인 점서관(占筮觀)으로 전환되어 버렸다. 즉 이런 전환은 연속적인 역사적 발전과정에서 점과 철학이 어떠한 관계를 가지고 있는가 하는 점을 잘 보여주고 있다. 여기에서 우리가 반드시 해결하여야 할 또 하나의 중요한 문제가 있다. 그것은 바로 "점이라는 요소가 과연 철학적인 내용을 담고 있는가" 하는 문제이다.

이 문제에 대한 견해는 당연히 점이 철학적인 요소를 지니고 있다는 입장과 그렇지 않다는 두 가지 입장으로 크게 나눌 수 있다. 실제로 이 문제는 여러 가지 논쟁을 초래하기도 하였다. 예를 들면, 장선문(張善文)은 『주역』이 점치는 책이라는 데 대해서는 누구나 인정하지만, 그렇다고 하여서 전혀 철학적 함의가 없는 것이라고는 말하지 않는다. 즉 『주역』의 괘형(卦形)이나 괘효사에 내재적인 철학적 성질이 없다면 어떤 빼어난 성인(聖人)이라 할지라도 근거 없이 그 중의 의리(義理)를 끄집어내기는 어려울 것이기 때문이다. 그는 점서(占筮)의 과정 중에 이미 진정으로 사람들의 사상에 영향을 주고 사람들의 행동을 좌우하는 관건이 되는 요소가 바로 점서(占書)가 드러내는 철학적 함의라고 말한다.[3)]

김경방(金景芳) 역시 점의 내용을 담고 있는 복서(卜筮)는 그 형식으로 보면 비록 낙후되고 미신적인 것이지만, 당시에 있어서 그것은 새롭고 선진적인 철학내용이라고 말한다.[4)] 이는 비록 미성숙한 철학이라 할지라도 당시에 있어서는 가장 빼어난 철학이라는 것이다. 그는 "하나의 동일한 사상은 각기 다른 구체적 역사 조건 속에서는 다른 성질을 가질 수 있고 어떤 조건 하에서는 진보적이지만 또 다른 조건 속에서는 반동적(反動的)일 수밖에 없는 것"이라고 하여 동일한 내용이라 하더라도 각기 다른 구체적 역사 조건에 의해서 다른 성질을 가지기 때문에 점이 될 수도 있고 철학이 될 수도 있다고 보았다. 심지어 그는 복서의 철학적 내용이 미성숙하다는 말이 가지는 뜻은 암묵적으로만 표현되고 독립적 · 직접적 · 명백하게 체계적인 방식으로 철학적 서술을 하지 않았다는 의미이지 결코 천박하거나 심히 평범한 것으로 생각한다면 잘못된 것이라고 말한다.[5)]

이에 비해 오전형(吳前衡)은 점서 속에 이미 철학이 내재되어 있다는 입장에 대해서는 회의적이다. 그는 해석학적인 관점에서 점서 속에 철학적 의미가 내재되어 있다는 의미보다는 후대 해석의 질적(質的) 변화를 통하여 점서역학(占筮易學)이 철학적 역학으로 전환된 것으로 보고 있다. 그러나 그 역시 점서적인 측면을 오직 미신으로만 보아 역학(易學)의 범위에 속하지 않는 것으로 보는 관점은 역사적 편협성을 가지고 있는 것으로 보고 있다.[6)]

이런 두 가지 관점에 대해 여기에서는 64괘라는 점서 속에 철학적 의리가 내재되어 있다거나 또는 그것과는 달리 해석의 질적 변화에 의해 철학화되었다는 관점 모두 동시에 수용하려는 입장이다. 왜냐하면 『주역』이 가지고 있는 특수한 64괘라는 상징적 부호 자체가 철학적 의리를 가지고 있고 그것의 형성 과정 역시 인류 사유의 고양(高揚)이라는 측면을 잘 보여주고 있기 때문이다. 또한 64괘의 괘상(卦象) 체계가 가지고 있는 풍부한 상징성은 얼마든지 후대의 새롭고 다양한 해석의 여지와 공간을 제공할 수 있다. 그러므로 이런 64괘의 상징부호체계가 도저히 양립하기 어려운 점과 철학의 상호 공존(共存)을 가능하게 만드는 것이다.

점서역학이나 철학적 역학 모두 64괘라는 기본적인 텍스트 또는 상징부호를 사용하여 다양한 해석을 하고 있고 이른바 철학적 역학 역시 점서역학에서 점차적으로 발전되어 나온 것이기 때문이다. 다시 말하면 철학적 역학으로서의 『역전』의 발생은 처음부터 철학적 역학이라는 하나의 패러다임만 있었던 것이 아니라, 그것 역시 점서의 흔적인 64괘의 괘상을 해석하여 그것에 다시 새로운 철학적 의미를 부여하였기 때문이다.

(2) 연속적 역사 발전 과정으로서의 『주역』의 철학적 해석의 과정

『주역』이 가지고 있는 점의 형식과 내용의 변화 혹은 철학적 해석의 부가(附加)는 각각 그 시대의 인식과 사유의 수준을 반영하고 있다. 『주역』에서 점과 철학이라는 서로 모순되는 형식과 내용이 함께 동거하는 것 자체를 철학의 미성숙성으로 비판할 수도 있을 것이다. 그러나 이것은 인간의 인식의 역사가 하나의 단계에서 새로운 단계, 즉 복서(卜筮)의

점(占)에서 철학으로 넘어가는 과도기적 단계를 보여주는 것이라고 할 수 있다. 그러면 왜 『주역』은 이전의 낙후된 요소들을 버리지 않고 계속적으로 잔존시켜 놓고 있는가? 사실상 이 물음이야말로 『주역』이 가지고 있는 가장 핵심적인 문제 중의 하나라고 할 수 있다.

여섯 개의 효(爻, 즉 ⚋과 ⚊의 부호)로 구성되어 있는 괘상의 상징체계야말로 『주역』의 본문 중의 본문, 즉 텍스트 중의 텍스트라고 할 수 있다. 이런 상(象)에는 여러 가지 다양한 문제들을 대입시킬 수 있는 해석의 공간을 가지고 있기 때문에 시대를 넘어서도 여전히 존재할 수 있는 것이다. 다만 복서의 세계 속에서 상이 가지는 기능이 신과 인간 사이의 소통에 초점이 맞추어 있다고 한다면, 철학적 영역에서 괘효상의 기능은 인간의 본래성과 현실성의 일치 또는 조화[天人合一]라는 형이상학적 또는 도덕적인 이념의 문제를 다루고 있다는 점에서 구별이 있을 뿐이다. 이런 특수한 64괘로 구성된 상의 체계를 통하여 『주역』은 발생적 기원인 점의 흔적들을 여전히 잔존시키고 있을 뿐만 아니라, 그 위에 새로운 문화적, 철학적 사유체계들이 마치 흙이 쌓이듯이 중층적(重層的)인 구조가 형성된다. 이를 도표로 그려보면 아래와 같다.

도덕 형이상학적 요소
수신과 정치적인 요소
우주자연론적인 요소
점의 복서적 요소

위의 도표에서 가장 아래 부분에 있는 복서적 요소들은 점의 측면으로, 그 위의 우주 자연론적인 요소나 도덕 형이상학적인 요소로 새롭게 해석된다 하더라도 복서적 요소는 여전히 잔존한다. 위 도표의 중층적 구조의 하단(下段), 즉 기층(基層)을 이루는 것은 『주역』의 본문에 해당하는 64괘의 괘효의 부호체계이다. 64괘의 괘상(卦象)이 어떤 의미를 가지

고 있는지 괘상 자체만으로는 알 도리가 없다. 여기에는 반드시 문자적 설명을 필요로 한다. 『주역』 경문(經文)의 괘사(卦辭)와 효사(爻辭)가 바로 괘와 효에 대한 해석이다.

그러나 괘효가 가지고 있는 구체적 설명이나 적용을 괘효사만을 통해서는 완전하게 파악할 수 없다는 사실이 문제이다. 따라서 괘효에 대한 제2차적인 해석이 요청된다. 여기에서 출현한 것이 바로 대표적인 『주역』의 해설서인 『역전』이다. 여기에서 중요한 것은 우리가 『주역』을 해석하는 대부분의 관점이 『역전』에 근거하고 있고, 『역전』은 버젓이 『주역』 속에 뒤섞여 『주역』의 경문보다도 훨씬 중요한 역할을 수행하고 있다는 사실이다. 사실상 우리가 『주역』에 대해서 말하고 해석하는 철학적 영역의 논의나 이론들은 『역전』의 성립 없이는 불가능하였을 것이고, 오늘날 『주역』이 누리고 있는 중요성은 존재할 수 없었을 가능성이 높다. 이런 사실은 바로 『주역』의 철학적 사유세계가 연속성을 가진 일련의 해석에 의해서 형성되었다는 사실을 구체적으로 잘 보여주는 것이라고 할 수 있다.

그러나 『주역』이 가지고 있는 본질적 성격 또는 사유세계의 형성을 오직 후대의 해석에서만 찾는 것은 곤란하다. 그것은 두 가지의 다른 맥락을 통해서 성립되었다는 사실을 전제하여야 한다. 그중 하나는 어떤 특정한 역사적 배경 속에서 발생하였다는 맥락이고, 다른 하나는 시공의 제한을 벗어나서 초시공적(超時空的)으로 작용하고 있는 철학적 맥락이다. 전자가 바로 『주역』의 발생적 의미(Genetic meaning)에 해당하는 것이라면, 후자는 내함적(內含的) 의미(Intrinsic meaning)이다. 특히 이 문제는 『주역』의 성격을 점치는 책으로 보는가, 혹은 다른 의미를 가진 책으로 보아야 하는가라는 문제를 논의할 때 자주 출현한다. 내함적 의미는 『주역』이 설령 어떤 특정한 역사적 시공 속에서 발생하였지만, 그 기능의 효력은 하나의 특정한 시공조건 속에 제한되지 않는다는 것이다. 즉 『주역』이 점서라는 배경에서 발생하였지만, 『주역』의 본질이 점서적인 것으로만 제한되지 않는다는 말이다.

『주역』을 점서(占書)라고 규정하는 측면이 역사적인 배경에 속한다고 한다면, 『주역』을 수신서(修身書)나 우주론을 말하는 철학서로 규정하는 측면은 그것이 내함하고 있는 모형적(模型的) 사유세계를 논리적 단계에서 추출하여 낸 것이다. 이를 간단하게 도표로 그려보면 아래와 같다.

1) 『주역』의 발생적 배경: 무술적(筮術的) 해석. 원시존재론과 신인합일(神人合一)
↓ ↕
2) 『역전』의 출현: 생명론적 해석 ─┐
├─ 삼재/천존지비/건곤부모의 천지인 일체
예교성적 해석 ─┘
↓ ↕
3) 상수학파의 출현: 한대 상수학파와 상/기화적 우주생성론의 천인감응
송대 도서학파의 출현 : 상수의 철학화, 수리화
↓ ↕
4) 의리학파의 출현: 도덕적/형이상학적 해석과 천인합일(덕)

위의 도표에서 말하는 '↓'의 표시는 대체적인 역사의 발전과정을 말하고, '↕'의 표시는 비록 해석의 경향이 역사적인 단계를 거쳐 다양한 모습으로 발생하였지만, 발생 시기와는 관계없이 그 모형적 사유체계는 여전히 그 속에 자리하고 있음을 말한다.

(3) 『주역』의 상징적 부호체계와 통일적 사유모형

『주역』의 상징부호 체계에 보이는 다양한 사유체계는 '백인백역(百人百易)'이라는 말이 나올 정도로 고대에서 현재에 이르기까지의 기나긴 역

사 속에서 엄청난 주석서와 다채로운 해석들을 출현하게 만들었다. 많은 해석의 양산(量産)은 『주역』의 본래 의미를 더욱 파악하기 힘들게 만들었다. 심지어 역사적 한계로 말미암아 『주역』을 신비적인 것으로 이용하였던 수천 년 전의 해석과 지금 현재의 해석이 동시병존(同時竝存)하고 있는 것이 현실이다. 비록 수천 년 전의 '주역관(周易觀)'을 그대로 신봉하고 있다는 사실은 수긍할 수 있지만 그것 이외의 어떤 다른 『주역』에 관한 관점이나 해석도 인정하지 않는다는 사실이 더 큰 문제가 된다. 이런 것들이 『주역』에 대한 탐구를 더욱 어렵게 만들어버린다. 여기에서 우리는 『주역』의 철학적 성격을 밝히는 데 장애가 되는 현실적인 두 가지 문제점을 지적할 수 있다.

첫째: 『주역』은 과거에 행해진 여러 해석들을 버리지 않고 중층적인 형태로 고스란히 보존하고 있다. 때문에 『주역』을 보는 입장은 '백인백색(百人百色)'의 각기 다른 관점을 가지게 만든다.

둘째: 『주역』의 철학적 본질이 무엇인가에 대한 논의에서 대부분 하나의 특정한 관점(예를 들면 점서적 · 상수적이거나 의리적인 관점)을 통해 상호배제적인 자기주장만을 하는 경우이다.

만약 『주역』에 대한 올바른 관점과 그것이 가지고 있는 철학적 본질이 무엇인가라는 물음에 답하기 위해서는 위에서 제기한 문제점들에 주목하여야 한다. 두 가지의 문제점들을 정리하면 첫 번째의 문제는 상징부호체계의 다양한 해석 가능성에서 오는 『주역』 자체의 문제에 관한 것이고, 두 번째는 『주역』을 해석하는 관점 즉 상호배제의 해석 논리에서 나온 것이다. 이런 문제를 해결할 방법은 없는가?

위의 문제들을 해결하기 위한 하나의 방법으로 『주역』 연구의 다양한 해석들이 공통적으로 가지고 있는 모형적(模型的) 사유체계를 찾는 방식에서 출발하려고 한다. 이것은 상호배제의 해석논리가 아닌 신비적(서술적筮術的)·생명론적·우주생성론적·도덕적인 해석들에 공통적으로 삼투(滲透)되어 있는 모형적인 사유체계를 발견하여 『주역』의 본질을 규명하는 방법이다. 이런 것을 유가적인 언어로 말하면 '화이부동(和而不同)' 또는 '이일분수(理一分殊)'적인 방법이다. 즉 공통의 이치를 공유하면서도 각각의 개성적인 관점을 발휘하는 다양한 해석 가능성의 공존을 의미한다.

『주역』을 연구할 때 가장 어려운 점은 『주역』에 어떤 고정된 하나의 주제가 있는 것으로 보고 계속적으로 이 주제를 찾으려 노력하는 경우이다. 여기에서 우리는 근본적인 시행착오를 범할 가능성이 크다. 『주역』의 내용은 풍부하고 복잡하여 어렵게 주제를 찾은 후에 일련의 체계적 해석을 말하지만 끝내는 발을 잘라 신발을 맞추는 식의 관점을 벗어나지 못한다. 왜냐하면 『주역』은 여러 가지 다양한 측면을 포함하고 있어서 그것을 억지로 하나의 관점이나 주제로 환원하려는 것은 이것을 강조하다 저것을 잃어버리는 상황을 면치 못하는 것으로, 마치 소경이 코끼리를 만지는 것처럼 결코 전모를 파악할 수 없게 된다. 억지로 치우쳐 있는 한 부분으로 전체를 포괄하려고 한다면 반드시 모순에 빠져서 스스로 헤어 나오지 못하는 지경에 이를 것이기 때문이다.[7)]

문화적 현상은 매우 복잡하여 어떤 하나의 공통된 측면을 찾기가 쉽지 않다는 에른스트 카시러(Ernst Cassirer)의 이러한 주장은 실질적 통일(substantial unity)이라는 입장을 버리고 기능적 통일(functional unity)이라는 관점을 통하여 살펴볼 필요가 있다는 말이다. "기능적 통일이라는 것은 결코 여러 가지 다양한 원소들의 동질성을 구성하려는 것은 아니다. 여러 구성 부분의 다양성과 다른 형식을 허용할 뿐만 아니라 필요로 하고 있다. 왜냐하면 이것은 일종의 변증법적 통일이고 대립의 공존이기 때문이다."[8] 그는 문화의 형식, 예를 들면 신화·종교·언어·예술·역사와 과학은 결코 동일한 제재(題材)로 환원할 수가 없다고 말한다. 이른바 환원주의의 관점은 절대로 어떤 결과도 얻을 수 없기 때문이다.

카시러는 다른 문화형식을 다른 부호형식(符號形式)이라고 부른다. 유술선(劉述先)은 이런 접근 방식을 통하여 『주역』을 연구한다면 『주역』이 가지고 있는 각기 다른 측면의 상징적 의미를 찾아낼 수 있을 것으로 보고 있다. 그는 "실제로 『주역』 중에서 우리는 적어도 네 가지 측면의 의미를 찾을 수 있다. 하나의 측면은 또 다른 하나의 측면을 지속시켜주어 상호간에 서로 삼투한다. 이 네 가지 측면은 신화적 부호, 자연적 부호, 우주론적 부호, 도덕적 부호 등이다"[9]라고 하였다. 말하자면 각각의 부호들은 각기 다른 성질이나 내용을 가지는 것일 수도 있지만 중요한 것은 64괘라는 동일한 부호형식을 지니고 있다는 것이다.

이런 형식적인 측면 이외에 『주역』 속에서 우리는 어떤 하나의 공통된 사유모형을 발견할 수 있다. 이러한 『주역』의 모형적인 사유세계 속에서 역학적 전통은 살아있는 전통으로 남을 수 있다. 역학사의 다양한 해석들이 공통으로 가지고 있는 모형적 사유를 찾아내는 방식을 통하여 『주역』의 상징부호 체계의 본질을 규명하고 『주역』의 바른 자리를 찾으려는 이 작업의 가장 핵심적인 측면은 역시 『주역』의 모형적인 사유체계가 무엇인가라는 문제이다.

이런 점에서 본서는 『주역』이 가진 모형적인 사유체계를 '천인합일'이라는 관점에서 살펴보려고 한다. 즉 '천인합일'이라는 사유세계가 역사 속에서 행해진 모든 『주역』의 해석 속에 공통적으로 존재하고 있고, 이런 관점을 통하여 『주역』의 본질을 살펴볼 수 있다는 말이다. 물론 '천인합일'의 발생적 원형은 '신인합일(神人合一)'이지만, 이것은 발생적인 단계의 의미로 보편성을 가지지 못하고 하나의 특정한 시기에 제한되어 버리기 때문에 모형적 사유가 되기에는 부족하다. 이는 천인합일의 특수한 형태일 뿐이다.

당연히 기본적인 성질에서는 차이가 있지만, 이는 마치 성서(聖書)의 텍스트가 그것 자체로서는 기본적으로 이해가 곤란하다고 단정하여 다른 해석을 하는 경우 해석의 한계를 설정해 주는 실마리로서 '신앙의 규범(regulae fidei)'이라는 전제가 필요한 것처럼[10], 『주역』을 해석하는데 있어서도 '천인합일'이라는 모형적 사유를 하나의 '해석의 규범'으로 간주할 수 있을 것으로 본다.

해석자의 관점에 따라서 『주역』의 성격 역시 엄청난 차이를 보여준다. 괘 자체를 어떤 고정된 의미로 규정하고 있지 않기 때문에 각 시기의 『주역』 해석이 가지고 있는 의미는 모두 다를 수밖에 없다. 예를 들면 『주역』 괘상의 체계는 신비적(서술적筮術的) 부호로서의 상(象)/ 생명론적·예교적(禮敎的) 부호로서의 상/ 우주생성론적 부호로서의 상/ 도덕적 부호로서의 상 등으로 나타난다. 그러나 하나의 특정한 관점을 통하여 『주역』의 성격을 규정하고 해석하면서, 다른 관점은 배척하는 상호배제의 해석 논리야말로 가장 비주역적(非周易的)인 것이다. 공통의 이치를 공유하면서도 각각의 개성적인 해석의 다양성을 인정하는 『주역』 연구의 방향은 단순한 연구방법의 모색에 그치지 않고, 『주역』이 가지고 있는 본질적 사유세계를 발견하는 작업이 될 것이다.

(4) 유가의 철학적 점서관(占筮觀)의 형성과 역학사

『주역』을 언급하는 경우 가장 먼저 떠오르는 생각은 아마도 점(占)일

것이다. 전문적인 연구자가 아닌 이상 『주역』이 가지고 있는 근본 성격을 점치는 책으로 규정하는 것은 어쩌면 당연할지도 모른다. 이와 같은 현상이 생기는 가장 중요한 이유는 역학(易學)이라는 이름 아래 이루어지는 산명(算命)의 점술(占術) 행위와 결코 무관하지 않다. 이런 통속적인 관점을 일방적으로 잘못된 것으로 비판할 수 없는 것은, 『주역』이 가지고 있는 역사적 발생 기원과 직접적으로 연관되어 있기 때문이다.

『주역』의 근본 성격 혹은 본질이 무엇인가라는 문제를 다루는 경우에 있어서 단호하게 『주역』을 점치는 책으로 규정하는 사람들이 많이 있다. 그들이 자신들의 논점을 강하게 밀어붙일 수 있는 것은 『주역』이 점을 치는 복서에서 출발하고 있다는 발생적 기원을 주요 근거로 제시하기 때문이다.

『주역』의 발생적 기원이 분명히 복서(卜筮)라는 점(占)에 기원하고 있기 때문에 『주역』과 점과의 관련성에 대한 논의는 필수적이다. 특히 이런 논의는 『주역』의 성격 혹은 본질이 무엇인가를 토론하려는 것이나 마찬가지이다. 이런 문제의식은 곧바로 "점서로서 출발한 『주역』이 어떻게 유가의 대표적인 경전으로 자리할 수 있는가?"라는 또 다른 물음으로 대체된다. 점치는 책인 『주역』이 어떻게 철학서 혹은 수신서로 전환될 수 있었는가? 『주역』이 오경(五經) 중에서도 가장 첫 번째 자리를 차지할 수 있었던 것은 결코 우연한 일이 아니다. 『주역』이 오경 중에서 가장 중요한 경전이 될 수 있었던 이유는 그것이 가지고 있는 철학적 · 인문주의적 성격 때문이지 결코 점서로서의 『주역』만으로는 이런 위치를 차지할 수는 없었을 것이다.

점서로서의 『주역』이 어떻게 철학적인 내용을 가진 책으로 변신할 수 있었는가? 이런 관점들이 가장 분명하게 부각되는 시기는 귀복점(龜卜占)에서 서점(筮占)으로 전환하는 단계와 춘추전국 시기의 『주역』과 점에 대한 기록에서 찾을 수 있다. 구체적으로 『상서(尙書)』, 『국어(國語)』, 『좌전(左傳)』, 『논어』와 『순자(荀子)』 등에서 이런 관점들을 찾아볼 수 있다. 이런 문제들을 몇 가지로 나누어 살펴볼 수 있다.

첫째는 『주역』의 발생적 원류인 귀복점에 대한 본질적 성격에 대한 분석이고, 둘째는 점법과 해석 방법의 고정화(固定化)를 통해 나타난 서점과 『주역』 형성의 문제이다. 셋째는 점이 가지고 있는 신비적인 권위와 인문주의적[11]인 덕(德)의 충돌이라는 관점을 통하여 '의점설(疑占說)'과 덕이 점의 지위와 권위를 대신해 버리는 '이덕대점설(以德代占說)'이라는 관점이다. 넷째는 점에 대한 공자와 순자 등의 선진 유가들이 말하는 철학적인 '부점설(不占說)'이라는 문제이다.

이런 몇 가지의 관점에 의해 『주역』은 변신과 전환을 하게 된다. 『주역』의 변신이 가능했던 것은 무엇보다도 인간 자신의 자각과 발견이라는 흐름과 맥을 같이하고 있다. 이런 점에서 점치는 책으로서의 『주역』이 철학서 혹은 수신서로서의 『주역』으로 전환하는 문제를 복서의 철학적 해석이라는 관점을 통하여 살펴볼 수 있다.

위의 문제들은 『주역』 형성 이전인 귀복(龜卜)에서부터 시작하여 『역경』, 『역전』의 철학적 해석의 내용과 체계까지를 범위로 삼아야 할 것이다. 『역전』 이후의 역학이 다양한 철학적 이론을 대입하여 『주역』을 해석하거나, 『주역』을 통하여 자신들이 필요로 하는 내용을 이끌어내는 것에 관심을 두는 데 비해 『역전』은 서점(筮占)이나 『역경』을 철학적으로 해석하는 데에 힘을 쏟고 있다. 실제로 한대(漢代) 경학(經學)의 확립 이후 『주역』은 경학의 범위 속에서 다루어지고 왕권과 봉건질서의 이론체계로 변해버린다. 이런 각도에서 본서에서는 『주역』의 철학적 해석의 과정을 『역전』까지로 그 범위를 한정하려고 한다.

주요 내용을 몇 가지로 나누어 정리하면 다음과 같다.

가) 『주역』의 원류로서의 귀복과 『주역』 형성 이전의 점서역학

『주역』의 발생적 기원은 인간의 운명을 주재하는 어떤 초월적 존재의 의지를 묻기 위해 점을 치고 희생을 바치는 귀복점(龜卜占)에서 출발하였다. 거북이나 동물의 뼈 위에 나타난 자연적 성문(成紋)을 점치는 사람의 다분히 주관적인 판단에 의지하여 해석하던 귀복점은 수의 연산(演算)과 유비적인 논리를 통하여 점을 치는 서점(筮占)으로 대체된다. 이것은 점치는 방법과 해석의 고정화 · 규칙화가 점차적으로 진행되면서 가능하게 된 것이다.

고정된 서사(筮辭)와 괘상을 가진 서점의 출현은 『주역』의 형성을 의미한다. 점법과 해석 방법의 고정화를 통해 『주역』의 형성이 가능하게 된 것은 비인격적 · 고정적 우주관의 탄생이라는 배경에 의해 가능하다. 여기에서는 구체적으로 귀복의 기원과 목적, 거북의 상징성과 우주의 모형, 귀복의 과정과 점법의 고정화, 조상(兆象)의 해석, 귀복에서 서점으로, 점서역학의 형성, 점서역학의 구조와 기능 등의 문제를 다루어야 할 것이다.

나) 『주역』의 형성

현존하는 통행본(通行本) 『주역』의 기초는 분명히 점친 기록으로 64괘의 원시적 형태에는 효제나 괘상이 없었다. 이런 점은 『춘추』나 『국어』에서 보이는데 바로 'A 之 B' 형식으로, 예를 들면 '관지비(觀之否)'이다. 이후 64괘의 정돈된 형식체계 속에는 이미 우주질서 관념과 체계적인 세계 도식이 자리 잡고 있다. 그러므로 비인격적 · 고정적 우주관의 형성이 의미하는 것은 무소불위(無所不爲)의 신이 가지고 있는 작용과 역할이 쇠퇴하고, 질서와 자기 규율을 가지고 있는 법칙적 성질을 가진 우주관이 출현했다는 것이다. 이런 상황에서 인간은 귀신과 천명(天命)의 속박

에서 벗어나 자신의 주체적 역량과 가치를 고양시킬 수 있는 근거를 얻게 된다. 주로 『춘추』와 『국어』의 점례(占例), 대연서법(大衍筮法), 출토자료를 통해 본 성인작역(聖人作易) 등에 대한 논의가 필요하다.

다) 『역경』에서 『역전』으로, 점서역학의 해체와 『역전』의 형성

『주역』의 철학적 해석과정에서 가장 중요한 내용을 가지고 있는 단계의 핵심은 바로 『역전』의 발생과 그것을 가능하게 하였던 관점들에 관한 논의들이다. 『역전』이 형성되는 과정은 『주역』의 해석이 완전히 궤를 달리하면서 생겨난 것이다. 기타의 다른 점치는 책들은 철학으로 전환하지 못하거나 현실에 적응할 수 없어서 거의 사라져 버렸지만 오직 『주역』만이 후대에 전해진다. 그것은 점서와는 완전히 다른 패러다임을 통한 새로운 해석이 아니고서는 불가능한데, 그것은 점서 해석의 위기를 통하여 표현된 것이다. 특히 변괘(變卦, 혹은 지괘之卦) 이론의 한계에 따른 점서 해석의 위기는 점서역학 자체의 패러다임으로는 해결할 수 없다. 이러한 위기는 64괘를 근본적으로 새롭게 해석하도록 만들었는데, 그렇지 않았다면 역학은 점서와 함께 역사 속에서 사라져버렸을 것이다. 64괘의 새로운 해석은 문화의 새로운 방향을 출현하게 했는데, 이것이 바로 8괘 취상(取象)과 효제의 추가이다. 이것이 있음으로 해서 『역경』은 인문주의적 · 철학적인 새로운 해석을 하는 것이 가능하였고 여기에서 『역전』 역시 형성될 수 있었다.

라) 『역전』의 형성과 유가의 철학적 해석

『역전』의 7종 10편이 『역경』의 해석에 영향력을 행사하기 시작하면서 『주역』은 이전과는 전혀 다른 신판(新版) 『주역』을 형성하게 된다. 이 신판 『주역』은 이미 점서의 필요성에 적합하지 않고 형이상학과 인문주의적 도덕윤리를 주장하는 철학적 텍스트로 변해 있다. 이들은 모두 『주역』 본문을 보는 데 있어서 각각 다른 원칙과 구조를 통하여 새로운 지평(地平)에서 해석하고 있다.

여기서 역학은 패러다임을 바꾸어 점서역학에서 철학적인 역학으로 형태를 전환하여 중국의 사상 무대에 본격적으로 뛰어들게 된다. 이와 동시에 점서역학은 새롭게 일어난 사(士) 계층에 의해 더 이상 언급되지 않게 되면서, 주류문화의 지위를 상실하고 더 이상 역학을 주도하지 못하고 통속적인 길거리나 촌락의 비주류 문화로 전락하게 된다. 이런 전환과 발전의 과정 속에서 『주역』은 『역전』의 새로운 철학적 해석을 부가하면서 단순히 점치는 책이 아닌, 자연과 만물의 변화를 말하는 형이상학적 천도론(天道論)을 담고 있는 동시에 인간의 주체적 정신과 도덕적 경계를 말하는 철학적 가치를 담고 있는 유가의 대표적인 경전으로 자리잡게 된다.

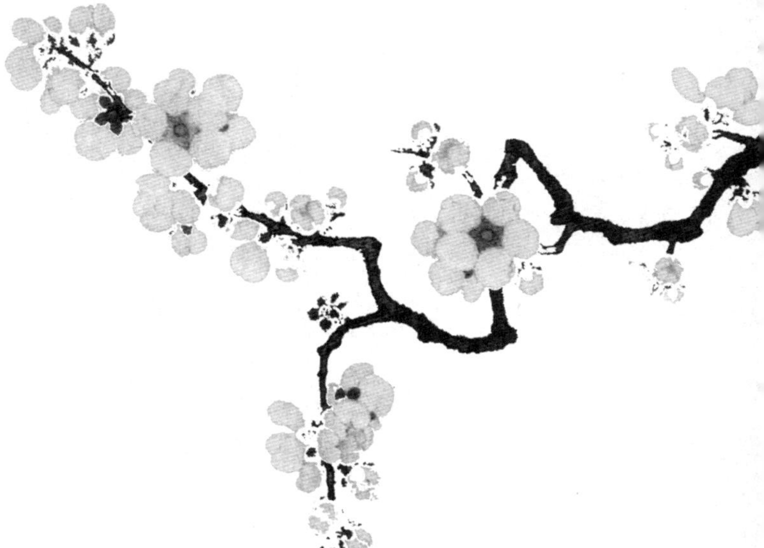

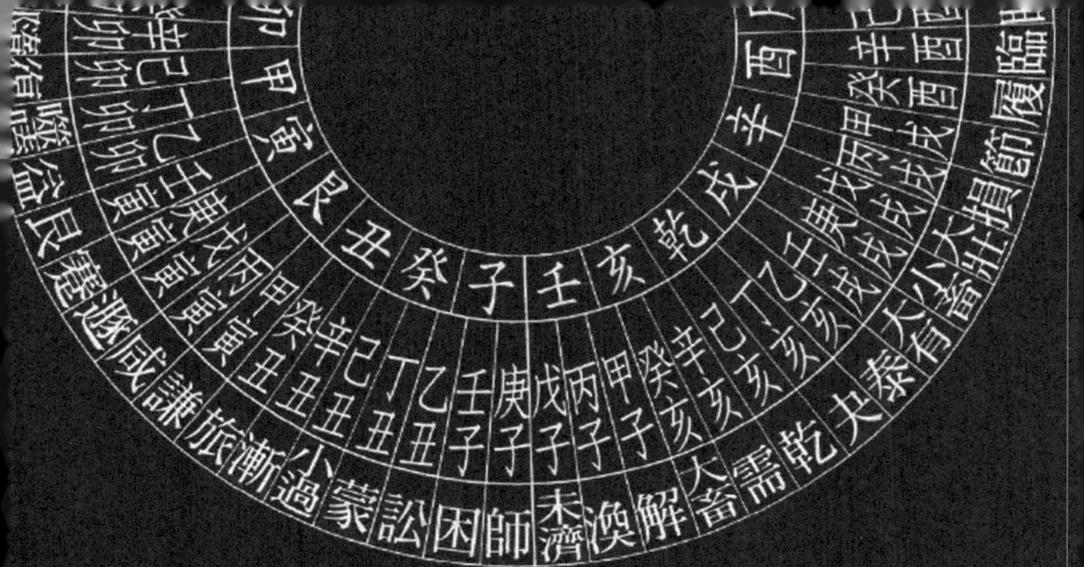

2

『주역』의 원류로서의 귀복(龜卜)

『주역』의 원류로서의 귀복(龜卜)

『주역』은 크게 『역경(易經)』과 『역전(易傳)』의 두 부분으로 나눌 수 있다. 『역경』 부분을 『주역고경(周易古經)』 또는 『고경(古經)』이라고 말한다. 여기에서 '고(古)'가 의미하는 것은 단순히 오래되었다는 뜻 이외에 시원적(始原的) 또는 원류적(源流的)이라는 의미를 담고 있는 것으로 볼 수 있다. 『고경』 부분은 『주역』의 본문에 해당하는 것으로 주로 점복(占卜)과 관련되는 내용들을 담고 있다. 만약 적절한 주석이나 해석의 도움 없이 『고경』만을 볼 경우 해석해 내기란 쉽지 않다.

후대에 출현한 『역전』의 해석이나 설명이 없었다면 『고경』 부분은 영원히 풀기 어려운 암호문으로 남아 있었을지도 모른다. 『역전』은 『고경』 부분보다 훨씬 뒤에 출현한 것으로, 그 내용은 『고경』과는 달리 매우 철학적인 내용을 담고 있다. 『역전』은 바로 『역경』에 대한 철학적 해석 혹은 주석이다. 그러므로 『역전』 혹은 『십익(十翼)』은 다만 원본(本文)인 『고경』에 대한 하나의 해석일 뿐이지 그것 자체가 『주역』의 원본일 수는 없다. 『주역』의 본문은 분명히 경문인 『역경』 부분이다. 이런 이유에서 『주역』 연구의 출발점은 당연히 『역경』에서 출발하여야 한다. 또한 『역경』의 형성과 그 기원의 문제를 이야기하려면 중국 고대의 『역경』과 복서(卜筮)와의 관계라는 문제를 다루어야만 한다.

『주역』이라는 책을 연구하는 데 있어 가장 크게 논란을 일으키는 문제 중의 하나가 바로 복서와 연관되는 것들이다. 『주역』이라는 책이 가지고 있는 근본 성격 혹은 본질이 무엇인가라는 문제를 다루는 경우에 있어서, 단호하게 『주역』을 점치는 책으로 규정하는 사람들이 많이 있다. 이런 관점을 강하게 밀어붙일 수 있는 유력한 근거는 바로 그것이 가지고 있는 발생적 기원이다. 『주역』은 어디까지나 점을 치는 복서에서 출발하고 있다는 발생적 기원이나 발생적 의미(genetic meaning)를 주요한 근거로 제시한다. 실제로 우리가 『주역』의 기원과 형성과정이란 문제에 관해 조사해보면 그것은 분명히 복서라는 고대의 점치는 문제와 밀접한 관련을 가지고 있음을 쉽게 발견할 수 있다.

『주역』의 원류가 점이라는 것과 밀접한 관련이 있음은 분명한 역사적 사실이지만, 그렇다고 해도 이런 이유만을 가지고 그것의 성격을 일방적으로 규정할 수는 없다. 왜냐하면 『주역』의 철학서 혹은 수신서라는 위치와 영향에 대해서 부정할 수 없기 때문이다. 실제로 중국철학사, 특히 유학사(儒學史)의 발전과정과 전환의 단계를 분석해보면 그것의 심층 혹은 배후에는 여지없이 『주역』, 구체적으로는 『역전』이 매우 중요한 역할을 담당하고 있다. 『주역』이 오경(五經) 중에서도 가장 중요한 위치를 차지하고 있었던 것은 결코 우연이 아니다. 『주역』이 오늘날까지 많은 사람들에 의해 읽히고, 오경 중에서 가장 중요한 경전이 될 수 있었던 이유는 바로 그것이 가지고 있는 철학성과 사상성 때문이다. 결코 점서로서의 『주역』만으로는 이런 지위를 차지할 수 없다.

『주역』이 가지고 있는 철학적 중요성 때문에 그 원류인 복서적 성격을 무시할 수는 없다. 우리는 결코 『주역』이 가지고 있는 본질적 성격을 점과 관련되어 있는 점서적 성격이나 철학 혹은 사상과 관련되는 의리적(義理的) 성격 어느 하나만을 들어서 배타적으로 규정할 수는 없다. 이런 식의 상호 배타적인 논의는 역학사 속에서 어렵지 않게 발견할 수 있다.

이런 이유로 여기에서는 『주역』이 가지고 있는 성격을 규정하는 배타적 논의 혹은 규정이라는 시각을 벗어나 두 가지의 성격을 하나의 연속된 발전적인 관점으로 볼 수 있는 가능성에 관해 이야기하려고 한다. 다시 말하면 발생적 단계에서 『주역』이 오직 점서로서의 기능만을 가지고 있었던 경우에도 그 속에 이미 철학적인 것으로 해석될 수 있는 잠재적인 근거들을 가지고 있었다는 관점에 초점을 맞추어 보려고 한다. 이런 관점들은 서점(筮占)은 물론이고 귀복점(龜卜占)의 경우에도 보인다.

이러한 문제의식에 근거하여 본 단락에서는 『주역』의 기원에 해당하는 거북점의 경우를 통하여 분석하려고 한다. 특히 거북을 사용하여 점을 치는 목적과 거북이 가지고 있는 상징성, 당시 사람들의 우주에 대한 관점을 살펴보고 아울러 『주역』의 가장 중요한 부분인 상징과 해석의 문제를 균열(龜裂)을 통하여 나타난 조상(兆象)의 해석이라는 문제와 관련하여 논의하려고 한다. 이런 논의들을 통하여 귀복점이 단순한 점을 치는 기능성만을 가지고 있는 것이 아니라 철학적 사유를 동시에 지니고 있었다는 점을 밝히려 한다.

1. 점과 귀복의 출현

점을 통하여 미래의 일이나 길흉화복을 물을 때, 어떤 존재에게 이런 문제를 물어보는가? 다시 말하면 시공을 넘어서서 사물이나 사태의 전체적인 발전과정을 통관(通觀)하고 있는 초자연적인 존재가 구체적으로 무엇인가? 이 문제에 대해서는 사람들마다 약간의 입장 차이가 있어서 일치된 관점을 가지지는 못하고 있다. 어떤 사람들은 점문의 대상을 귀신으로[1]), 혹은 신령스러운 거북[靈龜]으로[2]), 또 어떤 사람들은 그것을 조상신(祖上神)으로[3]) 보기도 한다.

당시의 사람들은 모두 귀신 · 조상신 혹은 천신(天神) 등의 초자연적인 존재를 믿고 있었고, 그런 초자연적인 존재들은 시공을 초월하여 인간사의 모든 일을 주재하는 능력을 가지고 있는 것으로 생각하였다. 이 때문에 당시 사람들의 능력으로는 해결하기 어려운 매우 복잡하거나 도저히 풀지 못하는 문제나 상황에 처하게 되었을 때, 그들은 초자연적인 존재의 의지(意志)가 어디에 있는가를 묻지 않을 수 없었던 것이다. 여기에서 점복 혹은 복서 등의 점치는 방법들이 출현한다.

당시 사람들은 이런 여러 가지 점치는 방법을 통하여 초자연적인 것 혹은 신의 의지를 미리 앞서서 알려고 노력하였다. 이러한 초자연적인 것 혹은 신의 의지가 드러내려는 징조(徵兆)를 통하여 그것이 미래에 드러내려는 것을 미리 파악하여, 그것을 자신의 행위와 결단에 있어서 중요한 근거로 삼으려고 하는 것이다.

일반적으로 점을 통한 초자연적인 것과의 소통(疏通)이라는 형식은 크게 세 가지 측면으로 나눌 수 있다. 다시 말하면 점을 치는 형식 혹은 방식의 차이점을 세 가지 정도로 나눌 수 있다는 말이다.

> 첫째로 말할 수 있는 것은 자연세계의 현상을 통해 나타나는 초자연적 존재가 드러내는 정보(情報)에 대한 관찰이다. 여기에서 관찰되는 자연현상은 바로 신이 계시(啓示)한 것으로 인정된다. 자연의 현상에서 나타나는 여러 가지 변화를 신이 직접적으로 계시하는 징조(徵兆)로 간주하여 그것을 해석한다. 두 번째의 것은 사람의 인위적인 조작이 부가된 것으로, 이것은 점치는 사람이 여러 가지의 특별한 방법을 이용하여 초자연적인 대상이 드러내는 징조를 해석하는 것으로, 수동적으로 자연현상을 관찰하는 것과는 근본적으로 다르다. 세 번째의 것은

사람의 입을 통하여 신과 직접 소통하는 경우이다.[4)]

위에서 말한 것 중에서 우리가 중점적으로 다루어야 할 문제는 바로 첫 번째와 두 번째이다. 두 가지의 점치는 방법에 대해 『한서』「예문지(藝文志)」의 술수략(術數略)에도 술수를 여섯 종으로 나누고 그것을 다시 계시적(啓示的)인 것과 인위적(人爲的)인 것 두 가지로 나누고 있다. 이른바 술수는 크게 두 가지 측면으로 나눌 수 있다.

이령(李零)의 관점을 소개하면 다음과 같다.

(1) 대우주에 관한 것(macro-cosmos), 즉 천도(天道) 혹은 천지지도(天地之道)에 관한 인식

(2) 소우주에 관한 것(micro-cosmos), 즉 생명이나 인도(人道)에 관한 인식

위에서 말한 후자는 어떤 측면에서는 전자의 복제(複製)라고 할 수 있다. 중국 고대에 천도를 연구하는 학문을 '수술지학(數術之學)'으로 부르는데 생명을 연구하는 학문을 특히 방기지학(方技之學)이라고 한다. 고대의 수술(數術)인 방기지학의 연원은 매우 오래되었고 문파도 복잡하다. 방기지학에 관한 책을 고대에 가장 빨리 수록한 목록은 『한서』「예문지」에 보인다.

『한서』「예문지」의 「수술략(數術略)」에서는 모두 여섯 종류로 나누고 있다. 그것은 다음과 같다.

(1) 천문(天文): 서양의 천문학(astronomy)과 비슷한데, 실제 별의 운행과 운기(雲氣)의 관찰(이것은 기상학에 가깝다) 등의 내용이 있고 심지어 별점에 관한 점성술(astrology)의 성격도 가지고 있다.

(2) 역보(曆譜): 정식의 역보(曆譜)뿐만 아니라 별의 행도(行度)와 시간을 측정하는 도구나 세보(世譜) · 연보(年譜) · 산술(算術) 등의 내용을 가지고 있다.

(3) 오행(五行): 여기에서 말하는 오행은 점을 말하는 것으로, 주된 내용은 음양오행 시령(時令) · 감여(堪輿) · 태일(太一) · 형덕(刑德) · 둔갑(遁甲) · 육임(六壬) · 오음(五音) 등이 포함되어 있다. 여기에서 말하는 음양오행 시령은 택일(擇日)과 관련이 있고 감여는 바로 후세에 말하는 풍수가(風水家)의 다른 이름이다. 그리고 태일 · 둔갑 · 육임 등은 식법(式法)에 속한다.

(4) 시귀(蓍龜): 귀복과 서점 두 종류가 있다. 이것은 위에서 말한 점법 이외에 가장 중요한 두 가지 점이다. 귀복은 귀갑(龜甲)을 태워서 점을 치는 것인데 출토된 갑골문이 바로 이런 점복의 기록이다. 그러나 서점은 시초(蓍草)를 가지고 점을 치는 것으로 역학(易學)은 바로 이 점복에 근원한다. 전자는 비록 거북을 귀한 것으로 여기지만 결코 거북에만 한정된 것이 아니라 여러 가지 골복(骨卜)도 포함하고 있다. 후자는 비록 시초를 귀한 것으로 여기지만, 또한 시초에만 한정되지 않고 대나무로 만든 작은 작대기로 대체할 수 있는데 이 때문에 또한 책(策)이라고도 말한다.

『예기』「곡례(曲禮)」 상편에 "귀는 복이고 책은 서이다(龜爲卜, 策爲筮)"라는 구절과, 『사기』「귀책열전(龜策列傳)」은 바로 이 두 가지 점치는 방법에 대해 말하고 있다. 『좌전』「희공15년」에 진나라 사람 한간(韓簡)이 "귀는 상이고 서는 수이다"라는 말에서 전자는 복조(卜兆)로 길흉을 결정하는데, 이것은 상(象)에서 취한 것이다. 그러나 후자는 역괘(易卦)로 길흉을 결정하는데, 수(數)에서 취한 것이다. 고인들이 길흉을 점치는 데 있어서 왕왕 복과 서를 겸용하기도 하는데, 복이 서에 비해 훨씬 빠른 기원을 가지고 있고 그 지위도 더 높았다. 여기에서 "서단귀장(筮短龜長)"의 관점이 나온다(『좌전』「희공4년」). 『한서』「율력지」에 의하면 고대에 역(曆)을 정할 때에도 또한 '대연지수 50'을 이용했는데 산법(算法)과 서법(筮法)이 밀접한 관계를 가지고 있음을 표명하고 있다.

(5) 잡점(雜占): 이것은 성기(星氣)의 점과 식점(式占)으로 귀복과 서점 이외의 다른 점법이다. 여기에서 가장 중요한 것은 점몽(占夢)이다.

(6) 형법(刑法): 여기에는 주로 관상술이 있다. 이 중 가장 중요한 것은 지형과 택묘(후대의 풍수와 유사함)를 관찰하는 것이 있다.[5]

『한서』「예문지」의 이런 분류는 매우 설득력이 있는 관점으로 보이는데 현대의 인류학이나 민속학의 관점과 거의 일치한다. 『한서』「예문지」는 구체적으로 귀복과 점서 이외에 별점(星占), 꿈점(夢占) 등의 점술(占術)에 대해 말하고 있다.

계시적인 술수에 속하는 것으로는 별점, 꿈점 등이 있고 시초점과 거북점은 인위적인 술수를 말하는 것에 속한다. 역사적 발전의 맥락으로 보면 계시적인 술수가 인위적인 것보다 시기적으로 빠를 수밖에 없다. 이런 점에서 계시적인 것과 인위적인 것의 구별이라는 것은 개념적으로 완전히 구분하여 사용할 수가 있다. 그것은 바로 점을 통칭하는 점복(占卜)이라는 말의 점(占)과 복(卜)이라는 말은 구별하여 쓸 필요가 있다는 문제와 연결된다.

인간의 주동적인 조작활동이 없이 단순히 자연현상의 변화만을 가지고 신의 계시로 해석하는 것을 점이라고 말한다. 이런 의미에서 '점'은 단순히 주어진 자연의 변화 현상을 수동적으로 '바라보고[視]' 그 징후(徵候)를 살펴 신과 소통하려고 할 따름이다. 어떠한 인위적인 술수나 방식을 부과하지 않고 오직 자연현상이나, 자연이 드러내고 있는 현상과 변화만을 가지고 해석하는 점의 방식에는 조수점(鳥獸占)[6] · 점성술(占星術) · 체상(體相)[7]과 몽점(夢占) 등이 있다.

이에 비해 '복'은 미래의 길흉을 단순히 자연현상의 관찰에 근거하여 판단하는 것이 아니라, 모종의 법술(法術) 혹은 인위적인 조작을 통하여 신령(神靈)의 징조를 파악하는 것을 말한다.[8] 이런 점법의 대표적인 것을 예로 들면 내장복(內臟卜, haruspicy) 혹은 골복(骨卜) 등이 있다.

내장복은 동물의 내장, 예를 들면 동물의 간이나 창자 등 기관의 형상을 징조로 삼아 길흉을 판단하는 것을 말한다. 그러나 엄밀히 말하면 동물의 내장을 가지고 점을 치는 것은 어떤 의미에서 인위적 조작이라는 조건을 가지고 있는 것은 아니다. 왜냐하면 동물을 죽이는 인위적인 행동 이외에, 자연적으로 있는 내장을 관찰만 하고 있지 결코 어떤 다른 변화를 주거나 조작을 가하고 있는 것은 아니기 때문이다. 여기에 비해서 골복은 분명히 다르다.

골복의 절차는 대단히 복잡하다. 먼저 동물의 뼈나 등 껍데기 등을 추출하여 깨끗이 씻어 불에 구워 그것이 파열(破裂)되게 만든다. 파열하여 나타난 변화와 흔적을 징조로 삼아 길흉을 판단하는 이런 점의 방식은 인위적인 절차 혹은 조작이 상당히 많이 부가되어 있다. 골복을 행한 지역은 상당히 광범위하지만 분명히 지역적인 특성을 가지고 있다. 그것은 주로 환태평양 북쪽 지역의 아시아와 북아메리카 양안(兩岸)에서 가장 성행하였다. 이 중 골복이 가장 성행하고 최고도로 발전한 지역과 시기는 역시 중국의 상대(商代)일 것이다. 중국의 상대에 유행한 골복은 바로 거북의 등 안쪽에(배갑背甲이 아니라 복갑腹甲을 말함) 점을 치는 귀복(龜卜)이다.

그러나 엄밀한 의미에서 골복과 귀복은 구별되는 것으로 보아야 한다. 골복의 기원을 추적하여 보면 신석기 시대로까지 거슬러 올라간다. 1930년대 중국 산동성(山東省) 제남(濟南) 부근에 있는 용산(龍山)의 성자애(城子崖)에서 발굴된 흑도문화(黑陶文化)의 유적 중에서 16조각의 점친 뼈[卜骨]를 발견하였다. 소의 어깨뼈도 있었고, 사슴의 어깨뼈도 있었는데 모두 구멍을 뚫고 불에 구은 흔적이 남아 있었다. 대체로 골복이 귀복보다는 시기적으로 앞서고, 귀복은 골복에 그 근원을 두고 있는 것으로 보인다.

귀복과 골복 중에서 은나라 사람들은 귀복을 더욱 중요하게 생각하고 있다. "제사와 관련된 점은 거북의 껍질을 사용하였고 그 이외의 다른 일에는 대체적으로 짐승의 뼈를 이용하였다. 사냥에 대해 점을 치는 경우에는 정강이뼈[脛骨]를 사용하였다. 어깨뼈[胛骨]를 사용하는 경우는 국경을 정하고 정벌을 하는 일에 관련되는 경우가 많았다."[9] 은대의 신정(神政) 문화 속에서 신이나 조상에 대한 제사는 나라의 근기(根基)와 관련되는 중요한 일이었다.

앞에서 우리는 단순히 주어진 자연의 변화 현상을 수동적으로 바라보고 그 징후를 살펴 길흉을 판단하는 점과 모종의 술수 혹은 인위적인 조작을 통하여 길흉을 판단하는 복은 상당히 다르다는 문제에 대해서 살펴보았다. 우리가 『주역』의 발생적 기원을 말하는 경우 자주 말하는 복서(卜筮)라는 말은 바로 모종의 술수 혹은 인위적인 조작을 통하여 길흉을 판단하는 복에 속하는 것으로 사실은 두 가지의 성격이 다른 점법을 합하여 말하는 것이다. 그 두 가지의 점법이 바로 귀복(龜卜)과 점서(占筮)이다. 이들 귀복과 점서를 합하여 복서(卜筮)라는 말로 통칭 혹은 합칭하지만, 그 두 가지는 분명히 유행한 시기, 사용하는 도구와 점문(占問)의 방법에서 구별된다.

고대에는 사람들이 인간사의 모든 문제들에 대해 천신이나 귀신들에게 길흉화복을 묻고 난 후에 자신의 행동을 결정하는 점법이 매우 유행하였다. 중국 고대인들은 우주에 귀신 혹은 정령(精靈)들이 충만해 있고, 그들이 일체의 사물과 인간사를 주재(主宰)하는 것으로 생각하였다. 이른바 자연숭배, 토템숭배, 조상숭배와 천신(天神)숭배가 바로 이런 관점들을 반영해 주는 것으로 볼 수 있다. 그들은 수렵·농사·여행·전쟁이나 혼인 등의 인간사 전반의 문제를 일단 신의 뜻[神意]이 어떠한가를 살펴보고 난 후에 비로소 자신의 행동을 결정하였다.

시기적으로 고대 중국에서 복골 즉 귀복(龜卜)은 주로 은대(殷代)에, 점서는 주대(周代)에 행해졌다. 그러나 이 말은 주대에는 귀복이 전혀 행해지지 않았다는 의미는 아니다. 예를 들면 『주례(周禮)』에는 다음과 같은 말이 있다.

> 태복(太卜)은 세 가지의 조상을 복문(卜問)하는 방법을 다루는데, 그 중의 첫째가 옥조이고, 두 번째가 와조이고 세 번째가 원조이다. 귀복의 기본적인 복조의 상(象)은 120종이고 점괘의 조사는 1,200종이나 된다.[10]

위에서 인용된 『주례』의 기록에 의하면 주나라 사람들은 여전히 귀복에 대한 신앙을 버리지 않고 있었던 것으로 보인다. 태복은 주로 세 가지의 조상(兆象)을 통하여 복문(卜問)한다. 세 가지의 조상 중에서 옥조(玉兆)가 의미하는 것은 마치 옥(玉)이 파열되어 생기는 것과 같은 조상을 말하고, 두 번째의 와조(瓦兆)는 돌이 파열되어 생기는 모습과 같은 조상을 말한다. 마지막 세 번째의 원조(原兆)는 마치 전답(田畓)의 땅이 파열되어 생기는 모습과 같은 조상을 말한다.

위에서 말한 세 가지의 조상에는 옥문(玉紋), 와문(瓦紋)과 전문(田紋)의 세 가지 형태가 있다. 각각의 복조는 모두 120종의 기본형상[經兆]을 가지고 있고, 또 모든 기본형상은 모두 10가지의 다른 형상으로 나눌 수 있다. 이 때문에 1,200종의 복사, 즉 송(頌)이 있다고 말한다.

『주례』에서 말하는 송사(頌辭)의 존재는 『춘추』에서 찾을 수 있다. 예를 들면 "진나라 군주가 복언(卜偃)에게 거북점을 치게 하였다. 점을 치고 난 뒤 복언이 '길합니다. 옛날 황제(黃帝)가 판천(阪泉)에서 싸웠을 때 쳤던 점사와 같은 것입니다'라고 말하였다"[11]는 구절에서 '옛날 황제가 판천에서 싸웠을 때 쳤던 점사'가 바로 송사의 일종이라는 것을 알 수 있다.

위의 말처럼 귀복은 주나라 때에도 여전히 남아 있었고 더욱 정밀한 체계로 발전하면서 일정한 부분에서는 오히려 주도적인 위치를 점하고 있었던 것으로 보인다. 예를 들면, 『주례』에 다음과 같은 말이 있다. "대체로 나라의 큰일은 먼저 서점(筮占)을 치고 난 뒤에 귀복으로 문점(問占)한다."[12] 주나라 사람들이 보기에 귀복의 점이 서점이나 다른 어떤 점보다도 영험한 것으로 생각한 것 같다. 역사적으로도 이런 귀복이 행해진 것은 5,000년 이전에 이미 시작된 것으로 추정되는 반면에 서점은 시기적으로 더 늦게 출현하고 있다.

2. 귀복의 목적

점 혹은 점복(占卜)이라는 행위는 중국 고대에만 나타난 특수한 현상은 아니다. 그것은 원시 시대나 문명 시대를 막론하고 보편적으로 존재한 하나의 현상이다. 심지어 원시 사회에서 점복의 행위보다 더 보편적인 풍속은 없다고 하여도 지나친 말은 아닐 것이다. 점복이라는 것은 어떤 자연물, 즉 짐승의 뼈나 시초(蓍草) 등의 인위적인 조작(예를 들면 불에 굽거나, 수학적 계산을 행하는 것)을 가하거나 혹은 어떤 자연적 현상 혹은 생리 현상(예를 들면 별점, 꿈, 관상, 손금 등)을 통하여 미래의 일을 예측하거나 이미 발생한 일에 대해 평가하는 것을 말한다.

점이라는 행위를 하는 근본적인 이유 혹은 목적은 초자연적인 존재와의 소통 혹은 합일(合一)을 도모하려는 것에서 찾을 수 있다. 초자연적인 존재와의 소통 혹은 합일을 도모하려는 근본적인 이유는 한 개인이 미래에 일어날 사태의 발전과정을 확신하지 못하는 상황에서 쉽게 어떤 결단이나 판단을 내릴 수 없기 때문이다. 그러나 "점복은 사람들에게 적절한 기회를 잡게 만들고 다가올 미래를 예지(預知)할 수 있게 만든다. 점복은 결단을 내리기 어려워서 쉽게 일에 착수하지 못하는 사람들이 결정을 내리도록 만들어줄 뿐만 아니라 그들이 결정을 내릴 때 충분한 자신감을 가질 수 있게 만들어 준다"[13]고 할 수 있다.

어떤 어렵고 중대한 판단을 내릴 경우 사람들은 대부분 개인적인 선택이나 결단이 가지고 올 위험과 책임을 회피하고 싶은 것이 일반적인 심리이다. 이럴 경우 "사람들은 이중의 고통을 감내해야만 한다. 그중 하나는 장래에 어떤 일이 발생할 것을 안다는(일종의 불안감) 것이고 다른 하나는 또한 스스로가 그 일을 조종할 수 없다는 것을 두려워하는 것이다. 점복은 이런 고통들을 제거하는 역할을 한다."[14] 말하자면 개인이 불가피하게 가질 수밖에 없는 위험한 결단과 선택의 결정권을 점복에게 양도하고 점복이 사태의 발전에 책임을 가지도록 만들어 심리적 안정감을 얻으려는 것이다.

원래 점을 치는 목적 혹은 기본적 의도는 결코 사물이나 사태에 직접 영향을 주어 조정하려는 것이 아니라, 사태 발전에 대한 물음 혹은 의문과 그것에 대한 해답이라는 일련의 과정 속에 초점이 놓여 있었다. 그러나 거북을 이용한 귀복점의 경우는 일반적인 의미의 점과는 그 목적에서 약간 다른 경향을 가지고 있었던 것으로 보인다. 귀복점은 기본적으로 미래를 알려는 의도보다는 사물이나 사태 발전에 직접 영향을 주어 자신에게 유리하도록 조정하거나 이용하려는 목적을 가지고 있었던 것으로 보인다.

점을 친 내용을 담고 있는 복사(卜辭)는 크게 점복의 시간, 정인(貞人)의 성명을 기록하고 있는 술사(述辭), 점복이 묻고 있는 내용에 대해 기록한 명사(命辭), 균열에 대한 성패(成敗)·길흉의 판단을 기록한 점사(占辭)와 결과의 맞고 틀린 것들을 기록한 험사(驗辭)의 네 부분으로 구성되어 있다. 그러나 이 네 가지를 모두 다 갖추고 있는 복사는 매우 드물다. 이 중 점사는 간혹 보이지만 험사는 거의 보기가 어렵다.

> 기사(己巳) 날에 왕이 올해 상나라가 풍년이 들지를 점쳤다. 왕은 조상을 보고 길하다고 해석하였다. 동쪽 땅에도 풍년이 들고, 남쪽 땅에도 풍년이 들고, 서쪽 땅에도 풍년이 들고, 북쪽 땅에도 풍년이 들 것이다.15)

위의 인용문에서 풍년에 대해 점친 내용을 기록한 부분이 명사이고, 왕이 조상(兆象)을 보고 길하다고 판단한 부분이 점사이다. 위의 복사는 점사가 기록되어 있지만 대부분의 복사에서는 점사와 험사가 생략되어 있다. 어떤 하나의 사항에 대해 여러 번에 걸쳐 반복적으로 복(卜)하지만 실제로 점을 친 사람이 어떤 판단을 내렸고 그 결과가 어떠했는가 하는 것에 대해서는 상세하게 알 수 없는 경우가 대부분이다. 말하자면 거북점을 친 목적이 미래에 대한 의문을 묻고, 그것의 해답을 기다리고, 나중에 다시 그 결과를 맞추어보는 과정으로 진행된 것으로는 보이지 않는다. 미래에 대한 물음보다는 "현재의 상황에서 왕과 신하, 영토 등이 행운을 만날지 불운을 만날지 알아보는 데 목적이"16) 있었던 것으로 보인다. 예를 들면 올해 풍년이 들 것인지 그렇지 않을 것인지의 결과는 중요한 것이 아니다. 풍년이 들 수도 있고 그렇지 않을 수도 있다는 것을 그들은 이미 알고 있었다.

> 병자일에 점을 쳤는데 위韋는 우리 상나라에 풍년이 들 것이라고 하였다.

병자일에 점을 쳤는데 위韋는 우리 상나라에 풍년이 들지 않을 것이라고 하였다.[17]

이처럼 동일 사건에 대하여 긍정과 부정 양면으로 기록한 것을 대정(對貞)이라고 말한다. 이런 대정의 방식으로 기록된 복사를 통해 보면 그들이 점을 친 목적을 어느 정도 파악할 수 있다. 풍년이 들 것인지 그렇지 않을지라는 결과는 중요하지 않다. 문제는 오히려 희생을 통하여 미래를 자신들에게 유리하게 만들려는 것에 목적이 있는 것으로 보인다. 이 때문에 복사는 사건이 발생한 시간, 지점과 내용에 관해서는 매우 구체적으로 기록하고 있지만 점의 판단에 대한 결과는 기록하지 않은 것으로 보인다.[18] 실제로 귀복점의 기원은 제사의 희생(犧牲)과 밀접한 관련을 가지고 있다.

귀복점을 행하는 데 가장 중요한 요소라고 할 수 있는 균열(龜裂) 혹은 조문(兆紋)의 기원은 바로 제사의 희생을 태우는 과정에서 뼈에 생겨난 자연스런 현상에서 나온 것이다. 이러한 자연적 현상에 착안하여 나중에는 인위적으로 균열을 만들게 되었던 것이다. 그러므로 징조를 판단하는 갑골의 균열은 이미 단순한 자연적 현상이라기보다는 오히려 인위적 산물이다.

이런 의미에서 귀복점은 미래를 예견하기 위한 것보다는 오히려 희생을 통해 미래를 통제하여 자기에게 유리하도록 조정하거나 이용하려는 의도 혹은 목적을 가지고 있었던 것으로 보아야 할 것이다. 여기에는 자신의 운명을 바꿀 수 있다는 관점이 전제되어 있다. 실제로 자연적인 갑골 위에 인위적인 가공을 결합하여 징조를 만들어 내었다는 사실은 이미 인간의 적극적인 의지와 참여가 부가된 것으로 볼 수 있다.

일반적으로 점복과 운명의 관계를 말하면 대부분 운명이 이미 결정되어 있다는 명정론(命定論)을 생각하기 쉽지만, 후대의 점서는 물론이고 은대 귀복점에서도 미래의 운명은 미리 알 수 있을 뿐만 아니라 또한 바꿀 수도 있다는 관점을 보여주고 있다. 운명은 바꿀 수 있다는 신념이 궁극적으로 노리는 목적은 바로 길함을 도모하고 흉한 것은 피해 보려는 것[趣吉避凶]이다. 여기에서 희생을 바치는 제사라는 특수한 형식이 출현하게 된다. 제사는 아무런 목적 없이 이루어지는 것이 아니라 하나의 암묵적인 계산이나 의도가 깔려 있는 행위이다. 구체적으로 말하면 그들은 길함을 도모하고 흉한 것을 피하기 위해 제사를 하나의 뇌물로 바친다. 이런 뇌물의 공여(供與)를 통하여 어떤 대가를 바랐던 것으로 보인다.19)

그러면 제사를 받는 존재는 누구인가? 그것은 일단 시공을 초월하여 사물이나 사태의 전체적인 발전과정을 주재하는 어떤 초자연적인 존재일 것으로 보인다. 구체적으로 초자연적인 존재가 무엇인가에 대한 대답은 매우 다양하다. 어떤 사람은 그것을 귀신으로, 혹은 신령스러운 거북[靈龜]으로, 또는 조상신으로 보기도 한다.

모든 일의 화복(禍福)의 결과에는 분명한 원인이 있고, 그 원인을 소급했을 경우 마지막에는 초자연적인 귀신의 존재에 도달하게 된다. 점복과 귀신 신앙의 밀접한 관련은 바로 이런 이유 때문이다. 여기에서 사람들은 자연적으로 여러 가지 수단을 통하여 귀신과 소통하려 하고 여기에서 점복이 출현한다.

3. 거북의 상징성과 우주의 모형

귀복이라는 점법이 가지고 있는 가장 큰 특징은 그 말처럼 거북[龜]과의 관련성이다. 귀복은 거북과 밀접한 관련을 가지는데 가장 큰 이유는 귀복이 사용하는 제일 주요한 재료가 바로 거북이기 때문이다. 그러나 귀복점은 거북 껍질인 귀갑(龜甲)만을 사용한 것이 아니라 짐승의 뼈인 수골(獸骨) 역시 중요한 자료로 사용하고 있다.

귀갑은 보통 거북의 등껍질[背甲]로 생각하기 쉽지만 사실은 배 부분의 껍데기[腹甲]를 말한다. 왜냐하면 거북의 등껍질은 두꺼워서 조(兆)를 만들기가 쉽지 않고, 또한 등껍질은 평평하지 않기 때문에 무늬를 정하기가 쉽지 않기 때문에 그것을 사용하지 않고 배의 껍질을 주로 사용한다. 물론 거북의 등을 사용하는 경우가 없는 것은 아니다.

거북이의 배나 등껍질을 구하기가 어려운 경우 다른 짐승의 뼈, 즉 수골로 그것을 대신한다. 수골은 주로 소·양·돼지나 사슴의 견갑골과 정강이뼈, 또는 드물지만 심지어 호골(虎骨)까지도 사용하였다. 정강이뼈를 사용하는 경우에는 먼저 그것을 갈라서 쓰기에 편하도록 만들어 사용한 것으로 보인다. 이런 귀갑과 수골을 합하여 갑골(甲骨)이라고 말한다. 이러한 갑골들이 가지고 있는 하나의 공통점은 넓은 평면을 가지고 있다는 점인데, 이는 복사(卜辭)를 적어 넣을 넓은 평면이 필요하였고 동시에 그것을 쌓아서 보관하기에 편리하였기 때문으로 보인다.

그러나 대부분 거북의 배 껍질을 재료로 하고 있다. 이런 거북의 배 껍질을 재료로 하여 치는 점이 바로 귀복이다. 귀복은 귀갑에 구멍을 파고 다시 불에 구운 후 껍데기의 균열의 흔적, 즉 복조(卜兆)에 근거하여 여러 가지의 해석을 하는 것을 말한다.

이른바 '복(卜)'이라는 말의 본의는 바로 뼈 위에 나타나는 열문(裂紋)의 상형(象形)을 말하는 것으로, 열문을 징조로 삼아 길흉을 판정하는 점법을 '복'이라고 하는 것이다. 이런 열문 혹은 균열을 '복조'라고 말한다. 거북의 껍데기는 점복을 행하기 전에 먼저 인위적인 손질을 필요로 하는데, 먼저 복갑(腹甲)과 배갑(背甲)의 두 부분으로 나눈다. 귀복을 행할 경우는 대부분은 거북의 배껍질[龜腹甲](아래의 그림1 참조)을 주로 이용한다.

귀복이라는 점법은 말 그대로 점의 재료로 거북의 껍데기를 사용한다. 그러나 앞에서 말한 것처럼 귀복점은 거북의 등껍질을 사용하는 것으로 생각하기 쉽지만 사실은 배껍질을 주로 이용한다.

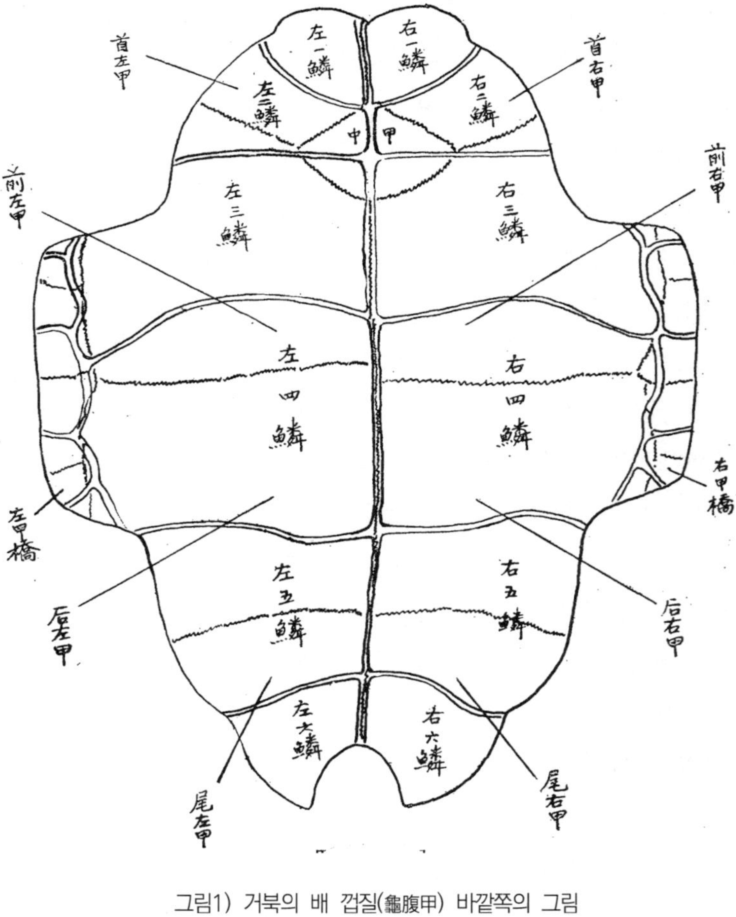

그림1) 거북의 배 껍질(龜腹甲) 바깥쪽의 그림

은대(殷代)의 귀복은 골복에 그 근원을 가지고 있다. 은나라 사람들은 골복과 귀복을 동시에 사용하였지만, 그중에서도 귀복을 더욱 중요하게 생각한 것으로 보인다. 그렇다면 왜 중요한 점을 칠 때는 거북을 사용하는가? 도대체 거북은 어떤 상징적인 의미를 가지고 있는가?

'천의(天意)'나 '신의(神意)'를 드러내는 점복은 당시 사람들에게 있어서는 신성한 일에 틀림이 없었다. 어떤 식물이나 동물 혹은 무기물이 점복물(占卜物)이 되기 위한 선결조건은 그것들이 일단은 사람들의 숭배를 받을 수 있는 영성(靈性)을 가진 것이어야 한다. 이런 영성을 가진 동물들을 예로 들면 거북 · 용 · 기린 · 봉황 등을 들 수 있다. 이것이 바로 '사령설(四靈說)'이다. "무엇을 사령이라고 하는가? 기린 · 봉황 · 거북 · 용의 네 가지 신령스런 것을 말한다."[20] 그러면 왜 네 가지 신령스런 동물 중에서 다른 세 가지의 동물을 사용하지 않고, 유독 거북만이 점복으로 이용되는가?

아마도 이것은 현실적인 고려에서 나온 것으로 짐작된다. 우선 생각할 수 있는 문제는 거북 이외에 다른 동물들은 구하기가 힘들거나 상상 속의 존재들이기 때문이다. 또 하나의 이유는 인간과의 관련성 여부이다. 점 자체가 가지고 있는 가장 중요한 기능은 바로 천인(天人)의 관계를 소통하는 것이다. 말하자면 천이나 신의 의지[天意]도 잘 알아야 하지만 동시에 인간의 생각이나 의지[人意]도 잘 이해하는 것이라야 한다.

『예기』에 "거북을 가축으로 여기기 때문에 인정을 잃지 않는다"[21]라는 말이 있다. 이런 점으로 보자면 거북이야말로 인간을 가장 잘 이해하는 신령스런 동물이면서 동시에 천인을 소통할 수 있는 존재로 간주된 것으로 보인다. 거북은 천인을 소통할 수 있는 신령스런 존재로 간주되면서 점차적으로 우주 전체를 아우르는 어떤 상징적 의미를 가지게 된다. 실제로 당시의 사람들은 거북을 하나의 우주 모형으로 사용하고 있었던 것으로 보인다.

요종이(饒宗頤)는 거북을 수신(水神) 혹은 수모(水母)라는 관점에서 분석하고 있다. 유희(劉熙)의 『석명(釋名)』「석병(釋兵)」에서는 수신 혹은 수모인 "거북은 기의 길흉을 안다(龜知氣之吉凶)"고 하였고, 『사기』의 「귀책열전(龜策列傳)」에서도 "거북은 기를 행할 줄 아는 …(龜能行氣…)" 것으로 말하고 있다. 여기에서 거북은 신귀(神龜), 영귀(靈龜) 혹은 대보귀(大寶龜) 등의 명칭을 가지게 되어 사람들의 존중을 받게 된다. 특히 거북은 장수(長壽)를 상징하는 것으로 되면서 시간의 총체(總體)라는 상징적 의미를 가지게 된다. 아마도 그것은 긴 시간의 앞뒤를 모두 관통해서 알 수 있을 만큼 거북은 장수하기 때문인 것으로 보인다.[22] 요종이는 거북이 가지고 있는 상징적 의미를 시간이란 측면을 통하여 말하고 있다.

사라 알란(Sarah Allan)은 거북의 형상을 공간적인 측면에서 말하고, 우주의 모습을 고스란히 가지고 있는 하나의 우주 모형으로 보고 있다.[23] 왜냐하면 중국 고대에서 우주의 공간적 모습으로 생각하고 있었던 하늘은 둥글면서 네모난 땅을 감싸고 있는 이른바 '천원지방(天圓地方)'으로 보는 관점과 연관되기 때문이다.

'천원지방'이라는 말은 『회남자(淮南子)』의 「천문(天文)」에 처음으로 등장하는 말로 고대 중국인들의 전형적인 천지의 모습 혹은 우주관이라고 할 수 있다. '천원지방'으로 표현되는 하늘과 땅의 모습 이외에 아울러 인간의 모습까지도 거북은 가지고 있다고 말한다. 거북의 등이 하늘의 모습을, 배의 안쪽을 땅의 모습이라고 한다면 거북의 머리인 귀두는 인간을 상징한다. 이른바 귀두는 바로 남근(男根)의 어떤 특정한 부분을 지칭하는 것으로 지금도 통용되는 말이다.

거북은 우주의 중요한 구성요소인 천지인(天地人)의 형상을 모두 직접적으로 포괄하고 있기[24] 때문에 충분히 우주의 모형이 될 수 있었던 것으로 보인다. 또 거북의 발의 위치는 당시의 방위관(方位觀)을 보여주고 있다. 『회남자』에는 여왜(女媧)가 하늘을 지탱하기 위한 네 개의 기둥을 거북의 발로 대체했다는 기록이 있다.

> 옛날에 네 개의 기둥이 썩고 구주(九州)가 분열되자 하늘은 두루 덮지 못하고 땅은 다 싣지 못하게 되었다. 불길은 번져 꺼지지 않고 물은 불어 멈출 줄 모르며, 맹수는 선량한 사람을 잡아먹고 독수리는 늙고 약한 사람을 채갔다. 이에 여왜는 오색의 돌을 녹여 하늘을 메우고, 거북의 발을 잘라 네 기둥으로 삼았다.[25)]

이런 거북과 우주의 유사성의 관점을 사라 알란은 하늘을 받치고 있는 거북의 발이 동서남북의 정방(正方)이 아니라 북서 · 남서 · 남동 · 북동의 간방(間方)에 위치하고 있다고 말한다.[26)] 또한 거북이 가지고 있는 장수(長壽)라는 상징성은 우주의 영원함이란 문제와 밀접한 관련을 가지게 된다.[27)] 이처럼 거북을 하나의 점복물(占卜物)로 이용하고 있는 관점 속에는 이미 독특한 우주관이 내재되어 있다.

4. 귀복의 과정과 점법의 고정화

거북을 하나의 점복물로 이용할 경우, 주로 복갑을 이용하고 배갑을 이용하지 않는 이유는 거북의 등껍질이 생긴 모습은 둥글고 볼록 올라와 평평하지 않기 때문에 조문을 만들거나 각사(刻辭)하기에 불편하였기 때문으로 보인다. 이런 이유로 은대의 사람들이 배갑을 사용하는 경우는 매우 드물었다. 위의 그림1에 보이는 좌우 중간선을 천리로(千裏路)라고 부른다. 그 이유는 복갑의 좌우를 둘로 나누는 이 선은 하나의 일관된 문양으로 끝까지 수미관통(首尾貫通)하고 있기 때문이다.

복갑의 좌우는 각각 육린(六鱗)으로 나누어져 있다. 좌우 사린(四隣)의 돌출 부분이 바로 좌갑교(左甲橋)와 우갑교(右甲橋)이다. 거북의 복갑과 배갑은 그림1에 보이는 것처럼, 원래 좌우 양측의 갑교(甲橋)에 의해 연접(連接)되어 있었으나 분리된 후에 갑교는 복갑에 속하는 것으로 된다.

손질의 첫 번째 단계가 복갑과 배갑의 분리라고 한다면 두 번째 단계는 자르거나 마름질 등의 손질의 단계이고, 마지막의 세 번째 단계가 바로 뒤에서 말하려고 하는 찬착(鑽鑿)의 과정이다. 찬착은 갑(甲)이나 골(骨)의 판(版)에 가하는 인위적 손질의 가장 중요한 마지막 단계라고 할 수 있다. 찬(鑽)은 거북 배 껍질의 뒷면에 그 중앙선을 축으로 삼아 좌우 대칭의 형태로 구멍을 내는 것을 말한다. 착(鑿)은 찬한 것의 옆에 다시 작은 홈을 내는 것을 말한다. 이런 준비 단계를 거친 후에 가열한 금속 기구를 찬착한 부위에 놓고 가열하여 구우면 앞면에 구워져 터지고[灼裂] 갈라진 흔적[坼痕]이 나타난다. 그것이 바로 귀조(龜兆)이다.

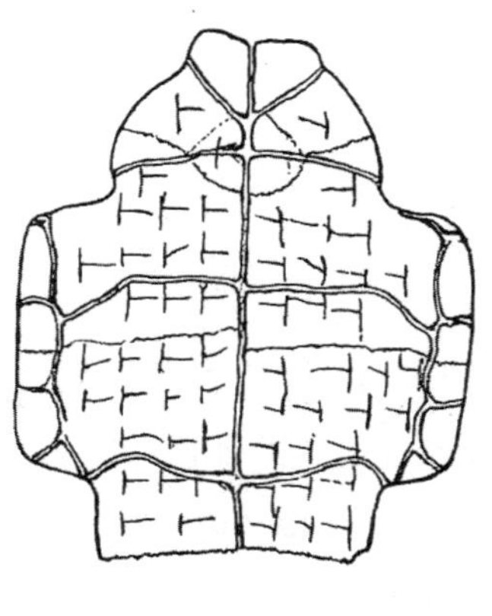

그림2) 앞면의 모습

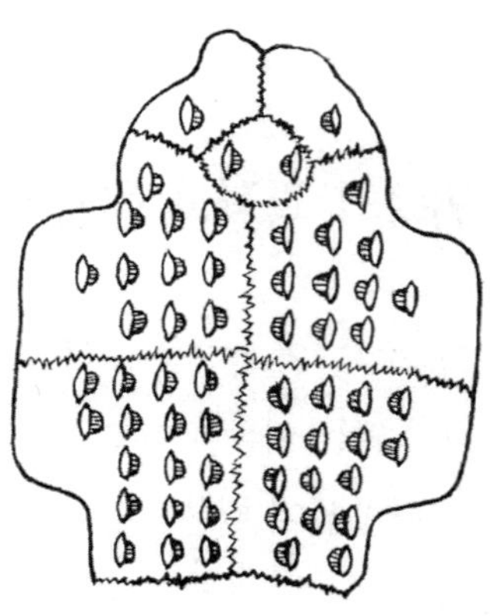

그림3) 뒷면의 모습

이 그림의 출처는 굴만리(屈萬里)의 「역괘는 귀복고에서 근원함(易卦源於龜卜考)」이라는 논문에서 나왔다. 이 그림의 모양에 대해 굴만리는 "정면의 모습은 다만 조문(兆紋)만 모사(模寫)하고 있지 복사(卜辭)를 기록한 것은 아니다"[28]라고 말하고 있다. 위의 그림2와 3은 귀복점을 칠 때 거북뼈의 모습을 그리고 있다. 즉 그림3은 배 껍질의 뒷면에 그 중앙선을 중심으로 하여 좌우 대칭의 구멍을 내고 있는 모양을 그리고 있는 것이고, 그림2는 구멍을 낸 후에 다시 불에 구워 생긴 갈라진 균열을 보여주고 있다. 그 균열이 바로 점쳐서 구하려는 조문이다. 불에 구워 갈라진 조문의 형태를 통하여 상대의 복관(卜官)들은 이번의 복괘(卜卦)가 길조(吉兆)인지 흉조(凶兆)인지를 판단한다. 길흉을 결정하는 중요한 근거는 조지(兆枝)의 형태변화를 보는 것이다. 조문은 조지와 조간(兆幹)으로 나누어진다.

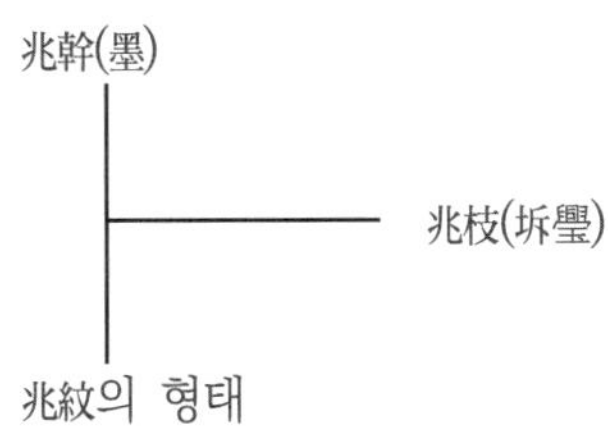

도표1)

도표1에서 보이는 조문의 모습은 점친다는 의미의 '卜'자의 모습이다. '卜'자를 구성하는 중간의 직선은 직선으로 폭렬(暴裂)한 모습에서 나온 것으로 그것을 묵(墨)이라고 말한다. 이것은 골복(骨卜)이 불에 구워지며 갈라진 금이 위에서 아래를 향해 직선으로 난 모습을 말하는 것으로 이른바 조간이다.

여기에서 말하는 '묵'이라는 말은 『주례』의 "뜨거운 불로 거북을 지지면 거북은 묵처럼 분명하게 갈라지는 모습을 보여준다"[29]에서 나온 말이다. 보다 구체적으로 말하면 '묵'은 거북의 껍데기를 뜨거운 불로 지진 후에 선명하게 나타나는 터진 흔적[裂痕]을 말한다. 불로 지진 후에 선명하게 나타나는 터진 흔적을 '묵'이라고 말하는 이유는 아마도 묵화(墨畵)에서 어떤 형태를 분명하게 묘사한 주간선(主幹線)의 모습을 가지고 말한 것으로 보인다. 말하자면 '묵'은 귀조가 나타내는 열흔(裂痕) 중의 큰 가지를 가리키는 것이고 나머지의 작은 곁가지, 즉 '조지'를 탁문(坼璺)이라고 말한다. 여기에서 말하는 '탁'이라는 것은 '갈라진다'는 뜻으로 귀갑의 갈라진 금을 말한다. '문'은 원래 옥(玉)에 생긴 금을 가리키는 것으로 가늘게 난 금을 말한다.

불에 구워 갈라 터진 흔적으로 나타나는 귀조(龜兆)의 상(象), 즉 조상(兆象)은 다섯 가지가 있다고 말한다. 그 다섯 가지는 비가 오는 모습[雨], 비가 그쳐 운기(雲氣)가 하늘에 남아 있는 것 같은 모습[霽], 마치 안개가 끼어 있는 모습[蒙], 하늘에 떠 있는 구름이 있는 듯 없는 듯한 모습[驛], 서로 교차하거나 침범하는 모습[克][30] 등을 가지고 말하기도 한다. 고전 중에 나오는 몇몇 자료를 통하여 점복의 과정과 방법 등을 어느 정도 부분적으로는 재구성할 수 있다. 그러나 그것은 여전히 추정에 불과한 것인지도 모른다. 보다 정확하게 그것을 알 수 있게 되는 것은 역시 갑골(甲骨) 실물의 발견에 의해서 가능하였을 것이다.

귀복을 행하였다는 가장 이른 증거는 지금부터 5,300년 전의 복골이 내몽고 지역에서 발견되기도 하였지만 지금부터 4,000년에서 5,000년 이전 시기 특히 산동(山東)의 용산문화(龍山文化)에서 발견된 복골은 이루 헤아릴 수 없을 정도로 많다. 이 시기는 바로 고고학적으로 신석기 시대의 후반기, 즉 문명 발생의 전야(前夜)에 해당되는 때이다. 그런데 이 시기의 복골이 가지고 있는 주요한 특징 중의 하나는 사전에 인위적 가공을 하지 않고 바로 불 위에다 놓고 굽고 있다는 점이다. 이것은 아직 점복의 기술이 다양하게 발전되지 않고 있다는 사실을 말해 주는 것으로 보인다.

그러나 문명기에 접어든 상나라 문화의 유적지(지금으로부터 약 3,500~4,000년 정도)에서는 이미 사전에 인위적 가공을 가한 복골이 더 많이 발견되고 있다. 인위적 가공의 방법은 구체적으로 깎고 다듬고 구멍을 내는 작업이다. 특히 여기에서 중요한 작업 중의 하나가 바로 선찬후작(先鑽後灼, 먼저 칼로 구멍을 낸 후 불에 구움)이다.31) '찬(鑽)'이라는 것은 복골의 뒤편의 특정한 위치에 구멍을 내되 완전히 관통하여 뚫지는 않는 것이다. 이 구멍을 찬안(鑽眼) 혹은 찬공(鑽孔)이라고 하는데, 이 구멍을 불로 구우면 뼈의 면(面)에 균열된 무늬들이 보다 쉽게 나타나고, 또한 분명한 하나의 방향이 정해져 나타나게 된다. 이런 '선찬후작'은 바로 점치는 기술이 날로 발전하고 있음을 말해주는 것이다.

상대(商代) 초기의 복갑(卜甲) 중에는 대부분 '찬'과 '작'의 흔적이 남아 있다. 그런데 만상(晩商) 시대의 유적인 은허(殷墟)의 복갑 중에는 '찬' 이외에 또한 '착(鑿)'이라는 기술을 겸해서 사용하고 있다. 여기에서 말하는 '착'이란 무엇인가? '착'이라는 것은 찬공의 옆에 다시 좁고 긴 홈을 가볍게 파는[鑿] 것을 말한다. 이렇게 작은 홈을 파는 이유는 불에 구울 때 복조(卜兆)의 방향을 더욱 좋게 조절하기 위한 것이다. 이렇게 본다면 복갑 중에 보이는 찬착의 형태는 크게 세 가지 경우로 나눌 수 있다.

첫째는 찬과 착 두 가지를 모두 사용하는 경우이다. 두 번째는 찬만 사용하고 착은 사용하지 않는 경우이다. 세 번째는 착만 사용하고 찬은 사용하지 않는 경우이다. 상대 사람들이 행하는 복골의 방법에는 거북 이외에도 동물의 양쪽 어깨 부위에 있는 삼각형의 뼈인 견갑골을 이용하여 점을 행하기도 하였다. 일찍이 상대 이전의 용산문화의 유적지에서도 점에 사용한 복골이 발견된다. 그러나 당시에 사용된 것들은 대부분 양, 돼지와 소 등의 수골로 오직 불에 굽기만 하였고 찬착을 한 흔적은 보이지 않는다. 지금까지 알려진 바로는 찬과 착 두 가지를 모두 사용하기 시작한 시기는 상대 이후부터이다.

인위적 조작 혹은 가공의 기술이 더욱 다양하게 사용되는 이유를 인간의 주체적 해석과 참여라는 의미 이외에, 또 하나 추론할 수 있는 것은 우주를 더 이상 인격적인 것으로 파악하기보다는 일정한 질서가 있는 것으로 보려는 경향이 점차적으로 부각되는 것으로도 볼 수 있다. 왜냐하면 점법의 해석과 우주관에 대한 논의는 함께 연계되어 있기 때문이다.[32)]

거북의 껍질을 인위적 가공을 하지 않고 바로 불 위에 놓고 구운 것과 인위적인 가공을 통하여 불에 구운 것 사이에는 엄청난 차이가 있다. 인위적인 가공을 통하여 일정한 조문을 만들려는 시도가 일차적으로 의미하는 것은 일종의 점법의 규칙화(規則化)와 조상의 해석에 대한 방법의 고정화(固定化)가 점차적으로 진행되고 있다는 것을 의미한다. 점법의 규칙화와 조상에 대한 해석 방법의 고정화가 의미하는 것은 곧 인격적인 초월적 존재의 의지가 아닌, 질서 있는 혹은 고정화된 우주관의 출현을 뜻하기 때문이다.

은대의 귀복점은 후대의 서점(筮占)에 비해서 점법과 징조의 해석 방법이 고정화되어 있지 않는 것은 사실이다. 그러나 귀복의 점법과 해석 방법의 고정화는 후대로 갈수록 더욱 가속화된다. 예를 들면 앞에서 인용한 『주례』의 "태복(太卜)은 세 가지의 조상(兆象)을 복문(卜問)하는 방법을 다루는데 첫째가 옥조(玉兆)이고, 두 번째가 와조(瓦兆)이고 세 번째가 원조(原兆)이다. 귀복의 기본적인 복조의 상(象)은 120종이고 점괘의 조사(兆辭)는 1,200종이나 된다"라는 말을 통해 보면 귀복의 점법과 해석들은 이미 상당 부분 고정화되고 체계화되어 있음을 알 수 있다.

태복은 조상을 세 가지로 분류하여 복문한 것으로 보인다. 이른바 조(兆)는 "앞서서 나타나는"[33] 것으로 일종의 조짐을 의미한다. 점복이라는 것은 이 '조짐'을 살펴서 점을 치는 행위[34]이다. 이처럼 귀복의 점법과 해석들은 상당 부분 고정화되고 체계화되어 있음을 알 수 있다.

귀복은 은나라뿐만 아니라 주나라 때에도 여전히 남아 있었고 더욱 정밀한 체계로 발전하면서 일정한 부분에서는 오히려 주도적인 위치를 점하고 있었던 것으로 보인다. 『주례』에 다음과 같은 말이 있다. "대체로 나라의 큰일은 먼저 서점을 치고 난 뒤에 귀복으로 문점한다."[35] 주나라 사람들은 귀복의 점이 서점이나 다른 어떤 점보다도 영험한 것으로 생각하는 것 같다. 귀복점은 기본적으로 나타난 조상을 살펴보는 행위이다. 그러나 귀복에서 가장 중요한 단계는 단순히 드러난 조상을 살펴보는 데 그치는 것이 아니라, 드러난 조상을 해석하고 판단하는 것에 있다.

5. 조상(兆象)의 해석

상대 갑골복(甲骨卜)의 가장 중요한 발전은 역시 복골 혹은 복갑 위에 문자를 새기는 것이라고 할 수 있다. 새겨져 있는 문자의 내용은 대체로 복점한 과정과 결과를 기록하고 있다. 이러한 문자들이 바로 유명한 갑골문(甲骨文)이다. 지금까지 알려진 가장 오래된 갑골문의 실물은 1950년대 정주(鄭州)의 이리강(二裏岡)에서 출토된 것인데, 자체(字體)로 보아서는 상대의 만기(晩期)에 속하는 것으로 추정된다. 이 시대는 신정일치(神政一致)의 종교적 분위기가 농후하다. 은대에는 점을 치는 방식으로 그들의 앞날을 기원했는데 그런 점을 친 기록들이 바로 갑골문이다.

은허(殷墟)에서 출토된 갑골문은 왕실의 보물이라고 할 수 있다. 당시의 상왕(商王)은 자신이 하려는 모든 일들에 앞서서 반드시 점을 쳐서 그 점복의 결과에 따라 다음 행동의 거취를 결정하였다. 복사(卜辭)는 바로 점친 내용과 행동의 거취를 기록한 것을 말하는데, 그 내용은 매우 풍부하고 다양하다.

그 내용들은 왕의 조상에 대한 제사, 외족(外族)에 대한 정벌, 농사의 풍년을 기구(祈求)하는 것, 수렵, 질병, 가족, 포로, 노예에 대한 내용 등 일일이 헤아리기가 어려울 정도이다. 그렇다고 갑골문은 단순히 점을 친 내용을 기록한 것에 불과한 것이 아니라 그 기록은 시간적으로는 300여 년간 십여 명의 왕들이 통치했던 시기와, 공간적으로는 수많은 제후국 사이의 관계 속에서 이루어진 것이기 때문에 당시의 생활과 정치적 상황들까지도 충분히 살펴볼 수 있는 중요한 사료의 가치를 가지고 있는 것으로 보아야 할 것이다. 이처럼 갑골복은 상대 시기의 왕실과 귀족들의 정치적인 행위에 매우 중요한 역할을 하였음을 보여주고 있다.

특히 지금까지 발견된 10만이 넘는 갑골(물론 일부분의 발견에 불과하지만[36])들은 당시 사람들이 나름대로 중요한 일들에 관해 거의 매일 점복을 행했음을 말해주고 있다. 또 어떤 경우에는 하루에도 몇 차례 복을 행한 경우도 발견되고 있다. 비록 귀복 조작의 분명한 순서를 기록한 자료는 없으나, 발견된 유물의 내용들을 대조하고 분석하여 보면 그 조작 순서를 발견할 수 있다.

그 순서는 우선 쉽게 해결하지 못하는 문제가 발생하면 그것을 복자(卜者)에게 맡겨 신의 뜻을 구한다. 복자는 거북이를 불에 구워 조상을 얻는다. 그다음에, 조상에 근거하여 우리가 쉽게 이해할 수 있는 자연물상(自然物象), 예를 들면 비가 온다[雨]거나 비가 개었다[霽]는 식으로 유비(類比)하고 난 후 다시 이것과 상응하는 송사(頌辭)를 찾아내어 길흉을 판단하고, 미래를 예측한다.

여기에서 말하는 조(兆)라는 말은 "앞서서 나타나는"[37] 일종의 조짐(兆朕)을 의미한다. 이른바 점복은 이 '조짐'을 살펴서 점을 치는 행위[38]이다. 길흉을 결정하는 주요한 근거는 조지(兆枝)의 형태가 어떻게 변화하고 있는가 하는 것을 살펴보는 데 있다. 불에 구워 갈라진 조상의 형태를 통하여 은대의 복관들은 이것이 길조인지 혹은 흉조인지를 판단한다.

그러면 복관들은 나타난 조상을 어떻게 해석하는가? 물론 여기에는 이것을 해석하는 사람들의 주관적인 견해가 들어갈 여지가 많다. 그러나 여기에도 나름대로의 객관적 기준이 있었던 것으로 보인다. 객관적 판단의 기준을 결정하는 중요한 근거는 아마도 나타난 조문의 가로와 세로의 각도와 모습에 따라 나름대로의 해석을 부가하고 있었던 것으로 보인다. 길흉을 정하는 객관적인 근거는 조간(兆幹)에 대한 조지(兆枝)의 형태 변화를 통하여 결정된다.

귀복의 조상에는 수직적으로 나타나는 징조인 종조(縱兆), 즉 조간과 이와는 방향이 다른 수평적으로 나타나는 횡조(橫兆)인 조지 두 가지가 있다. 길흉을 결정하는 주요한 근거는 조지(兆枝)의 형태가 어떻게 변화하고 있는가 하는 것을 살펴보는 데 있다.

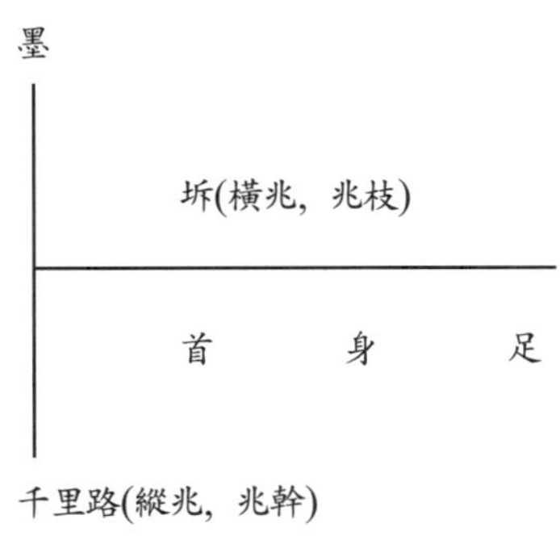

도표2)

동작빈(董作賓)은 조지, 즉 탁(坼)을 머리[首], 몸통[身]과 발[足]의 세 부분으로 나눈다. 여기에서 말하는 머리, 몸통과 발이 의미하는 것은 그것들이 구체적으로 변화하는 위치에서 나온 말이다. 즉 묵(墨)에 가까운 것을 '머리', 중간에 있는 것을 '몸통', 끝에 있는 것을 '발'이라고 말한다. 여기서 길조는 머리 쪽이 올라가고, 발쪽은 아래로 모이는 것을 말한다. 또 흉조의 대표적인 모습을 '신절탁(身節坼)'이라 한다. 즉 "옆으로 벌어진 횡조의 중간인 몸통 부분[身]이 아래로 구부러진 것"39)을 말한다. 그러나 오직 이런 종조와 횡조의 교차에 의해 생긴 각도의 변화, 즉 조간에 대한 조지의 위치 등을 통해서 길흉을 판단하는 것은 언뜻 보기에 간단할 것으로 보이지만 실제로는 매우 복잡하다.

점복의 길흉을 판정하는데 오직 조상이 드러내는 종횡의 각도만으로 충분한 것인가? 종조와 횡조 두 가지가 교차하여 생긴 단순한 각도의 변화만을 통하여서 길흉을 판단해내는 것은 분명히 어렵다. 그러면 복조의 각도 이외에 어떤 다른 요소가 길흉을 판단하는 데 있어서 중요한 역할을 하는가? 아마도 그것은 무엇보다도 점치는 과정에 대한 인위적인 조종이나 조작이라는 측면과 점복의 과정을 통하여 나타난 조상에 대한 주체적인 해석일 것으로 보인다.

은나라 사람들이 점을 칠 때 몇 번이나 점을 쳐서 복조의 일치성을 묻는데, 이런 상황에서 점복을 주재(主宰)하는 복인(卜人)이나 정인(貞人)40) 등의 점치는 관리들이 이것을 상당 부분 조종할 가능성이 있다. 현실적으로 복조와 길흉 판단의 절대적인 표준을 객관적으로 규정하기가 힘든 상황에서 점을 주재하는 사람들의 주관적인 개입이 들어갈 여지가 높아질 수밖에 없다. 어떤 절대적인 표준이나 객관적 규칙을 정하는 것은 힘들기 때문에 점치는 사람이 이를 조종하고, 해석하는 경우 점치는 사람이 가지고 있는 주관적인 개입이 중요한 영향력을 발휘할 가능성이 크다.

『주례』의 기록에 의하면, 전문적으로 점복을 주재하는 사람의 호칭으로 태복(大卜) 이외에도 복사(卜師)41), 귀인(龜人)42), 화씨(華氏)43), 점인(占人)44) 등의 명칭이 보인다. 물론 이들이 모두 똑같은 일을 한 것은 아니다. 예를 들면 『주례』에 "점을 치는 경우에는 대체로 군주는 귀조(龜兆)의 모습[體]을 살피고, 대부는 귀조의 기색(氣色)을 살피고, 사관은 귀조의 갈라진 큰 흔적을 살피고, 복인은 옆으로 갈라진 작은 흔적을 살핀다"45)라는 말을 통해서 알 수 있다. 이것을 도표로 정리해 보면 다음과 같다.

복사직관卜事職官의 명칭	중요한 담당 업무
귀인龜人	취귀取龜와 공귀攻龜 (살귀殺龜 및 자르고 다듬는 과정)
화씨華氏	작灼을 위한 제반 준비
복사卜師	작귀作龜 (불로 지지고, 찬鑽하고 착鑿하는 일)
태복大卜	작귀作龜, 명귀命龜 (점칠 내용을 거북에게 고告함)
점인占人	점귀占龜 (조탁兆坼을 보고 길흉吉凶을 정함)

도표3)

위의 도표3을 통해서 알 수 있듯이 점을 치는 전체 과정에서 태복과 점인이 가장 중요한 역할을 한다. 그러나 점치는 데 있어서 다른 관리들의 참여는 필수적이다. 중요한 문제를 결정하는 경우에는 군주나 왕족들이 참여하는 것은 매우 일반적인 상황이었던 것으로 보인다. 이들 관리들은 왕을 비롯한 왕족이나 귀족들과 관련된 정치문제뿐만 아니라 일반적인 생활 속의 문제들도 복을 통하여 결정되기 때문에 복인이나 정인은 자연스럽게 최고의 권력을 누렸던 것으로 보인다.

복인이나 정인은 기본적으로 복의 조작을 담당하였을 뿐만 아니라 더욱 중요한 사실은 그들이 조상을 해석하고 그것에 가치를 부여하는 권리를 가지고 있었다는 사실이다. 이것이 의미하는 것은 그들이 인간과 신을 매개하는 중요한 역할을 하고 있다는 점이다. 그러므로 신정(神政) 시기에 해당하는 은대에 그들의 지위는 당연히 높았고 영향력은 우리가 상상할 수 없을 정도로 막강하였던 것으로 보인다.

인간과 신, 인간과 자연 세계를 하나의 전체로 연결시키고, 신과 자연세계의 의지와 변화를 해석하는 동시에 그들을 상호소통시킬 수 있는 능력과 임무가 그들에게 있었던 것이다. 말하자면 그들은 자연세계와 인간세계에 대한 해석의 권리를 독점하고 있었다고 할 수 있다. 그러나 조만간 이러한 세계에 대한 해석의 권리는 세속화되면서 현실의 정치적 왕에게 거의 집중되어 버린다.

사람들이 처음에 귀복을 행하려 하였던 근본적인 출발점은 그들의 행위와 결과에 대한 의심과 두려움을 신의(神意)라는 무소불위(無所不爲)의 권위에 의탁하려는 것에서 찾을 수 있다. 이런 귀복의 행위를 통하여 자신의 의지와 기원을 확신하고 검증하려는 것이다. 그런데 이런 귀갑에 나타나는 조상을 보고 해석하는 과정 속에서 신의는 결코 하나로 정해져 나타나는 것이 아니라 사람에 따라 각기 다르게 해석될 수밖에 없다. 말하자면 동일한 하나의 조상에 대해 얼마든지 각기 다른 해석을 할 수 있다. 여기에서 조상에 대한 자의적인 해석이 가지고 있는 부정적인 영향에 대해서도 지적할 수 있다. 즉 어떤 객관적인 규칙이나 표준 또는 법칙을 통한 해석이 없는 상황에서 그것을 해석하는 사람의 자의적인 생각이나 관점을 통해 제멋대로 해석될 가능성이 생길 수밖에 없기 때문에 나타난 조상은 단지 하나의 핑계이고 오직 복문(卜問)을 담당하는 사람의 자의적인 관점에 의한 독단적인 해석 역시 얼마든지 가능하게 된다.

여기에서 우리가 분명히 짚고 넘어가야 할 것은 중국 고대의 귀복이 가지고 있는 중요한 특징 중의 하나는 바로 일방적인 신의 계시나 명령을 얻는 방식과는 분명히 구별되는 점이 있다는 사실이다. 그것은 바로 인간 자신의 주체적 해석의 가능성과 주동적 참여의 길을 분명히 열어놓고 있기 때문이다. 이른바 인간 자신의 주체적 해석의 가능성과 주동적 참여라는 것으로, 바로 '관물취상(觀物取象)'이다.

이런 귀복의 조상에 대한 해석 과정은『계사전』의 "상을 보고 말을 붙이고 길흉을 밝힌다"[46]는 말로 설명할 수 있다. 이 말은『주역』을 이해하는 데 있어 가장 중요한 관점인데, 이것은 바로 귀복점의 조상 해석에서 그 기원을 두고 있음을 발견할 수 있을 것이다.

동일한 조상에 대해 각기 다른 해석을 하는 경우는 복사(卜辭)의 기록들에서 자주 발견할 수 있다. 은허의 복사들 중에서 자주 보이는 것으로는 하나의 같은 골판(骨板) 위에 서로 정반(正反)의 정문(貞問)을 좌우 대칭으로 새겨 넣은 것을 말한다. 즉 '좌우대정(左右對貞)'의 방식으로 하나의 같은 사항에 대해 각기 반대의 입장에서 복문(卜問)하는 경우이다. 이러한 복사를 대정각사(對貞刻辭)라고 말한다.[47] 이것은 어떤 동일한 사항에 대해 처음에는 긍정적인 측면에서 물었다가 다시 부정적으로 묻는 것을 말한다. 예를 들면 "비가 올 것 같으냐?"라고 물었다가 다시 "비가 오지 않을 것 같으냐?"[48]라고 부정적인 각도에서 다시 묻는 경우를 말한다.

아래의 그림4는 곽말약(郭沫若)의『복사통찬(卜辭通簒)』에 보이는 제64편의 귀갑으로 사진을 통해서 보아도 매우 정밀하게 처리되어 있는 것

그림4)

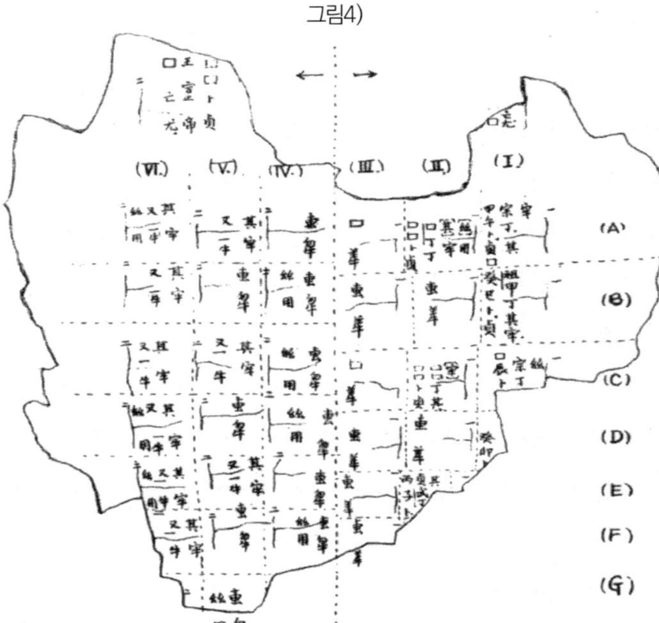

그림5)

을 볼 수 있을 것이다.[49] 그리고 아래의 그림5는 그림4의 귀갑을 곽말약이 풀이하고 정리하여 그린 것이다.

위의 그림5에 보이는 것처럼, 곽말약은 위의 귀갑이 중앙의 천리로를 중심으로 하여 다른 내용들이 좌우 대칭으로 배치되어 있음을 표현하고 있다. 앞에서 말한 것처럼, 같은 골판 위에 서로 상반되는 정문의 내용을 좌우 대칭으로 새겨 넣은 것을 말한다. 이른바 '좌우대정(左右對貞)'의 방식으로 복문한 내용을 새겨 놓고 있다.

이런 정반대의 정문이 의미하는 것은 절대적인 신의 혹은 계시보다는 인간의 독자적인 사유가능성이라는 측면이 부각된다는 점이다. 즉 이런 점친 결과가 오직 하나로 정해져 있는 것이 아니라 다른 해석 역시 얼마든지 가능함을 말한다. 구체적으로 말하면 하나의 같은 사항에 대한 복문(卜問)의 결과를 길(吉)한 것으로 혹은 흉(凶)한 것으로도 해석할 수 있다는 것이다. 하나의 물리적 현상에 대한 관찰자의 각기 다른 해석이 나온다는 사실은 바로 자각적인 혹은 주체적인 인간의 이성과 존재가 점차적으로 부각되고 있음을 말해준다.

조짐을 드러내는 조상 혹은 균열의 조문은 어떤 사물이나 사태의 길흉을 예지하는 일종의 상징적인 부호라고 할 수 있다. 여기에서 조상은 더 이상 순수한 물리적 자연현상에만 머무르지 않는다. 이런 귀조 혹은 조상 그 자체는 귀갑에 구멍을 뚫거나 불에 굽는 지극히 단순한 인위적 조작 행위에 의해 나타난 물리적 자연현상에 속하는 것은 분명하다. 그러나 이런 자연현상인 조상은 일련의 점복의 해석 과정을 통하여 길흉이라는 가치론적인 의미를 가지는 것으로 전환된다. 즉 물리적 자연현상에 불과한 조상이 점복자(占卜者)의 다양한 해석을 통하여 하나의 가치적 · 문화적인 상징 부호로 전환된다. 이것은 대자연의 물리적 현상 자체를 다분히 신비적으로 해석하던 단계에서 벗어나 인간의 자각적 이성을 통한 해석으로 넘어가는 과도기적 단계에 해당하는 것이라고 할 수 있다.

이런 과도기적 단계에 해당하는 것으로는 점복을 통한 왕권의 신성화 혹은 절대화라는 문제를 예로 들 수 있다. 은나라 시기의 왕들은 그들의 왕권을 절대화하는 데 점복을 유효적절하게 이용하고 있다. 당시의 왕들은 드러난 조상을 상당 부분 임의적으로, 자기의 의도에 맞게 해석하고 있다. 귀복을 진행하는 사람이 누구인가를 막론하고 모든 점복의 길흉에 대한 최후의 판단은 왕에 의해 결정되었던 것으로 보인다. 이 단계에 있어 점복은 이미 단순한 신의 뜻에 대한 해석이 아니라, 매우 세속화된 일종의 정치적 해석이라고 하여도 틀린 말은 아닐 것이다.

점복에 대한 이런 해석의 단계는 실제로 천명(天命)이나 천도(天道)에 대한 해석의 과정과 일치한다. 구체적으로 말하면 종교적 단계에서 정치적 단계로, 다시 도덕적인 해석으로 넘어가는 과정과 거의 일치한다. 여기에서 특히 주목하여야 할 문제는 종교적 단계에 속하는 귀복의 성격이 완전히 일방적인 신의 의지를 해석하는 것에 치우쳐 있는 것이 아니라 그 속에는 이미 인간의 주동적인 이성의 강조가 상당 부분 내재되어 있다는 점일 것이다.

『주역』의 원류에 해당하는 귀복점은 그것이 『주역』의 발생적 기원이라는 역사적 사실뿐만 아니라, 귀복점 자체에 이미 다양한 철학적인 해석을 가능하게 하는 여러 가지 요소가 내재되어 있다는 점에 주목하여 볼 필요가 있다. 실제로 점의 재료로 선택한 거북은 그 자체로 이미 우주적 모형을 상징하고 있다. 후대 『주역』의 철학적 출발점이 괘효의 상징체계의 해석에 있었던 것처럼, 귀복점에 있어서도 역시 조상이라는 특수한 상징체계에 대한 해석이 핵심적인 문제로 나타난다.

물론 조상 그 자체는 몇 가지 단순한 인위적 조작을 통하여 생겨난 물리적 현상일지도 모른다. 그러나 해석 이후의 조상은 더 이상 신의(神

意)를 담고 있는 신비한 조짐이나, 물(주로 수귀水龜를 이용)과 불(불로 지지는 과정)의 물리적 결합을 통하여 나타나는 자연적 현상에만 머무르지 않고 가치론적인 의미를 담고 있는 의미 내함(內含)적인 상징부호로 전환된다. 다시 말하면 이런 조상은 점치는 사람의 해석을 통하여 길과 흉이라는 가치 판단을 담고 있는 상징적 부호로 변화한다. 이것이 의미하는 것은 물리적 자연현상 자체를 신비적으로만 바라보던 단계에서 벗어나 인간의 자각적 이성을 통하여 해석하는 것으로 볼 수 있다.

귀복점이 가지고 있는 성격을 원시인들의 미신적인 행위로 간주하여 어떠한 철학적인 내용도 전혀 가지고 있지 않다고 보는 것이 일반적이다. 그러나 위의 논의들을 통하여 우리는 거북점 속에서도 철학적인 것으로 해석될 수 있는 잠재적인 근거들을 발견할 수 있었다. 거북을 점복물로 이용하는 의도 속에는 이미 중국의 전통적인 우주의 모형과 시간적 영원성, 천지인 삼재(三才)에 대한 원형적 사유가 들어 있다. 아울러 '대정각사' 속에서 대립하면서도 상호 대응하는 성격이나 물과 불의 결합이라는 점법을 통하여 이미 음양(陰陽) 이론으로 전개될 수 있는 사유의 단초들을 가지고 있음을 발견할 수 있었다.

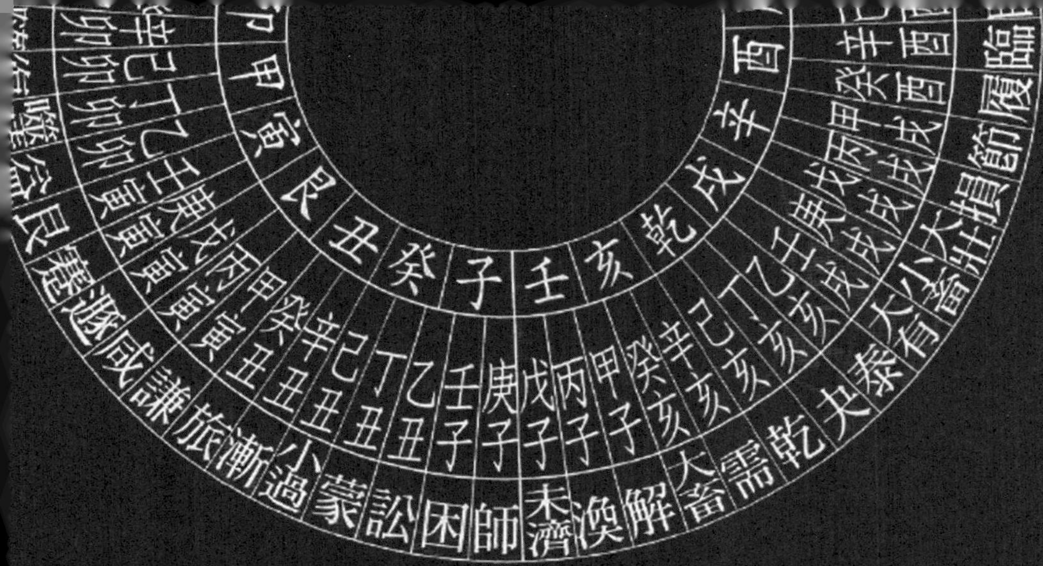

3

『주역』 형성 이전의 점서역학(占筮易學)

『주역』 형성 이전의 점서역학(占筮易學)

1. 귀복(龜卜)에서 서점(筮占)으로

(1) 시조(視兆)의 행위와 신(神)과 인간의 중개(仲介)

상대(商代) 이전의 점복(占卜)은 기본적으로 골복(骨卜)에 나타난 조상(兆象)을 살펴보는 시조(視兆)의 행위라고 할 수 있다. 복(卜)이라는 글자의 본의 자체가 바로 갑골 위에 나타나는 갈라져 있는 무늬, 즉 열문(裂紋)의 상형(象形)이기 때문이다. 갑골문에 나타난 귀조(龜兆)의 형태를 나누어 보면 아래와 같다.

실제로 위에 나타난 여러 가지 귀조의 모습은 언뜻 보기에도 모두 점을 친다는 의미를 가지고 있는 복(卜)자의 여러 가지 다양한 변화 형태로 볼 수 있을 것이다. 특히 이런 형태들은 조간(兆幹)과 조지(兆枝)의 각도나

혹은 조지의 형태가 가지고 있는 변화를 통해서 길흉을 판정하는 경우를 생각한다면 위의 관점은 더욱 분명하게 이해될 수 있으리라고 생각한다. 이른바 귀복에 점을 묻는 문복(問卜)이라는 태도 혹은 의미가 가지고 있는 가장 일차적인 혹은 기본적인 행위는 바로 이런 열문의 상형을 살펴보는 것에서 출발하고 있다.

귀복(龜卜) 즉 거북점을 행하는 가장 기본적인 태도는 조상을 살펴보는[觀] 행위에서 출발한다. 여기에서 가장 중요한 핵심은 단순히 드러난 조상을 살펴보는 데 그치는 것이 아니라, 드러난 조상을 어떻게 해석하고 판단할 것인가 하는 것에 초점이 놓여 있다. 그러나 거북의 열문을 통하여 드러난 조상을 해석하고 판단하는 문제는 분명히 매우 복잡하고 특수한 문제이기 때문에 누구나 이런 조상을 해석하고 판단할 수 있었던 것은 아닌 것으로 보인다. 왜냐하면 거북점을 통해서 나타나는 조상이 의미하는 것은 단순한 물리적 현상이 아니라 어떤 신령(神靈) 혹은 신성(神聖)한 성질을 가지고 있는 신비적인 것을 의미하기 때문이다.

상대(商代)의 갑골복은 분명히 신령스럽고 신성한 성질을 바탕으로 하는 종교 활동의 특질을 가지고 있다. 상대의 이런 점복 활동은 적어도 상층 문화 속에서 제사문화와 깊은 관련을 맺고 있었던 것으로 보인다. 이런 제사문화의 경향 속에서 중요한 역할을 하는 존재가 바로 '무(巫)'이다. 당시에 무는 조상신이나 상제 등의 신령스런 존재의 제사 과정에서 매우 중요한 역할을 담당하였을 뿐만 아니라 점복의 직능(職能)까지도 겸했던 것으로 보인다.

이런 '무' 혹은 '무사(巫師)'들을 샤만(薩滿, shaman)[1)]이라는 개념으로 정의하거나 번역하기도 한다. 예를 들어, 아더 웨일리(Arthur Waley)의 관점을 소개하면 다음과 같다.

> 고대 중국에서 귀신의 제사에서 중개를 하는 사람이 바로 무이다. 고대 문헌의 기술에 의하면 그들은 전문적으로 악을 몰아내거나, 예언을 하거나, 점을 치거나, 비를 기원하여 만들거나[造雨] 혹은 몽점(夢占)을 해석하는 일을 하고 있다. 어떤 무사들은 춤과 노래에 무척 능하기도 하다. 어떤 경우에 무는 신을 내리는[降神] 춤을 추는 사람으로 번역되기도 한다. 그들은 또한 무술(巫術)을 행하여 병을 치료하기도 한다. … 이런 점에서 중국의 무와 시베리아와 퉁구스 지역의 사만은 매우 비슷한 기능을 가지고 있기 때문에 '무(巫)'를 사만으로 번역하는 것은 적절한 것으로 보인다.2)

위의 말처럼 고대의 무가 가지고 있는 직능은 상당히 다양하고 넓었던 것으로 보인다. 그중에서도 점복을 행하는 일이야말로 그들이 하는 가장 중요한 일 중의 하나였다. 무가 하는 기능에 대해 다음과 같이 말하기도 한다. "서를 담당하는 서관(筮官)을 역(易)이라고 말한다. 서관이 사용하는 책을 『역(易)』이라고 말하는데 이것은 마치 사관(史官)을 사(史)라고 말하고, 이 때문에 사관이 사용하는 책을 『사(史)』라고 말하는 것과 같다. … 복서(卜筮)는 원래 무술(巫術)이고 아주 옛날에 이것들은 모두 무격(巫覡)이 관장하였다"3)고 하여 복서를 사만의 고유한 기능으로 보고 있다. 여기에서 고형(高亨)은 한 걸음 더 나아가 문자적인 관점에서 서(筮)와 무(巫)의 관련을 말하기도 한다.4)

실제로 점복 활동은 제사를 위해 기본적으로 필요한 것이었다. 그러나 점복과 제사는 구별해 보아야 한다. 제사의 대상이 귀신이나 조상의 영혼을 위한 것이라고 한다면, 점문(占問)의 대상은 직접적으로 귀신이나 조상의 영혼을 가리키는 것은 아니기 때문이다.5) 여기에서 점문하려는 대상이 도대체 무엇인가 하는 문제에 대한 여러 가지의 다양한 의견들이 생기게 된다. 점문의 대상이 귀신인가 혹은 신령한 거북이거나 또는 조상인가 등의 여러 가지 다양한 의견들이 있다.

점문의 과정에서 무엇보다 중요한 것은 점문을 통하여 나타나는 시조(視兆)의 행위와 해석일 것이다. 특히 점문의 과정에서 조상을 해석하는 사람의 역할이 가장 중요하다. 문점(問占) 혹은 점문의 과정에서 점을 치는 복인(卜人)이 가지고 있는 가장 중요한 기능은 점문의 주체와 대상을 연결시키는 중개적 역할이다.

복사(卜辭) 중에는 '빈(賓)'이라는 말이 자주 출현한다. 이 글자가 가지고 있는 후대의 의미는 '손님을 접대한다'라는 동사적 의미와 '손님'이라는 명사적인 뜻을 가지고 있다. 그런데 갑골문 속에서 말하는 이 글자는 주로 점을 주재하는 사람인 상왕(商王)을 표시하는 글자와 문점(問占)의 대상, 즉 구체적으로 조상의 성명(姓名)이나 제(帝)라는 말의 중간에 자주 놓여 있다. 이 경우의 해석은 바로 "상의 왕이 빈객(賓客)의 예(禮)를 갖추어 상제(上帝)를 접대합니다" 혹은 "상의 왕이 빈객의 예를 갖추어 모위(某位)의 조상을 접대합니다"라는 말이 된다. 여기에서 '빈'이 가지고 있는 뜻은 '소환(召喚)한다'는, 즉 '모셔온다'라는 의미로 해석할 수 있을 것으로 보인다. 다시 말하면 상나라의 왕이 점을 주재하는 복사의 도움과 중개에 의하여 그의 조상이나 상제를 통하여 점의 결과를 물으려 하였던 것으로 볼 수 있다. 상대에 행해졌던 상왕과 신령(神靈)이 서로 만나는 의식은 아마도 어떤 중개인을 통하여 실현되었던 것으로 보인다.[6] 여기에서 말하는 중개인이라는 말이 의미하는 것은 당연히 복인이나 무를 가리키는 것으로 보인다.

그런데 복문과정에서 '중개인'이 하는 '중개'의 역할은 다분히 간접적이다. 여기에서 말하는 '직접적 중개'나 '간접적 중개'라는 말은 무엇을 의미하는가? 이른바 '직접적 중개'라는 것은 신령의 의지 혹은 뜻을 자신 혹은 자기 몸을 통하여 직접 해석하거나 표현하는 것을 말한다. 예를 들면 음악이나 춤 등의 특수한 행동을 통하여 상제의 신령이나 조상의 신령이 자신의 몸에 강신(降神)하여 신령의 뜻이 자신의 신체나 입을 통하여 직접 표현되는 것을 말한다. 여기에는 상당 부분 중개인의 초월적인 또는 신비적인 직관력을 전제로 하거나 필요로 한다. 이런 직접적인 중개를 하는 방식은 대부분 샤머니즘적인 즉 무교(巫教)의 경우이다.

이에 비해 간접적인 중개가 의미하는 것은 열문(裂紋)이 현시(顯示)하고 있는 조상(兆象)을 해석하여 길흉을 판단하는 귀복점이나 서점 등을 가리킨다. 여기에서 말하는 점치는 과정을 실제로 행하는 사람이 가지고 있는 중개적 역할은 주로 거북[靈龜]을 인간과 신적인 영역을 이어 주는 하나의 매개로 삼아 현상을 해석하고 길흉을 판단하는 데 있다. 이런 점에서 직접적인 중개를 말하는 샤머니즘과 간접적인 중개를 말하는 점복이 가지고 있는 공통점과 다른 점을 구별하는 것 역시 상당히 중요하다.

이른바 인간과 신의 직접적인 중개를 말하는 무술(巫術)과 간접적인 중개를 말하는 점복이 기본적으로 가지고 있는 공통점은 둘 다 똑같이 신비적인 사유에 속한다는 점이다. 그러나 기본적인 중개의 역할과 원칙이라는 측면에서는 분명히 구별된다. 신과 인간의 직접적인 중개를 말하는 무술은 일종의 교감법칙(交感法則)에 근거하여 어떤 특별한 언어나 동작을 이용하여 사물과 사태의 힘과 흐름을 조정(調整)하고 조종(操縱)하려는 시도를 기본적으로 가지고 있는 것으로 보인다.

이에 비해 점복은 무술처럼 실천적이거나 조작적이지 않고 인지적(認知的)인 측면만 가지고 있다. 말하자면 점복은 다만 사물과 사물 혹은 사태와 사태 간의 연관관계를 발견하려는 시도만을 한다. 말하자면 무술은 신비한 초자연적인 역량을 이용하거나 그것을 움직여서 어떤 사태나 객관적 실재에 영향력을 발휘하여 그것을 변화시키려는 시도를 행하려고 한다. 이에 비해 점복은 신비적인 역량을 통하여 인간의 이성이나 감

성이 이해하지 못하는 사태나 영역을 이해하려는 시도를 한다.[7]

위에서 말한 조상신 혹은 상제와 인간의 직접적 중개와 간접적 중개라는 말이 가지고 있는 의미는 후대에(통행본 『주역』의 성립과 『역전』의 출현 이후에) 더욱더 풍부하고 깊은 내함(內含)을 가지게 된다. 무술의 경우는 현재의 사태와 앞으로 일어날 사태에 대하여, 그 사태나 상황에 처해 있는 다른 사람들을 위하여 직접적으로 신비한 초자연적인 역량을 이용하거나 그것을 움직여서 어떤 사태나 객관적 실재에 영향력을 발휘하여 그것을 변화시키려는 시도를 한다.

그러나 점복의 경우는 이에 비해 점을 대행하거나 중개한 사람이 직접 사태를 변화시키거나 영향을 주는 것은 아니다. 그 몫은 어디까지나 그 사태에 처해 있는 사람, 즉 점을 의뢰한 사람의 주체적 해석과 실존적 결단에 달려 있다. 이 문제를 더욱 근본적인 입장으로 거슬러 올라가 말하면 열문이 드러내는 조상이 길이나 흉으로 나타났다 하여도 그것이 현실에서 실제로 그대로 길이나 흉으로 규정되거나 나타나는 것은 결코 아니다. 왜냐하면 조상이 드러내는 길과 흉은 점치는 사람의 주체적 해석과 결단이라는 하나의 독특한 여과과정을 거쳐야 하기 때문이다.

여기에서 말하는 열문의 조상은 결코 미래가 이미 정해져 있다는 숙명적 혹은 정명적(定命的)인 것을 의미하지는 않는다. 그것은 다만 하나의 상징적인 부호이고 그것이 가지고 있는 함의는 그것을 해석하는 사람에 의해서 결정되고 부여되기 때문이다. 이런 과정에서 열문의 조상이 가지고 있는 신비적인 상징은 점차적으로 인문주의적, 문화적인 의미의 상징부호로 전환하게 된다. 이런 관점들은 상나라 때의 왕들과 점복 활동에 대한 관계들에서도 이미 보인다.

갑골문 중에는 상대(商代)의 왕들이 날씨 · 제사 · 정벌이나 사냥에 대해 복문(卜問)하는 기록들이 남아있다. 왕은 보통 정인(貞人)을 통하여 점치는 내용에 대해 묻고, 열문이 현시하는 복조에 대해서는 점인(占人)으로 하여금 해석하게 하였다. 이런 일련의 점복 과정은 대개 복관(卜官)들이 대신하였지만 왕이 직접 나서서 행하는 경우도 종종 있었던 것으로 보인다.[8)]

그러면 상대의 왕들이 점복 활동을 지지할 뿐만 아니라 자신도 적극적으로 참여하려고 하는 이유는 무엇인가? 아마도 그들은 점복을 단순히 점치는 행위 그 자체에만 의미를 두는 데 그치는 것이 아니라, 동시에 이런 신비한 행위 과정을 통하여 왕의 의식(儀式)에 장중함과 신비스런 권위를 더하여 이를 정치적인 목적에 이용하고 자신의 정치적 입지를 강화하려는 의도가 담겨 있었던 것으로 보인다. 이런 입장에서 보자면 점복이라는 행위는 그것의 성격을 문화적 · 정치적 활동의 범위에까지 넓히고 있다. 또 이런 점에서 조상은 단순한 물리적 현상이나 신비적 현상에서 정치적이고 문화적인 상징체계로 점차 전환하게 된다.

일련의 점복을 행하는 과정 속에서 가장 중요한 역할을 담당하고 있는 사람들은 언뜻 보기에는 정인이나 점인 등의 복관(卜官)으로 보일지도 모른다. 그러나 정치적인 또는 문화적인 상징체계로서의 조상을 해석하는 활동을 점복이라고 규정할 경우, 정인이나 점인 등의 복관은 다만 기술적인 과정을 처리하는 전문가 집단 혹은 중개인에 불과할 뿐이다. 결론적인 해석을 하고 판단은 어디까지나 점을 치는 주체, 즉 구체적으로 왕에게 주어져 있었다. 유일한 예언(預言)의 권리를 가진 사람은 오직 왕 하나뿐이다.[9)]

정인이나 점인 등의 복관 등은 분명히 특별한 전문적 능력을 가지고 있는 사람들이다. 그들은 귀복의 조상을 나름대로의 규칙과 객관적 규정을 가지고 해석할 수 있는 전문가들이다. 그러나 그들은 어디까지나 왕이나 점복을 행하려는 주체를 위하여 점복을 행하는 중개인의 역할을 하고 있을 뿐이다.[10] 이러한 복관과 왕 사이의 관계에서 생긴 점복에 대한 기본적 사유의 틀은 후대의 『주역』을 대하는 태도와 해석의 관점에 기본적인 사유의 틀을 제시해 주고 있다.

(2) 귀복에 대한 문자적 해석의 부가(附加)와 점사

어떠한 조문(兆紋)이 길한 것이고, 흉한 것인가 하는 해석의 판단에 대해서 당시에는 분명한 규칙 혹은 규정을 가지고 있었던 것으로 추정되지만, 지금의 우리로서는 그런 구체적인 내용에 대해서 상세하게 파악하지는 못하고 있다. 다만 귀복의 조상을 관찰한 내용을 기록하고 있는 갑골을 통하여 조문의 내용을 판단하는 기준이나 규칙들을 어느 정도 살펴볼 수 있을 뿐이다.

갑골문은 점복 과정과 결과들을 갑골의 조문 근처에 파 넣은 각사(刻辭)를 말한다. 그러나 갑골문이 모두 점을 친 기록을 의미하는 것은 아니다. 갑골문 속에는 점을 치지 않은 기록도 많이 있기 때문이다. 기능적인 측면에서 갑골문 혹은 갑골각사는 크게 비점복각사(非占卜刻辭)와 점복각사(占卜刻辭)의 두 가지로 구분된다. 점복의 과정을 거치지 않는 비점복각사를 다른 이름으로는 기사각사(記事刻辭)라고도 말한다. 은허의 갑골각사 중에서 '복(卜)'자 혹은 '정(貞)'[11]자의 각사가 출현하는 것을 점복각사 혹은 복사(卜辭)라고 말한다.

복사 중에서 자수(字數)가 많은 것은 거의 100여 자, 적은 것은 3~4자에 그치는 것도 있으나 대개 20에서 30자 정도가 일반적이다. 완전한 형태를 갖추고 있는 복사는 크게 술사(述辭), 정사(貞辭), 점사(占辭)와 험사(驗辭)의 네 부분으로 구성되어 있다.

그 개념들을 간단하게 정리하면 아래와 같다.

가. 술사라는 것은 서사(敍辭) 혹은 전사(前辭)라고도 하는데 주로 점복의 시간, 정인(貞人)의 성명 등을 기록하고 있다.

나. 정사라는 것은 명사(命辭)라고도 하는데 주로 점복이 묻고 있는 내용에 대해 기록한 것을 말한다.

다. 점사라는 것은 조문을 보고 난 후에 내리는(주로 상왕商王이 내리는) 성패(成敗)와 길흉의 판단을 기록하고 있다.

라. 험사라는 것은 점을 치고 어느 정도 시간이 지나간 후에 그 결과의 맞고 틀린 것들을 기록한 것을 말한다.

그런데 실제로 위에서 말한 네 가지의 사격(辭格)을 모두 갖추고 있는 복사는 그렇게 많지 않다. 네 가지 중에서 어느 하나 혹은 둘을 생략하거나 빼먹어 버리는 경우가 많고 특히 험사가 생략된 경우가 대부분이다. 어떤 하나의 사항에 대해 여러 번에 걸쳐 반복적으로 복(卜)하지만 실제로 왕이나 점을 친 주체가 어느 복에 따랐고 그 결과가 어떠했는가 하는 것에 대해서는 상세하게 알 수가 없는 경우가 대부분이다. 험사가 들어있는 복사는 사건이 발생한 시간, 지점과 내용이 모두 매우 구체적으로 기록되어 있어 전혀 점복한 결과를 기록한 것으로 보이지 않고 마치 어떤 일이 발생하고 난 후의 상황을 추기(追記)하였던 것으로 보인다.12)

이런 갑골의 복사(卜辭)가 후대 『주역』의 서사(筮辭), 즉 괘사(卦辭)와 효사(爻辭)의 형성에 많은 영향을 주었다는 사실에 주목할 필요가 있다. 출토된 갑골 복사와 현존하는 통행본 『주역』의 괘효사는 상당히 많은 부분에서 일치한다. 예를 들면 복사 중에 "길(吉) · 대길(大吉) · 리(利) · 불리(不利)" 등의 말들이 발견되는데 이런 말들은 통행본 『주역』의 "길 · 원길(元吉) · 리섭대천(利涉大川) · 불리섭대천(不利涉大川)"의 구절들과 거의 일치하는 것들이다.

복사에서 말하는 "길 · 대길 · 리 · 불리" 등의 말들은 바로 점친 물음

(questions), 즉 문복(問卜) 혹은 문점(問占)에 대한 일종의 대답(answers)이라고 할 수 있다.[13] 그러나 여기에서 말하는 점친 물음들에 대한 대답이라는 것은 어떤 객관적인 기준이나 표준에서 나온 것은 아니다. 말하자면 문점에 대한 대답은 어떤 다른 것에서 나온 것이 아니라 사실은 그 조상을 보고 점을 치는 사람의 주관적인 판단과 해석에서 나온 것이라고 말하는 편이 더 합당할지도 모른다.

비록 귀복점에서 길과 흉을 판단하는 나름대로의 객관적 기준이 없었던 것은 아니지만[14], 현실적으로 열문의 조상만을 통하여 명확한 대답과 판단을 내리기에는 한계가 있었기 때문에 자연적으로 개인적인 혹은 주관적인 해석이 부가될 수밖에 없었던 것으로 보인다. 이런 귀복점의 자의적 · 일방적 해석에 비해 나름대로의 객관적 기준을 통하여 합리적 · 객관적 해석을 하였던 『주역』의 출현은 과거 복사의 일방적이고 주관적인 측면을 보다 합리적이고 제한적인 규범 속에서 해석한 점에서 큰 차이가 있다. 여기에서 귀복점에서 징조(徵兆)의 상(象)을 살피는 문제와 그것에 대한 판단과 해석이라는 문제는 후대 『주역』의 관상(觀象)의 문제와 자연스럽게 연결된다.

위의 관점에 의하면 『주역』의 「계사전」에서 말하고 있는 상징부호 체계에 대한 언어문자를 통한 해석의 형식 혹은 방식, 즉 이른바 '관상계사(觀象繫辭)'[15]의 기원은 『주역』 성립 이전의 귀복점(龜卜占)과 깊은 관련이 있다는 입장에서 논의될 수 있을 것으로 보인다. 물론 점서(占筮)가 귀복에 근원을 두고 있다는 맥락에서 보자면 점서를 통하여 형성된 『주역』의 '관상계사'의 형식이 귀복에서 연원한다는 관점은 매우 자연스러운 것일 수도 있다.

귀복과 『주역』의 관계에 대해 더욱 구체적으로 말할 경우, 우선 『주역』의 괘효가 아래에서부터 위로 올라가는 순서는 갑골 각사의 순서와 서로 일치한다. 그리고 육단(六段)의 효사와 복사의 육구(六句)의 숫자가 딱 들어맞는다는 것도 그렇다. 이외에 통행본 『주역』에서 길흉을 단정하는 사구(辭句)들과 갑골의 복사를 서로 비교해 보면 여러 곳에서 더욱 유사한 상통점을 찾을 수 있다. 예를 들면 갑골문 중의 '정(貞)'자는 '복문(卜問)한다'는 뜻을 가지고 있는데, 통행본 『주역』의 '정(貞)'자 역시 이런 뜻을 가지고 있다(이 문제에 대해서는 앞의 주16을 참고). 이외에도 비슷한 관점을 얼마든지 찾아낼 수 있다. 이런 관점들이 바로 『주역』의 육효와 그 중의 점사(占辭)인 괘효사가 갑골의 복사를 모방하고 있거나 혹은 연원을 두고 있는 것으로 볼 수 있는 이유들이라고 할 수 있다.[16]

통행본 『주역』에 있는 괘사가 갑골문 중에서 발견되는 경우도 많이 있다. 예를 들면 건괘(乾卦)의 "원형이정(元亨利貞)"이라는 유명한 구절 역시 복사에 이미 보인다. 즉 이 말은 복문한 조사(兆辭)에서 나온 것으로 이른바 송(頌), 즉 사(辭)이다. 여기에서 말하는 '송'은 앞에서 인용한 『주례(周禮)』에는 "귀복의 기본적인 복조의 상(象)은 백 이십 종이고 그 송은 천 이백 종이나 된다"[17]라는 말에서 보이는 '송'이다. 이 말에 의하면 각각의 복조는 모두 120종의 조상을 가지고 있고, 또 모든 조상에는 모두 10가지의 다른 송이 있기 때문에 모두 1,200종의 복사, 즉 송이 있는 것으로 말한다.

정현(鄭玄)은 『주례』에 대한 그의 주석에서 송을 '주(繇)'라고 말하고 있다.[18] 현존하는 『주역』의 괘사와 효사에 해당하는 이 '송'이라는 말은 선진시기의 전적들인 『좌전』이나 『국어』 등에서는 '주'[19]라고 말한다. 『좌전』에서는 다음과 같이 말하고 있다.

> 진(晉)나라의 한선자(韓宣子)가 위정(爲政)을 하여 제후들을 예방하던 해에 양공의 애첩인 주압이 또 아들을 낳으니 이름을 원(元)이라 하였

다. 큰아들인 맹집(孟縶)은 발이 불구로 걸음을 제대로 걷지 못했다. 공성자(孔成子)가 주역으로 점을 쳐서 "원(元)이 부디 이 위(衛)나라를 차지하여 사직을 주관하게 하여 주십시오"라고 말하였다. 그랬더니 돈괘(遯卦)가 나왔다. 그는 다시 빌어 말하기를 "저는 맹집을 군주로 세울 것을 원하오니, 부디 좋은 운을 내리소서" 하고 말했다. 그랬더니 돈괘가 비괘(比卦)로 변하는 점괘가 나왔다. … 그리고 돈괘의 주(繇)에 말하기를 "제후를 세움에 이롭다(利建侯)"라고 하였다.[20]

또 『국어』의 「진어(晉語)」에서는 다음과 같이 말하고 있다.

공자(公子) 중이(重耳)가 직접 점을 쳐서 진(晉)나라로 돌아갈 수 있는지를 물었다. … 내괘와 외괘가 모두 움직이지 않았다. 서인이 점복한 후에 "길(吉)하지 않고, 막혀서 통하지 않으니 효가 변화하지 않는다"라고 하였다. 사공계자가 "길하다. 이것은 『주역』에서 모두 제후를 세움에 이롭다(利建侯)"라고 하는 것이다. … 그 주(繇)에서 말하기를 "원형(元亨)코 이정(利貞)하니 가는 것을 두지 아니하고 제후를 세움에 이롭다"라고 하였다.[21]

위의 인용문에서 말하는 '주'는 바로 통행본 『주역』에 있는 괘사에 해당하는 것으로 보인다. 구체적으로 "원형(元亨)코 이정(利貞)하니 가는 것을 두지 아니하고 제후를 세움에 이롭다"라고 하는 말은 바로 둔괘(屯卦)의 괘사에 직접 인용되는 것으로 '주'가 바로 괘효사 임을 분명하게 보여주고 있다.

실제 통행본 『주역』에 보이는 괘사나 효사라는 말은 『좌전』이나 『국어』에서는 발견되지 않고 그것들을 '주'라는 말로 대신하고 있을 뿐이다. 말하자면 춘추전국 시기에는 아마도 괘사와 효사의 구분은 없었던 것으로 보인다.[22] 오직 『주역』의 괘효사만을 '주'라고 칭한 것은 아니다. 고대 복서(卜書)의 조(兆) 아래에 있는 것을 조사(兆辭)라고 하는데 이 조사를 또한 '주'라고 말하기도 한다.[23] 『좌전』에는 다음과 같은 말이 있다.

> 전에 진나라 헌공(獻公)이 여희를 부인으로 삼으려 하여 거북점을 치니 불길한 괘가 나오고, 시초점을 치니 길하였다. 헌공은 시초점을 따르겠다고 하였다. … 또 그 점사에 말하기를 한 사람만을 오로지 하면 잘난 척하여 오만해지고 한 그루의 향기 있는 풀과 더러운 냄새가 나는 풀을 함께 놓아두면 십 년이 지나도 더러운 냄새만 남게 된다고 하였으니 절대로 안 된다고 말하였다.[24]

서점을 치는 책[筮書]의 괘효사나 복서의 조사를 '주'라고 말하는 이유는 구체적으로 무엇인가? 이에 대한 고형(高亨)의 관점은 대체로 간단한 운율을 가진 말로 가요에 해당하는 것이기 때문이라고 말한다. 즉 '주'라는 말을 요(謠)와 같은 뜻으로 사용하고 있다. 이 때문에 복과 서의 주를 고대에서는 '송(頌)'이라고 말한다.[25] 특별히 송이라고 말하는 것은 그 말에 운(韻)이 있기 때문[26]이라고 말한다. 이런 이유에서 근래에는 『주역』을 고대의 시가(詩歌) 혹은 가요(歌謠)의 관점에서 다룬 연구 업적들도 속속 출현하고 있다.[27]

일반적으로 중국 최고의 시가집(詩歌集)을 『시경』으로 보는 것은 상식에 속하는 것이지만, 『시경』보다 시기적으로 훨씬 이전인 『주역』 속에 당시에 유행한 한 권의 시집이 들어가 있다는 것을 대부분의 사람들은 모르고 있다.[28] 이런 측면에서 철학적으로 뿐만 아니라 역사적 · 문학적인 측면에서도 조명해 볼 충분한 가치가 있을 것으로 보인다.

예를 들면 장립문(張立文)은 "『주역』의 괘효사 속에 비(比)나 흥(興)의 체제와 매우 유사한 시가(詩歌)들이 보이고, 이것들은 거의 『시경』의 풍(風)

과 아(雅)에 필적할 만한 것이다. 물론 이 둘 사이에서 가장 크게 다른 점은 『주역』의 내용 표현이 간단하고 질박한 반면, 『시경』은 풍부하고 부드러운 표현을 하고 있다는 점이다. 그러나 중요한 것은 시대의 다름이다. 『주역』의 주(繇)에서 『시경』의 민요(民謠)로의 발전은 시가의 발전 과정을 보여준다. 만약 이런 관점에서 말하면 『주역』의 단주(短繇)는 『시경』 민요의 전신(前身)이라고 할 수 있다. … 그러나 이런 비나 흥의 시가들은 상대(商代)의 복사 중에서는 거의 발견되지 않고 있다"[29]라고 하였다. 『주역』의 비나 흥 등의 운율을 갖추고 있는 시가들이 『주역』 속에서는 쉽게 발견되지만 복사 속에서는 거의 발견할 수 없기에 주목할 필요가 있다. 앞에서 언급한 "송이라고 말하는 것은 그 말에 운(韻)이 있기 때문이다"라는 관점은 비판적으로 따져볼 필요가 있다.

운율을 갖춘 시가 혹은 가요는 『주역』 속에서 자주 발견되지만, 복사 속에서는 거의 발견되지 않는다는 사실은, 복사를 오직 시가나 가요가 가지고 있는 운율이란 문제와 연결시켜 해석하는 것은 문제가 될 수 있다는 말이다. 왜냐하면 『주역』의 서사 중에는 운율을 이용한 것도 있지만, 운율을 이용하지 않은 것 역시 많이 있기 때문이다. 이것은 근본적으로 성질상에서 매우 큰 차이가 있다.

운율을 이용하고 있는 곳의 서사 내용은 대체로 어떤 사태에 대한 서술이나 묘사에 관한 것이 많다. 이와는 달리 전혀 운율을 사용하지 않는 서사(筮辭)도 있는데 그것은 대부분 길흉화복을 판단하는 말에 속하는 것으로 보인다. 이런 말들은 길이나 흉 등의 거의 정해진 말들로 구성되어 있는데 그런 것들이 바로 점사(占辭)이다.

그런데 『주역』의 괘효사가 운율을 사용하는 반면에 이보다 시기적으로 더 오래된 고대 복사의 조(兆) 아래에 있는 조사(兆辭)는 거의 운율을 사용하지 않는다. 그러면 왜 『주역』은 운율을 사용하고, 복사는 운율을 사용하고 있지 않는가? 이 문제에 대해 어떤 사람들은 『주역』이 가요를 인용하고 있는 반면에 복사는 인용하고 있지 않다고 말한다. 그러므로 『주역』의 서사에서 운율을 사용하는 부분은 『주역』을 지은 작역자(作易者)가 창작한 것이 아니라 다만 당시에 유행하던 가요를 인용하고 있을 따름이라는[30] 관점을 말하기도 한다.

위의 말에 의하면, 통행본 『주역』의 성립 이전에 이미 엄청나게 많은 복사(卜辭), 즉 송이 존재하였다는 말이 된다. 그러나 아쉽게도 『주례』에는 통행본 『주역』 성립 이전의 복사에 대해서 구체적으로 기록하고 있지 않다. 하지만 통행본 『주역』의 괘효사가 수천 개가 넘는 수많은 복사를 모방하고 있거나 그대로 채택하였을 가능성 역시 크다고 할 수 있다.

우리는 통행본 『주역』의 괘사와 효사가 상대(商代)에 기록된 갑골 복사의 문구와 매우 비슷한 점을 어렵지 않게 발견할 수 있다. 참고로 상대에 행해진 몇 종류의 복사와 통행본 『주역』의 구절들을 구체적으로 가지고 와서 비교하면 아래와 같다.

(가) 복사 : 貞我旅吉.
『주역』 : 旅貞吉.

(나) 복사 : 巳未卜, 其剛羊於西南.
『주역』 : 利西南, 不利東北.

(다) 복사 : 庚辰卜大貞來丁酉, 其口於大室, 口於西鄉.
『주역』 : 屯其膏, 小貞吉, 大貞凶.

(라) 복사 : 貞亡得.
『주역』 : 大有得, 無疑.

(마) 복사 : 逐鹿獲.

『주역』 : 良馬逐.[31]

위의 예들을 통해서 우리는 복사와 통행본 『주역』의 괘효사의 체제 및 내용이 완전히 일치하지는 않지만, 그것의 연원과 깊은 연관성이 있음을 발견할 수 있을 것이다.

(3) 점법(占法)의 간이화(簡易化)와 서점(筮占)의 출현

앞에서 『주례』가 말하는 "귀복의 기본적인 복조의 상은 백이십 종이고, 그 송(頌)은 천이백 종이나 된다"라는 말에서 120종의 복조의 상과 1,200개의 송에 대해 이야기하였다. 거북을 손질하여 불에 구워 얻은 자연적 조상(兆象)을 120개의 기본적인 상과 1,200개의 송으로 모두 아우를 수는 없었을 것이다. 물론 여기에다가 귀조(龜兆)의 옥문(玉紋), 와문(瓦紋)과 전문(田紋)의 세 가지 유형에 각각 적용하면 길흉의 사구(辭句)는 모두 3,600종이라고 할 수 있다. 그러나 현실적으로 이것만으로는 부족하기 때문에 비슷한 내용들은 거의 그대로 사용하고, 바로 사용하기 힘든 경우는 임시로 새롭게 만들어낼 수밖에 없었던 것으로 보인다.[32]

여영량(余永粱)은 임시로 만든 주사(繇辭)의 경우를 말하고 있다. 예를 들면 『좌전』 장공(莊公) 22년에는 다음과 같은 말이 있다.

> 이에 앞서 의씨(懿氏)가 경중(敬仲)에게 딸을 아내로 주려는 것에 대해 점을 치려 그의 아내가 점을 쳤다. 이에 '길하다. 이것은 봉황새가 날고, 서로 쟁쟁하게 울어 그 소리 잘도 조화를 이루는 그런 좋은 괘입니다' 하고 말했다. 이어서 '규(嬀)씨의 성을 가진 후손들이 강(薑)씨의 성을 가진 나라에 와서 길러질 것입니다. 오세(五世)에 이르러 번창

해서 상대부(上大夫)의 자리를 나란히 하고 8세손에 이르러서는 그와 어깨를 나란히 할 자가 없을 것입니다'라고 하였다.[33]

이런 주사는 대부분 조상을 관찰하고 나서 그때그때 임시로 창작하여 만든 것들에 해당한다. 만약 지금 점쳐서 나타난 조상이 이전에 행한 점 중에서 똑 같은 조상이 있거나 혹은 점사(占辭)가 있으면 옛날의 그것들을 그대로 연용(沿用)하는 것이 일반적이었다.[34] 이처럼 갑골복사는 점을 친 일을 기록하고 있다.

갑골복사는 다만 점친 일을 기록한 것에 불과하고 조상을 보고서 길흉을 점치는 말은 찾아보기 어렵다. 예를 들면 "경인복재급, 정왕전, 왕래무재(庚寅卜在級, 貞王田, 往來無災)"라는 말은 경인(庚寅) 일에 왕이 수렵을 가는 것에 대해 묻고 있는데 결과는 오고 가는 길에 재난이 없을 것이라는 말이다. 그러나 우리는 이 결과가 어떤 조문을 보고 얻은 것인지를 알 수 없다. 이 말이 어떤 조상을 보고 얻은 결과인지를 알 수 없고 또 무엇이 흉하고 길한지에 대해서는 알 수 없다.

조상을 보고 점치는 것에는 정해진 표준 답안이 있는 것이 아니라 조상을 보는 사람의 입장에 따라서 마음대로 판단할 수 있었던 것으로 보인다. 물론 당시의 전문가인 태복은 그 스스로가 생각하고 있는 조상분리법은 있었던 것으로 보인다(『주례』의 송이 모두 1,200개라는 구절에 보임). 태복은 출현한 조상을 보고 스스로 그것을 해석하였던 것으로 보이나 인위적으로 대응관계를 규정하지 않는 한 이것은 보편성을 가질 수 없게 된다.[35]

이 문제에 대해 주백곤(朱伯崑)은 다음과 같이 말하고 있다.

"현존하는 통행본 『주역』의 괘효사는 대부분 과거의 점문(占問) 기록, 즉 서사(筮辭)에 근원을 두고 있다. 더 구체적으로 말하면 『주역』의 64괘의 괘사와 384효 효사는 모두 서사에 근원하고 있다. 이 서사는 특정한 어떤 한 사람이 창작한 것이 아니라 오랜 세월에 걸쳐 누적되어 온 것들이다. 서사가 너무 많이 누적되면 정리해야만 한다. 그렇게 했을 경우 점을 칠 때 참고자료로서의 기능을 할 수 있게 되는 것이다. 이 문제에 대해 『주례』의 「춘관(春官)」에는 복서(卜筮)를 담당하는 사람이 매번 점복을 행한 이후에 거기에서 얻은 조상과 점단(占斷)한 사구(辭句)를 기록하여 창고에 보관한다는 기록이 있다. 그리고 한 해가 끝날 무렵 누적한 복사나 서사를 모두 정리하여 그것의 응험(應驗)을 판별하여 가려낸다는 것이다. 이런 점에서 『주역』의 괘효사는 소재(素材)라는 측면에서 말하면 복사나 서사 중에서 가려진 것들이라고 말할 수 있다."[36]

대개의 경우는 과거의 조사들을 거의 그대로 사용하지만, 같은 조사가 없는 경우는 새롭게 만들 수밖에 없었을 것이다. 이런 식으로 새롭게 만든 조사가 자꾸 많아지고 복잡하게 되면서 나중에는 도저히 구분이 가지 않을 정도로 복잡하게 되어버린다. 조사가 점차적으로 계속 누적되어 많아지게 되면 그것을 쉽게 구별하기 힘들게 되고, 지금 나온 조상에 해당하는 주사를 일일이 대조하여 찾아내거나 혹은 그것들을 하나하나 모두 기억해낸다는 것은 정말 어려운 일이 되어 버린다.

상이한 조상에 대한 주사(繇辭)의 창작은 주사의 양을 무한정으로 증가하게 만든다. 이런 주사의 무한정한 증가라는 상황은 귀복점의 시행을 매우 골치 아프고 복잡하게 만들어 버린다. 이런 식의 복잡한 점법에 대해 반발하면서 보다 '간이화(簡易化)된 점법'을 지향하는 경향이 출현하는 것은 어쩌면 매우 자연스러운 현상이라고 할 수 있다. 이런 문제에 대해 "서법(筮法)은 바로 복잡한 점법을 대신하기 위해서 출현한 것"[37]이라고 말하는 입장은 상당한 설득력을 가지고 있는 것으로 보인다.

심지어 풍우란(馮友蘭)은 '간이화된 점법'이란 관점을 『주역』이라는 서명과 관련시켜 말하기도 한다. 즉 "주(周)대의 사람들이 만들었기 때문에 주(周)라는 말을 앞에 가져다 붙였다. 또 그것의 사용 방법이 간이(簡易)하기 때문에 『역(易)』이라고 말하는 것이다"라고 하여 '간이화된 점법'을 지칭하는 것을 '역(易)'이라 하고 그것이 하나의 서명으로 형성되었다고 말한다.38) 여기에서 풍우란은 『주역』이 가지고 있는 특성을 귀복의 복잡한 점법에 대비되는 것에서 찾고 있을 뿐만 아니라, '점법의 간이화'라는 것이 『주역』의 형성과 역학사의 흐름에서 매우 중요한 의미를 가지고 있음을 말하고 있다. 그러면 '간이화된 점법'이라는 말에서 '간이화'가 의미하는 내용은 구체적으로 무엇인가?

점법의 간이화라는 말에서 우리가 가장 쉽게 가질 수 있는 오해는 그 의미를 점을 치는 과정에서의 단순한 절차적 과정의 축약 혹은 생략을 뜻하는 것으로 생각하는 경우이다. 여기에서 말하는 '간이화'라는 말의 의미는 단순한 절차적 과정의 축약이나 생략을 의미하는 것이 아니라, 합리적인 규칙과 법칙적인 절차적 과정의 발견을 통하여 점을 보다 합리적·효율적으로 조작하고 운용하는 것을 말한다.

우선 위에서 말한 무한정한 주사에 의한 점법의 시행이라는 문제와 관련시켜 말하면, 점법의 간이화가 의미하는 것은 일차적으로 어떤 규정 혹은 규칙에 의해 일정한 수의 주사를 제한하여 정하는 것을 말한다. 복점을 치는 경우에 있어서 상황과 경우에 따라 항상 다르게 나타나는 조상을 해석하기 위해서 새로운 많은 조사를 창작할 수밖에 없었다. 조사의 무한정한 창작에 의해 귀복점은 매우 복잡한 것으로 변화하게 되고 이런 상황에서 점법의 간이화라는 경향이 출현하게 되었기 때문에 무엇보다도 일정한 주사를 한정하거나 제한하는 것이 우선적인 과제였다고 할 수 있다.

주사를 일정한 수로 한정한다는 것은 우선적으로 일정한 숫자의 조상을 제한하는 작업을 전제로 하고 있음을 의미한다. 말하자면 조상이 어떤 규칙에 의해 일정한 숫자로 정해지는 것이 전제되어야 그에 따라 정해진 조상의 아래에 붙는 주사의 수도 한정할 수 있기 때문이다. 적어도 이런 문제들이 가능하기 위해서는 분류와 귀납 등의 상당히 높은 수준의 수리적 · 논리적인 사유와 방법이 필요하게 된다. 바꾸어 말하면 여기에는 점법에 '수'가 본격적으로 개입되는 것을 의미하는데 이것은 점법에 있어서 하나의 획기적인 전환을 의미하는 것으로 바로 시초점(蓍草占), 즉 '점서(占筮)'의 출현을 말한다.

조상을 만들어내는 일이 엄청나게 번잡하고 어려운 일이고, 무엇보다 거북을 잡아 구멍을 내고 불에 지지는 과정은 참으로 복잡하다. 서법(筮法)의 출현은 이런 번잡하고 복잡한 과정을 면하게 만든다. 괘수(卦數)는 분명히 정해진 것이 있고 괘효의 아래에는 정해진 사(辭)가 달려있어 서점(筮占)을 칠 때 얻은 어떤 괘, 어떤 효는 괘상(卦象)에 의거할 수 있고 괘효사는 그 문제를 통하여 더욱더 폭넓게 추론할 수 있게 되는 것이다.

2. 점서역학(占筮易學)의 구조

(1) 상(象)에서 수(數)로

귀복에서 점서로의 이행은 하나의 획기적인 발전과정이라고 할 수 있다. 이것은 바로 춘추 시기의 한간(韓簡)이 말하는 귀상(龜象)에서 서수(筮數)로의 과정이라고 할 수 있다.

거북[龜]을 이용하는 점은 상(象)으로 나타나고, 시초(蓍草)로 치는 서(筮)의 점은 수(數)로 나타난다. 물(物)이 생겨난 후에 상(象)이 있고, 상이 있고 난 후에 크고 많아지고[滋], 크고 많아진 후에 수가 있다.39)

한간은 상과 수를 통하여 귀(龜)와 서(筮)를 구별하는데, 이것은 두 가지 점복(占卜)이 근거하는 사물을 가지고 나누어 말한다. 즉 귀복(龜卜)은 조상을 보고 길흉을 정하고, 서점(筮占)은 수에 근거하여 길흉을 판단한다. 이어서 한간은 "물(物)이 생겨난 후에 상(象)이 있고, 상이 있고 난 후에 크고 많아지고, 크고 많아진 후에 수가 있다"라고 말하는 것은 만물은 모두 상을 가지고 있기 때문에 거북을 통하여 길흉을 판단하는 것이 가능하고, 또 만물은 모두 수를 가지고 있기 때문에 서점은 수에 근거하여 만사만물의 길흉을 판단하는 것이 가능하다고 말하는 것으로 보인다.40) 한간의 말에 대해 공영달은 다음과 같이 해석하고 있다.

상(象)이 생기고 난 후에 수(數)가 있다고 말하는 것은 수가 상에 근거하여 생겼기 때문이다. 예를 들면 주역의 괘상(卦象)은 수에 근거하여 생겼기 때문에 먼저 설시(揲蓍)하고 난 후에 괘를 얻는데, 이는 상은 수에서부터 생겼기 때문이다.41)

그러나 여기에서 중요한 것은 서점 역시 상점(象占), 즉 상(象)을 보고 점을 친다는 사실이다. 이 점을 어떻게 이해하여야 하는가? 거북을 불에 구워 얻은 조문이 바로 상이다. 점복(占卜)은 바로 이 상을 가지고 길하거나 흉한 것을 판단한다. 이에 비해 점서는 시초(蓍草)를 이용하여 일정한 순서, 즉 서법(筮法)에 따라 연산한다. 이런 일련의 서법에 따라 나온 서수(筮數)에 근거하여 길흉을 예측하는 것이 바로 점서이다. 한간이나 공영달은 수라는 것은 어디까지나 상이 있고 난 후에 생겼다는 점을 이야기하고 있다. 이 관점은 동시에 복(卜)이 서(筮)보다 먼저 존재하였고, 복에서 서로의 변화를 하나의 발전과정으로 보고 있는 것으로 보인다.

귀상(龜象)과 서수(筮數) 이 둘을 서로 비교하면 몇 가지 측면에서 다른 점을 발견할 수 있다. 그중 먼저 이야기할 수 있는 것은 거북을 불에 구워 얻은 조상은 약간의 인위적인 가공이 부가되었다 하더라도 기본적으로는 자연적으로 생긴 무늬이다. 그러나 정해진 순서에 따라 연산하여 얻은 점서의 괘상은 인위적인 추산에 근거하여 나온 것이다. 말하자면 서점에서 관찰하여 얻은 것은 수자(數字)이고, 귀복점에서 관찰한 것은 어디까지나 갑골이 불에 구워진 후에 출현한 자연적 조상이다.

거북의 조상이 형성된 후에는 그것을 인위적인 과정을 통하여 조작하거나 다르게 변경하지 않고, 복인(卜人)은 오직 그 조문에만 근거하여 길흉을 판단하였다. 그러나 괘상의 형성 후에는 괘상에 대한 여러 가지의 분석과 논리적인 연산을 통하여 길흉을 판단하였다. 이런 점서의 괘상을 조상과 비교해 보면 인간의 추상적인 사유와 길흉을 묻는 과정에서 인위적인 요소가 훨씬 더 많이 개입되어 있음을 알 수 있다. 이런 관점에서 귀복에서 점서로 이행한 과정은 하나의 발전 혹은 진보로 간주할 수 있다.[42]

점서 역시 복점처럼 점을 행하는 과정에서 복잡한 절차를 거친다. 즉 시초의 연산을 통하여 나타난 수를 다시 하나의 독특한 부호체계로 전환한다. 이 독특한 부호의 체계가 바로 8괘와 64괘로 대표되는 괘(卦) 혹은 괘획(卦畵)이다. 이것은 복점이 관찰의 대상으로 삼았던 조상과는 성질상에서 전혀 다른 특징을 보여준다. 해석의 대상인 귀복의 조상과 서점의 괘상 체계의 차이는 먼저 전자가 자연적·천연적인 것인 반면에 후자는 인공적이고 약정적(約定的)인 특성을 가지고 있다. 말하자면 귀복의 조상이 자연적 물상(物象)이라고 한다면, 서점의 괘상은 인공적인 부호의 체계이다.

관찰과 해석의 대상이 자연적 물상 혹은 신의(神意) · 신성(神性)의 흔적을 담고 있는 조상에서 인공적인 부호의 체계인 괘효상으로 전환하였다는 사실은 인간의 합리적 · 주체적인 사유의식이 크게 발전하였음을 말한다. 이런 괘효상의 해석에 필요한 인간의 능력은 직관적 능력보다는 합리적 이성과 논리적 사고가 더욱 강조된다. 그러므로 보통 사람 누구라도 괘효상을 보고 스스로 해석할 수 있게 되는 것이다.

이에 비해 신비적인 성격을 가지고 있었던 귀상, 즉 신성한 조상에 대한 해석의 권리는 특별한 소수의 전유물이었다. 그러나 서점의 출현이라는 복서에 대한 일종의 세속화 과정을 통하여 일반사람 누구라도, 어디에서나 쉽게 점을 치거나 해석할 수 있는 것으로 변화하게 된다. 주백곤(朱伯崑)은 점복과 점서의 차이에 대해 다음과 같이 말하고 있다.

> 첫째로, 설시(揲蓍)하여 괘를 만드는 과정은 소정(所定)의 연산과정을 통하여 행해지는데 여기에는 연역 논리적인 사유내용을 함유하고 있다. 이런 과정을 통하여 얻은 괘상은 바로 '인모(人謀)'의 산물이다. 그러나 복서가 근거하고 있는 '복조(卜兆)'는 거북의 배나 동물의 뼈에 구멍을 내고, 불에 구워서 나타나는 무늬로 상제(上帝)의 계시에 따르는 것이라고 할 수 있다. 두 번째, 점서가 근거하는 괘상은 배열조합된 수학법칙에 의해 이루어진 것으로 그 구조는 논리적 내용을 가지고 있는 반면에 복조는 논리적 의미를 가지고 있지 않다. 세 번째, 괘효사에서 말하는 내용들은 대부분 선민(先民)의 생활경험으로 사람들에게 어떻게 취길피흉(趣吉避凶)할 것인가를 가르치는 것으로 선민의 우환의식과 생존을 도모하는 지혜를 그대로 보여주고 있다. 이에 비해 복사(卜辭)는 점복을 통하여 길흉을 단정한 사(辭)로서, 대부분 상제의 명령으로 다른 선택의 여지를 찾을 수가 없다. 네 번째, 서법이 길흉을 판단하는 과정은 괘효사에서 말하는 이전의 일들에 근거해서 앞으

로의 결과를 추단하는데 여기에는 유비논리(類比論理)적인 사유요소를 가지고 있다. 그러나 복서의 경우에는 오직 복사(卜師)의 신비적 체험에 의존할 뿐이다.43)

이러한 점법과 그 해석이라는 측면에서 생겨난 변혁 과정에서 가장 주목할 부분은 바로 다름아닌 점법의 간이화라는 과정이다.

(2) 상점(象占)과 『역상(易象)』의 의미

점서역학이 비록 수(數)에 근거하는 것으로 전환하였다고 하여서 완전히 상(象)을 무시하거나 버린다는 말은 아니다. 점서역학에서 수가 강조되는 것은 점 해석의 근거가 되는 상을 만들기 위해서이다. 실제로 초기의 서점(筮占)은 이론상으로는 모두 상점(象占)이다. 점서역학의 최고봉으로서 훨씬 체계적으로 형성된 『주역』의 점법 또한 마찬가지이다.

춘추시기의 역점(易占)이 가지고 있는 성격에 대한 학자들의 관점은 여전히 상점이다. 만약 괘효에 부가된 괘효사로 괘효를 해석하는 경우가 더 많기 때문에 사(辭)가 오히려 더 중요한 것이 아닌가라는 의문을 제기할 경우, 춘추시기의 점은 여전히 상점(象占)이라고 쉽게 이야기할 수는 없을 것이다. 그러나 길흉의 해석이라는 점에서 비록 괘효사를 가지고 길흉을 해석하는 경우도 있지만, 더욱 중요한 것은 점을 해석할 때 천(天)·지(地)·뢰(雷)·풍(風)·산(山)·택(澤) 등의 괘상에 근거하는 것이 일반적이기 때문이다.

어떤 사람들은 위에서 말한 한간의 "물이 생겨난 후에 상이 있고(物生而後有象)"라는 말은 「설괘전」에서 말하는 "우레로써 움직이고, 바람으로써 흩뜨리고, 비로써 적시고, 해로써 말리고, 간으로써 그치고, 태로써 기쁘게 하고, 건으로써 군림케 하고, 곤괘로써 저장케 한다”44)는 말을 가리키는 것으로 보기도 한다. 즉 바로 움직이고 흩어지는 상이 있기 때문에 “하늘과 땅이 자리를 정하고 산과 못이 기를 통하여, 천둥과 바람이 서로 부딪히고 물과 불이 서로 쏘지 않아야” 비로소 8괘가 상착(相錯)하여 64괘가 이루어지게 되는 것이다.

또 이른바 “상이 있고 난 후에 크고 많아지고[滋]”라는 것은 8괘의 상과 만물을 연계하여 말하는 것이다. 8괘가 만물과 함께 연계된다는 것은 8괘에 움직이고 흩어지는 상이 있기 때문이다. 이런 이론을 통하여 8괘와 만사만물은 연계된다. 또 “크고 많아진 후에 수가 있다”는 말은 물상이 자라나서 운동하는 과정 중에 수의 특징이 표현된다는 것을 말한다. 즉 물상이 수를 가지는 특징으로 인해서 64괘가 비로소 만사만물의 길흉을 예시할 수 있게 된다는 말이다.45)

점서의 순서는 우선 수자(數字) 괘획을 얻고 난 후에 괘상을 정하고 마지막에는 괘상이 가지고 있는 상징적 의미에 근거하여 만사만물의 길흉을 판단한다. 귀복에서 거북의 문양이 출현하는 모습은 무한하지만, 이에 비해서 점서의 수는 유한하다. 대연지수(大衍之數)의 배열과 조합에 근거하지만 결국은 제한적이다. 귀복은 열문(裂紋)의 무한성으로 사물발전의 무한성에 대응하지만 서점은 책수(策數)의 유한성으로 사물발전의 무한성을 해석하고 있다.46)

서점의 ‘상(象)’이 가지고 있는 독특한 성격은 무엇보다도 서점이라는 특수한 점법에 근거하기 때문이다. 여기에는 초월적인 존재가 드러내려는 뜻을 파악하는 데 있어서 단순히 인간의 신비적인 직관에 근거하는 것이 아니라, 수학적인 배열과 규칙을 통하여 해석하는 특수한 점법에 근거하고 있다. 시초의 배열과 수학적인 추론의 방식을 통하여 형성된 서점 점법의 기본적인 체계는 더 이상 단순한 자연현상이나 초월적인 존재의 암시가 아닌 이성적인 인위적 가공과 정리 이후에 출현한 것이다. 이런 서점의 서사(筮辭)는 거북점의 복사와 비교할 때 내용과 형식 등에서 분명한 차이를 가지고 있다. 이 문제에 대해 여돈강(余敦康)은 다음과 같은 분석을 하고 있다.

> 기능적인 측면에서 주역의 서사는 복사와는 분명히 다르다. 주역의 서사는 단순히 사료 보존이라는 의미의 점복의 기록이 아니라, 이후에 행하는 점서에 참고와 추론의 근거를 제공해 준다. 이 때문에 그것은 인식과정 중에서 적극적인 작용을 하여 이미 알고 있는 것에서 알지 못하는 미지(未知)의 것으로 나가게 만드는 창조적인 기능을 한다. … 서사는 인식이 진일보 발전할 수 있는 매개와 전제이지만, 복사는 다만 원래 있었던 사유양식의 단순한 중복에 불과할 뿐이다. 서사와 복사가 인식과정 중에서 일으키는 작용은 분명히 다르다.[47]

중국 상고시대에 사람들이 천신이나 귀신들에게 길흉화복을 묻는 방법에는 여러 가지가 있었다. 서점의 서사나 귀복점의 복사가 다 같이 점을 치고 난 뒤에 그것을 단편적으로 기록한 것이라는 관점에서는 차이가 없다. 그러나 복사는 단순한 신령의 계시를 기록한 것 혹은 사료의 보존이라는 측면에만 머물러 있을 뿐이지 다른 어떤 창조적인 해석이나 기능을 발휘한 것은 아니다.

복사와는 달리 서점의 서사는 이런 단편적인 기록들을 사전(辭典) 식으로 편찬하여 정리하고 있다. 이것이 바로 64괘의 정돈된 형식체계이다. 이런 인위적인 편찬을 통한 서점의 상징체계는 단순히 신령의 계시에만 의거하여 문점(問占)하는 단계에 머물지 않고, 괘효의 '상'이 나타내는 관계와 상징의 응용을 통하여 철학적 · 문화적인 방면에서 주체적 · 창조적인 해석을 할 수 있도록 만들어주는 작용을 한다고 할 수 있다.

여기에서 서점은 인간 자신의 논리적 사유를 통하여 무한한 해석을 가능케 하는 독특한 상징체계를 형성하게 된다. 즉 서점은 상점(象占)의 체계로 변하게 된다. 이런 구체적인 예를 잘 보여주는 내용을 『좌전』에서 발견할 수 있다. 기원전 540년 진(晉)나라의 한선자(韓宣子)가 노(魯)나라를 방문하여 노나라 왕실의 장서(藏書)를 구경할 때 그가 『역상(易象)』이라는 책을 보았다는 기록이다. 『좌전』에는 다음과 같은 말이 있다.

> 2년 봄에 진나라 군주가 한선자로 하여금 노나라에 와 방문케 하였고 한선자는 진나라의 위정자가 되었음을 말하기 위해서 노나라에 와서 군주를 알현하였다. 이런 것이 바로 예이다. 한선자는 노나라에 와서 태사를 통해 책을 보았는데, 『역상』과 『노춘추(魯春秋)』를 보고는 "주나라의 예법은 모두 노나라에 전해져 보존되어 있습니다. 저는 주공의 덕과 주나라가 천하의 왕 노릇을 하는 이유를 이제야 알 것 같습니다"라고 하였다.[48]

한선자(韓起)는 진나라의 새로운 위정자의 신하로 진후(晉候)를 대신하여 노나라 소공의 계위(繼位)를 축하하러 가는 길이었다. 당시의 맹주국인 진나라의 대신이 축하 사절로 노나라에 왔기 때문에 한선자는 노나라로부터 극진한 대접을 받게 된다. 극진한 대접을 하는 프로그램 중의 하나가 바로 소중한 물건들, 특히 비밀스런 책[祕書]을 보관하는 장소인 비부(祕部)를 관람하게 하는 것이었다. 여기에서 한선자는 『역상』과 『노춘추』를 보고는 감탄해 마지않았다는 것이다.

여기에서 말하는 『역상』은 도대체 무엇인가? 고형은 『역상』은 하나의 서명(書名)을 말하고, 그 내용은 『역경』의 괘효의 상과 주나라의 예제(禮制)를 옹호하는 책이라는 것은 분명하지만, 그것이 현존하는 『상전』과 일치하는가라는 문제에 대해서는 부정적인 입장을 가지고 있다.[49]

일반적인 명사적 개념으로 말하는 '역상'은 『주역』의 괘상과 그것으로 표현된 만사만물의 상이라는 뜻[50]으로 사용한다. 이른바 사전적인 해석에 의한 '역상'의 뜻은 상의 형식인 괘상과 그것의 작용을 통하여 나타나는 상의 내용을 말한다. 『역상』을 『좌전두예주(左傳杜預注)』는 다음과 같이 말하고 있다.

> 『역상』은 상 · 하경의 상사(象辭)이다.[51]

진대(晉代)의 유명한 경학자인 두예(杜預)의 "『역상』은 상 · 하경의 상사이다"라는 말은 여러 가지로 다양하게 해석될 가능성을 가지고 있다. 우선 생각할 수 있는 해석은 지금의 통행본 『주역』에서 말하는 『주역』 상 · 하경의 상사인 「대상전(大象傳)」으로 보는 경우이다. 말하자면 『역상』을 현존하는 『역전』의 「상전(象傳)」으로 간주하는 입장이다.[52] 이 경우에 있어서 '상사'라는 말은 '상(象)의 사(辭)', 즉 괘효상을 풀이한 말 혹은 '상징한 말들'이라는 의미로 해석된다.

그리고 또 다른 하나의 해석은 『역상』을 『주역』 상 · 하경의 괘효사로 보아 『주역』의 경문(經文) 부분에 해당하는 것으로 보는 입장이다. 즉 '상사'라는 말을 '상과 사'라는 뜻으로 해석하고 있다. 말하자면 상 · 하경의 상과 사인 64괘의 부호체계와 그것이 상징한 내용을 기록한 것으로, 대체적으로 『역경』 전체를 지칭하는 것으로 해석하는 경우이다. 이런 관점에서 『역상』이라는 명칭을 『역경』의 별명(別名)으로 보고 있다. 즉 두예가 말하는 '상사'는 『역전』 중의 「상전」이 아니라, 『역경』의 별칭이라는 것이다. 이처럼 『주역』을 『역상』으로 부르는 것은 아마도 『역경』이 64괘의 괘상을 가지고 있기 때문으로 보인다.[53]

심지어 어떤 사람들은 '역상'을 『주역』의 본래 명칭이거나 원시(原始)

명칭 혹은 판본(板本)으로 간주하기도 한다. 『주역』이란 명칭이 통행된 지가 오래되어 『주역』을 본래의 명칭으로 생각하지만 사실은 『역상』이 본래의 명칭이라는 주장이다.[54)]

위의 두 가지 해석에 대한 지지와 반론이 있을 수밖에 없다. 먼저 『역상』을 「대상전」으로 간주하는 입장에 대해 반론을 제기하는 사람들은, 이 시기에는 「상전」이 아직 출현하지 않았다는 주장을 하거나[55)] 명칭이나 내용에서 『역상』이나 「대상전」은 유사하지만 주례(周禮)를 보는 시각에서 분명하게 구별되고 있다는 점에서 『역상』은 현존하는 「대상전」과는 분명히 다르다고 말한다.[56)]

두 번째는 『역상』을 주역의 경문 부분으로 보거나 혹은 『주역』의 별칭으로 보는 관점에 대해 반박하는 의견인데, 그 논거로는 "『주역』의 경문은 당시의 열국들이 모두 가지고 있었기 때문에 한선자가 노나라에 가서 일부러 그것을 참관할 필요도 없었을 것이고 또 감탄할 만한 일도 아니었을 것"[57)]이라고 말한다. 또한 여기에서 『주역』에 대한 원시적인 명칭을 『역상』이라고 주장하는 관점에는 상당한 논리적 비약이 있음을 지적하지 않을 수 없다. 왜냐하면 『춘추』에는 '주역'이라는 말이 『역상』보다는 압도적으로 더 자주 출현하고 있기 때문이다.[58)] 예를 들면 『춘추』의 장공(莊公) 22년 조에 다음과 같은 구절이 있다.

> 진나라의 여공은 채나라 부인이 낳았다. 그런데 채나라 사람이 공자 오보(五父)를 죽이고 그를 군주로 세움에 여공은 경중(敬仲)을 낳았다. 경중이 어렸을 때에 주(周)나라 조정의 태사가 주역으로 점을 쳐주겠다고 진나라 군주를 만났다. 진나라 군주가 그에게 점을 치게 하니 관(觀)의 괘가 비(否)의 괘로 변한다는 점괘가 나왔다.[59)]

여기에서 말하는 '주역'이라는 말이 서명인지 아니면 단순한 점서를 의미하는 말인지는 분명하지는 않지만, 서명인 『주역』으로 보는 것이 일반적인 관점이다. 그러나 『춘추』에 출현하는 '주역'을 현재의 통행본 『주역』의 서명으로 보지 않고 당시에 유행하던 점서서(占筮書)의 간칭(簡稱)으로만 보는 입장도 많이 있다. 즉 "여기에서 말하는 주역은 하역(夏易)과 상역(商易)과 같은 차원에 있는 것으로 결코 주대(周代)의 점서를 대표하는 서명인 『주역』을 의미하는 것이 아니다. 『좌전』에서 『주역』의 괘효사를 인용할 경우 계속적으로 '遇□之□'이라고만 말하지 결코 『주역』이라는 서명은 말하지 않았다"[60]고 주장하여 이런 관점에서 『주역』의 서명이 본래 『역상』이라는 주장을 하기도 한다. 그러나 위의 인용문이나 『좌전』의 다른 구절에서 구체적으로 『주역』을 서명으로 언급하고 있지는 않지만, 실질적으로 인용되는 내용들을 살펴볼 때 그것은 현존하는 통행본 『주역』의 내용과 대부분 일치하고 있는 것으로 보아 『좌전』 장공 조에서 말하는 '주역'은 대체적으로 하나의 서명으로 사용한 것으로 보아도 무리는 없을 것으로 보인다.

그러나 『주역』의 서명이 본래 『역상』이라는 주장을 하는 입장에서는, 『주역』은 주나라 때의 점서 『주역』과 『역상』의 기초 위에서 생긴 것이라고 말하고 통행본 『주역』과 점서인 『주역』 및 『역상』의 내용과 함의는 다르다고 말한다.[61] 그러나 이런 관점들은 주장하는 내용에 대한 분명한 자료나 근거들을 제시해 주기보다는 상당 부분 주관적인 관점이 내재되어 있다는 점에서는 분명한 한계를 가질 수밖에 없다.

이런 관점에서 『역상』이 어떤 성격을 가지고 있는 자료인가를 판단하는 경우 우리는 그 뒤에 나오는 구절의 말들을 면밀히 분석해야 할 것으로 보인다. 특히 『역상』을 『주역』의 「대상전」으로 보는 학자들은 한선자가 감탄하는 "주나라의 예법은 모두 노나라에 전해져 보존되어 있습니다. 저는 이제야 주공의 덕과 주나라가 천하의 왕 노릇을 하는 이유를 이제야 알 것 같습니다"라는 말에 주목하고 있다.

한선자가 『역상』을 보고 놀라워하면서 주공의 덕과 주나라가 천하를 얻은 이유를 이제야 알겠다고 하는 말이 의미하는 것은 『역상』이 그런 내용들을 가지고 있었기 때문이다. 이 문제에 대해 공영달(孔穎達)은 "주나라가 천하를 얻은 이유는 문왕(文王)이 성덕(聖德)을 가지고 있었기 때문에 『역상』을 지을 수 있었던 것이다"[62]라고 말한다. 공영달의 관점에 의하면 『역상』은 문왕과 주공이 그것을 이용하여 인간의 도덕과 '천하를 다스리는 방책'을 만들었고, 그 책을 비부에만 보관하고 민간에는 유행하지 못하게 하였던 것으로 볼 수 있다.

이런 이유에서 공영달은 『역상』이 가지고 있는 특징을 '점서적(占筮的) 성격'을 넘어선 '수덕(修德)'과 '외왕(外王)'이라는 측면에서 말하고 있다. 공영달은 더욱 구체적으로 『역상』은 문왕(文王)이 창제하고 주공(周公)이 완성한 것으로 보고 있다. 그러나 『춘추』에서는 문왕을 직접 언급하고 있지 않다.

이 문제에 대해 청대(淸代)의 소병국(蘇秉國)은 "『역상』은 주나라에 속하는 것이기 때문에 『주역』이라고 부른다. 한선자는 주공과 주나라를 함께 이야기했지 처음부터 주공만을 미화하려고 한 것은 아니다"[63]라고 하여 『역상』에 대해 감탄하면서 주공의 덕에 대한 칭송은 단순히 주공 한 사람에 한정되는 것이 아니라, 주나라가 천하를 얻을 수밖에 없는 이유들에 대해 함께 이야기한 것이라고 말한다. 여기에서 우리는 공영달이 왜 『역상』과 문왕의 관계를 말하고 있는가 하는 이유에 대해 알 수 있을 것이다.

위의 논의들을 통하여 우리는 『역상』이 「대상전」의 원형일 수도 있고, 『주역』의 원래 명칭 또는 『주역』을 달리 부르는 별칭일 가능성도 있을 수 있음을 살펴보았다. 또 『역상』이 「대상전」이거나 『주역』의 원래 명칭이든 혹은 별칭인가를 따지는 이런 문제 역시 중요하다. 그러나 여기에서 우리가 눈여겨보아야 할 문제는 바로 여러 다양한 의견들 중에서 하나의 공통점을 발견할 수 있다는 것이다. 그것은 바로 '상(象)'이라는 개념이다.

왜냐하면 두예의 관점이나 고형 등이 『역상』을 「대상전」과 관련이 있다고 주장하거나, 또는 『주역』의 별칭으로 보는 관점 역시 64괘의 부호체계와 그것이 상징한 내용들에 초점을 맞추어 이야기하기 때문에, 모두 상의 사유인 상사유(象思惟)와 관련이 있다. 다시 말하면 그들은 공통적으로 『주역』의 상징적 기능에 주목하고 있는 것으로 보인다. 실제로 이런 『주역』의 상징적 기능을 이용한 결과가 바로 "주공의 덕과 주나라가 천하의 왕 노릇을 하고 있다"는 구체적인 사실이다.

여기에서 우리는 『좌전』에서 언급한 『역상』에 대한 논의를 통하여 『주역』 자체가 가지고 있는 상의 사유와 해석체계가 후대의 창조적인 철학적 · 문화적인 체계와 내용을 만들어내는 것이 가능하다는 사실을 파악할 수 있었다. 또 왜 고대의 점서적 내용에 해당하는 『역경』 부분이 역사적 발전에 따라서 사라지지 않고 여전히 창조적인 해석을 가능하게 해 주는 원천이나 재료의 역할을 하면서 굳건하게 존재하고 있는가라는 사실에 대해서도 충분히 이해할 수 있었다. 이런 모든 문제들에 대한 해답은 바로 『주역』의 핵심이라고 할 수 있는 '상'의 사유와 해석의 체계에서 찾아야 할 것이다.

(3) 대연서법(大衍筮法), 서의(筮儀)와 서법(筮法)

만약 역학사(易學史)의 관점으로 말하면 역학의 발전 단계는 세부적으로 5단계로 나눌 수 있을 것이다. 즉 거북점을 행한 귀복역학(龜卜易學),

『주역』 형성 이전의 시초점을 행한 점서역학, 『역전』 이전의 『역경』의 단계, 『역전』 형성 이후의 철학적 해석의 단계와 20세기 이후의 현대 역학의 단계로 나눌 수 있다. 이 구별을 어떤 학자는 점서역학, 전통역학(혹은 철리역학哲理易學), 현대역학으로 나누기도 한다.[64] 이 삼단계의 구별이 의미하는 것은 『주역』에 대한 해석의 단계들을 구별한 것으로 보인다. 즉 점의 입장 혹은 철학적인 관점의 해석과 다양한 현대적 관점에서의 해석의 차이를 통하여 나눈 구분으로 보인다.

여기에서 말하려는 점서역학은 주로 『주역』 형성 이전의 점서를 행하던 단계에 해당한다. 그러나 여기에서 다루려고 하는 점서의 방법이나 과정에 관한 내용은 결코 『주역』 형성 이전의 점서역학이라는 하나의 시대적 단계에 한정하여 이야기할 수는 없다. 왜냐하면 대연서법(大衍筮法)이나 구체적인 서의(筮儀)와 서법(筮法) 등의 문제는 『주역』의 「계사전」과 송대의 주자(朱子) 등에 이르러 나타나고 체계화되기 때문에 「계사전」의 '대연서법(大衍筮法)', 주자의 『주역본의(周易本義)』나 『역학계몽(易學啓蒙)』 등의 관점들을 통하여 이야기하지 않을 수 없다.

점서(占筮)를 통하여 길흉을 점치는 것을 점서역학이라고 말한다. 고대의 점서역학은 분명히 주류 문화의 지위에 있었으나, 『역전』 형성 이후 철학적 해석이 역학을 주도하면서 점서역학은 점점 소전통(小傳統)으로 전락하여 다만 민간에서 둥지를 틀었을 뿐이다.

『주역』 형성 이전에도 점서가 활발하게 이용되었다는 사실은 분명하나 그 점치는 방법[占法]이 구체적으로 어떤 것인가에 대해서는 지금은 정확하게 알 수 없다. 다시 말하면 『주역』 형성 이전에도 점서로서의 다양한 『역』은 존재한 것으로 보이지만(예를 들면 『귀장역』이나 『연산역』 등), 『주역』은 당시의 점서역 중에서 가장 보편적으로 행해진 점서였던 것으로 보인다. 그러면 먼저 현재 우리가 참고할 수 있는 점서의 방법을

「계사전」의 '대연서법'과 주자의 『주역본의』에 보이는 서의(筮儀) 등을 통하여 살펴보도록 하자.

서법(筮法)을 행하는 주요한 도구는 시초(蓍草)이다(아래의 그림6, 그림 7 참조). 시(蓍)는 식물 이름으로 무리지어 생장하는데, 가늘고 질기면서도 긴 줄기를 가지고 있는 식물이다.[65] 고형은 서점에서 행한 도구를 고찰하였는데, 처음에는 대나무[竹]를 사용하였고 나중에 시초를 이용한 것으로 보고 있다.[66] 이 시초의 줄기를 50개의 똑같은 길이로 만들어 점을 칠 때 사용한다.

그림6) 시초의 그림

그림7) 시초의 실제 사진

서법은 상당히 복잡하게 구성되어 있다. 서법을 행하기 위해서는 이에 해당하는 의례와 절차가 필요한데 이것이 바로 서의(筮儀)이다. 주자의 『주역본의』에 보이는 「서의」에 대해 살펴보도록 하자.

> 땅의 깨끗한 곳을 택하여 시초를 보관할 집을 만들어 남쪽으로 문을 내고 상을 방의 가운데에 놓는다. 상은 길이가 약 오 척, 넓이가

삼 척 정도로 하고 벽에 너무 가깝게 두지 말아야 한다. 시초 50개를 붉은 비단으로 싸서 검은 주머니에 넣고 독 안에 넣어서 상의 북쪽에 놓아 둔다. 독은 대나무 통이나 단단한 나무 혹은 옻칠한 삼베로 만드는데, 둘레는 지름이 3촌이 되게 하고 길이는 시초의 길이와 같게 하며, 반은 바닥이 되고 반은 뚜껑이 되게 하고, 아래는 별도로 대(臺)를 만들어 담아 쓰러지지 않게 한다. 목격(木格)을 독의 남쪽에 설치하되 상을 이등분한 북쪽에 자리하게 한다. 격(格)은 가로 목판으로 만들되 높이는 1척, 길이는 상 끝까지로 하고, 한가운데 두 개의 큰 홈[大刻]을 만들되 거리가 1척쯤으로 하며, 큰 홈의 서쪽에 세 개의 작은 홈[小刻]을 만들어 거리가 각각 5촌이 되게 하며, 아래에 가로된 발[橫足]을 달아서 상 위에 비스듬히 세워놓는다. 향로 하나를 격의 남쪽에, 향합 하나를 향로의 남쪽에 놓고 날마다 향을 피우고 공경을 다하며, 장차 점을 칠 때 물을 뿌리고 비로 쓸어 먼지를 털고, 벼루 하나 · 연적 · 붓 하나 · 먹 하나 · 황칠판 하나를 향로 동쪽에 깨끗이 씻어 놓되 동쪽을 위로 하며, 점치는 자는 재계(齋戒)하고 의관을 깨끗이 입고, 북쪽으로 향하여 손을 씻고, 향을 피우고 공경을 지극히 한다. 점치는 자가 북쪽을 향함은 『의례(儀禮)』에 나온다. 만약 타인으로 하여금 점을 치게 하면 주인은 분향을 마치고 조금 뒤로 물러나 북쪽을 향하여 서며, 점치는 사람은 나아가 서되 약간 서쪽으로 하여 남향으로 명을 받되, 주인이 점치는 바를 바로 말하면 점치는 자는 허락하며, 주인이 오른쪽으로 돌아 서향하여 서고, 점치는 자는 오른쪽으로 돌아 북향하여 선다. 양손으로 독의 뚜껑을 받들어, 격의 남쪽 향로의 북쪽에 놓고, 시초를 독에서 꺼내, 주머니를 벗기고 싼 것을 풀어, 독의 동쪽에 놓고, 50책을 합하여 양손에 쥐고, 향로 위에 올려 연기를 쐰다.[67]

위의 「서의」 편에 나오는 점치는 준비 과정에 필요한 여러 가지 위치 안배와 물품을 놓은 배치도를 그림으로 나타내면 아래와 같다.

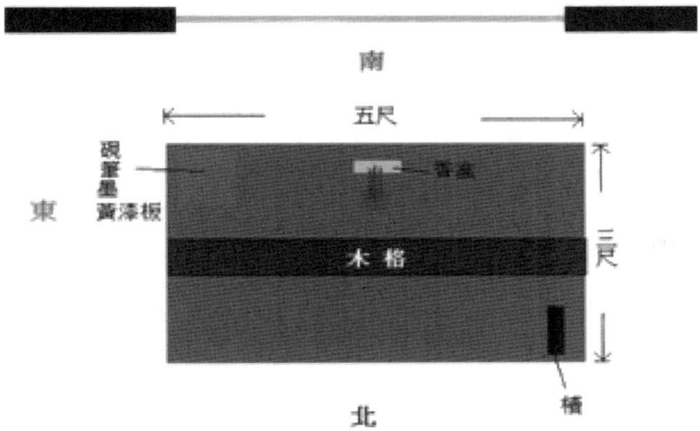

그림8)

서점(筮占)을 행하는 의례 혹은 절차를 말하는 서의를 이렇게 복잡하고 조심스럽게 만든 이유 혹은 목적은 초월적인 상천(上天)에 대한 예경(禮敬)과 경건함을 표현하여 천명(天命)과 소통하며 운명의 비호(庇護)와 계시를 받기 위한 것이라고 할 수 있다. 일반적으로 말하여 서의는 결코 직접적으로 역을 해석하는 것이 아니라 역의 전주(前奏)에 해당한다. 만약에 이런 전주가 없으면 그 이후의 프로그램도 있을 수 없다. 이런 이유에서 서의를 점서역학에 필수적인 구조로 보기도 한다.[68] 다시 말하면 서의는 점서역학의 외재적 예의의 표현이라고 할 수 있다.

그러나 『주역』의 성서(成書) 이후가 되면 서의는 더 이상 종족(宗族)을 모으거나 가무(歌舞)를 행하는 무술적(巫術的) 성격은 가지지 못하고 다만 매우 절차화된 예의(禮儀) 규정으로 변화하게 된다. 즉 예(禮)의 성분이 더 강해진 것이라고 할 수 있다. 이런 각도에서 어떤 학자들은 『주역』이라는 책이 처음부터 유가의 육경의 지위를 가진 것이 아니라 다만 예경(禮經)의 부속품에 불과하였다고 말한다.

『주역』이라는 학문을 예경에서 말하는 서의(筮儀)와 동일한 것으로 보아 다만 예의의 일종일 뿐이라고 말하기도 한다. 어떤 제례(祭禮)를 거행할 때는 반드시 먼저 복생(卜牲)과 복일(卜日)을 한다. 이러한 예는 현존하는 『의례』「사관례(士冠禮)」 등에 보인다.69) 복생은 소를 희생으로 제사드리는 것에 대해 길흉을 점치는 것을 말한다. 복일이란 장례(葬禮)나 제사, 출전(出戰) 등 중대한 일을 앞두고 길한 날을 택하는 것을 말한다.

점을 치는 예의의 일종인 서의는 구체적으로 '서자(筮者)가 어디에 자리를 잡는가? 상(床)을 어디에 두는가? 어떻게 책(策)을 잡는가?' 등에 엄격한 규정을 하고 있다. 서의를 하나의 존재물로 말하면 이들 번쇄한 규정은 생명의 활력을 막아서 생기가 떨어지게 만든다. 즉 서의의 외재적 표현의 고정화가 의미하는 것은 외재형식의 지나친 강조로 말미암아 살아있는 사람이 오히려 서의의 도구가 되어버리는 결과를 초래하게 된다.70) 이것은 점서를 통하여 노리는 목적이 영험함을 얻는 데 있고 영험함을 얻기 위한 방법 중의 하나가 바로 의식을 통한 경건함을 표현하는 데 있기 때문이다. 이런 복잡한 준비 과정을 통하여 서법을 진행한다.

시초를 통해 괘를 뽑기 위해서는 먼저 서법을 행하는 주요한 도구인 시책(蓍策)을 준비해야 한다. 시책은 시초의 풀줄기를 말려서 만든 50개의 똑같은 길이의 막대로 이루어진다. 시책이 준비되면 본격적으로 시초를 세어 괘를 이루는 방법[成卦法]이 중요하게 되는데, 이 문제에 대해 살펴보도록 하자. 시초를 세어 성괘(成卦)하는 구체적 방법은 주자의 『주역본의』「서의(筮儀)」에 상세하게 나오지만, 「계사전」에서도 이 과정의 일단에 대해 살펴볼 수 있다. 특히 서점에 대한 철학적 근거들을 발견할 수가 있다.

크게 넓힌 대연(大衍)의 수가 50이지만 사용하는 것은 49이다. 이를

> 나누어 둘로 만들어 하늘과 땅의 양의(兩儀)를 상징하고, 하나를 걸어서 하늘·땅·인간의 삼재(三才)를 상징하고, 나머지 시초를 네 개씩 세어 사계절을 상징하고, 네 개씩 덜어낸 나머지를 손가락 사이에 끼움으로 윤달을 상징하니 윤달이 대개 5년에 두 차례 있으므로 다시 그 나머지를 손가락 사이에 끼운 후에 거는 것이다.[71]

먼저 여기에서 말하는 대연지수(大衍之數)가 무엇인지 살펴보도록 하자. '대(大)'는 '광(廣)'의 뜻이고 '연(衍)'은 '연역(演繹)'의 의미이다. '대연지수'라는 말은 크게 넓힌 수 또는 전체 수를 의미하고 구체적으로 말하면 시초의 수(蓍數)를 연산(演算)하는 수를 말한다. '수(數)'는 '시수(蓍數)'로 점치는 과정에서 사용되는 시초의 숫자를 의미한다. 이 구절 이하에서는 『주역』이 50개의 시책을 가지고 설시하여 괘를 이루는 방법에 대해 서술하고 있다.

대연지수를 50으로 하고 49만 사용하는 관점과 천지지수를 50으로 하는 삼자의 관계에 대해서는 여러 가지 다양한 관점이 있기 때문에 어느 하나로 통일하기는 어렵다. '대연지수'에 관해서 통행본 『주역』은 50으로 말하고 있다. 왜 '대연지수'를 50으로 말하는가?

이에 대해 경방(京房)은 "50이라는 것은 10일·12신辰·28수宿(五十者謂十日, 十二辰, 二十八宿也)"를 말한다고 하였고, 마융(馬融)은 북신(北辰) 또는 태극·양의·일월·사시·오행·십이월·이십사절기를 합한 수인 50으로 보고 있다. 또 정현은 천지의 수는 55인데 오행의 기가 통하여 오행을 빼고 난 오십을 대연지수로 보고 있다. 그러나 위에서 말한 관점들과 다른 의견을 제시하는 학자들도 있다. 이 문제에 대해 김경방은 『주역전해(周易全解)』에서 "대연지수는 오십이다(大衍之數五十)"라는 구절 아래에 '유오(有五)'라는 말이 빠진 것으로 보아 "대연지수는 오십오(大衍之數五十有五)"라고 정정하는 것이 옳다고 말한다.[72]

그런데 점서를 행할 때 대연(大演)의 수는 모두 50이지만 49개의 시초만 사용하고 있다. 왜 49개만 사용하고 하나는 사용하지 않는가? 왕필(王弼)은 다음과 같이 말한다.

> 천지의 수를 연역해 내는 데 있어서 근거하는 수는 50이다. 그것을 사용하는 것은 49이고 1은 사용하지 않는다. 1은 비록 (구체적인 설시 과정에) 사용하지 않지만 그 작용은 도리어 전체의 설시 과정에 구현되는데, 그 1은 자체가 비록 수는 아니지만 다른 (7, 9, 8, 6의) 수가 이것 때문에 이루어지는데 이것이 바로 역의 태극(太極)이다. 49가 수의 극한이다.[73)]

"천지의 수를 연역해 낸다"는 말은 50근의 시초를 이용하여 7, 8, 9, 6의 수를 뽑아내는 것을 말한다. 그러나 실제로 사용하는 수는 49이다. 여기에서 사용되지 않는 '1'을 왕필은 '태극'으로 보고 있다. 왕필은 1은 비록 구체적인 설시 과정에 사용하지 않지만 그 작용은 도리어 전체의 설시 과정에 구현되는 것이라고 말한다. 즉 이 '1'은 비록 사용되지 않지만 다른 7, 8, 9, 6의 수는 이것 때문에 이루어지게 되는데 이것이 바로 '태극'이라고 말한다. 만약 이 '1'이 사용된다고 한다면 사용되는 수는 '50'이 되어 7, 9, 8, 6의 수는 나올 수 없었을 것이다. 그러므로 "49가 수의 극이다"라고 말하는 것이다. 사용하지 않는 '1'을 '태극'으로 보는 왕필의 관점은 동한(東漢) 시기의 마융(馬融)의 관점과 관련이 있는 것으로 보인다.

> 역에는 태극이 있는데 북극성이 바로 이것이다. … 북극성이 있는 자리는 움직이지 않고 그 나머지 49는 계속적으로 움직여 운용된다.[74)]

왕필의 “1은 사용하지 않는다”라는 말과 마융의 “북극성이 있는 자리는 움직이지 않고”라는 말은 분명히 관련이 있는 것으로 보인다. 이것은 바로 ‘북극성’이 자기 자리에서 움직이지 않으면서 다른 것에 영향을 주었던 입장이 거의 그대로 적용된 것으로 보인다. 즉 천상(天象)의 관찰을 통하여 형성된 ‘북극성’의 성격이 그대로 ‘대연서법’의 설시과정에 은유적으로 적용된 것으로 보인다.75)

“이를 나누어 둘로 만들어 하늘과 땅의 양의(兩儀)를 상징하고”라는 말은 서점의 첫 번째 단계로 49개의 시초를 임의로 두 부분으로 나누는 것을 말한다. ‘양(兩)’은 바로 천지(天地)이고 ‘양의(兩儀)’이다. 구체적으로 설시를 할 경우 둘로 나누어 왼손에 쥔 시초는 양(陽)으로 하늘을 의미하여 천책(天策)이라고 하고, 오른손에 쥔 시초는 음(陰)으로 땅을 의미하며 지책(地策)이라고 말한다.

“하나를 걸어서 하늘 · 땅 · 인간의 삼재(三才)를 상징하고”라는 말은 점서의 두 번째 단계로, 오른손에 쥐고 있는 지책을 내려놓고 그중에서 하나를 뽑아 왼쪽 넷째 손가락과 왼쪽 새끼손가락 사이에 끼는데(혹은 다른 곳에 둔다) 이것이 바로 인책(人策)이다. 여기에서 말하는 ‘삼(三)’은 바로 천지인(天地人) 삼재의 ‘삼’을 상징하는 것으로 보인다.

“나머지 시초를 네 개씩 세어 사계절을 상징하고”라는 말은 점서의 세 번째 단계로, 왼손에 있는 천책(天策)을 넷씩 세는 것으로 사계절을 상징한다. ‘설(揲)’은 손으로 시책(蓍策)을 세는 것을 말한다. 천책을 네 개씩 세고 난 후에 다시 오른쪽의 지책(地策)을 마찬가지 방식으로 세는 것을 말한다.

“네 개씩 덜어낸 나머지를 손가락 사이에 끼움으로 윤달을 상징하니”라는 말은 점서의 네 번째 단계로, 네 개씩 세고 남은 것을 셋째와 넷째 손가락 사이에 끼어 윤달을 상징한다. ‘기(奇)’는 넷씩 세고 남은 수를 말한다. '륵(扐)'은 손가락 사이에 끼워 넣는 것을 말한다. 이에 대해 주자는 "기(奇)는 넷으로 세고 남은 것이다. 륵(扐)은 왼손의 가운데 셋째 손가락과 넷째 손가락 둘 사이에 끼는 것이다. 윤(閏)은 달의 남은 날을 모아 달을 이룬 것이다(奇, 所揲四數之餘也. 扐, 勒於左手中三指之兩間也. 閏, 積月之餘日而成月者也)"라고 하였다.

"윤달이 대개 5년에 두 차례 있으므로(五歲再閏)"라는 말은 중국의 태음력(太陰曆)에 비추어 보면 1년은 354일이기 때문에 11일 정도 차이가 난다. 이렇게 되면 3년에 한 달 정도의 차이가 생기고 5년에는 거의 두 달 정도 차이가 난다. 그러므로 3년에 한 번은 윤달을 두고, 5년에 두 번의 윤달을 둔다.

"재륵(再扐)"이라는 것은 서점(筮占)의 과정을 거쳐 남은 수를 말한다. 말하자면 둘로 나눈 후에 한 부분을 4로 나누면 남는 수가 생긴다. 두 부분의 시초에는 두 개의 남는 수가 있기 때문에 '재륵'이라고 말한다.

"후에 건다(而後掛)"는 49개의 시초를 임의로 두 부분으로 나누고, 하나를 손가락 사이에 꼽고 오른손에 쥐고 있는 지책을 내려놓고 그중에서 하나를 뽑아 왼쪽 넷째 손가락과 왼쪽 새끼손가락 사이에 끼고, 천책을 네 개씩 세고 난 후에 다시 오른쪽의 지책을 마찬가지 방식으로 세고, 네 개씩 세고 남은 것을 셋째와 넷째 손가락 사이에 끼는 이 네 가지 과정을 거쳐서 한 단계가 끝나는데 이것이 이른바 일변(一變)이다. 아래와 똑같은 방법으로 두 번을 더 행하여야 비로소 하나의 효를 얻을 수 있다. 말하자면 삼변을 행한 이후에야 하나의 효를 얻을 수 있기 때문에 하나의 괘를 얻기 위해서는 18변(十八變) 하여야 한다.

앞의 "괘일(掛一)"의 괘(掛)는 손가락에 지책 중의 한 개를 끼워 넣는다는 의미였지만 여기서 말하는 "다시 그 나머지를 손가락 사이에 끼운 후에 거는 것이다(再扐而後掛)"의 괘는 다시 같은 과정을 되풀이한다는 의미로 사용하여야 한다. 즉 제3변을 통하여 하나의 효(爻)를 얻고 다시 제4변의 조작에 다시 들어간다는 말이다.[76] 18변 하여서 하나의 괘를 얻는 성괘법(成卦法)에 대해 「계사전」은 계속해서 말한다.

> 건의 책수(策數)는 216이고 곤의 책수는 144이다. 무릇 합하면 360이니 한 해의 날수에 해당하고, 『주역』 상하 두 편의 산가지 수는 11,520이니 만물의 수에 해당하고, 이런 까닭에 네 번 경영하여 역(易)을 이루니 18번 변하면 괘를 이루고, 8괘가 되면 작은 괘가 이루어지니 이끌어 펴서 종류에 따라 확장하면 천하의 가능한 일을 다 할 수 있으니, 도를 밝게 하고 덕행을 신비롭게 함이라. 그러므로 더불어 응대할 수 있으며 신을 도울 수 있으니 공자께서 "변화의 도를 아는 자는 신의 작용을 아는가 보다"라고 하였다.[77]

위에서 말하는 "한 해의 날수[期]"는 일주(一周) 또는 일년(一年)의 뜻으로, 점서 과정에서 건괘(乾卦)가 사용한 시초는 216책이고 곤괘(坤卦)가 사용한 시초는 144책이다. 즉 건괘는 노양(老陽)의 수로 구성되어 있는데 노양의 효는 모두 삼변(三變)한 이후의 36책(策)으로부터 나온 것이다. 그러므로 육효는 모두 216책(36×6=216)이다. 곤괘는 노음(老陰)의 수로 구성되어 있는데 노음의 효는 모두 삼변한 이후의 24책으로부터 나온 것이다. 그러므로 육효는 모두 144책(24×6=144)이다. 건의 책수(216)와 곤의 책수(144)를 합하면 모두 360이 된다. 건괘와 곤괘가 사용한 시초를 모두 합하면 360책으로 꼭 1년의 일기(日期)에 상당한다. 말하자면 '기(期)'는 1주년을 말한다.

"『주역』 상하 두 편의 산가지 수(二篇之策)"라는 말은 『주역』의 상하 두 편에 수록된 모든 책수를 말한다. 64괘 384효에는 양효가 192이고, 음효 또한 192이다. 양효 192에 36을 곱하면 6,912이고 음효 192에 24를 곱하면 4,608이다. 두 책 수를 합하면 11,520을 얻게 되는데 거의 만물(萬物)의 수에 해당하는 것이라고 할 수 있다.

'경영(營)'은 과정을 행한다는 뜻이고 '역(易)'은 변한다는 의미이다. '사영(四營)'은 바로 49개의 시초를 임의로 두 부분으로 나누고, 하나를 손가락 사이에 꼽고 오른손에 쥐고 있는 지책을 내려놓고 그중에서 하나를 뽑아 왼쪽 넷째 손가락과 왼쪽 새끼손가락 사이에 끼고, 천책을 네 개씩 세고 난 후에 다시 오른쪽의 지책을 마찬가지 방식으로 세고, 네 개씩 세고 남은 것을 셋째와 넷째 손가락 사이에 끼는 이런 네 가지 과정을 말한다. 이 네 가지 단계를 완성한 것이 바로 하나의 '역'으로 한 번 변한 것을 이루었다고 하는 것이다. 또 한 괘에는 여섯 효가 있어서 하나의 효는 세 번 변하여야 비로소 얻을 수 있기 때문에 "18번 변하여 괘를 이루니(十有八變而成卦)"라고 말한다.

"8괘가 되면 작은 괘가 이루어지니(八卦而小成)"라는 말은 팔괘가 다만 소성(小成)으로 천하의 만사만물을 포괄하지 못함을 말한다. 이 때문에 64괘로 만드는 것이 필요하다. 즉 8괘의 소성괘로는 복잡한 현상세계의 운동과 변화를 설명해 내기에는 부족하다.

여기에서 "(8괘를) 이끌어 펴서[引而伸之]" 확장하여야 한다는 것이다. "인이신지(引而伸之)"와 「계사전」 하편의 "인이중지(引而重之)"는 거의 비슷한 뜻을 가지고 있는데 팔괘를 중첩하여 계속적으로 확대한다는 의미이다. 이는 말하자면 팔괘가 64괘로 변하는 것에 대한 논의이다. 복잡한 세계의 운동과 변화를 팔괘만으로 설명해내지 못하기 때문에 그것을 "이끌어 펴서 종류에 따라 확장하는 것(引而伸之, 觸類而長之)"이다.78)

위에서 말한 것이 바로 성괘법(成卦法)의 대체적인 요지이다. 그러나 『주역』의 서법이 단순히 성괘법을 말하는 것으로 그쳐서는 별다른 의미를 발견하기는 어려울 것이다. 왜냐하면 성괘 이후의 변괘(變卦)가 있어야만 비로소 변화하는 미래의 상황을 이야기할 수 있기 때문이다.

『주역』에서 말하는 서법은 성괘법과 변괘법(變卦法) 두 단계로 나눈다. 성괘법은 설시 과정을 통하여 64괘 중의 어떤 한 괘를 만드는 것을 말한다. 변괘법은 설시하여 괘를 이루는 조작이 끝났을 때 6, 7, 8, 9 중의 어떤 한 수를 얻는데 6과 8은 '--'이 되고 7과 9는 '—'이 되는 관계에 따라 괘획을 이룬다. 이 문제에 대해 「계사전」은 다음과 같이 말한다.

> 하늘은 1이고 땅은 2이며 하늘은 3이고 땅은 4이며 하늘은 5이고 땅은 6이요 하늘은 7이고 땅은 8이며 하늘은 9이고 땅은 10이니 하늘의 수는 다섯이고 땅의 수도 다섯이니 다섯 자리가 서로 얻으며 각각 합하는 것이 있으니 하늘 수의 합이 25이고 땅 수의 합은 30이다. 하늘 수와 땅 수의 합은 55이니 이것이 변화를 이루고 귀신의 작용을 행하는 것이다.[79]

"하늘은 1이고 땅은 2이며 하늘은 3이고 땅은 4이며 하늘은 5이고 땅은 6이요 하늘은 7이고 땅은 8이며 하늘은 9이고 땅은 10이니"라는 말을 통해서 6과 8은 '--'이 되고 7과 9는 '—'이 되는 것을 알 수 있다. "하늘의 수는 다섯이고 땅의 수도 다섯이니 다섯 자리가 서로 얻으며 각각 합하는 것이 있으니 하늘 수의 합이 25이고 땅 수의 합은 30이다. 하늘 수와 땅 수의 합은 55이니"라는 말은 천수(天數) 1·3·5·7·9의 합이 25이고, 지수(地數) 2·4·6·8·10의 합이 30이고 천수와 지수를 합한 것이 55라는 것을 말한다.

이런 간단한 수의 합은 누구나 알 수 있지만, 중요한 것은 이것이 무엇을 말하고 있는가라는 문제이다. 이 문제에 대해 고형은 "이것이 변화를 이루고 귀신의 작용을 행하는 것이다(此所以成變化而行鬼神也)"라는 구절에 해답이 있음을 말하고, 이것은 바로 변괘(變卦)에 대한 설명이라고 주

장한다.[80]

변괘법에서 가장 중요한 것은 성괘 이후에 변효(變爻)를 얻어 변괘를 만드는 데 있다. 즉 변괘의 가장 기본적인 법칙은 7, 8은 불변하고 6, 9는 변한다는 것이다. 이것은 "A 之 B"의 형식으로 진술한다. 이 중 A는 설시하여 이루어진 본괘(本卦)이고, B는 변괘법칙에 근거하여 변환하여 얻은 지괘(之卦)이다. 고형은 이런 변괘법을 주자와는 다른 방식에서 설명한다.

고형이 설시하는 과정을 통하여 성괘하는 방법은 주자와 다를 것이 없다. 구체적으로 본괘와 지괘를 이용하여 점을 칠 경우에 지괘가 나오지 않고 불변하는 괘의 경우는 주로 본괘의 괘사(卦辭)를 참조하거나, 본괘가 모두 9와 6으로 전변(全變)할 경우에는 주로 건괘(乾卦)의 '용구(用九)'나 곤괘(坤卦)의 '용육(用六)'으로 점을 치고 다른 전변하는 괘는 지괘의 괘사로 점을 치는 경우 등이 동일하다.

그러나 고형은 주자와는 다른 독특한 관점을 제시하고 있다. 예를 들면 정괘(井卦, ䷯)를 얻었을 경우 초효로부터 얻은 설시가 8, 7, 7, 8, 9, 8이라고 할 경우 영수(營數)는 모두 합하여 47이 된다. 여기에서 고형은 천지지수(天地之數) 55에 47을 뺀 나머지 8을 괘에 적용한다. 이것은 아래에서 위로 올라갔다가 다시 위에서 내려오는 순서로 8을 적용하면 정괘(井卦)의 5효에 이르는데 이것을 의변지효(宜變之爻)라고 부른다. 그런데 정괘가 얻는 설시 8, 7, 7, 8, 9, 8에서 5효의 영수는 9가 되어 이른바 가변지효(可變之爻)에 해당한다. 그러므로 9는 음으로 변하여 승괘(升卦, ䷭)가 되어 '우정지승(遇井之升)'이 된다. 이 경우는 주로 정괘의 구오(九五) 효사로 점을 친다.

그러면 의변지효와 가변지효가 일치하지 않을 경우는 어떻게 되는지를 예로 들어보자. 만약 규괘(睽卦, ䷥)를 얻었을 경우, 초효로부터 얻은 설시가 7, 7, 8, 7, 8, 9라고 할 경우, 영수는 모두 합하여 46이 된다. 천지지수 55로부터 46을 빼고 남는 수는 9이다. 이 경우 4효가 의변지효에 해당한다. 4효는 7이기 때문에 불변하여 '우규지칠(遇睽之七)'이 되고 이 경우는 규괘의 괘사로 점을 친다.81)

불변의 괘는 본괘의 괘사로 점치고, 전체가 다 변하는 괘의 경우는 지괘의 괘사로 점친다(건괘와 곤괘는 예외). 이것 이외에 만약 의변지효와 가변지효가 일치하면 본괘의 변효 효사로 점을 친다. 그러나 의변지효와 가변지효가 일치하지 않고, 가변지효가 불변지효보다 적으면 본괘의 괘사로 점을 친다. 가변지효가 불변지효보다 많으면 지괘의 괘사로 점을 친다. 가변지효와 불변지효가 같으면 본괘와 지괘의 괘사를 합하여 점을 친다. 고형의 관점을 도표로 정리하면 다음과 같다.

<table>
<tr><td>모두 불변</td><td colspan="2">모두 변할 경우</td><td colspan="6">모두 변하지 않는 경우</td></tr>
<tr><td colspan="3">변효를 찾을 필요 없음</td><td colspan="6">변효를 찾아야 함</td></tr>
<tr><td rowspan="2">본괘의 괘사로 점침</td><td rowspan="2">건곤은
용구와 용육효로 점침</td><td rowspan="2">기타는
지괘의 괘사로 점침</td><td>의변지효와 가변지효가 서로 일치할 경우</td><td colspan="5">의변지효宜變之爻와 가변지효可變之爻가 서로 불일치할 경우</td></tr>
<tr><td>본괘의 의변지효의 효사로 점침</td><td>老1/少5
1.본괘의 괘사로 점침
2.본괘의 변효지효의 효사로 점침</td><td>老2/少4
본괘의 괘사로 점침</td><td>老3/少3
본괘와 지괘의 괘사를 합해 점침</td><td>老4/少2
지괘의 괘사로 점침</td><td>老5/少1
지괘의 괘사로 점침</td></tr>
</table>

도표4)

정리하자면 고형의 관점은 천지지수와 괘의 영수가 변효를 정하는 핵심이 된다. 이런 서법은 『좌전』과 『국어』의 어떤 부분에서 그 단서가 보이기도 한다.[82] 고형의 이런 관점에 비해 주자가 말하는 변괘법은 더 많이 알려져 있다. 주자의 설시법에 나타난 변괘법에 대해 살펴보자.

삼변(三變)을 통하여 손가락에 끼워 두었던 책수를 모두 합한 것을 설여(揲餘)라고 하고 넷으로 나눈 후의 시책을 과설(過揲)이라고 한다. 과설 혹은 설여의 책수에 의거하여 괘상의 초효(初爻)를 만들어낸다. 괘를 그리는 순서는 아래에서부터 위로 그리는데, 이것은 만물이 아래에서부터 생겨나는 것을 상징한다. 이와 같이 반복적으로 행하여 삼변마다 한 효를 얻기 때문에 18변하여 한 괘를 만든다(十有八變而成卦)라고 한다.

그리고 괘상이 만들어지면 서술을 주재하는 사람은 괘상 중에 노양(老陽), 노음(老陰), 소양(少陽), 소음(少陰)의 효가 있는지를 살펴야 한다. 여기에서 본격적인 변괘법이 출현한다. 손가락에 끼운 시책을 모두 제거하고 남은 시책의 수가 36개일 경우는 4로 나누면 9가 되므로 노양이다. 즉 나머지 숫자의 조합이 5, 4, 4인 경우이다. 이 경우는 손가락에 끼워서 빼낸 시책의 수가 세 경우 모두 기(奇)이므로 이를 기준으로 노양을 정해도 된다.

또 5, 4, 4인 경우 전체 합은 13이 나온다. 이 13은 윤달에 포함되므로 윤달에 포함이 되지 않는 나머지 숫자 49에서 13을 뺀 36의 숫자를 가지고 4로 나누면 그 몫이 9가 나오는데, 바로 이 9라는 수가 양 중에서 가장 큰 수인 노양이 되는 것이다. 또 남은 시책의 수가 32개이면 4로 나누어 8이 되므로 소음이다. 나머지 숫자의 조합은 한 개의 숫자는 크고 두 개의 숫자가 작은 경우이다. 이 경우는 손가락에 끼워서 빼낸 시책의 수가 이기일우(二奇一偶)이므로 이를 기준으로 소음을 정해도 된다. 양이 둘이고 음이 하나일 때는 음이 주도권을 쥔다. 그래서 소음이 되는 것이다.

즉 5, 4, 8 혹은 5, 8, 4 혹은 9, 4, 4로 나왔을 때이다. 또 그 숫자의 합은 모두 17이 되는데 49에서 17을 빼면 나머지 32는 4의 8배수가 나오게 된다. 이 8이라는 숫자는 소음이 된다.

또 남은 시책의 수가 28개이면 4로 나누어 7이 되므로 소양이다. 이 경우는 손가락에 끼워서 빼낸 시책의 수가 일기이우(一奇二偶)이므로 이를 기준으로 소양을 정해도 된다. 양이 하나고 음이 둘일 때는 양이 주도권을 잡기 때문에 소양이 된다. 그리고 남는 시책의 수가 24개이면 4로 나누어 6이 되므로 노음이다. 즉 얻어진 숫자의 조합이 9, 8, 8이라면 그 숫자의 총 합은 25이고 49에서 25를 빼면 나머지 숫자는 24인데, 이는 곧 4의 6배수가 되므로 6은 노음이 된다. 이 경우는 손가락에 끼워서 빼낸 시책의 수가 삼우(三偶)이므로 이를 기준으로 노음을 정해도 된다.

노양은 사상(四象)에서 말하는 태양(太陽)이고 노음(老陰)은 태음(太陰)이다. 노양과 노음은 늙어서 끝이 나고 다른 것으로 질적 변화를 추구하기 때문에 변효라고 한다. 이에 비하여 소음과 소양은 양적인 변화는 있어도 질적 변화는 하지 않기 때문에 이를 불변효(不變爻)라 한다. 변효와 불변효 및 노소음양에 대한 구체적인 논의에 대해 「계사전」에서는 분명하게 언급하지 않는다. 이에 대해 고형은 비교적 이해하기 쉬운 관점을 제시하고 있다.

고형은 사영(四營)은 사계절을 상징하는데 7은 봄, 9는 여름, 8은 가을, 6은 겨울을 상징하는 것이라고 말한다. 즉 봄에는 양기(陽氣)가 점차 자라나므로 봄을 상징하는 7은 소양이 된다. 여름에는 양기가 점차 늙어가기 때문에 여름을 상징하는 9는 노양이 된다. 가을에는 음기가 점차 자라므로 가을을 상징하는 8은 소음이 된다. 겨울에는 음기가 점차 늙어가므로 겨울을 상징하는 6은 노음이 된다. 봄에서 여름까지는 양에서 양으로 시간의 순서가 비록 바뀌어도 양기가 변하지 않으므로 7은 불변하는 양효이다. 여름에서 가을까지는 양에서 음으로 시간의 순서가 이미 바뀌고, 양기 또한 변하므로 9는 변하는 양효가 된다. 가을에서 겨울까지는 음에서 음으로 시간의 순서가 비록 바뀌더라도 음기는 변하지 않으므로 8은 변하지 않는 음효이다. 겨울에서 봄은 음에서 양으로 시간의 순서가 이미 바뀌고 음기 또한 변하므로 6은 변하는 음효가 된다는 것이다.83)

위의 내용들을 종합하여 도표로 표시하면 다음과 같다.

남은 수(殘數)	一奇二偶	二奇一偶	三奇	三偶
속성(屬性)	소양(少陽)/ 불변효(不變爻)	소음(少陰)/ 불변효(不變爻)	노양(老陽/太陽) 변효(變爻)	노음(老陰/太陰) 변효(變爻)
숫자의 표시	칠(七)	팔(八)	구(九)	육(六)
계절	봄	가을	여름	겨울
나머지가 ○○○인 경우	5.8.8 9.8.4인 경우 9.4.8	9.4.4 5.8.4인 경우 5.4.8	5.4.4인 경우	9.8.8인 경우
기호(記號)	━	╍	□	×

도표5)

예를 들면, 18번의 변화를 거쳐 남은 숫자가 각각 9, 8, 8(노음), 9, 4, 8(소양), 5, 4, 8(소음), 9, 8, 4(소양), 9, 8, 8(노음), 9, 4, 8(소양)이라면 이런 식으로 기록되는 것이다.

상효	오효	사효	삼효	이효	초효
━	□	━	╍	━	×

이렇게 해서 얻어지는 것이 송괘(訟卦, ䷅)인데 초효(初爻)가 노음이고 오효(五爻)가 노양이기 때문에 양과 음이 바뀌어 규괘(睽卦, ䷥)가 되기 때문에 "송이 규로 간다(訟之睽)"고 표현하며, 이 두 괘의 괘사를 동시에 참조해야 한다. 변효(變爻)가 있어서 다른 괘로 변화한 괘를 지괘(之卦)라 하며, 원래의 괘를 본괘(本卦)라고 한다. 본괘가 점을 치는 현재의 상황을 말한다고 한다면, 지괘는 현재의 상황이 다음 단계로 변화하는 추세를 상징한다. 만약 본괘에 여러 개의 변효가 있을 경우 상황이 더욱 복잡해진다. 이에 대해 주자는 다음과 같이 말한다.

1. 여섯 효 모두가 불변일 때는 본괘의 괘사로 길흉을 판단한다(六爻皆不變, 以本卦卦辭斷吉凶).

2. 한 개의 효가 변효일 때는 본괘 변효의 효사로 길흉을 판단한다(有一爻變, 以本卦爻變之爻辭斷吉凶).

3. 두 개의 효가 변효일 때에는 본괘의 두 효의 효사로 점을 치며, 위 효의 효사를 위주로 한다(有二爻變, 以本卦爻變之上爻爻辭爲主, 斷吉凶).

4. 세 개의 효가 변효일 때에는 본괘 및 지괘의 괘사로 점을 친다(有三爻變, 以本卦及之卦卦辭合斷之).

5. 네 개의 효가 변효일 때에는 지괘 가운데의 두 불변효의 효사로 점을 치며, 아래 효의 효사를 위주로 길흉을 판단한다(有四爻變, 用之卦中不變之二爻辭, 且以下爻辭爲主斷吉凶).

6. 다섯 개의 효가 변효일 때에는 지괘 가운데 불변효의 효사로 길흉을 판단한다(有五爻變, 用之卦中不變之一爻辭, 斷吉凶).

7. 여섯 개의 효가 모두 변효일 때에는 건과 곤괘의 경우 용구와 용육의 사(辭)로 점을 치며, 아울러 지괘의 괘사도 참고한다. 나머지 62괘의 경우는 지괘의 괘사로 점을 친다(六爻皆變, 乾坤兩卦各用本卦「用九、用六」之用辭占之, 其餘各卦則用之卦卦辭斷之).

(4) 점단(占斷)의 해석

이른바 점서역학에서 가장 중요한 핵심은 바로 서법(筮法)에 있다. 위에서 주자의 서법과 고형의 서법이 다른 것처럼, 당시에는 다양한 서법이 존재하고 있었던 것으로 보인다. 서법은 점서역학에서 가장 중요한 과정으로 형식화된 조작 방법에서 분명하지 못한 애매함이나 모호함이 있어서는 곤란하다. 물론 시대와 지역에 따라 『역』[84]의 텍스트가 다르기 때문에 이에 따라 각기 다른 서법을 가지고 있었을 가능성이 있다. 이 중에서 「계사전」의 '대연지수'장에 보존되어 있는 『주역』의 서법은 점서역학 중에서 가장 엄밀하고 완전한 체계로 볼 수 있을 것이다. 여기에는 지금의 우리가 보아도 상당히 높은 수준의 이성적 지혜를 담고 있는 것으로 보인다.

특히 앞에서 언급한 설시를 통해 성괘하고 난 후에 변괘로 효를 정하는 관점에는 분명히 차원 높은 이성적 사유가 들어 있다. 그렇다고 하여 성괘법이 결코 완벽하다는 말은 아니다. 실제로 설시의 결과 6, 7, 8, 9가 나오지만 설시의 확률 문제에 대해서는 전혀 고려되지 않기 때문에 균등하지 못한 확률로 말미암아 변괘의 유효성에 대해 의심할 수도 있다. 즉 6, 7, 8, 9의 발생확률이 균등하게 25%가 아니고 9가 나올 확률은 18.75%, 8은 43.75%, 7은 31.25%, 6은 6.25%라는 것이다. 물론 7과 9는 '⚊'이고 6과 8은 '⚋'의 원칙에 따르면, 7+9=31.25%+18.75%=50%이고 6+8=6.25%+43.75%=50%로 음효와 양효의 비율은 대등한 것으로 보인다. 그러나 7과 8의 불변의 경우는 31.25%+43.75%=75%이고, 6과 9의 변(變)은 6.25%+18.75%=25%에 불과하다. 물론 이것은 성괘의 안정성을 보여주는 것이라고 할 수도 있다.[85]

그러나 우리는 이런 서법의 불완전성 때문에 이것 전체를 부정할 수는 없다. 적어도 여기에는 이미 상당한 정도의 이성적 사유와 철학적 지혜가 내함되어 있다는 점에 대해서는 부정할 사람이 없을 것이다. 특히 점서역학이 유행하던 당시의 상황들을 고려하면 더욱더 그러하다.

서법의 궁극적 목적은 신인합일(神人合一) 혹은 천인(天人)의 소통에 있다. 이런 천인소통의 염원을 『역』이란 텍스트를 매개로 하여 서법이라는 특별한 조작법을 통하여 실현하려는 것이다. 이런 천인소통의 염원은 바로 자신의 운명을 미리 파악하고 바꾸려는 것에 있다. 여기에서 서의(筮儀)나 서법은 단순한 기술적 조작만은 아니다. 왜냐하면 마음속으로 천명을 지고무상의 신으로 숭배하고 서의를 행하여 내심의 경건함을 신령에게 표현하는 것만으로는 천의를 파악할 수 없기 때문이다.

천명에 통달하기 위해서는 점쳐 물으려는 문제를 천에게 고하고 천의 뜻을 다시 전달받아야 한다. 여기에는 하나의 엄격한 과정이 있는데 이 과정이 바로 서법이다. 즉 점쳐 물으려는 문제는 설시의 방법을 이용하여 하늘에 고하고 하늘의 뜻은 설시를 거쳐 『역』(『주역』을 포함한 다양한 점서의 텍스트를 의미)의 텍스트를 통하여 나타난다. 여기에서 『역』의 텍스트를 해석하고 판단하는 것은 바로 천명으로부터 자신의 운명에 대한 계시를 얻는 것이나 마찬가지이다.86) 여기에서 말하는 『역』의 텍스트가 바로 64괘이다. 점서역학의 단계에서 『역』의 텍스트가 가지고 있는 중요한 작용은 몇 가지가 있다.

우선 『역』의 텍스트인 64괘는 천명 신앙 숭배의 상징물이다. 64괘의 부호는 천명을 담고 있는 언어이고, 괘획의 부호에 연결되어 있는 괘효사는 천명을 매개하는 말이라고 할 수 있다. 또한 『역』의 텍스트는 서법의 매개과정이고 그중 64괘의 형식은 서법의 출발점임과 동시에 서법의 근거이다.

이른바 "네 번 경영하여서 역을 이루고 18변하여 괘를 이룬다"라는 말은 바로 '⚊'과 '⚋'의 여섯 개의 부호가 먼저 존재하여야 서법은 비로소 존재할 수 있다는 말이다. 즉 점단(占斷) 해석이 가능하기 위해서는 서법의 복잡한 과정을 통하여 어떤 괘효를 산출해 내어야 한다. 여기에서 점단의 의미를 해석하는 것은 바로 『역』의 텍스트 어디에 숨어있는 천명을 찾아내어 살펴보는 과정이다. 이 괘효가 가리키는 것이 바로 점쳐서 물은 문제에 대한 천명의 대답을 상징한다. 말하자면 괘효를 해석하는 것이 바로 점단의 해석이다. 점치는 자가 이를 통하여 천명의 의미를 분명히 하는 것이다. 여기에서 『역』의 텍스트는 완전히 독립성을 가지지 못하고 점서에 근거하여야 하고 또 점서에 복종하여서 존재하고 있는 것으로 보인다.

점단의 해석은 점법(占法)의 가장 마지막 단계이다. 점단 해석이 가지고 있는 가장 큰 특징은 해석의 대상이 점서의 과정을 통해 규정되고, 해석의 내용은 점을 치는 자가 제기한 의문에 대답하는 것이다. 이 때문에 엄밀히 말해서 점단 해석은 『역』의 텍스트, 즉 본문 자체에 관한 해석이라고 할 수 없다.

이런 해석의 특징은 『좌전』과 『국어』의 서례(筮例) 및 『의례』 중에서 많은 예를 찾을 수 있다. 그러나 이런 해석의 전제와 방향은 모두 점서에 의해 규정되고 속박되어 『역』의 본문 자체는 해석의 근원이 아니다. 다시 말하면 해석의 근원은 어디까지나 점서에 있다. 이런 점에서 점단의 해석은 "『역』 본문을 읽어서 이해하는" 해석이 아니라 "점서의 필요에 의해서" 진행되는 해석이다.[87] 이런 이유에서 초기의 점단 해석과 『주역』 형성 이후의 관점은 달라진다. 그러나 후대로 갈수록 점단의 해석은 『역』의 본문에 근거하여 진행되기 시작하면서 점단 해석은 상천(上天) 또는 초월적 천신으로부터 일방적으로 계시를 받는 단계에서 점치는 자 자신에게서 출발하는 주체적 해석이 가능한 여지를 형성하게 된다.

이런 『역』 본문의 독립성과 철학적 · 인문주의적 요소가 침투되기 시작한 것은 당연히 인간의 인식 사유가 높아졌기 때문이다. 점복은 주대(周代)에 접어들어 영향력을 상실하면서 점차 그 권위를 잃어가는 단계에 접어들게 되는데, 그렇게 되는 원인은 인간의 인식수준이 발전하여 더 이상 새로운 시대적 요구에 적응할 수 없었기 때문이다. 귀복을 이어서 서점이 출현하는데 이것은 점의 구조나 형식상에서 당시의 천문학 · 수학의 수준, 즉 당시의 인식 수준과 직접적으로 연계되어 있다고 할 수 있다.

초기 서점의 점단 해석에는 고정된 괘효사가 없었기 때문에 점단 해석은 완전히 구어(口語)에 의존하였던 것으로 보인다. 이 구어의 상당한 부분이 바로 민가 또는 민요이다.

민간의 가요는 사람들이 생활하는 가운데서 느끼고 생각하고 희망하는 것으로, 영웅적인 인물과 역사적 사건에 대한 노래와 찬송 등으로 구성되어 있어 누구나 충분히 이야기할 수 있고 충분히 들을 수 있는 것들이다. 이 때문에 민요를 차용하여 점단의 해석을 하면 점치는 자의 마음을 가까이서 얻을 수 있고 또 누구나가 즐겨 듣고 보는 것이 될 수 있기 때문에 매우 일반적인 해석 형식이 된다.[88] 괘효사가 형성된 후에 민가 민요와 운명에 관한 판단사(길, 흉, 회, 린 등)들이 서로 섞여 『주역』 본문에서 고정되면서 현재의 괘효사의 어구가 된 것으로 보인다.

민가와 민요가 괘효사의 어구가 된 뒤에 괘효사의 어구는 점단 해석의 근거가 되고 원래 해석자가 오히려 해석의 대상이 되는, 즉 해석하는 자신이 스스로를 해석하는 상황에 이른다. 이것은 『역』 본문의 발전과 진보를 의미하는 것으로 이로 말미암아 『역』 본문은 더욱 풍부한 해석적 자원을 함유하게 된다. 이것은 바로 점서역학의 진보를 의미하고 점서역학은 이로 인해 규범화하게 된다. 물론 이런 발전과 진보는 동시에 하나의 한계가 될 수 있다. 왜냐하면 점단 해석이 지나치게 괘효사에 근거하게 되면서 괘효사 어구가 가지고 있는 의미가 용량의 한계를 가지게 되면서 점단 해석의 위기가 시작되기 때문이다.[89]

그러나 이런 서점의 점단 해석이 가지고 있는 한계에도 불구하고 귀복점의 점단 해석에 비하면 이것은 분명히 발전과 진보를 한 것이고, 인간의 자율성의 범위가 더 넓어진 것은 틀림없는 사실이다. 왜냐하면 귀갑에 나타나는 조상(兆象)을 해석하는 과정 속에서 점에 대한 판단은 보는 사람에 따라 얼마든지 다르게 해석되기 때문이다. 즉 동일한 하나의 조상에 대해 얼마든지 각기 다른 해석을 할 수 있다는 말이다. 이것은 결코 인간의 자율적 · 자각적 해석을 의미하는 것이 아니라 동일한 하나의 조상에 대한 복인(卜人)의 자의적 해석일 뿐이다. 이것은 인간을 더욱 몽매하고 소극적으로 만들 위험성을 동시에 가지고 있다. 어떤 객관적인 규칙이나 표준을 통한 해석이 제한적일 수밖에 없는 상황에서 나타난 조상을 하나의 핑계로 삼아 복문(卜問)을 담당하는 사람이 자의적으로 해석할 가능성은 매우 높다. 여기에서 조상이 가지고 있는 의미들을 나름대로 분류하고 고정화하고, 해석하는 방법을 규칙화하려는 요구가 자연스럽게 생기게 된다.

앞에서 말한 것처럼, 점법과 해석 방법의 고정화를 시도하는 배경 속에는 우주와 만물의 변화를 더 이상 인격적인 귀신이나 천신이 주재하는 것으로 파악하기보다는 일정한 질서와 법칙이 있는 것으로 보려는 경향이 부각되기 때문이다. 이런 관점에서 귀복에서 점서로 이행한 발전과정을 한마디로 말하면 '귀모(鬼謀)에서 인모(人謀)로의 발전'[90]이라고 말할 수 있다.

귀복이 귀신이나 상제의 계시에 귀를 기울이고 있다면, 『주역』의 서점은 수의 연산에 근거하고 있다.[91] 즉 상제의 계시에 따르는 귀복점은 귀모인 반면에, 서점은 인모의 산물이라는 것이다.92) 설시하여 괘를 만드는 과정은 소정의 연산과정을 통하여 행해지는데 여기에는 사람이 자신의 지혜를 모두 꾀하여 얻은 '인모'의 산물이라면 귀복점이 근거하는 조상은 상제의 명을 받는 것이라고 말한다.93)

귀복은 의심을 결단하는 과정 속에서 단지 간단한 판단으로 길흉을 물어 "길은 길이고 흉은 흉이다", 즉 맞다와 아니다 혹은 길과 흉의 간단한 이원대립인 일종의 배중률(排中律)인데 이것은 인류 사유의 가장 기초적인 법칙 중의 하나이다. 배중률은 바로 중간적 제3자가 인정되지 않는 제3자 배척의 원리이다. 형식논리학 용어로서 어느 것에 대해서 긍정과 부정이 있는 경우, 하나가 참이면 다른 하나는 거짓이고, 다른 하나가 참이면 하나는 거짓이라는 경우에 해당한다. 즉 하나의 명제가 참이 아니면 거짓이고 거짓이 아니면 참으로, 여기에는 어떤 중간 형태도 존재하지 않는다. 길과 흉, 맞다와 아니다 이외의 어떤 것도 인정하지 않고 있다.

이에 비해 서점의 점단 해석은 그렇게 간단하지 않다. 『주역』에는 길흉이 함께 섞여 있는 경우가 많다. 예를 들면 혁괘(革卦)에서는 "크게 형통하고 바르게 하여야 이로우니 후회가 없을 것이다(元亨, 利貞, 悔亡)"94), 손괘(巽卦) 구오 효사에 "바르면 길하니 후회가 없을 것이니 이롭지 않음이 없으니(貞吉, 悔亡, 無不利)" 같은 것 등이 있다.95)

이에 비해 복사 중의 점단의 해석 혹은 판단사는 보우(保佑)를 받거나 혹은 보우를 받지 못하는 배중률로 길흉의 한계가 분명하여 바꿀 수가 없다. 그러나 점서 중의 괘효사는 그 길흉판단으로 말하면 회(悔)·린(吝)·구(咎)·무구(無咎) 등을 더 추가하여 점친 괘가 비록 길하지 않지만, 점을 친 자의 자아반성 혹은 경계(警戒)를 통하여 화를 복으로 바꾸고 흉을 길로 바꿀 수 있음을 분명히 말하고 있다.

3. 『좌전(左傳)』과 『국어(國語)』의 서례(筮例)에 보이는 『주역』의 초기 형태

중국 고대의 전적 중에서 점서 활동을 가장 잘 기록한 것이 바로 『좌전』과 『국어』이다. 이런 『좌전』과 『국어』의 서례(筮例)에는 여러 가지 점에서 연구할 만한 충분한 가치가 있는 자료들이 들어 있다. 우선 『좌전』과 『국어』에 보이는 서례를 고찰하면 춘추시대 『주역』의 형성 문제 또는 텍스트에 대한 상황들을 파악할 수 있다. 지금까지 알려진 가장 이른 『주역』 판본은 상해박물관장초죽서(上海博物館藏楚竹書) 『주역』(아래에서는 상박장초죽서 『주역』이라 칭함)이고 그다음은 마왕퇴(馬王堆) 한묘(漢墓)에서 출토된 백서(帛書) 『주역』으로 볼 수 있다. 대부분의 학자들은 이것들을 전국시대의 판본으로 본다.96)

그러나 전국시대 이전 『주역』의 텍스트가 어떠한가에 대해서는 정확하게 알 수 없는 것이 현실이다. 이런 입장에서 『좌전』과 『국어』에 보이는 『역』의 문장들과 서례를 분석하고, 그것을 통행본 『주역』과 서로 대조하는 방식을 통하여 춘추시기 『주역』의 텍스트가 어떠한 형태를 가지고 있었으며, 다양한 『역』의 텍스트 중에서 『주역』이 가지고 있는 지위에 대해 분석할 수 있을 것으로 보인다. 당연히 이런 작업을 통하여 점서의 책에서 철리를 말하는 책으로 변하여 가는 『주역』의 과도기적 상황이 가지고 있는 철학적 의미를 발견할 수 있을 것으로 생각한다.

『좌전』과 『국어』에는 점을 친 기록인 서례가 모두 22례(例) 27조(條)가 기록되어 있다. 또 51곳에서 괘상과 괘효사가 보이고, 모두 31개의 괘와 연관이 된다. 『좌전』과 『국어』에는 서점(筮占)뿐만 아니라 거북점을 친 기록들도 더 많이 보인다. "통계에 따르면, 『좌전』 속에 기록된 거북점의 사례는 최소한 55차례다. 점친 이유에 따라 그것을 분류하면, 정벌에

20차례, 관직을 명(命)하는 경우에 7차례, 태자(太子)를 세움에 4차례, 혼인에 3차례, 제사에 8차례, 기우제에 1차례, 꿈 해석에 1차례로 사용되었음을 알 수 있다. 또 국가에 따라 분포를 나누어보면, 노나라에서 19차례, 진나라에서 18차례, 초나라에서 9차례, 위나라에서 7차례, 정나라에서 6차례 사용되었고, 나머지 국가에서는 고작 2차례 혹은 1차례 정도만 사용하였음을 알 수 있다. 이것은 춘추시대의 각 나라에서 사용한 거북점의 상황이 많이 다름을 보여주며, 당시 노나라 · 진나라 · 초나라 · 위나라 · 정나라 등에서 거북점을 주로 사용하고, 그중 노나라와 진나라에서 가장 많이 사용했음을 보여준다."[97] 이것은 일정 기간 서점과 복점을 함께 쳤다는 것을 말해주는 경우라고 할 수 있다.

또한 『좌전』과 『국어』에 보이는 『역』의 문장들을 살펴보면 『주역』 이외의 다른 『역』 판본이 존재하고 있음을 발견할 수 있다. 『주례』에서는 『연산』, 『귀장』과 『주역』을 말하고 있는데, 이 세 가지 『역』은 "그 경괘(經卦)는 모두 8가지이고, 그 별괘(別卦)는 64가지이다"[98]라고 한다. 이는 여러 가지 다양한 『역』의 텍스트가 존재하며, 그것들이 가지고 있는 괘상의 구조가 결코 다르지 않다는 것을 말한다.

『좌전』과 『국어』의 서례에 보이는 『역』의 문장들과 통행본 『주역』의 문자를 대조하여 비교하는 작업이 우선적이다. 그러나 엄밀하게 말하면 『좌전』과 『국어』에 『역』의 문장이 출현한다고 하여 그것이 모두 점을 치는 데 사용된 것은 아니다. 이런 분류 역시 여기에서 매우 중요하다.

일단 『좌전』과 『국어』에 보이는 『역』의 문장들에는 『주역』을 사용한 경우와 『주역』을 사용하지 않는 경우로 나눌 수 있다. 그러나 이것을 더 자세하게 살펴보면, 세 가지 유형으로 나누는 것이 가능하다. 즉 첫째, 『주역』의 문장과 동일한 경우, 둘째, 『주역』의 문장과 동일하지는 않으나 내용상 통하는 경우, 셋째, 『주역』의 문장과 동일하지도 않고, 문의

(文意) 상으로 차이가 큰 경우 등이다.

가. 서례와 『주역』의 문장이 기본적으로 동일한 것

1) 『좌전』 장공(莊公) 22년(기원전 672년): 관괘(觀卦) 육사의 효사 "나라의 성대한 모습을 보는 것이니 임금에게 빈객 노릇하는 것이 유리하다"[99]는 문장이 보임.

2) 『좌전』 희공(僖公) 15년(기원전 645년): 귀매(歸妹) 상육 효사 "여자가 광주리를 이어받았으나 담겨진 것이 없고, 남자가 양을 찔렀으나 피가 없으니 이로운 바가 없다"[100]라는 문장이 보임.

3) 『국어』 「진어사(晉語四)」(기원전 637): 태괘(泰卦)의 괘사 "작은 것이 가고 큰 것이 오니, 길하고 이롭다"[101]는 문장이 보임.

4) 『국어』 「진어사(晉語四)」(기원전 637): 둔괘(屯卦) 괘사 "크게 형통하고 점을 치니 유리한 점괘가 나왔는데 바깥으로 나아가지 말고 제후를 세우는 것이 유리할 것이다"[102]와 예괘(豫卦) 괘사 "제후를 세우고 군대를 일으키는 데에 유리하다"[103]는 문장이 보임.

5) 『좌전』 희공(僖公) 25년(기원전 635년): 대유(大有) 구삼 효사 "왕공이 천자에게 조공을 바치지만 소인은 그러하지 못한다"[104]는 문장이 보임.

6) 『좌전』 선공(宣公) 12년(기원전 597년): 이 구절은 서례는 아님. 사괘(師卦) · 초육의 효사 "군대를 출동시키는 데 엄격한 규율로써 지휘하여야 하는데 그렇지 않으면 선하다 하더라도 결국은 흉하게 될 것이다"[105]는 문장이 보임.

7) 『좌전』 양공(襄公) 9년(기원전 564년): 수괘(隨卦)의 괘사 "크게 형통하고 점을 치면 이로우니, 허물이 없다"[106]는 문장이 보임.

8) 『좌전』 양공(襄公) 25년(기원전 548년): 곤괘(困卦) 육삼 효사 "돌에

걸려 곤궁을 당하고 가시에 앉아 있다. 그 집으로 들어간다고 하더라도 처를 만나 볼 수도 없으니 흉할 것이다"[107]는 문장이 보임.

9) 『좌전』 양공(襄公) 28년(기원전 545년): 복괘(復卦) 상육 효사 "돌아오는 데 혼미하여 흉하니"라는 문장이 보인다.[108] 이 예는 점을 친 것은 아니라, 『주역』을 인용하여 어떤 사리를 설명하고 있는 문장이다.

10) 『좌전』 소공(昭公) 5년(기원전 537년): 명이(明夷) 초구 효사 "명이의 때에 날개를 늘어뜨리고 날아가니, 군자가 떠나감에 사흘을 먹지 않고도 가는 바가 있으니 주인이 비난한다"[109]는 문장이 보임.

11) 『좌전』 소공(昭公) 7년(기원전 535년): 둔괘(屯卦) 초구 효사 "바른 것에 처하는 것이 이로우며, 제후를 세우는 것이 유리하다"[110]는 문장이 보임.

12) 『좌전』 소공(昭公) 12년(기원전 530년): 곤괘(坤卦) 육오 효사 "누런 치마라면 크게 길하리라"[111]는 문장이 보임.

13) 『좌전』 소공(昭公) 19년(기원전 513년): 건괘(乾卦)의 초구: "潛龍, 勿用", 구이: "見龍在田, 利見大人", 구오: "飛龍在天, 利見大人", 상구: "亢龍, 有悔", 용구(用九): "見群龍無首, 吉": 《坤》上六: "龍戰於野, 其血玄黃" 등의 문장이 모두 보임. 특히 여기에서 '용구'의 사용이 보이는 것이 특이하다.

14) 『좌전』 애공(哀公) 9년(기원전 486년): 태괘(泰卦) 육오 효사 "제을이 여동생을 시집보내어 복을 받으며 크게 길하다"[112]는 문장과 거의 같은 문장이 보임.[113]

나. 『주역』의 문장과 동일하지는 않으나 내용상 통하는 경우

1) 『좌전』 민공(閔公) 원년(기원전 661년): "둔괘가 비괘로 변하는 괘를 얻었다(遇屯之比)"라는 구절은 둔괘(屯卦) 초구 효사 "머뭇거리며 앞으로 나

아가지 못하는 상태이니, 거처하는 것에 대해 점을 치는 것이 이롭고, 또 제후를 세우는 것도 유리하다"[114]는 문장과 내용상 통하는 것으로 보임.

2) 『좌전』 선공(宣公) 6년(기원전 603년): "덕이 없는데 탐욕스럽다. 이것은 주역에서 풍괘가 변하여 리괘로 되는 것이니 넘치지 않아야 한다"[115]는 문장은 『주역』 풍괘(豊卦) 상육의 효사 "그 집을 크게 하고 그 집을 차양으로 덮었으며 그 문틈으로 들여다보니 사람이 없어 고요하다. 3년이 지나도 (그 집의 사람을) 볼 수 없으니 흉하다"[116]는 문장과 내용상 통하는 것으로 보임.

3) 『좌전』 소공(昭公) 원년(기원전 541년): "주역에서 여자가 남자를 유혹하고, 바람이 산을 불어 떨어뜨리는 것을 고괘(蠱卦)라고 한다"[117]는 문장이 있다. 여기에서는 『주역』을 분명히 지칭하고 있다. 이 예는 점을 친 것이 아니며, 취상(取象)의 방법으로 괘상을 직접적으로 거론하여 순수하게 철학적으로 해석한 경우에 속하는 것으로 볼 수 있다. 취상의 근거는 「설괘전」으로 ☶은 산이고, 소남(少男)이 된다. ☴은 바람이고, 장녀이다. 그러므로 고괘는 "여자가 남자를 유혹하고, 바람이 산을 떨어뜨리다"[118]의 상이 된다.[119]

4) 『좌전』 소공(昭公) 32년(기원전 510년): "주역의 괘에 우뢰가 건을 타는 것을 일러 대장괘라고 하니 하늘의 도입니다"[120]라는 구절 역시 취상설의 방법으로 해석하고 있다. 취상의 근거는 「설괘전」으로 ☳는 우레가 되고, ☰은 건이기 때문에 대장(大壯)괘는 우레가 건을 타고 있는 모양이 되는 것이다.

다. 『주역』의 문장과 동일하지도 않고, 문의(文意) 상으로 차이가 큰 경우

1) 『좌전』 민공(閔公) 2년(기원전 660년)

2) 『좌전』 희공(僖公) 15년(기원전 645년)
3) 『좌전』 성공(成公) 16년(기원전 575년)
4) 『국어』 「주어하(周語下)」 「단양공논진주單襄公論晉周」(기원전 572년)

춘추시기 전기에는 대체로 서점을 칠 때 『주역』을 사용하지 않는 경우가 많았던 것으로 보인다. 위에서 말한 셋째의 『주역』의 문장과 동일하지도 않고, 문의(文意) 상으로도 차이가 큰 경우에 해당하는 『좌전』 희공(僖公) 15년 조에 보이는 예를 통하여 살펴보도록 하자.

> 진(晉)나라에 기근이 들었을 때 진(秦)나라는 양곡을 보내주었는데, 진나라에 기근이 들자 진나라는 오히려 양곡 보내는 것을 막았다. 따라서 진목공이 진나라를 공격하였다. 복관(卜官) 도보(徒父)가 시초점을 쳤는데 길하다는 결과가 나와 황하를 건너면 진나라 제후의 수레가 훼손될 것이라고 말하였다. 진목공이 어째서 길한지 상세히 묻자, 다음과 같이 대답하였다. 이야말로 크게 길합니다. 적이 세 차례 패하면 진나라 임금을 반드시 포획할 수 있을 것입니다. 점쳐 고괘(蠱卦)가 나왔는데, 그 괘사에서 '천승의 수레를 가진 나라가 세 차례 퇴각하고, 세 차례 퇴각한 뒤에 그 숫여우를 잡게 된다'고 말하고 있습니다. 저 호고(狐蠱)는 분명 진나라 임금이 틀림없습니다. 고괘의 정(貞, 내괘)은 바람[風]이고, 그 회(悔, 외괘)는 산[山]입니다. 때는 가을철이니, 바람에 해당되는 우리가 나무에 달린 열매를 떨어뜨리고 그 나무를 베는 상이므로, 싸워 이길 수 있는 것입니다. 열매가 떨어지고 그 나무가 없어지는데, 지금 그들을 퇴각시키지 못한다면, 또 어느 때를 기다려 이기겠습니까?121)

『주역』의 고괘(蠱卦)는 상괘가 산이고 하괘가 바람이다. 위에서 복관 도보가 말한 '천승의 수레를 가진 나라가 세 차례 퇴각하고, 세 차례 퇴각한 뒤에 그 숫여우를 잡게 된다'는 것을 괘사라고 하였는데, 실제로 이 구절은 『주역』에 보이지 않는다. 구체적으로 고괘의 괘사는 "큰 제사를 올린다. 큰 내를 건너면 이로운데 갑일의 삼일 전과 삼일 후가 그러하다"[122]는 것으로 위의 서례에 보이는 문장과는 완전히 다르다. 서례 속에서 말하는 "내괘는 바람이고 외괘는 산(貞風悔山)"이라는 말은 분명히 고괘의 괘상과 일치하고 있다. 이것은 아마도 『주역』 이외의 다른 『역』의 텍스트에 보이는 괘상의 구조는 『주역』과 같지만 괘효사는 다를 가능성이 크다는 것이다. 여기에서 사용한 『역』의 텍스트는 『주역』이 아니라 다른 종류의 서서(筮書)로 아마도 『연산(連山)』이나 『귀장(歸藏)』 등의 종류일 것으로 추정된다. 이런 경우는 아래에서도 발견된다.

> 6월에 진나라와 초나라의 군대가 언릉(鄢陵)에서 마주쳤다. … 묘비황(苗賁皇)이 진나라 임금에게 말하였다. "초나라의 정예부대는 중군과 왕족에 있을 뿐입니다. 청컨대 우리의 정예군대를 나누어 그들 좌우의 두 군대를 치고서, 삼군의 병력으로 초왕의 친위병을 집중적으로 공격하시면 반드시 크게 이길 것입니다." 진나라 임금이 태사(太師)에게 점을 치게 하니, 태사가 점을 치고서 다음과 같이 말하였다. "길합니다. 복괘를 얻었는데, 그 괘사에서 '남방의 나라가 세력을 잃고, 활로 국왕을 쏘아, 그 눈을 명중한다"고 하였습니다. 이렇듯 국가가 세력을 잃고 국왕이 부상을 당하면 패하지 않고 무엇을 기다리겠습니까?[123]

진나라 태사가 점을 친 "남방의 나라가 세력을 잃고, 활로 국왕을 쏘니, 그 눈을 명중한다"는 복괘(復卦)의 괘사는 통행본 『주역』의 복괘 괘사에는 보이지 않는다. 통행본 『주역』의 복괘 괘사는 "복은 형통하여 나가고 들어옴에 병이 없어서 친구가 와야 허물이 없을 것이다. 그 도를 반복하여 7일이면 다시 돌아올 것이니 나아가는 바가 있으면 이로울 것이다”[124]이다. 이는 춘추 전기의 각종 시초점 체계 속에서 괘상과 괘명(卦名)은 이미 기본적으로 통일되어 있었지만, 괘효사 체계가 서로 달랐음을 말해준다.[125]

『좌전』 가운데 『주역』으로 점친 내용에 관한 기록은 대략 18례 23조에 이른다.[126] 『주역』의 괘효사를 가지고 점을 해석하는 경향은 춘추 후반기로 갈수록 더욱 빈번해진 것으로 보인다. 『좌전』 장공(莊公) 22년조에 다음과 같은 기록이 있다.

> (진환공陳桓公의 아들인) 진려공(陳厲公)은 채(蔡)나라 공주가 낳은 자식이다. 그래서 채나라 사람이 오보(五父)를 죽이고 그를 진려공으로 옹립했다. 진려공은 경중(敬仲)을 낳았는데, 경중이 어렸을 때 주나라 조정의 태사가 『주역』을 가지고 진려공을 뵙자 진려공이 그에게 점을 치도록 하였다. 점친 결과 관괘(觀卦)와 지괘(之卦)인 비괘(否卦)를 얻자 그는 다음과 같이 설명했다. “이는 ‘나라의 빛남을 봄이니, 왕의 손님이 됨이 이롭다’는 것을 일컫는 말이니, 그는 진(陳)나라를 대신해 나라를 갖게 될 것입니다. 그러나 이 나라에서가 아니라 다른 나라에서 이룰 것이며, 자신이 아니라 그 자손이 이룰 것이며, 그 빛은 먼 타지에서 빛나게 될 것입니다. 곤(坤)은 땅이요, 손(巽)은 바람이며, 건(乾)은 하늘입니다. 바람이 변하여 땅위의 하늘이 되는 것은 산입니다. 산의 재목(材)은 하늘의 빛이 잘 비추기 때문에 그 땅 위에 살게 됩니다. 그래서 ‘나라의 빛남을 봄이니, 왕의 손님이 됨이 이롭다’고 한 것입니다. 또한 정원에는 수많은 예물이 진열되어 있고, 옥과 비단을 봉헌하여, 천하의 온갖 아름다운 것들이 다 갖추어져 있으므로 ‘왕의 손님이 됨이 이롭다’고 한 것입니다. 그러나 멀리 장래를 내다보기 때문에 ‘후손이 이룰 것’이라고 한 것입니다. 바람은 그 움직임을 땅에 드러내므로 ‘다른 나라에서 이룰 것’이라고 한 것입니다. 만일 다른 나라에서 이룬다면 그것은 반드시 강씨(姜氏) 성의 나라일 것입니다. 강씨는 대악(大嶽)의 후예이고, 산악(山嶽)은 하늘과 짝을 이루는 것으로, 만물

가운데 이 두 가지보다 더 큰 것은 없습니다. 진나라가 쇠할 때 그 후손이 창성하게 될 것입니다." 진나라가 처음 망하게 되었을 때 진환자(陳桓子, 경중의 5세손)가 제(齊)나라에서 강대해지기 시작했고, 그 후 진나라가 망했을 때 진성자(陳成子, 경중의 8세손)는 제나라의 정권을 장악하게 되었다.[127]

위에 나타난 서법(筮法)의 결과는 관괘(觀卦)가 비괘(否卦)로 변하는 경우이다. 이 점괘에 대한 해석을 주(周)나라 조정의 태사는 먼저 "나라의 빛남을 봄이니 왕의 손님이 됨이 이롭다"[128]는 관괘 육사 효사에 근거하여 해석하고 있다. 왜냐하면 관괘가 비괘로 변하는 괘를 얻은 경우는 관괘의 제4효가 변효가 되어 음효에서 양효로 변하여 비괘가 된 것으로 이는 관괘 사효의 효사에 의거하여 길흉을 판단하기 때문이다.

주나라 조정의 태사는 관괘의 육사 효사의 내용을 본괘(本卦)인 관괘와 지괘(之卦)인 비괘의 괘상에 근거하여 설명하고 있다. 관괘의 상괘(上卦)는 손괘(巽卦)이고, 하괘(下卦)는 곤괘(坤卦)이며, 비괘의 상괘는 건괘(乾卦)이고, 하괘는 곤괘(坤卦)이다. 관괘가 변하여 비괘가 되는 것은 '바람이 변하여 땅위의 하늘이 되는' 상(象)이다. 이 때문에 "바람이 변하여 땅위의 하늘이 되는 것(風爲天於土上)"이라고 말한다. 이것이 근거하는 관점은 「설괘전」 11장의 손(巽)은 바람(風), 곤(坤)은 땅(土), 건(乾)은 하늘(天)을 상징한다[129]는 관점에 바탕한 것으로 보인다.

그러나 바람이 변하여 땅위의 하늘이 되는 것에서 왜 산이 되는지에 대한 구체적인 설명은 보이지 않는다. 이에 대해 양백준(楊伯峻)은 호체(互體)의 관점에서 이 문제에 접근하고 있다. "점을 친 사람은 흙·바람·하늘 등의 세 가지를 연계시켜 바람이 하늘에서 일어나 땅에서 불고 있기에 '바람이 변하여 땅위의 하늘이 되는' 것으로 말한다. 이것은 오늘의 관점에서는 이해하기 어려운 것이다. 비괘(否卦)의 제2효에서 제4효까지를 이른바 호체로 말하면 간괘(艮卦)가 되는데 간(艮)은 바로 산(山)이다"라고 하였다. 양백준의 이런 설명은 크게 설득력을 주는 관점으로 보이지는 않는다. 이런 점을 의식해서인지 양백준 스스로도 고형이 괘상의 관점으로 설명하는 내용을 인용하고 있다.[130]

또한 "나라의 빛남을 봄이니, 왕의 손님이 됨이 이롭다(觀國之光, 利用賓於王)"란 구절 역시 「설괘전」 11장의 "건(乾)은 군주이고, 부(父)이며, 옥(玉)이요. 곤(坤)은 모(母)이며, 비단(布)이다"[131]라는 관점에 근거하여 해석하고 있다. 즉 비괘(否卦)는 신하가 임금을 알현하는 것을 상징하며, 옥과 비단이 진열되어 있는 상이다. 이 때문에 "정원에는 수많은 예물이 진열되어 있고, 옥과 비단을 봉헌하여, 천하의 온갖 아름다운 것들이 다 갖추어져 있으므로 '왕의 손님이 됨이 이롭다'라고 말하는" 것이다. 이것은 바로 『주역』의 점단(占斷)에 대한 해석이 주로 괘상에 의한 효사의 내용과 괘명(卦名)의 뜻에 근거하고 있음을 말하는 것으로 보인다.

> 진헌공(晉獻公)이 딸 백희(伯姬)를 진(秦)나라에 시집보내며 점을 치도록 하여 귀매괘(歸妹卦)가 규괘(睽卦)로 변하는 점괘를 얻게 되자 사소(史蘇)가 이를 풀이하여 말하기를 "이는 불길합니다. 그 점괘에 말하기를 '남자가 양을 찔렀으나 피가 없고 여자가 광주리를 이어받았으나 담겨진 것이 없다'고 하였습니다. 이는 서쪽의 이웃나라가 질책을 해도 대처할 길이 없는 것이니 귀매괘가 규괘로 변함은 도움이 되지 않습니다. 진괘(震卦)가 이괘(離卦)로 변함은 이괘(離卦)가 진괘(震卦)로 변하는 것과 같습니다. 이는 우레가 되고 불이 되는 것으로 영씨(嬴氏)가 희씨(姬氏)를 깨뜨리는 것을 뜻합니다. 수레에서 수레바퀴통이 빠지고, 깃발이 불에 타니 군대를 움직임에 불리해 종구(宗丘)에서 패하게 됩니다. 귀매괘와 규괘가 고단(孤單)한 것은 적이 활을 당기는 것을 뜻합니다. 이는 조카가 고모를 쫓다가 6년 동안 달아나 그의 나라로 귀국하지만 집을 버리고 그 다음해에 고량(高梁)의 폐허에서 죽는 것을 말합

니다"라고 하였다. 진혜공(晉惠公)은 진나라에 있을 때 "선군께서 사소의 점을 따랐더라면 내가 이 지경에 이르지는 않았을 것"이라고 탄식하였다.[132)]

귀매괘(歸妹卦)가 규괘(睽卦)로 변하는 점괘에 대해 복사인 사소(史蘇)의 점단(占斷)은 불길한 것으로 판단한다. 이것은 귀매괘의 상육 효사에 의거하여 설명한 후 다시 귀매괘와 규괘의 괘상에 근거하여 설명하는 것이다. 귀매괘의 상효가 변하면 규괘가 된다. 사소는 귀매괘의 변효인 상육 효사의 "남자가 양을 찔렀으나 피가 없고 여자가 광주리를 이어받았으나 담겨진 것이 없다(士刲羊, 亦無衁也, 女承筐, 亦無貺也)"에 근거하여 불길하다고 판단한 것으로 보인다.

『주역』에 보이는 귀매괘 상육 효사의 내용은 통행본 『주역』과 약간 차이가 있지만 대체로 비슷한 내용을 가지고 있는 것으로 보인다.[133)] "남자가 양을 찔렀으나 피가 없고 여자가 광주리를 이어받았으나 담겨진 것이 없다"는 것은 많은 노력을 기울였으나 큰 소득이 없음을 의미한다. 여기에서 점단 해석의 또 하나의 특이점은 딸을 시집보낸 후 서로 반목하게 되는 상황, 즉 귀매괘가 규괘로 변하는 상황을 두 괘의 괘명이 가진 의미를 가지고 와서 해석하고 있다는 점이다. 또한 괘사의 의미에 치중하여 해석한 경우도 있다. 이것은 『국어』에 보인다.

공자(公子) 중이(重耳)가 친히 시초점을 치며 이같이 기원했다. "가장 길한 점괘를 바라오니, 진나라를 차지하게 해주십시오." 그 결과 둔괘(屯卦)의 내괘(內卦, 정貞), 예괘(豫卦)의 외괘(外卦, 회悔), 음효가 모두 태음[八]이 되는 괘를 얻었다. 서(筮)와 사(史)가 모두 해석하여 말하기를 "불길합니다. 막혀 통하지 않고, 효에 따르면 장차 이루는 바가 없습니다"라고 하였다. 하지만 사공(司空) 계자(季子)가 말했다. "길합니다. 『주역』에서는 두 괘가 모두 제후를 세움에 이롭다고 하였습니다. 진나라를 얻지 못할지라도 주 왕실을 보필하게 될 것이니, 어떻게 해야 제후를 세울 수 있다고 하는 것입니까? 공자께서 점을 치며 기도하기를 '가장 길한 점괘를 바라오니, 진나라를 차지하게 해 주십시오'라고 했는데, 괘사에서 '제후를 세움에 이롭다'라고 답해줬습니다. 이는 바로 나라를 얻는다는 취지니, 이보다 더 길한 것이 어디에 있겠습니까? 진괘(震卦)는 수레, 감괘(坎卦)는 물, 곤괘(坤卦)는 땅, 둔괘(屯卦)는 중후, 예괘(豫卦)는 즐거움을 상징합니다. … 진괘는 천둥과 수레를 상징합니다. 감괘는 만물이 귀의함을 상징하는데, 물의 기세[坎]가 깨끗하고 중망(衆望, 곤坤)이 모여드는 괘상입니다. 내괘에 천둥과 수레가 있고, 외괘에 물과 백성이 있습니다. 수레바퀴가 지축을 흔드니 위무(威武)의 괘상입니다. 중망이 모여드는 것은 백성의 지지와 문덕이 있다는 것을 의미합니다. 문무(文武)가 모두 갖춰져 있으니 매우 중후합니다. 그래서 둔괘라 한 것입니다. 그 주사(繇辭)에서 이르기를, '크고 형동하고 이롭고 바르니, 가는 바를 두지 말고 제후를 세움이 이롭다'라고 한 것입니다. 내괘가 주(主)가 되고 진은 뢰가 되니, 이것은 장남을 뜻합니다. 그래서 '크다'고 한 것입니다. 백성들이 순종하고 귀의하니 이는 좋은 일이 거듭 생기는 것을 뜻합니다. 그래서 '형통'하다고 한 것입니다. 내괘에 진과 뢰가 있어 '이롭고 바르다'라고 한 것입니다. 위무(威武)하고 진동하는 수레가 위에 있어 잘 갖추어진 군대를 상징하고, 순종하고 무리지은 물이 아래 있으니, 반드시 제후들의 패자가 됨을 말하는 것입니다. 그러나 소인들이 하는 일은 성공을 거둘 수 없습니다. 이는 꽉 막혀 통하지 않기 때문입니다. 그래서 '급하게 진행해서는 안 된다'라고 한 것입니다. 이는 한 사람의 행동을 지적한 것입니다. 백성들이 순종하고 옹호하며 위세가 진동하니 '제후를 세움에 이롭다'라고 한 것입니다. 곤괘는 모친을 뜻하고, 진괘는 장자를 뜻합니다. 모친이 늙었을 때 장자가 장성하니 안락을 뜻하는 예괘를 얻은 것입니다. 그 괘사에 이르기를, '제후를 세움이 이로우니, 출병하여 교전한다'고 했습니다. 이는 바로 안락함에 처하고 밖으로 무위를 떨치는 것을 말합니다. 둔괘와 예괘 모두 장차 나라를 얻게 됨을 예시하는 길한 괘입니다."134)

복사(서筮와 사史)들은 점의 결과가 불길하다고 판단하지만, 사공계자(司空季子)는 복사들의 의견과는 달리 『주역』의 둔괘(屯卦)와 예괘(豫卦) 괘사에 모두 "제후를 세움이 이롭다(利建侯)"는 말이 있기 때문에 오히려 길하다고 말한다. 이에 대해 위소(韋昭)는 주(注)에서 서(筮)와 사(史)를 서인(筮人)으로 보고 그들이 점을 치는 데 참고한 것은 『연산(連山)』과 『귀장(歸藏)』인데 여기에서는 모두 불길하다고 말한다.135) 여기에서 '서사(筮史)'를 서와 사로 나누어 보는 것은 분명하나 점을 치는 데 참고한 것을 『연산』과 『귀장』으로 보는 점은 분명히 문제가 있는 것으로 보인다. 왜냐하면 여기에서 사공계자는 둔괘의 괘명에 근거하여 말하는 것이 아니라 본괘와 지괘의 괘사에 나오는 "제후를 세움에 이롭다(利建侯)"라는 말을 통해 점단(占斷)하고 있기 때문이다. 즉 둔괘 괘사에서는 "나아가려고 하지 말고 제후를 세우는 것이 유리할 것이다(勿用有攸往, 利建侯)"라고 하고, 예괘(豫卦) 괘사에는 "제후를 세우고 군대를 일으키는 데에 유리하다(利建侯、行師)"는 말이 있는데 이 두 괘에 모두 "이건후(利建侯)"라는 괘사가 공통적으로 있다. 말하자면 그들이 공통적으로 근거한 점사(占筮)의 본문은 바로 『주역』에 있지 결코 『연산』이나 『귀장』에서 나온 말은 아닌 것으로 보인다.

진문공(晉文公)이 (정鄭나라로 망명한 주양왕周襄王을 다시 주 왕실로 모시려는 일을 복언卜偃에게) 점치도록 하여 대유괘(大有卦)가 규괘(睽卦)로 변하는 점괘를 얻었다. 이에 복언이 말하기를 "길합니다. 왕공이 천자에게 조공을 바친다는 괘를 만났습니다. 전쟁에서 이기고 왕이 잔치를 베풀어 대접하니 이보다 더 길한 일이 있겠습니까? 또한 이

> 괘는 하늘이 연못으로 변하여 해를 맞이하는 것으로, 이는 천자가 마음을 낮춰 제후를 맞이함이니 좋은 일이 아니겠습니까? 대유괘가 규괘를 떠나 돌아오니, 이는 천자의 원래 자리로 되돌아옴을 뜻하는 것입니다"라고 하였다. 이에 진문공은 진(秦)나라 군사를 떠나 물을 따라 주양왕(周襄王)이 있는 곳으로 내려갔다.[136]

진문공이 복언에게 점치도록 하여 대유괘(䷍)가 규괘(䷥)로 변하는 점괘를 얻게 되었다. 대유괘는 상괘가 이괘(離卦)이고 하괘가 건괘(乾卦)이고, 규괘는 상괘가 이괘(離卦)이고 하괘가 태괘(兌卦)로 대유괘의 하괘인 건괘가 태괘로 변하여 규괘가 된 경우이다. 여기에서 복언은 서법에 따라 대유괘의 변효인 구삼 효사의 "왕공이 천자에게 조공을 바친다"[137]는 말에 따라 전쟁에서 이기고 왕이 잔치를 베풀어 대접하니 어찌 길하지 않겠느냐고 말한다.[138] "하늘이 못으로 변하여 해를 맞이하는 것"이라는 말은 괘상에 근거한 말로 이것은 「설괘전」 제11장의 관점에 따른 것이다.

복언은 천자가 왕실을 떠나는 것은 반목[睽]하기 때문이라고 말한다. 본괘가 지괘로 변했다가 결국 본괘로 되돌아온다는 말은 대유괘가 규괘로 변했다가 다시 대유괘로 되돌아오는 것을 천자의 원래 자리로 되돌아오는 것을 의미하는 것이라고 말한 것이다. 이 구절은 먼저 효사에 의거하여 길하다고 판단한 후, 이를 다시 괘상과 괘명에 근거하여 설명하고 있는 경우로 효사가 점단 해석에서 가지는 중요성이 점차적으로 부각되고 있는 하나의 예로 볼 수 있다.

> 위양공 부인 강씨는 자식이 없었다. 그러나 총희 주압(위양공의 모친)은 아들 맹집을 낳았다. 하루는 대부 공성자가 꿈을 꾸었다. 꿈에 위나라 시조 강숙이 나타나 그에게 말했다. "원(元)을 옹립하라. 내가

너의 아들 공기의 손자인 공어와 대부 사구로 하여금 그를 돕도록 하겠다." 대부 사조도 꿈을 꾸었는데 꿈에 강숙이 나타나 말했다. "내가 장차 너의 아들 사구와 공증서의 증손인 공어에게 명하여 원을 돕도록 하겠다." 사조가 공성자를 만나 꿈 이야기를 했다. 이에 두 사람은 서로의 꿈이 일치한 사실을 확인하게 되었다. 진나라의 한선자가 집정하면서 제후들을 예방하던 해에 주압이 또 아들을 낳았는데 이름을 원(元)이라고 지었다. 이때 큰아들 맹집은 발이 정상이 아니어서 제대로 걷지 못했다. 이에 공성자가 주역을 이용해 시초점을 치면서 이같이 빌었다. "원은 위나라를 차지해 다스리고자 합니다." 그러자 점괘에 '둔괘(屯卦)'가 나왔다. 이에 공성자가 다시 빌었다. "저는 맹집을 세울 생각이 없으니 신령이 이를 윤허해주기 바랍니다." 이에 둔괘가 '비괘(比卦)'로 변하는 점괘를 얻었다. 공성자가 이를 사조에게 보이자 사조가 이같이 풀이했다. "이는 원형(元亨: 원이 국가를 향유한다)이오. 이 일에 관해 더 이상 무엇을 의심하겠소?" 공성자가 물었다. "원이 수뇌가 된다는 뜻이 아니오?" 이에 사조가 대답했다. "강숙이 나타나 그의 이름을 지어주었으니 가히 그렇다고 할 수 있소. 맹집은 온전한 사람이 아니어서 종주(宗主)가 될 수 없으니 우두머리가 된다고 말할 수는 없소. 게다가 괘사에서 이르기를, '이건후(利建侯: 제후로 세우기에 이로움)'라고 했소. 장자는 당연히 사위(嗣位)하는 것이니 '사위'를 길하다고 한다면 특별히 '건후'라고 한 이유는 무엇이오? 이는 장자 이외의 아들을 군주로 세우는 것을 말하는 것이 아니오. 두 점괘가 다 그런 뜻으로 말하고 있으니 그대는 원을 군주로 세우도록 하시오. 강숙의 명도 그렇고 두 점괘의 괘상 또한 그렇소. 복서가 꿈과 맞아떨어지면 주무왕은 그대로 좇았소. 그런데 왜 이를 좇지 않으려 하는 것이오? 다리가 불편한 사람은 한거(閑居)할 수 있을 뿐이오. 그러나 군주는 나라를 다스리고, 종묘 제사에 친림하고, 백성을 봉양하고, 귀신을 섬기고, 회조(會朝: 제후들 간의 회동)에 참가해야 하니 어찌 능히 한거할 수 있겠소? 각자 서로 이로운 바를 좇아 나아가는 것이 가하지 않겠소?" 이에 공성자가 위령공(원)을 새 군주로 세웠다.139)

공성자(孔成子)와 사조(史朝) 두 사람은 처음에는 모두 양공(襄公)의 차남 원(元)을 새 임금으로 옹립하는 것을 마음에 두고 있었으나, 둔괘(屯卦)가 비괘(比卦)로 변하는 점괘를 얻은 이후에 공성자는 처음의 생각을 고치려 하였다. 즉 공성자는 '원(元)'을 '장(長)'의 뜻으로 보아, 다시 생각을 바꾸어 위양공의 맏아들인 맹집(孟縶)을 옹립하려 하였다. 이런 상황에서 사조는 공성자를 설득하기 위해 괘사에 근거하여 그럴듯한 합리적 해석을 찾아내었다. 그것은 바로 괘사 '원(元)'에 대한 해석이다.

사조는 둔괘 괘사의 "원형(元亨)"이란 말에 보이는 '원'자와 양공의 차남 이름인 '원'을 같은 것으로 보아 원을 위(衛)의 새 임금으로 세워야 한다고 주장한다. 여기에서 사조가 공성자를 설득하기를, 사조는 위나라 시조인 강숙(康叔)이 꿈속에서 원의 이름을 거명하였고 또 맹집은 다리가 불편하여 군주의 역할을 다할 수 없다고 말하였다. 더욱이 둔괘 괘사와 둔괘 초구 효사에 "제후를 세움이 이롭다"는 말은 장자 승계가 아닌 다른 사람을 옹립함을 뜻하는 것이므로 마땅히 원을 새 임금으로 세워야 한다고 주장한다. 공성자는 사조의 주장을 받아들여 원을 위나라의 새 임금(위령공衛靈公)으로 옹립하였다.

여기에서 중요한 것은 공성자와 사조는 모두 본괘인 둔괘의 괘사와 둔괘의 초구 효사에 근거하여 점단 해석을 하고 있고, 괘상에 관해서는 거의 언급하지 않고 있다는 점이다. 특히 공성자가 '원(元)'자를 맏아들[長子]의 뜻으로 해석하고, 사조는 '원형(元亨)'의 '원'자를 차남 '원'의 이름으로 해석하여 모두 자신들의 관점에서 말하고 있다. 이것은 단순히 『주역』의 본래 뜻과 배치되는 자의적 해석을 하고 있다는 관점으로 볼 수도 있지만, 동시에 『주역』이 가진 상징적 의미의 다양한 해석 가능성이라는 측면 역시 보여주고 있다.

위에서는 『국어』와 『좌전』에 보이는 몇 가지 서례를 통하여 사용된 괘상 해설에 대해 살펴보았는데, 여기에서 사용된 방법을 전체적으로 정리하여 보도록 하자.

첫째: 춘추시기에 『주역』을 해설할 때, 주로 8괘 취상(取象)의 방법을 통하여 해석하고 있는 것으로 보인다. 그 취상방법은 대부분 「설괘전」과 동일하다. 이것은 「설괘전」의 상이 이미 춘추 여러 나라에서 상으로 역을 해석하는 공통된 범주가 있음을 표명한다. 그러나 점서에 운용된 8괘 취상은 보조와 보충의 성질을 가지고 있고 그들은 대부분 "A 之 B"의 점서 결과에 따라 진행되고 있다.[140] 다시 말하면 본괘와 지괘 중 네 개 8괘 괘상의 취상 관계를 통하여 괘상의 의미를 분석하는 경우가 많이 보인다.

둘째: 춘추시기에 『주역』을 해설할 경우, 기본적으로 효상(爻象)과 효수(爻數)를 사용하여 해설하는 방식은 거의 보이지 않는다. 우리가 지금 『주역』을 해설할 때 통상적으로 사용하는 효상과 효수의 방법은 주로 한대에 성행하여 지금까지 이르렀는데 대다수의 역학자들은 모두 득위(得位)·실위(失位)·승(承)·승(乘)·비(比)·응(應)·중(中) 등의 해설 방법을 사용하는데 이것들은 춘추시기에는 아직 보편적으로 사용되지 않았다. 그중 승·승·비·응·중 등의 해설 방법은 전국시기에 이루어진 「소상전(小象傳)」과 「단전(彖傳)」을 통하여 파생되어 나온 것으로 보인다. 또 춘추 때 『주역』을 해석하는 경우 반상(半象)의 방법은 사용되지 않았다. 엄격히 말하면 호체(互體)나 괘변(卦變)의 방법도 사용하지 않았다.[141]

『역전』은 각 효의 효상과 효수를 자주 말하지만 『좌전』과 『국어』에서는 효상과 효수를 말하지 않는다. 효상, 효수에 근거하여 효사를 해석하는 것은 『역전』 이후의 새로운 해석 방법이라고 할 수 있다. 효상, 효수에 근거하여 효사를 해석하지 않는 이유는 그 이유가 있을 것으로 보인다. 그것은 바로 『좌전』과 『국어』의 서례에서는 아직 효제(爻題)를 사용하고 있지 않다는 점이다. 이 문제에 대해서는 뒤에서 상술하겠지만, 이경지(李鏡池)는 다음과 같이 말한다.

> 『좌전』과 『국어』에 실려 있는 서사(筮辭)를 살펴보면 하나같이 모두 '구(九)'와 '육(六)'이라는 효수가 보이지 않는다. 그들이 말하지 않은 이유는 비록 알지만 사용하지 않은 것이 아니라 실제로는 그 당시에 아예 이런 명사가 없었다는 것이다. 만약 있었다고 한다면 왜 점서를 말하는 곳이 무려 20군데 이상인데 한 군데에서도 말하지 않았겠는가? … 이 때문에 내가 보기에 '구'와 '육'이라는 말은 원시적 『주역』에는 없었고, 그것이 본격적으로 사용되기 시작한 시기는 전국 말기나 진한(秦漢) 시기로 보이는데 이는 아마도 이것을 사용하는 것이 편리하다는 것을 알았던 시기로 보인다. 이것을 창작한 사람들은 분명히 「상전」과 「문언전」을 지은 학자들로 추정된다.[142]

이경지의 관점은 매우 분명하다. 다만 여기에서 분명히 논의되어야 할 문제는 "효제가 없는 상황에서 어떻게 정효(定爻)할 수 있는가"라는 문제이다. 이 문제는 『역전』 형성 이전의 역학을 이해하는 데 매우 중요하다. 이는 동시에 점서 『주역』과 철학적 『주역』의 분계선이 어디에 있는가하는 것을 말해주는 것이기 때문이다.[143]

『좌전』과 『국어』의 정효 방식은 간접적인 지칭방식[144]인 "A 之 B"라는 구형의 형식이다. 앞에서 말한 것처럼 『주역』의 서법은 서로 연결되는 두 가지 법칙을 포함하고 있는데 그것은 성괘(成卦)와 변괘(變卦)의 법칙이다. 『좌전』과 『국어』 중의 점서는 모두 이러한 구형 진술을 차용하여 “A 之 B”의 형식으로 말하고 있다.

앞에서는 『좌전』과 『국어』의 서례에 보이는 『주역』의 해석에 대해 살펴보았다. 이를 통하여 우리는 춘추시기 『주역』의 본문, 즉 텍스트가 현재 우리가 보는 통행본 『주역』과 대체로 유사함을 발견할 수 있다. 이 문제에 대해 간단하게 살펴보도록 하자.

첫째: 『좌전』과 『국어』의 서례에 보이는 『주역』(아래에서는 춘추春秋 『역易』이라 칭함) 텍스트는 64괘로 구성되어 있고, 각 괘는 여섯 효로 구성되어 있는 것은 확실한 것으로 보인다.

둘째: 춘추『역』 역시 건괘와 곤괘를 수괘(首卦)로 하고 있고 이미 용효(用爻), 즉 용구(用九) 등을 말하고 있다.

셋째: 춘추『역』에는 이미 괘명, 괘상과 괘효사의 세 가지 기본 구성 요소를 모두 가지고 있다. 괘명과 괘상의 조합은 통행본 『주역』과 다르지 않다.

넷째: 춘추『역』과 통행본 『주역』의 가장 크게 다른 것은 각 효에 효명 즉 효제가 없다는 점이다. 이 문제에 대해서는 다음 장에서 상세하게 다룰 예정이다.

여기서 우리가 주의를 기울여야 할 하나의 문제가 있다. 춘추시기에 여러 『역』의 텍스트들이 존재하고 있었던 정황은 『좌전』과 『국어』의 서례 분석을 통하여 짐작할 수 있었다. 그런데 이 중에서 『주역』은 주류의 위치에 있었던 것으로 보인다. 왜냐하면 기본적으로 『좌전』과 『국어』의 서례에 보이는 대부분의 『역』의 문장들이 통행본 『주역』의 문장과 같기 때문이다. 특히 서례 중에서 분명하게 『주역』을 지칭한 곳은 모두 11번 출현한다. 이에 비해 다른 『역』의 텍스트에 대해서는 구체적인 이름을 말하지 않고 있다는 점에서 당시에 『주역』은 이미 확고한 권위를 가지고 있었을 뿐만 아니라 이미 성서(成書)되어 있었을 가능성도 충분히 있는 것으로 보인다. 그러나 여기에서 하나의 책으로 이루어진 『주역』이 오늘날 우리가 보는 통행본 『주역』과 동일하다는 의미는 아니다.

또 하나는 『좌전』과 『국어』의 서례에 보이는 춘추『역』의 중요한 관점은 점을 치는 데 이용된 점서역(占筮易) 이외에 이른바 철리역(哲理易), 즉 점을 치지 않고 『역』의 텍스트가 직접적으로 해석되는 경우가 보인다는 점이다. 구체적으로 예를 들면, 앞의 '가. 서례와 『주역』의 문장이 기본적으로 동일한 것' 중의 '9) 『좌전』 양공(襄公) 28년조'와 '나. 『주역』의 문장과 동일하지는 않으나 내용상 통하는 경우'의 '3) 『좌전』 소공(昭公) 원년조' 등이다. 이것은 바로 점서역학을 벗어나 『역』의 텍스트가 직접적으로 해석되는 철학적 역학으로 전환하는 과도기적 형태를 보여주고 있다는 점에서 매우 중요하다.

4. 점(占)에서 덕(德)으로: 점서역학과 인문정신(人文精神)의 출현

점서역학(占筮易學) 속에는 완벽하다고는 할 수 없지만 그 시대에 있어서는 최고의 철학적 수준을 갖춘 세계관과 우주관이 형성되어 있었다. 점서역학은 인류의 인식이 구체적인 역사조건에서 장기적으로 발전한 역사적 산물이다. 비록 형식은 낙후된 점서의 형식이지만 그 내용은 당시에 있어서는 새롭고 선진적인 철학내용이라고 할 수 있다. 점서역학은 그 시대 인식 수준의 반영이다.

만약 점서라는 외투를 벗어버리면 그 속에는 비록 미성숙하지만 나름대로 체계를 가진 하나의 철학적인 성격의 사유체계가 발견되고 이것은 후대에 더욱 성숙한 철학체계로 발전될 가능성을 제공해 준다. 이런 점은 점복(占卜)에서 점서(占筮)로의 발전 과정 속에서도 충분히 찾을 수 있었다. 여기에서는 당시 점서역학이 가지고 있는 기능과 인문주의적 요소의 신장이라는 관점에 대해서 살펴보려고 한다.

점서역학은 바로 그 시대 사람들의 세계관 혹은 우주관을 반영하고 있다. 다만 그 시대의 사람들은 자신을 둘러싸고 있는 세계를 관조하고 이해하는 독특한 시야를 점서라는 형식을 통해서 인간과 만물 · 인간과 천(天) · 인간과 신의 감응(感應)과 소통(疏通)을 통하여 취길피흉(趣吉避凶)하려고 하였다. 인간과 외물(外物) 간의 감응과 소통은 두 가지 방법이다.

하나는 직접적인 것이고 다른 하나는 간접적인 것이다. 직접적인 감응과 소통의 방식은 바로 인간과 외물이 직접 서로 접촉하는 것으로 자신의 영혼과 외물의 영혼이 서로 감응하고 소통하는 것을 말한다. 이에 비해 간접 감응과 소통의 방식은 어떤 영성(靈性)의 매개물을 빌려 상관하는 사물간의 영(靈)과 영의 감응과 소통 방법을 통하여 이루어진다. 초기의 복서(卜筮) 활동은 바로 만물(萬物) 유령(有靈)의 배경에서 서로 교감하고 소통할 수 있는 방식을 통하여 출현하였다. 초기의 복서 활동에서 사용한 영성을 많이 가지고 있는 매개물로 사용된 것은 소나 양 등의 견갑골과 귀갑 및 시초 등이다.145)

복점이 행해지던 상대(商代) 사람들이 보기에 우주간의 일월산천 등의 여러 신령들을 통솔하는 최고 주재자는 제(帝) 혹은 상제(上帝)였다. 즉 제 혹은 상제의 위력과 가치는 일체를 압도하는 절대적 권위를 가지고 있었고 인간의 가치와 작용은 매우 미미하여 크게 드러나지 않았다. 당시 사람들은 오직 제와 상제 및 여러 신령의 보우(保佑)를 확보하여야만 복을 얻을 수 있는 것으로 생각하고 있다. 이것이 바로 은상(殷商) 시기 성행한 수골(獸骨)과 귀갑(龜甲)을 매개물이나 도구로 삼았던 점복활동이 근거하는 기본적 우주관이고 천인(天人) 관계의 배경이다. 이런 기본적 배경에서 귀복이 출현하는 것이다. 이런 은상 시기의 총체 우주관과 천인관은 주대(周代)에 와서 질적인 변화를 겪게 된다.

이런 질적인 변화는 비록 제와 상제 및 기타 신령의 존재를 여전히 인정하지만, 주나라 사람들로 하여금 이미 인간의 가치와 의미 및 인간의 지위와 역량 등을 발견하여 위대한 인문정신을 드러내게 만드는 계기를 제공한다. 그들은 신의 명령을 듣던 것에서 인간 자신의 주체적 해석이라는 관점으로 점차 전환되는 경향을 보여주기 시작한다. 그들은 이런 인문정신을 통하여 상제의 주재(主宰)에 대한 새로운 이해와 해석을 하게 되고 이런 기초 위에서 상제가 주재하는 전체 우주에 대한 새로운 이해와 해석을 하게 된다.146)

외재적인 우주를 인식하고 자신의 운명을 스스로 주재하는 경향은 점서라는 점법의 시야 속에서 성립된다. 이것은 은대에 행해진 귀복점의 시야와는 크게 다르다. 이 두 가지 점법의 다른 점을 구체적으로 말하면, 귀복점을 통하여 구하려는 것은 사람과 상제 및 여러 신령 간의 감응과 소통이었고, 이런 감응과 소통을 통하여 예측하려는 것은 주로 신의(神意) 혹은 신지(神志)였다.

이에 비해 시초(蓍草)라는 매개물을 통하여 점서역학이 실현하려는 것은 상제 및 여러 신령 간의 감응과 소통이 아니라, 대자연 중의 만물 및 사회 중의 다른 사람과의 감응과 소통이다. 이런 감응과 소통을 통하여 예지(預知)하려는 내용은 신의 혹은 신지(神智)보다는 외물과 외부세계가 변화하는 원인과 이유에 대해 말하는 것들이 더욱 부각되기 시작한다. 여기에서 점서역학은 인간의 행위의 주도권을 제나 상제로부터 인간 자신의 수중으로 가져와 전체를 돌아볼 수 있는 시야와 지혜를 가지도록 만들어, 인간 스스로의 이성적 지혜를 통하여 행위 할 수 있는 조건을 만든다.

여기에서 점과 운명이 가지고 있는 기능과 관심 역시 변화하기 시작한다. 점서역학이 가지고 있는 기본적 기능은 크게 두 가지로 나눌 수 있다. 하나는 운명에 대한 관심을 말하는 것으로 생존의 문제와 관련되는 것이고, 두 번째는 백성에 대한 교화 문제이다.[147] 인간의 운명에 대한 자각은 인간 자신의 생존에 대한 문제로부터 시작된다. 운명에 대한 관심은 스스로가 처해 있는 생존에 대한 관심에서 나온 것이다. 운명에 관심을 가진다는 것은 어쩌면 인류가 생존한 이래 늘 있어온 영원한 주제인데, 그것에 대한 논의나 해결의 방식만이 다를 뿐이다. 다가올 미래에 대한 인간의 불안감은 미래가 어떠한지를 알지 못하기 때문이다. 예측할 수 없이 부단히 변화하는 세계와 안정적인 삶에 대한 희망이라는 문제가 서로 뒤섞여 있는 상황은 인간을 번뇌하게 만든다. 이런 번뇌에 대한 탈출이나 해결의 방법은 시대마다 다르다.

점서역학의 단계에서 사람들이 생각한 세계는 앞에서 말한 것처럼, 인간 · 물(物) · 영혼과 신은 동일한 세계 속에 존재하고 있으면서 직접적으로 서로 교류하고 있고 그 관계들이 인간의 운명에 중대한 영향을 끼치는 것으로 보고 있다. 이런 인간 · 사물 · 영혼과 신이 공존하는 연속적 존재 구조 속에서 모든 사태나 사건은 운명과 직접적으로 관련되어 있는 것으로 보고 어떤 하나의 일을 행할 때마다 운명을 주관하는 신에게 빌고 그들의 비호와 보호를 얻으려 노력하였다. 여기에서 모든 일에 점을 치는 문화적 현상이 발생하는 것이다.

점복의 본질은 신이 운명에 대해 결정적인 역할을 한다는 관점으로 이것의 기본적인 관점은 사람들이 스스로의 운명을 파악하지 못한다는 것이고, 이것을 느끼면 느낄수록 신에 대한 믿음과 의지는 더욱 강하게 된다. 이 때문에 고대에 신과 통할 수 있는 능력을 가지고 있는 무격(巫覡)이나 서인(筮人)들이 가진 권위는 대단하였다. 그들은 복서의 방법을 통하여 사람들의 운명에 대한 관심을 만족시켜주고 운명의 신으로부터 미래에 대한 힘과 허락을 얻는 것이다. 미래의 운명을 미리 알아보고 마음의 안위를 얻는 것이 바로 점치는 행위가 가지고 있는 주요한 기능이었다. 점서역학의 존재 가치도 여기에서 출발하고 있다.[148]

문명의 진보에 따라서 인간의 세계에 대한 인식이나 자각 역시 깊어지지만 운명에 대한 관심은 결코 줄어들지 않는 것이 사실이다. 다만 미래를 보는 방식만이 변화하였을 뿐이다. 그것은 일방적인 신의 뜻을 듣는 것에서 자신의 이성적 지혜를 통하여 스스로 운명의 변화에 참여할 수 있다는 생각이 새롭게 출현한 것이다. 즉 어떤 미래의 일은 스스로 파악가능하다는 것을 발견하기 시작했다. 『좌전』 환공(桓公) 11년 조에는 이런 상황을 잘 기록하고 있다.

> 막오(莫敖)가 말했다. "아직 초나라의 군세(軍勢)가 약한데, 어찌 왕에게 군사를 더 증원할 것을 청하지 않는 것입니까?" 투렴(鬪廉)이 대답했다. "군대가 싸움에서 이기는 것은 인심의 화합에 달려 있지, 군사가 많은 것에 달려 있지 않습니다. 대군을 거느린 상(商)나라가 주(周)나라의 작은 군대를 대적하지 못하고 실패한 것은 당신도 알고 계시는 일입니다. 이미 군대를 편성하여 출정하였는데, 또 무슨 증원군이 필요하겠습니까?" 그러나 막오는 "이길 수 있는지를 점쳐 보시오"라고 말했다. 투렴은 "점은 의심을 결정짓기 위해 치는 것입니다. 의심나지 않는데 어찌 점을 치겠습니까?"라고 말하고는, 마침내 운(鄖)나라 군사를 포소(蒲騷)에서 격파하고, 예정대로 이(貳) · 진(軫) 두 나라와 동맹을 맺고 돌아왔다.[149]

초나라에서 출병을 할 것인가 말 것인가, 그리고 초나라 왕에게 증원

병을 요구할 것인가 말 것인가의 문제를 두고 의견이 일치하지 않았다. 투렴의 태도는 분명했지만, 막오는 대체로 확신을 갖지 못했다. 이 때문에 막오는 점을 쳐서 군대가 출병해도 되는지를 물어보자고 하였는데, 투렴은 동의하지 않고 '점은 의심을 해결하기 위해 치는 것입니다. 의심나지 않는데 어찌 점을 치겠습니까?'라고 하여 거북점 치는 것을 거절하고는 전쟁에 나가서 끝내 승리하고 돌아왔다.

서주(西周) 이래로 출병을 할 때 먼저 점을 쳐 그 여부를 결정하는 것은 일반적인 현상이었다. 비록 초나라 군대 내부에서 의견이 일치하지 않았지만, 투렴은 자기 의견을 고수하고 점치는 것에 반대하였다. 이는 중요한 정책을 결정하는 데 있어 사람들이 점차 점복의 결과에 의지하지 않고, 자신들의 이성을 통하여 직접 일의 형세를 분석하고 판단하여 결정하였음을 보여주는 예라고 할 수 있다.150)

"점은 의심을 해결하기 위해 치는 것입니다. 의심나지 않는데 어찌 점을 치겠습니까?"라는 말은 삶에 대한 자신감을 드러내는 것으로 삶에 대한 점의 과도한 간섭에 반대하는 것이라고 할 수 있다. 사람들은 드디어 자신들이 가진 어떤 요소가 미래의 운명에 대단히 중요한 영향을 끼친다는 사실을 자각하게 된다. 그것은 바로 도덕성이나 수양이 깊은 사람들이 좋은 운명을 얻을 수 있음을 발견한 것이라고 할 수 있다.

앞에서 말한 것처럼, 조상을 살펴보는 은대의 귀복점에서 수의 연산을 통하여 점을 치는 주대의 서점으로의 전환 중에서 가장 중요한 발전은 역시 인간의 이성적 사유능력이 부각된다는 점이다. 즉 서점은 인간의 이성적 사유능력이 고양되면서 형성된 것이라고 할 수 있다. 이런 경향은 인간의 이성적 사유능력에 의해서 점의 권위가 점차 약화되는 상황을 초래하게 만든다.

『상서』「홍범(洪範)」편에서는 다음과 같이 말하고 있다.

당신(왕을 지칭함)께서 매우 해결하기 힘든 어려운 문제에 직면하거든 먼저 당신 스스로 마음속 깊이 생각해 본 후, 경사(卿士) 등의 높은 관직에 있는 측근이나 대신들과 상의하고, 다시 보통의 서민들과 상의하고, 시초점이나 거북점 등의 복서를 통하여 상의하십시오.151)

어려운 문제가 발생할 경우 마음속 깊이 생각해 보거나, 높은 관직에 있는 측근이나 대신들과 상의하거나, 그렇지 않으면 보통의 서민들과 상의하여 결정할 수 있다는 것이다. 이런 세 가지 해결방식은 모두 인간의 이성적 판단과 결단에 근거하는 것들이다. 이전의 경우에 어려운 문제가 발생하면 무조건 복과 서에 묻는 것과는 분명히 다르다. 무엇보다도 먼저 인간 자신이 가지고 있는 이성적 능력을 최대한 사용하여야 한다는 것이다. 이런 관점에 대해 "신도(神道)의 권위는 쇠퇴하고 인간의 지적능력이 강화된 것"152)이라고 말하는 것이다. 「홍범」편에서는 계속해서 말하고 있다.

당신이 스스로 생각한 바가 따르고, 거북이가 따르고, 시초가 따르고, 대신이 따르고, 일반 백성이 따르는 것이 바로 모든 사람이 하나의 생각으로 일치하는 것이며 이를 대동이라고 말합니다. 이렇게 모두가 일치하게 되면 당신의 몸은 평온하고 자손들은 모두 번영하여 길하게 될 것입니다. 당신이 스스로 생각한 바가 따르고, 거북이가 따르고, 시초가 따르지만 대신들이 반대하고, 일반 백성이 반대한다고 해도 이것은 여전히 길한 것입니다. 일반 백성이 따르고, 거북이가 따르고, 시초가 따르나 당신이 반대하고, 대신들이 반대한다고 해도 이것은 여전히 길한 것입니다. 당신 스스로 생각한 바가 따르고, 거북이가 따르고, 시초가 반대하고, 대신들이 반대하고, 일반 백성이 반대한다고 한다면 그것은 안에서 하는 일은 길하고 밖에서 하는 일은 흉한 것입니다. 거북과 시초가 모두 사람이 도모하는 일에 어긋난다면 가만히 있으면 길

하고, 움직이면 흉한 것입니다.153)

위에서는 모두 여섯 가지의 상황을 말하고 있는데 우리가 주의해서 보아야 할 문제는 하늘의 의지[天意]와 인간의 의지[人意]가 충돌하는 경우이다. (1) 거북점과 시초점이 모두 찬동하는 경우에는 왕을 비롯하여 다른 사람들이 반대한다고 하여도 일을 실행에 옮기면 길(吉)할 것이라는 것이다(세 번째와 네 번째 상황). (2) 거북점과 시초점이 모두 반대하고, 설령 왕과 대신 그리고 일반 백성들이 모두 찬동한다고 하여도 함부로 행동할 수는 없다(여섯 번째 상황). 이런 관점에서 보면 복점과 서점은 어떤 행동에 대해 결정을 내릴 때 여전히 중요한 역할을 하고 있음을 알 수 있다. 그러나 이런 경향은 춘추시대에 이르면 변화하기 시작한다.

춘추시대에 이르면 점복 활동에 주목할 만한 새로운 경향이 출현하게 된다. 하나는 춘추시대에 적지 않은 복서활동이 제약받고 소홀히 취급되어지기 시작한다는 것이며, 또 다른 하나는 점(占)과 덕(德) 가운데 어느 것을 우선해야 하느냐 하는 문제가 제기되기 시작한다는 것이다. 이 두 측면은 모두 점복문화 속에서 끊임없이 발전해왔던 내재적 갈등이라고 할 수 있다.154)

말하자면 점을 치는 활동 자체가 무시되거나 의심받는 경우를 '의점설(疑占說)'이라고 말하고, 점과 덕의 충돌 문제는 결국에는 덕이 점의 지위와 권위를 대신해 버리는 '이덕대점설(以德代占說)'로 표현된다.155) 아래는 앞에서 인용한 『좌전(左傳)』 희공(僖公) 15년 조에 나오는 말이다.

> 진나라 헌공(獻公)이 딸인 백희(伯姬)를 진(秦)나라로 시집보내는 것에 대해 서(筮)를 행하니 귀매지규(歸妹之睽)가 나왔다. 사소(史蘇)는 불길하다고 말하고 다음과 같이 풀이했다. "선비가 양을 찔러서 피가 나오지 않고, 여자가 대바구니를 손에 들어도 얻을 것이 없다"라고 하였

으니 서쪽의 진나라가 책망하여 밀어붙여도 할 말이 없습니다. … 헌공의 아들인 혜공(惠公)이 말하기를 "선대 군주께서 사소의 점을 따라 했다면 내 신세가 여기에 이르지는 않았을 텐데"라고 하였다. 이에 옆에서 그를 모시고 있던 한간(韓簡)이 다음과 같이 말했다. "… 선대 군주인 헌공이 나라를 망칠 악덕(惡德)은 다 헤아릴 수 있겠습니까? 사소의 그 점을 따른들 무슨 이익이 있었겠습니까?" 시(詩)에 이르기를 "이 세상 사람들이 저지른 죄는 하늘이 내린 것이 아니로다. 눈앞에서는 좋아하고 뒤돌아 미워하니 주로 싸움이야 사람 때문이구나"라고 하였습니다.156)

위의 말은 진의 헌공이 사소가 해석한 점을 무시하고 백희를 진나라로 시집보낸 것에 대해 말하고 있다. 나중에 헌공의 아들인 혜공은 진나라에 포로로 잡히는 신세가 된다. 혜공은 이런 신세를 한탄하여 헌공이 사소의 점을 따르지 않은 것을 원망하였다. 이에 대해 한간은 시를 인용하면서 인간의 길흉은 인간 스스로 만드는 것으로, 길흉의 결과는 그가 가지고 있는 덕과 관련이 있음을 말하고 있다.

남괘가 배반하려고 하여 서점을 쳐서 곤지비(坤之比)를 얻었다. "황상원길(黃裳元吉)"이라고 하니 그는 그것을 매우 길한 것이라고 생각하고 자복혜백에게 보이고는 "내가 무슨 일을 도모하려고 하는데 어떻겠는가?" 하고 물었다. 그러자 혜백은 "내가 일찍이 배웠는데 충성되고 신의 있는 일은 좋지만, 그렇지 않으면 실패할 것이다. … 충성스러움, 신의, 공손함 이 세 가지 덕이 갖추어져 있는 것을 선이라고 하니 이 세 가지 덕이 갖추어지지 않고는 '황상원길'의 길함에 해당되지 않는다. 또 주역은 험한 일에 대해서는 점치지 못하는데 장차 무슨 일을 하려고 이러한 점을 했는가? 자신을 닦아야 할 것이다. 중간이 아름다우면 '황(黃)'이 되며, 위가 아름다우면 원(元)이 되고, 아래가 아름다우면 상(裳)이 되니, 이 셋을 이룬 후에는 효사의 내용과 같이 길할 수

> 있지만, 하나라도 결여되어 있다면 서점을 쳐서 길한 결과가 나와도 그것과는 반대로 될 것이다"라고 하였다.157)

위의 인용문은 덕의 요소가 점의 전제 조건이고 더욱 근본적임을 분명하게 말하고 있다. 만약 덕행을 갖추지 못한 사람이 점을 쳐서 길한 것을 얻었다 할지라도 결코 좋은 결과를 얻지 못한다는 것이다. 여기에서 점서와 덕 가운데에서 어느 것이 더 우선성을 가지느냐라는 문제는 매우 쉽게 결정되어 버린다. 또한 점이 정확성을 가지기 위해서는 우선적으로 점치는 사람[問占者]이 높은 덕을 가져야만 한다고 말한다.

위의 서례(筮例)들로부터 볼 수 있는 것은 도덕적 요소가 점서의 해석 속에서 매우 큰 영향을 끼치고 있음을 볼 수 있다. 점의 길흉 판정은 비록 여전히 점서의 형식으로 하더라도, 점서 활동 속에서 신의 뜻에 대한 의존은 약해지고 그보다는 이성적 판단추론이 점서의 판정[占斷]에 더욱 중요한 작용을 발휘하고 있다는 점이다. 어떤 사건의 길흉은 더 이상 신의(神意)에 의해서 결정되는 것이 아니라, 점치는 자의 행위가 덕행에 합치하는지, 이성적 행위에 의한 것인가에 의해서 결정된다는 말이다.

그렇다면 여기에서 우리는 점을 치는 『주역』이 어떻게 인문정신이라는 새로운 무기를 장착할 수 있었는가? 다시 말하면 『주역』은 어떻게 점서에서 덕의(德義)158)로의 창조적 전환 혹은 변신이 가능한가라는 질문을 던질 수 있을 것이다. 결론적으로 말하면 그것은 『주역』이 가지고 있는 '⚊'과 '⚋'으로 구성된 상징적 부호체계와 언어에 의해서 가능한 것이라고 할 수 있다.

구체적으로 점서를 행할 때 분명히 발생하는 상황을 가지고 말하면, 만약 문점하려는 구체적인 어떤 사건이나 사태에 대한 내용과 점을 쳐서 얻은 괘효사라는 두 가지 구체성 사이에는 대부분 현저한 의미 단절이 생길 가능성이 크다. 이러한 의미 단절을 해결하게 하는 것이 바로 『주역』이 가지고 있는 상징적 체계이다. 이런 상징체계는 원래의 구체적 상황을 더욱 더 큰 보편성 속에서 해석하도록 만든다. 괘효사가 지니고 있는 무한한 상징적 의미 공간은 여러 가지 다른 관점·지식·사상을 수용할 수 있기 때문에 이를 통하여 다양한 해석의 시야와 방향을 이끌어낼 수 있게 된다. 여기에서 당연히 도덕 역시 수용 가능한 것 중의 하나이다.

이런 도덕의 발견은 사람들로 하여금 운명에 대한 관심의 문제를 다른 차원으로 이끌어 가는 결과를 낳게 만든다. 즉 덕이라는 것은 무엇보다도 인격의 독립이라는 것을 인정하는 것으로 이것은 다른 어떤 것이 아니라 인간 스스로의 수양과 노력을 통하여 획득가능한 것이다. 여기에서 "인간의 운명은 상제가 결정한다"라는 관점은 부정되고 오히려 인간의 도덕적 역량이 더욱 중요하다는 새로운 인식이 출현하게 되는 것이다.

이런 덕을 강조하는 인문주의적 사유의 점증(漸增)에 따라 점서역학 속에는 단순한 취길피흉의 문제만이 아니라 인문정신을 침투시키는 내용들이 부가되기 시작한다. 은대 사람들에게 있어서 인간의 운명은 제 혹은 상제 및 여러 신령의 손에 장악된 것으로 보았다. 이 때문에 은상 시기의 귀복점을 통하여 사람들이 가장 크게 관심을 기울였던 것은 신으로부터 명령을 받는 것이었다.

비록 점서역학에서도 인간의 운명은 궁극적으로 상제가 결정하지만, 우주관과 인생관 중에서 최고 주재자로서의 상제는 이미 인문화(人文化)와 인성화(人性化)의 길을 걷기 시작하는데, 이런 경향은 『주역』의 형성과 『역전』의 출현 이후에 더욱 공고화된다. 구체적으로 말하면 인문적 정서와 인성화의 품격을 가지고 있는 상제가 사람의 운명을 결정할 때 기준으로 삼는 것은 다른 것이 아니라 그 사람의 행동이 어떠한가를 보고서 결정한다는 것이다. 즉 사람의 행동이 인문적 정신에 합치할 경우 그를 돕고 반대로 이런 기준에 들어맞지 않는 자에게는 징벌을 가한다는 것이다. 이처럼 인간의 운명은 인간 스스로의 행동에 의해서 결정되는 것으로 인간 자신과 인간 자신의 행위야말로 자기 운명의 진정한 결정자라는 관점에 이르게 된다.159) 여기에서 인간은 자신의 소임을 다하고 나서 천명을 기다리는 것이다.

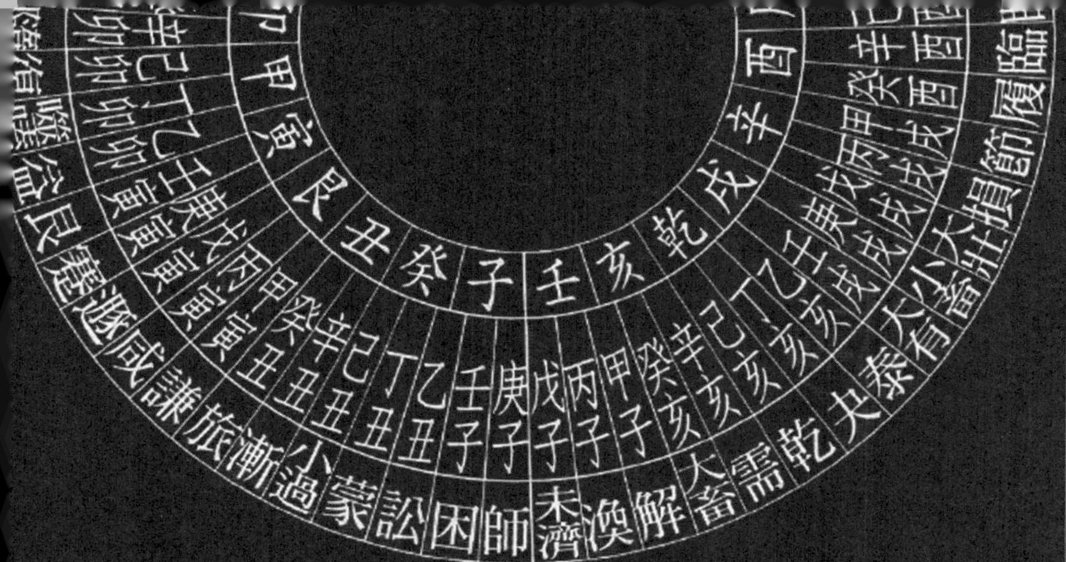

4

『역경』의 형성

『역경』의 형성

1. 『역경』 텍스트의 형성[成書]과 성인작역(聖人作易)

(1) 괘효상(卦爻象)의 기원과 성인작역

『주역』의 본문 중의 본문이라고 할 수 있는 음효 '--'와 양효 '—'의 기원 문제에 대한 논의는 많지만 대부분의 사람들은 보통 이 문제에 대해 다분히 회피적인 태도를 취한다. 괘효상의 기원에 관해서 최초의 『역경』의 철학적 해석인 『역전』은 모두 다섯 가지의 관점을 말하고 있다. 그것들은 바로 「계사전」에서 말하는 '복희의 앙관부찰설(仰觀俯察說)'[1], '대연지수설(大衍之數說)'[2], '역유태극설(易有太極說)'[3], 「설괘전」의 '삼천양지이의수설(參天兩地而倚數說)'[4]과 '건곤부모설(乾坤父母說)'[5] 등이다. 이런 관점들이 전통 역학에 끼친 영향은 매우 크다. 특히 '복희의 앙관부찰설'은 2천 년 동안 거의 정설(定說)이 되다시피 하였다.

20세기에 들어온 이후 실증주의적 사조의 영향으로 괘효상의 형성이라는 문제는 고고학이나 민속학적인 자료들의 연구를 통하여 여러 가지 새로운 학설들이 출현하였다. 예를 들면 '고문자설(古文字說)' · '서수설(筮數說)' · '결승기사설(結繩記事說)' · '생식숭배설(生殖崇拜說)' · '귀복조문설(龜

卜兆紋說)’·‘태양숭배설(太陽崇拜說)’·‘천문역법설(天文曆法說)’ 등으로 엄청나게 많다. 이 중 비교적 영향력이 있는 것은 ‘고문자설’, ‘귀복설’과 ‘서수설’ 등이다.

‘고문자설’은 『역위(易緯)·건곤착도(乾坤鑿度)』에서 시작되는데 여기에서는 “☰은 고문의 천(天)으로 지금의 건괘(乾卦)를 중첩한 것이고, ☷은 고문의 지(地)로 보고, ☴은 고대의 풍(風)으로 지금은 손괘이다. ☶은 고대의 산(山)이고, ☵은 고대의 감(坎)이고, ☲은 고대의 화(火)로 이괘(離卦)이다. ☳는 고대의 뢰(雷)로 진괘(震卦)이다. ☱는 고대의 택(澤)으로 지금의 태괘(兌卦)이다”라고 하였는데 『역위』의 이 설은 어디에 근거하는지 알 수 없지만 아마도 「설괘전」의 영향을 받은 것으로 보인다. 역학사에서 송대(宋代)의 양만리(楊萬里)와 명대(明代)의 황종염(黃宗炎)은 모두 이 설에 따른다. 근세에 이 설을 이어받은 사람으로는 유사배(劉師培), 양계초(梁啓超), 곽말약(郭沫若) 등이 있다.[6]

‘귀복조문설(龜卜兆紋說)’을 가장 먼저 말한 사람은 여영량(余永梁)이다. 그는 “괘효는 조(兆)를 모방했다”[7]고 말하고, 풍우란(馮友蘭) 역시 『중국철학사신편(中國哲學史新編)』에서 “8괘는 귀복에서 발전되어 온 것이다, 8괘는 바로 조문(兆紋)을 모방한 것이다. 8괘와 64괘는 바로 표준화된 조문이다”[8]라고 하였다.

‘서수설(筮數說)’은 괘효의 기원을 괘(卦)와 수(數)의 관계라는 측면에서 나왔다는 관점이다. 물론 『역전』에서는 대연지수와 설시(揲蓍)하여 성괘(成卦)하는 문제에 대해 말한다. 즉 괘효의 형성은 바로 서수(筮數)에서 나왔다는 말이다. 1980년대에 출현한 수자괘(數字卦)의 해독에 따라서 ‘서수설’의 문제는 더욱 중요하게 부각된다.

수자괘로 보면 원시적 괘효 부호는 확실히 숫자와 관련이 있다. 그러나 여기에서 말하는 숫자는 일반적 숫자가 아니고 서수(筮數)이다. 말하자면 원시적 괘효 부호는 서수의 직접적인 배열이고, 후대인들이 본 『역경』의 '⚊'과 '⚋'의 부호는 이런 서수 부호의 해석 혹은 간략화이다. 이런 의미로 말하면 괘효 부호의 출발은 서점으로 보아야 할 것이다.[9)]

그러나 괘효상의 기원에 대한 관점이 완전하게 해결된 것은 아니다. 수자괘의 출현으로 보면 괘효상의 기원은 마땅히 수와 관련이 있고 수의 탄생은 분명히 서와 관련이 있다. 서(筮)로부터 수(數)에 이르고, 수로부터 괘에 이르는 관점이 정확할 것으로 보인다. 그러나 이 문제에 대한 전통적인 관점은 대부분 몇몇 성인에 의한 창작으로 보는데 이것이 바로 성인작역(聖人作易)이다.

『주역』을 이야기하는 데 있어서 가장 많은 논란을 불러일으키는 것은 『주역』의 형성과 관련되는 문제들이다. 『주역』의 형성과 관련되어 논란을 일으키는 주요 내용에는 괘효인 음양의 효, 8괘와 64괘의 기원과 제작자, 중괘설(重卦說) 및 8괘와 64괘의 발생순서, 삼역(三易)과 『주역』의 관계, 『주역』의 발생적 기원, 『역전』과 공자와의 관계 등에 관한 문제들이 포함되어 있다. 이런 논란이 되는 문제들은 대부분 『역전』이나 『한서(漢書)』 등에서 말하는 '성인사관(聖人史觀)'에 근거하여 해석되어 온 것이 일반적이다.

한대 이후 『주역』은 경학자들에 의해 성인지서(聖人之書)로 간주되어 왔는데, 그 주된 이유는 『주역』을 구성하는 8괘, 64괘, 괘효사와 『역전』은 모두 삼성(복희씨伏犧氏, 문왕文王, 공자孔子) 혹은 사성(복희씨, 문왕, 주공周公, 공자)으로 지칭되는 성인들에 의해 제작되었기 때문이다. 이것이 바로 '성인작역'의 관점이다.

『한서』 「예문지」에서 반고(班固)는 삼성설을 제기하여 복희씨가 8괘를 그렸고, 문왕이 64괘와 괘효사를, 공자가 『역전』을 지어서 경문을 해석하였다고 말한다. 이른바 '인경삼성(人更三聖)'이다.[10)] 동한(東漢) 시기와 주자에 오면 사성설을 제기하여 주공이 효사를 지었다는 관점을 말하여 주공을 『주역』을 지은 작자의 반열에 포함시킨다.

『주역』을 과연 누가 지었는가의 문제에 대해서는 다양한 견해들이 있다. 예를 들면 공영달(孔穎達)의 『주역정의(周易正義)』에는 『주역』을 지은 작자로 수많은 성인들이 언급되고 있다. 공영달은 복희가 획괘(畫卦)한 후에 중괘(重卦)를 한 사람으로 모두 네 가지 설을 말하고 있다. 왕필(王弼)은 복희가 중괘를, 정현(鄭玄)은 신농(神農)이, 손성(孫盛)은 우(禹) 임금이, 사마천(司馬遷)은 문왕이 중괘를 한 것으로 말하고 있다. 또 괘효사를 지은 사람에 대해서 정현은 문왕이, 마융(馬融)은 문왕이 괘사를 짓고 주공이 효사를 지은 것으로 보고 있고, 십익(十翼)의 작자로는 대부분 공자를 들고 있다.11)

『주역』을 지었다는 사람으로 등장하는 복희, 신농, 우, 문왕, 주공과 공자 등은 모두 중국 문화사 속에 등장하는 위대한 성인들이다. 이것은 바로 『주역』이 성인지서임을 분명하게 보여주는 것이다.

『주역』은 괘효라는 특수한 철학적 부호체계를 통하여 의미를 전달하고 있다. 괘효의 형성에 대해서는 여러 가지 다양한 관점들이 존재한다. 『역전』에서는 8괘의 형성 과정에 대해 세 가지의 관점을 말하고 있다.

가) 옛날에 포희씨가 천하에 왕 노릇할 때 우러러 하늘의 상을 관찰하고 굽어 땅의 형태들을 관찰하며, 새와 짐승의 무늬와 땅에 적합한 것에 대해 관찰하며, 가깝게는 자기에서 취하였고, 멀리는 다른 사물에서 취하여, 이렇게 함으로써 비로소 팔괘를 만들어 신명의 덕에 통하게 하고, 만물의 실상을 분류하고 정돈하였다.12)

나) 황하에서 하도(河圖)가 나오고 낙수(洛水)에서 낙서(洛書)가 나오고 성인이 이것을 법하니13)

다) 옛날 성인이 역을 지을 때, 신명한 변화를 몰래 도와서 시초를 이용하여 괘를 만들어 내었다. … 음양의 변화를 관찰하여 괘를 제정하였다.[14]

가)에서 말하는 것은 8괘의 기원에 관한 가장 일반적인 관점으로 복희씨가 천지만물의 변화를 살펴 8괘를 제작하였다는 주장이다. 8괘의 형성은 복희씨가 현실세계 속의 다양한 변화 현상과 사물간의 존재양상을 다양한 각도를 통하여 관찰하여 괘를 만들었다고 말한다. 이것이 바로 성인인 복희씨가 '천지 만물을 관찰하여' 8괘를 제작하였다는 관점이다.

"팔괘를 만들어 신명의 덕에 통하게 하고, 만물의 실상을 분류하고 정돈하였다"는 말은 8괘를 통하여 만사 만물의 변화하는 성질을 파악하여 만사 만물의 형상을 분류하고 귀납하는 것으로 복희씨가 팔괘를 지은 목적이 무엇인가에 대해 설명하는 말에 해당한다.

'신명지덕(神明之德)'은 음양변화의 성질을 말하고 '만물지정(萬物之情)'은 음양의 형태를 말한다. 이에 대해 주자는 『주역본의』에서 "굽어보고 우러러보면, 멀고 가까운 것에서 취한 바가 똑같지 않으나 음양의 소와 식 두 가지를 징험함에 불과할 뿐이다. 신명의 덕은 건(健)·순(順)·동(動)·지(止)와 같은 성(性)이요 만물의 정은 뢰·풍·산·택과 같은 상(象)이다"[15]라고 하였다.

나)에서 말하는 도(圖)라는 것은 8괘의 무늬로 신마(神馬)가 등에 지고 황하(黃河)에서 나와서 그것을 복희씨에게 주었다고 말한다. 다시 말하면 8괘의 기원 혹은 출발은 사람이 아니라 천(天)이라는 것이다. 그러나 그것을 구체적으로 이용하여 구체화시킨 사람은 복희씨이다.

고대의 성인이 하도(河圖)를 본받아 8괘를 만들었고 낙서(洛書)를 본받아 구주(九疇)를 만든 것을 설명하고 있다. 말하자면 옛날에 황하의 등위에 도형이 그려진 용마가 출현하였고 등위에 도형이 있는 신령한 거북이가 낙수에 출현하였는데 이것은 상스러운 조짐이다. 복희는 하도에 근거하여 8괘를 그렸고 우임금은 낙서에 근거하여 구주를 제정하였는데, 구주는 천하를 다스리는 아홉 가지 큰 법을 말한다.

하도와 낙서는 비록 초기에 실전(失傳)하였으나 후대인들이 옛날 책에 나오는 기록에 근거하여 숫자를 조합하여 간단한 도표로 만든 것이다. 비록 몇 가지 숫자만 있으나 그 배치를 지극히 교묘하게 하여 여러 가지 다양한 상상을 할 수 있도록 하였다.

하도와 낙서의 도표는 아래와 같다.

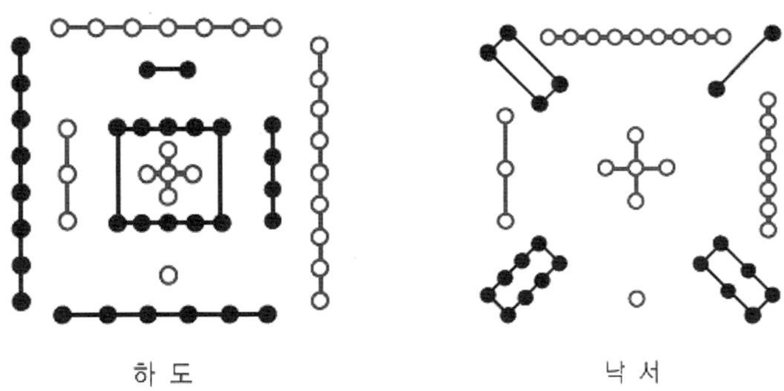

그림 9)

다)의 인용문은 8괘의 기원을 성인이 점을 치는 시초점(蓍草占)에서 나온 것으로 말하는 입장이다.

앞에서 말한 세 가지의 관점은 표면적으로 보면 8괘의 기원은 약간씩 다르다. 즉 가)의 관점은 철저하게 인간의 손에서, 나)의 관점은 인간의 손이 아닌 천으로부터 받은 것으로, 다)는 성인이 치는 점에서부터 각기

8괘의 기원이 있음을 말하고 있다. 그러나 여기에서 주목하여야 할 점은 8괘가 모두 성인의 직·간접적인 손을 거쳐 구체적으로 형성되었다는 사실이다. 이 외에도 『역전』은 성인의 직접적인 작역(作易)에 대해 여러 군데에서 자주 언급하고 있다. 예를 들면 "옛날 성인이 역을 지은 것은 … 음양의 변화를 관찰하여 괘를 세우고, 강한 것과 부드러운 것에서부터 효를 드러낸다. 도와 덕에 조화하여 따르며 의리에 의해 다스리게 된다"[16]라고 말한다. 이런 「설괘전」의 관점 역시 성인이 괘효를 만들었다는 사실을 분명하게 말하고 있다.

64괘의 작자에 대한 관점은 크게 몇 가지로 나누어 볼 수 있다. 왕필은 복희가 중괘를 하였고, 정현은 신농이, 손성은 우(禹)가, 사마천은 문왕이 중괘를 하였다고 말한다. 가장 일반적으로 알려져 있는 관점은 바로 문왕의 중괘설이다. 사마천은 『사기』의 「일자열전(日者列傳)」에서 "복희씨가 8괘를 만들고 문왕이 384효를 만들었다"[17]고 하였다. 앞에서 이미 언급한 『한서』「예문지」 역시 문왕의 중괘를 언급하고 있고, 왕충(王充) 역시 똑같은 관점을 말하고 있다.[18] 64괘 역시 성인이 만들었다는 사실을 말하고 있다. 64괘의 형성에 대한 전통적 관점은 8괘를 중첩하여서 만들었다는 것이다.

> 팔괘가 배열되니 만물의 상징이 그 가운데에 있고, 팔괘에 인하여(근거하여) 그것을 각각 포개니 효(爻)가 그 가운데에 있고, 강(剛)과 유(柔)가 서로 밀치니(서로 번갈아 가면서 자리를 옮기니) 무궁한 변화가 그 가운데에 있게 된다.[19]

> 옛날 성인이 역을 지은 것은 장차 성명의 이치를 따르고자 한 것이니 이 때문에 하늘의 도를 세워서 음과 양이라 말하고, 땅의 도를 세워 유와 강이라 말하고, 사람의 도를 세워 인과 의라 하니 삼재를 겸

하여 둘로 겹쳤기 때문에 역은 여섯 획이 되어 괘를 이루게 되었다.[20]

64괘를 누가 만들었든지 간에 64괘는 확실히 8괘에서 변천하여 나온 것으로 보는 것이 일반적인 관점이다. 또한 8괘와 64괘의 선후과정에 대해서 말하는 것이 일반적이다. 하지만 이는 문헌상으로 구체적인 어떤 증거가 있는 것은 아니다.

『역경』의 괘효사의 작자에 대한 한대 이후의 견해는 대부분 문왕과 주공을 이야기한다. 예를 들면 정현은 괘효사의 작자를 주문왕으로, 마융(馬融)과 육적(陸積) 등은 괘사는 문왕이, 효사는 주공이 지은 것으로 보고 있다. 그러나 괘사는 문왕이, 효사는 주공이 지었다는 설이 일반적이다. 왜냐하면 『역경』의 괘효사에서 다루어진 내용은 대부분 주문왕 이후의 사건과 인물들과 관련되기 때문이다. 그러나 이런 입장들 역시 문헌상으로 확실한 증거가 있는 것은 아니다.

『역전』의 작자에 대해서는 사마천을 시작으로 하여[21] 대부분 공자가 지은 것으로 보는 것이 일반적이다. 그러나 공자가 『역전』을 지었다는 관점은 송대(宋代) 구양수(歐陽修)의 『역동자문(易童子問)』에 이르러 의문이 제기되기 시작한다.

> 계사전은 성인이 지은 것이 아닙니까? 하고 동자가 물었다. 이에 대해 어찌 계사전뿐이겠는가? 문언전과 설괘전도 성인이 지은 것이 아니고 여러 설들이 서로 섞여서 혼란할 뿐만 아니라 또한 한 사람의 말도 아니다.[22]

구양수는 「계사전」, 「문언전」, 「설괘전」과 「잡괘전」 모두 공자가 지은 것이 아니라고 말한다. 현대에 와서 『역전』은 공자 한 사람이 지은 것이 아니라 여러 사람에 의해 완성된 것이라는 관점이 거의 정설이 되었다.

전통적으로 대부분의 유가는 『주역』의 『역경』 부분의 작자를 복희씨, 문왕, 주공 등의 고대의 성왕들의 저작으로 돌리고 『역전』의 작자를 공자로 말하고 있다. 이런 성인작역의 관점으로 말미암아 『주역』은 신성화(神聖化)되고 심지어 '군경지수(群經之首)'의 지위를 누리게 된다. 그러나 현대에 와서 이런 관점은 상당 부분 새롭게 수정될 처지에 놓이게 된다.

(2) 출토자료를 통해 본 성인작역에 대한 비판

'성인작역'이라는 존고적(尊古的) 관점은 송대의 구양수와 청대의 최술(崔述) 등의 도전적 견해를 시작으로 하여, 20세기 초기의 고사변(古史辨) 학파로 불리는 의고적(疑古的) 경향에 의해 매우 심하게 동요되기 시작하면서 『주역』은 단지 한 권의 점을 치는 복서지서(卜筮之書)로 전락하고 만다. 이러한 의고적 경향은 20세기 후반의 수자괘와 백서 『주역』 등의 새로운 출토자료의 발견에 의해서 의고(疑古)와 신고(信古)의 사이를 왔다 갔다 하는 새로운 상황을 맞이하게 된다.

『주역』의 '성인지서(聖人之書)'로서의 지위는 1920년대에 고힐강(顧頡剛)을 필두로 하는 고사변 학파의 비판적 경향에 의해 크게 동요된다. 그들은 전통적인 중국 고사(古史)는 결코 진실한 객관적 역사가 아니라, 후대 사람들이 만든 것에 불과하다고 말한다. 이런 조류에 편승하여 『주역』에 대한 연구 역시 새로운 국면을 맞게 된다.

고힐강은 『고사변(古史辨)』에서 "한대인(漢代人)의 경설(經說) 타파, 복희와 신농의 성스러운 경전의 지위를 파괴하고 그 복서(卜筮)의 지위를 세움, 『십익』이 『역경』의 상하경과 일치하지 않음을 분명하게 밝힘"[23]이라는 구호를 통하여 『역경』과 『역전』의 성립시기, 저자 등의 문제를 집중적으로 고증하고 있다. 이런 논의를 통하여 그들은 『역경』과 『역전』의 성격이 다른 점을 밝혀 역학 연구에 새로운 장을 열었다.[24)]

성스러운 책으로서의 『주역』의 지위는 20세기 후반으로 가면 갈수록 더욱 흔들리기 시작한다. 갑골문, 백서 『주역』이나 수자괘 등의 발견에 의해 『주역』의 '성인작역'이라는 전통적 관점은 새로운 도전에 직면하게 된다. 2,000년 이상을 지탱해 온 '성인지서'로서의 『주역』은 새로운 출토자료들에 의해 '성인작역'의 관점은 대부분 부정되어 버리고, 그 본래면목은 다만 점치는 책[卜筮之書]에 불과하다고 말한다.

아래에서는 수자괘, 호북성(湖北省) 강릉천성관(江陵天星觀) 죽간 『주역』, 부양(阜陽) 쌍고퇴(雙古堆) 1호 한묘(漢墓) 죽간 『주역』, 마왕퇴(馬王堆) 백서 『주역』, 왕가태(王家台) 진간(秦簡) 『귀장(歸藏)』 등의 자료들을 통하여 8괘와 64괘의 기원과 발생 순서, 『귀장』과 『주역』, 『역전』과 공자 등에 관한 문제들에 대해 분석하려고 한다. 물론 백서 『주역』의 발견은 오히려 『역전』과 공자와의 관련성을 더욱 공고하게 해주기도 하지만, 갑골복사, 수자괘와 호북성 강릉천성관 죽간 『주역』, 부양 쌍고퇴 1호 한묘 죽간 『주역』, 왕가태 진간 『귀장』의 발견은 『주역』의 형성이라는 관점에 완전히 새로운 해석을 가능하게 만들었다.

1) 수자괘, 강릉천성관 죽간 『주역』, 부양 죽간 『주역』을 통해 본 역괘(易卦)의 형성

복희씨가 천지만물의 변화를 살펴 8괘를 제작하였다는 것이 가장 일반적인 8괘 기원설이다. 이 관점은 오랜 세월 거의 저항 없이 받아들여졌다. 하지만 현대에 이르러 8괘 기원설에 대한 새로운 몇 가지 관점들이 출현하였다. 몇 가지를 언급하면 다음과 같다. 하나는 8괘 중의 양효

(—)와 음효(--)는 각각 남녀 생식기의 상징이라는 관점이다.[25] 이런 관점은 이전에 이미 영국인 캐논 맥클라치(Canon McClatchie)가 이야기한 적이 있다. 그가 번역한 책은 1876년 출간된 'A Translation of the Confucian Yi King'으로, 그는 『주역』을 기본적으로 음양의 이원론에 기초한 천문학의 일종으로 간주하는 동시에 고대 중국의 음경(陰莖) 문화와 관련 있는 내용을 말하는 것으로 보고 있다.[26] 다른 한 관점으로는 8괘가 문자 혹은 그림문자에서 나왔다는 설이다.[27] 또 다른 한 관점은 8괘는 귀복(龜卜)의 조문(兆紋)에서 변천되어 나왔다는 설이다.[28]

위에서 언급된 관점들이 사람들을 완전하게 설득시키기에는 한계가 있었던 것으로 보인다. 8괘의 기원설을 가장 설득력 있게 해석하는 것으로 볼 수 있는 것은 『주역』의 괘효상의 기원은 수자괘와 관련이 있다는 관점일 것이다. 수자괘의 발견은 8괘의 기원과 중괘(重卦)의 문제에 대한 의문들을 상당 부분 해소해 주는 것으로 보인다.

고대의 갑골, 도기(陶器)나 청동기에는 고대인들이 점서하여 얻은 숫자를 기록한 것이 있다. 학자들은 이런 숫자가 무엇을 의미하는가에 대해 다양한 의견들을 제시하였다. 어떤 학자들은 이 숫자들을 족휘(族徽)나 기자(奇字)로 간주하기도 하였지만[29] 1978년 장정랑(張政烺)에 의해서 그것은 바로 가장 이른 형태의 서괘(筮卦)임이 알려지게 되었다.[30] 지금까지도 수자괘는 계속적으로 발견되고 있는데 이들은 모두 숫자의 조합으로 이루어져 있다.

전국시대 이전의 수자괘는 서괘의 원시적인 형태로서 육자괘(六字卦)와 삼자괘(三字卦) 혹은 사자괘(四字卦)가 있다. 하나의 숫자는 하나의 효에 해당하기 때문에 육자괘는 중괘(重卦)에, 삼자괘는 단괘(單卦)에 해당한다. 그러나 이들 수자괘를 모두 역괘(易卦)라고 단정할 수는 없고 일종의 서수(筮數)로 볼 수도 있다. 여기에서 이들 수자괘 속의 숫자는 수자부호(數

字符號)인가, 그렇지 않으면 서수인가?

수자부호라는 이 개념을 말하는 이유는 현재 학계에서는 아직 서수에서 변환된 후의 숫자라는 문제에 크게 주의를 기울이지 않고 있기 때문이다. 부호괘(符號卦)에는 두 가지가 있다. 하나는 지금 우리가 보는 통행본 『주역』의 음양부호이고, 다른 하나는 상박장초죽서(上博藏楚竹書) 『주역』과 부양(阜陽) 한간(漢簡) 『주역』에 보이는 1, 6, 8 등의 숫자이다. 이 세 개의 숫자는 비록 숫자의 형식이지만, 서수에서 변환되어 부호가 된 것을 말한다.

『주역』의 서수는 분명히 6, 7, 8, 9이지만, 초죽서 『주역』과 부양 한간 『주역』의 1, 6, 8은 서수가 아니라 서수로부터 변환되어 이루어진 부호이다. 이것은 이미 숫자의 의미를 넘어서서 서수로부터 변환되어 이루어진 부호이다. 이것을 음양 부호와 구별하기 위해 그것을 숫자부호로 부를 수 있다. 말하자면 이것은 단순한 음양 부호도 아니고, 서수도 아닌 수자괘 부호로 불러야 한다. 다시 정리해서 말하자면 부호괘는 두 종류로 나뉘는데, 하나는 음양부호괘(음양효를 괘의 부호로 삼은 통행본 『주역』)이고, 다른 하나는 수자부호괘(1, 6, 8을 괘의 부호로 삼은 초죽서 『주역』와 부양 한간 『주역』 등)이다.

『주역』의 음효와 양효는 부호이며 6, 7, 8, 9는 『주역』의 서수이다. 현재 통행본 『주역』은 이 음효와 양효 두 부호의 배열이기 때문에 8괘와 64괘의 성립이 가능하다. 만약 서수가 5개 혹은 5개 이상 숫자의 배열이라면, 가능한 배열법은 매우 방대하고 번잡하였을 것이다. 그러나 통행본 『주역』은 이 문제를 기우(奇耦)의 분류라는 변환의 법칙을 만들어내어 8괘와 64괘의 형성이라는 단계로 들어설 수 있게 만들었다.

수자괘에서 지금의 부호괘, 즉 역괘(易卦)로 성립하기까지는 두 번의 중요한 변화 과정을 거친다. 첫 번째 과정은 서수의 간략화 단계이고,

두 번째 과정은 서수의 부호화(符號化) 과정이다.31) 수자괘가 부호괘로 변하는 이것이 바로 역괘의 성립이다.

먼저 서수 운용에서의 변화이다. 1979년 강소성(江蘇省) 해안현(海安縣) 청돈(青墩) 유적지에서 가장 이른 시기의 수자괘의 형태를 가진 것들이 출토되었다. 예를 들면 三五三三六四(艮下 乾上, 遯)와 六二三五三一(兌下, 震上, 歸妹)32) 등이 있다. 이 시기의 수자괘에는 一에서 八까지 8개의 숫자가 모두 운용되고 있다.33) 그러나 1978년 호북성 강릉천성관(江陵天星觀)에서 출토된 전국시기의 죽간에는 一·五·六·七·八 등 다섯 개의 자연수로만 구성되어, 이미 二·三·四는 서수로 사용되지 않고 있음을 파악할 수 있다.34) 이 단계를 지나서 부호괘 형상으로의 전환이 이루어진다.

전국시기에 접어들면서 서수는 점점 기수(奇數)와 우수(偶數) 두 가지로 귀결되고, 서법에서는 기수와 우수를 분명하게 구분하면서 마침내 '一, ∧'라는 두 부호로 기록하기 시작한다. 이로부터 수자괘는 부호괘로 변하였는데 이것이 바로 역괘의 성립이라고 할 수 있다. 즉 "서법에서 가장 중요한 변혁이 있었는데, 그것은 바로 서수를 기수와 우수 두 가지로 귀납하여 기수는 '一'로 우수는 '∧'의 부호로 바꾸어 기록한 것"35)으로 말할 수 있다. 지금까지 출토된 역괘 중에서 시간적으로 가장 이른 것은 아마도 강릉천성관의 전국시기 초묘(楚墓) 죽간 역괘일 것이다.

1977년 안휘성(安徽省) 부양(阜陽) 쌍고퇴(雙古堆) 1호 한묘(漢墓)에서 출토된 죽간 『주역』에서 임괘(臨卦)는 ''로 기록되어 있는데, 효는 모두 '一'과 '∧'로 이루어져 있다.36) 반면 1973년 장사(長沙) 마왕퇴(馬王堆) 3호 한묘(漢墓)에서 출토된 백서 『주역』에는 림괘가 ''로 기록되어 있다.

수자괘의 원형과 비교할 때, 죽간 『주역』의 효는 옛 숫자 '∧(六)'의 형상을 유지하고 있지만 백서 『주역』의 효는 이미 옛 숫자(六)의 형태가 '八'로 변하였으며, 통행본 『주역』에서는 '∧'을 '--'으로 표현하고 있다.

말하자면 六은 '∧ → ∧ → --'처럼 서수(筮數)에서 부호괘(符號卦)로 단계적으로 변화한 것으로 보인다. 이처럼 8괘의 발생적 기원은 점친 기록으로서의 수자괘이다.

수자괘의 발견을 통해서 알 수 있는 것은, 8괘의 형성은 더 이상 어떤 철학적인 이치를 설명하기 위한 것에서 기원한 것이 아니라 그것의 점을 치기 위한 목적에서 나온 것으로 보는 것이 옳을 것으로 보인다.37)

2) 수자괘 기원설을 통해 본 성인의 중괘설(重卦說)과 괘효사 저작설

수자괘 기원설이 등장하기 이전 괘의 성립에 대한 일반적인 관점은 8괘[單卦]가 먼저 생기고 문왕이 다시 8괘를 중첩하여 64괘[重卦]가 나왔다는 설이 당연시되어 왔다. 그러나 수자괘의 발견은 이런 관점을 의심스럽게 만들어 버렸다. 왜냐하면 단괘(3자괘)보다는 중괘(6자괘)가 먼저 등장한 가능성이 크기 때문이다.

현재까지도 이 문제에 대해 여러 논란이 있지만38) 은나라 말기와 주나라 초기의 갑골 · 청동기 문양 · 도기 등에 새겨진 수자괘 중에서 6자괘가 더 일찍 출현하였고 빈도에서 6자괘가 3자괘보다 훨씬 많이 보인다. 이것은 바로 괘의 발전이 3자괘에서 6자괘로 발전한 것이 아님을 보여주는 하나의 증거이다. 또 적어도 처음부터 6자괘와 3자괘가 모두 존재하고 있었기 때문에 64괘와 8괘의 관념이 동시에 생겼다고 말하는 것이 설득력이 있을 것으로 보인다. 따라서 64괘와 8괘의 선후관계는 결코 전통적인 견해, 즉 8괘가 먼저 출현하고 다시 이 8괘를 중첩하여 64괘를 만들었다는 것을 절대적인 진리로 받아들일 수 없게 만들어 버렸다.

수자괘 기원설의 등장은 역괘(易卦)와 중괘(重卦)의 성인 제작설을 부정할 뿐만 아니라 괘효사의 성인 저작설 역시 부정된다. 즉 문왕이나 주공의 저작이 아니라, 복사나 점사의 기록이 대부분일 가능성이 크다. 물론 이 중에는 점사 이외에 소량의 역사적 사실을 기록한 것 또는 창작한 내용이나 혹은 당시 유행하던 고가(古歌)·고요(古謠)가 상당 부분 포함되어 있다.[39)]

『역경』 괘효사의 문자가 모두 점사의 기록은 아니지만, 점을 친 결과들을 기록한 내용이 상당 부분 많이 남아있는 것은 부정할 수 없다. 마치 갑골문이 복점 과정과 결과의 기록인 것과 유사하다. 괘사와 효사를 기록한 사람들은 아마도 점을 치는 것을 전문으로 하는 사관(史官)이나 점인(占人)들에 의해 행해진 것으로 보인다. 그러므로 괘효사의 원작자는 한두 사람이 아니고 많은 사람일 가능성이 크다. 분명히 문왕이나 주공 한 사람 단독의 저작이라고 말하는 것은 무리가 있는 관점으로 보인다.

3) 왕가태 진간(秦簡) 『역점(易占)』의 발견과 『주역』의 기원

수자괘의 발견에 의해 문왕 혹은 주공의 중괘설이 흔들리면서 음양 – 8괘 – 64괘의 논리적 삼단계설은 의심받게 된다. 특히 상대(商代)에 이미 64괘가 존재하였다는 관점은 문왕이나 주공의 중괘설이 부정되면서 자연스레 『귀장(歸藏)』의 존재가 부각된다. 여기서 왕가태(王家台) 진간(秦簡) 『역점(易占, 귀장歸藏)』[40)]의 발견은 특히 중요하다.

1993년에 호북성(湖北省) 강릉현(江陵縣) 형주진(荊州鎭) 왕가태(王家台) 15호 묘에서 역점(易占)과 관련된 죽간이 발견되었다. 이 죽간에는 모두 54개의 괘가 보이는데, 괘는 괘획·괘명·괘사의 세 부분으로 구성되어 있다. 이들 괘의 괘사에 남아 있는 내용들이 기존에 남아 있는 『귀장』의 내용[41)]과 거의 같다는 사실이 밝혀지면서 여러 학자들이 왕가태 진간 『역점』을 『귀장』으로 간주하고 있다.[42)]

또 어떤 사람들은 진간(秦簡) 『역점』이 하상(夏商)의 역에 근원을 두고 있는 것은 분명하지만 후대에 주대(周代)의 태복(太卜)이 기록한 내용들, 예를 들면 '무왕(武王)이 은(殷)나라를 치는 일' 등의 설명하기 어려운 내용들이 『귀장』에 혼입(混入)되어 있는 것으로 보기도 한다. 즉 왕가태 진간 『역점』은 분명히 『귀장』의 내용을 담고 있지만 처음 그대로의 원본은 아닌 것으로 추정된다.43)

또 어떤 사람은 한 걸음 더 나아가 구체적으로 왕가태 진간 『역점』을 『귀장』의 『정모경(鄭母經)』이라고 말하기도 한다.44) 『정모경』은 마국한(馬國翰)의 『옥함산방집일서(玉函山房輯佚書)』에서 『귀장』을 구성하고 있는 다섯 부분 중의 하나이다. 다섯 부분은 『귀장초경(歸藏初經)』, 『귀장제모경(歸藏齊母經)』, 『귀장정모경(歸藏鄭母經)』, 『귀장본시편(歸藏本蓍篇)』, 『귀장계서편(歸藏啓筮篇)』이다.

엄가균(嚴可均)은 『귀장』을 여섯 부분으로 나누기도 한다.45) 여기에서 말하는 『정모경』의 '정모(鄭母)'는 '전모(奠母)'이고, '전모'는 '존모(尊母)' 혹은 '제모(帝母)'의 뜻인데 "모(母)를 존(尊)하고, 모(母)를 주(主)로 함"을 말한다. 이것은 『귀장』의 괘서(卦序)가 건(乾)이 아닌 곤(坤)을 수괘(首卦)로 하여 시작하는 것과 관련이 있다. 그러므로 『귀장』을 또한 『곤건(坤乾)』이라고 하는 것이다.46)

만약 왕가태 진간 『역점』이 『귀장』의 내용을 담고 있는 것이 사실이라고 한다면 그것은 매우 중요하다. 우선 생각하여야 할 것은 바로 『귀장』의 『주역』에 대한 영향이다. 『주역』이 상나라 역을 채용하였다는 관점은 송대의 이과(李過)47)나 상병화(尙秉和)48) 등이 이미 언급하였다.

그러나 문제는 『귀장』 자체에 대한 진위 논란이다. 최근에 이것이 위서(僞書)가 아님을 주장하는 관점도 제기되고 있지만, 후대의 위작으로 보는 경우가 일반적이다. 『위서통고(僞書通考)』에서 장심징(張心澂)은 "『귀장』이 한대 초기에 없어졌다가 수대(隋代)에 갑자기 출현한 것은 그것이 위서임을 말해주는 것이다. … 진대(晉代)와 수대(隋代)의 『귀장』은 모두 위서이다"[49]라고 하였다. 진위의 토론에서 핵심은 『귀장』이 한대 사람들의 위작인지, 또 그것이 한대 이전에 존재하였는지의 문제와 『귀장』이 상대(商代)의 역인가에 대한 문제에 있다.

1993년 왕가태 진간 『역점』의 발견은 위의 논란에 대해 상당히 새로운 증거들을 제시해 주어 고서(古書)에서 언급되는 『귀장』이 진실성을 가지고 있음을 말해주고 있다. 왕가태 진간 『역점』의 발견은 『귀장』을 새롭게 인식하게 만들었을 뿐만 아니라, 『귀장』의 『주역』에 대한 영향을 더욱 분명하게 정시(正視)하도록 만들었다.

『주역』의 많은 괘명(卦名)들은 『귀장』에서 나온 것이 많다. 예를 들면 『귀장』에서 직접 나온 괘명으로는 둔(屯)·송(訟)·사(師)·비(比)·동인(同人)·명이괘(明夷卦) 등이 있고, 가인(家人)·항(恒)·감(坎)·리(離)·무망(無妄) 등의 괘들은 『귀장』의 괘명을 약간 바꾼 것들이다.[50] 이처럼 64괘는 상대(商代)에 이미 존재하고 있었기 때문에 문왕의 중괘설은 자연스럽게 그 근거를 잃어버리게 된다.

또 여기에서 중요한 것은 출토된 『귀장』의 괘사에는 '복(卜)'이라는 글자를 자주 사용하는 경우가 많은데 30군데 이상이다.[51] 여기에서 말하는 '복'자는 귀복(龜卜)을 의미하는 것으로 『귀장』의 괘사에는 복사의 흔적이 많이 남아있다. 『주역』 또한 『귀장』과 마찬가지로 복서에 그 기원을 두고 있음은 매우 분명하다.

전국과 진한(秦漢) 사이에 출토된 역류 자료를 통해서 우리는 귀복과 시초점 사이의 연관성을 발견할 수 있다. 특히 포산(包山) 초간 복서 자료 중에서 복(卜)의 자료가 역서(易筮) 자료보다 더 많이 발견된다. 점서 자료와 『주역』은 직접적인 연관이 있는 것은 당연하지만, 복사 역시 『주역』

과 간접적으로 관련이 있다는 점은 이미 앞에서 논의하였다. 비록 점법은 다르지만 점사(占辭)는 매우 유사하다. 상대(商代)에 이미 복과 서(筮)를 함께 사용했다. 이 문제는 물론 출토 자료가 아닌 『상서(尙書)』의 「홍범」에서도 확인이 된다.

주의할 만한 것은, 지금까지 나온 자료로 보면, 단괘(單卦) 숫자부호의 절대다수는 상대 혹은 상(商)의 기물(器物) 상에서 나온 것은 아니다. 대다수는 서주(西周)의 정치적 중심 지역인 장가파(張家坡)의 골기(骨器) 혹은 서주의 각종 동기(銅器) 상에서 나온 것이다. 이는 주나라 사람의 점서 방법이 비교적 낙후된 일종의 반영일 가능성이 있다. 중괘(重卦)의 서법은 상대에서 먼저 출현하였고 후에 주나라까지 퍼졌으며, 이것이 말하는 것은 "주(周)는 은례(殷禮)에 근거하는 것"으로 이것은 매우 설득력이 있는 일이다. 상 혹은 서주, 또는 단괘나 중괘를 막론하고, 8괘로 구성된 숫자부호의 숫자는 모두 1, 5, 6, 7, 8 등의 몇 개 글자이며, 이는 또한 다른 각도에서 상대와 주대의 서법은 그 기원이 같은 것임을 설명한다.52)

상대와 주대에 출토된 수자괘를 고찰한 후 장아초와 류우는 "점서의 시대는 상대 무정(武丁) 시기까지 미루어 올라갈 수 있는데, 복과 서를 병용하였고, 복과 서의 결과는 모두 갑골에 기록되어 있다. 팔괘의 문제에 있어서는, 상 문화가 주 문화에 영향을 주었는데, 괘획이 있었는지 없었는지는, 여전히 알 수 없다"53)라고 하였다. 이것은 바로 상 왕조에 이미 완비된 서를 사용하는 『역』, 즉 『상역(商易)』이 존재하고 있었음을 말해주는 것이라고 할 수 있다.

(3) 역류(易類) 출토자료를 통해 본 『주역』 경전 텍스트의 형성 과정

최근 『주역』 경전(經傳)의 다양한 판본들이 죽간이나 백서(帛書)의 형태로 출토되었다. 이들 역류(易類) 문헌 자료들은 주로 고대 초나라 지역[楚地]에서 출토되었다. 이들 출토자료를 통해서 우리들은 『주역』 텍스트의 초기 형태를 발견할 수 있을 뿐만 아니라, 『주역』이 순수한 복서지서(卜筮之書)에서 경전 텍스트로 전환하여 가는 역정(歷程)을 살펴볼 수 있다. 물론 이들 초지(楚地)에서 출토된 역류 자료 이외에도 『주역』 텍스트의 초기 형태를 파악하게 해주는 중요한 자료인 수자괘 자료들은 초지 이외의 다른 지역에서도 많이 발견되고 있다.

초지 출토 역류 자료들 중에서 『주역』 텍스트와 관련 있는 문헌으로는 상박장(上博藏) 전국(戰國) 초죽서(楚竹書) 『주역』, 왕가태(王家台) 진간(秦簡) 『귀장』, 부양(阜陽) 한간(漢簡) 『주역』, 마왕퇴 백서 『주역』 등이 있다. 또 점을 치는 데 사용된 죽간 서서(筮書) 자료들로는 망산(望山) 초간, 포산(包山) 초간과 신채(新蔡) 초간 등이 있다. 물론 왕가태 진간 『귀장』과 부양 한간 『주역』 등은 『주역』 텍스트와 관련 있을 뿐만 아니라 동시에 당시의 역점의 상황을 잘 보여주는 자료이기도 하다.[54]

이들 자료에 대한 기본적 사항들을 도표로 그리면 다음과 같다.[55]

출토 『역』 명칭	출토 시기	출토 지점	묘장(墓葬)연대	서사(書寫) 연대
上博藏 戰國 楚竹書 『周易』	1994년 5월 1994년 겨울	홍콩문물시장에서 매입, 곽점(郭店)에서 출토된 것으로 전해짐	전국 후기	기원전 255±65년
王家台 秦簡 『歸藏』	1993년 3월	湖北 江陵縣 荊州鎭郢 北村 王家台 15號 秦墓	기원전 278년 "백기가 영 땅을 점령한	죽간 내용으로 보면, 늦어도 진대(秦代).

			때(白起拔郢)"보다 빠르지 않고, 秦代보다 늦지 않음.	『귀장』 글씨체는 전국 말년의 것임.
阜陽 漢簡 『周易』	1977년 7월	安徽 阜陽 雙古堆 1號 漢墓	1호 묘의 묘주는 제2대 여음후(汝陰侯) 하후조(夏侯竈)이며, 기원전 165년에 사망하였음.	늦어도 기원전 165년 이전
帛書『周易』	1973년 12월	長沙 馬王堆 3號 漢墓	3호 묘의 묘주는 제2대 대후(軑候) 이희(利豨)의 형제이며, 기원전 168년에 묘장 됨.	늦어도 기원전 168년 이전
望山 楚簡 易筮	1965년 겨울 ~1966년 봄	湖北 江陵縣 望山 一號墓	전국 중기, 기원전 300년 이전 내외.	늦어도 기원전 300년 내외
包山 楚簡 易筮 (괘획 6줄)	1986년 11월 ~1987년 1월	湖北 荊門 包山 楚墓 2號墓 出土	전국 중기, 기원전 316년 매장.	늦어도 기원전 316년
新蔡 楚簡 易筮 (괘획 15줄)	1994년 5월	河南省 新蔡縣(淮河 지류 洪河 북쪽 해안)	전국 중기, 초도왕(楚悼王) 말년 혹은 조금 뒤	늦어도 기원전 340년 내외

도표6)

이들 자료들이 가지고 있는 내용과 특징에 대해 간략하게 살펴보도록 하자.

가. 상박장 전국 초죽서 『주역』: 초죽서 『주역』은 모두 58간(簡)으로 34개 괘의 내용에 대해 언급하고 있고, 25개의 괘획이 보인다. 이것

을 가장 이른 『주역』 판본으로 인정하게 만드는 중요한 자료이다.[56] 여기에 보이는 괘획 중 '八'로 음효를 표시하는 방법은 부양 한간 『주역』 및 마왕퇴 백서 『주역』과 비슷하다.[57] 초죽서 『주역』의 이런 괘획 표기법은 왕가태 진간 『귀장』이나 통행본 『주역』과는 다르다. 또 괘명, 괘사, 효사 및 효제(爻題)가 모두 보인다. 여기에서 가장 중요한 것은 효제의 출현이다.

나. 왕가태 진간 『귀장』: 이 진간 역점(易占)을 대부분의 학자들은 『귀장』으로 간주하고 있다. 에드워드 쇼네시(Edward L. Shaughnessy)는 왕가태 진간 『귀장』의 발견으로 인해서 기존의 전세(傳世) 문헌 『귀장』은 결코 위조품이 아니라고 말한다. 그는 장화(張華)의 『박물지(博物志)』와 곽박(郭璞)의 『산해경주(山海經注)』에 인용된 문장을 왕가태 진간 『귀장』과 비교한 결과 『귀장』은 결코 위진(魏晉) 시기의 모조품이 아니라, 아무리 늦어도 선진문헌이라는 관점을 제기하고 있다.[58] 왕가태 진간 『귀장』에는 각기 다른 54개의 괘획이 보인다. 괘획은 양을 '—'으로, 음을 '∧'으로 표시하고 있다. 각 괘의 문장 구성은 괘획이 첫머리에, 그 다음은 괘명, 괘명 다음에는 점친 일에 대해 말하고 나서 괘사가 이어진다. 괘사만 보이고 효사는 보이지 않는다.

다. 부양 한간 『주역』: 이 자료는 잔파(殘破) 정도가 매우 심해서 원래의 괘서를 파악하기가 어려울 정도이다. 잔존한 내용으로 보면 52개의 괘와 관련되는 문장들이 보이며, '八'로 음효를 표시하고 있다. 부양 한간 『주역』은 당시의 점을 치기 위한 실용적 텍스트로 기본적으로 복서지서로서의 『주역』의 원시적 면모를 보존하고 있다.[59]

라. 마왕퇴 백서 『주역』: 지금까지 출토된 자료 중 분량도 가장 많고, 연구도 가장 많이 된 자료이다. 통행본 『주역』과 가장 다른 점은 괘서가 다르다는 것이고, 가장 특이한 점은 『역전』이 출현하고 있다는 점이다. 그러나 『역전』의 내용은 다르다. 즉 통행본에 보이는 「단전」·「상전」·「문언전」·「서괘전」과 「잡괘전」은 전혀 보이지 않는 반면, 통행본 『주역』에 보이지 않는 「이삼자문(二三子問)」·「역지의(易之義)」·「요(要)」·「충(衷)」·「무화(繆和)」·「소력(昭力)」 등이 보인다. 또 「계사전」과 「설괘전」은 보이지만 일부분만 같다.

마. 망산(望山) 초간 점서 자료: 주로 복서(卜筮)와 제도(祭禱)에 관한 기록이 많이 보인다. 괘획은 보이지 않는다. 내용이나 용어는 포산(包山) 초간과 유사하다.

바. 포산(包山) 초간 점서 자료: 포산 초간 점서 자료에는 복서와 제도에 관한 기록이 많이 보인다. 기록 가운데에 6획 괘가 출현한다. 그 형식은 좌우의 두 괘를 병렬하여 하나의 짝으로 삼고 있다. 이것들은 『좌전』과 『국어』에 보이는 본괘와 지괘를 병렬하는 형식의 원형이라고 할 수 있다.

사. 신채 초간: 역시 복서와 제도(祭禱)에 관한 기록이 많이 보인다. 15짝의 괘가 보인다. 완벽하게 판별할 수 있는 것은 12짝의 24괘이다.

『주역』은 본래 복서의 책이기 때문에 그것이 한 권의 경전 텍스트로 형성되기까지에는 일단의 과정을 거쳐야만 했다. 이 과정은 『주역』 텍스트에 대한 다른 사용 목적과 방식에 따라서 각기 다르게 전개된다. 이런 과정의 직접적인 흔적이 바로 출토자료이고 이것이 바로 『주역』 텍스트의 초기 형태이다. 말하자면 초나라 땅에서 출토된 이런 다양한 역류 문헌을 통하여 초기의 『주역』 텍스트가 어떻게 복서의 지평(地平)을 빠져나와 인생과 사리를 말하는 경전 텍스트의 길로 향해 가는가 하는 것을 어느 정도 파악할 수 있을 것으로 보인다.

우선 상박장 초죽서 『주역』(이하는 초죽서 『주역』으로 칭함), 왕가태 진간 『귀장』과 세 종류의 전국 죽간 점서서(占筮書)의 자료는 기본적으로 거의 동시대에 출현한 것으로 보인다. 또 부양 한간 『주역』과 백서 『주역』은 대체로 동시대의 것으로 보인다. 이 중 초죽서 『주역』이 통행본 『주역』 경전 텍스트와 가장 가깝다. 이 둘의 괘서형식은 같은 것으로 보인다. 백서『주역』은 현존하는 통행본 『주역』과는 구별되는 다른 경전 텍스트이다.

『좌전』에서는 분명히 괘효상과 괘효사를 이용하여 길흉을 점쳤다. 이것은 이 시기에 이미 『주역』의 64괘 괘획과 괘효사가 정형화되었다는 것을 의미한다. 그렇다고 하여 이것이 『주역』 텍스트가 완벽하게 형성되어 있다는 것을 직접적으로 증명하는 것은 아니다. 전국시기의 죽간 역서 및 왕가태 진간 『귀장』은 괘효사와 괘효상을 이용하여 점치지 않고, 다만 역괘(易卦)만 사용하였다. 포산 초간 『주역』에는 괘상만이 있을 뿐 괘명, 괘사와 효사는 보이지 않는다.

왕가태 진간 『귀장』은 괘획, 괘명과 해설하는 사(辭)의 세 부분으로 나누어져 있는데 여기의 괘명은 통행본 『주역』과 서로 같거나 비슷한 곳이 있다. 그러나 괘사만 있고 효사는 보이지 않는다.

부양 한간 『주역』은 그 괘사와 효사 뒤에 백서 『주역』과 통행본 『주역』에는 없는 복사가 있다. 따라서 "부양 한간 『주역』은 사실상 『주역』이 퇴화한 것이며, 시기는 전국 만기보다 이를 수 없다"[60]고 말한다.

왕가태 진간 『귀장』은 괘획을 이용하였을 뿐만 아니라, 괘명도 이용한 것으로 보인다. 이에 비해 전국시기의 죽간 점서들은 괘획만을 이용하였다. 또 부양 한간 『주역』은 통행본 『주역』 괘효사와 괘효상과 큰 차이를 보여주지 않지만, 『주역』 텍스트를 실용적인 복서의 책으로 개조한 것으로 보인다.[61]

부양 한간 『주역』의 죽간은 거의 752조(條)이고 그 내용은 점복용으로 사용된 『일서(日書)』와 매우 유사하다.[62] 이 문제에 대해 이령(李零)은 부양 한간 『주역』의 특색은 매 괘의 경문(經文) 뒤편에 점복의 사(辭)를 붙이고 있는데, 대체로 『일서』류의 문헌과 유사하여 농후한 수술(數術)의 경향을 보여주고 있다고 말한다.[63]

초죽서 『주역』은 현재로서는 가장 오래된 『주역』 판본인데, 이것은 괘획과 괘효사 형식을 가지고 있다. 이는 통행본 『주역』 텍스트의 형식과 다르지 않으며, 대략 통행본 『주역』 텍스트의 삼분의 일 정도를 포함하고 있다. 이 죽간은 『주역』의 64괘 경 부분이 전국시대에 이미 광범위하게 유행하고 있음을 말해주고 있다. 현재 볼 수 있는 가장 오래된 『주역』 텍스트인 초죽서 『주역』은 『주역』이 경전의 길을 가는 데 있어서 하나의 전환점이 되는 역할을 한다.

초죽서 『주역』은 부양 한간 『주역』이나 죽간 점서의 자료들과는 달리 원본 『주역』의 텍스트에 충실한 판본이다. 초죽서 『주역』은 물론 부양 한간 『주역』처럼 실용 『주역』의 점서 텍스트로도 이용되고 그것의 특수부호 또한 복서의 뜻을 지니고 있지만, 복서의 유행 속에서도 여전히 원본 『주역』의 텍스트를 충실하게 보존하고 있다. 이런 충실함을 견지하여 『주역』이 계속적이고 다방면으로 해석되는 것을 가능하게 만들어서 『주역』이 경전의 길로 가도록 만들었다.

망산 초간, 포산 초간이나 신채 초간의 서점 자료들이나 진간 귀장 및 부양 한간 『주역』이 가는 길은 복서라는 실용적인 요소를 더 많이 가지고 있다. 예를 들면, 부양 한간 『주역』은 『주역』 괘효사와 괘획을 대체적으로 가지고 있으나, 구체적인 서례(筮例)를 증가시킴에 의해서 『주역』 텍스트를 실용적인 복서의 책으로 변형시켜 가고 있다. 이에 비해 초죽서 『주역』과 마왕퇴 백서 『주역』이 가는 길은 경전 텍스트를 향해 가고 있다.[64] 초죽서 『주역』, 백서 『주역』과 금본 『주역』 괘효사는 기본적으로 서로 같다.

앞의 제3장에서 살펴본 것처럼, 『좌전』에서 우리는 『주역』 괘효사를 인용하여 어떤 도리를 말하는 것을 발견할 수 있었다. 이는 『주역』을 단순히 점서에만 사용하지 않았다는 말이다. 즉 "더욱 주의해야 할 것으로는, 사람들의 『주역』에 대한 이용은 춘추시대에 이르면 이미 점서 활동의 범위를 넘어서서 『주역』의 괘효사와 점서 활동을 분리하여 괘효 체계를 독립적인 텍스트의 체계로 만들어 어떤 철학적 이치나 법칙을 설명하고 증명하는 것으로 이용하는"[65] 상황이라는 말이다. 이것은 유가가 철학적 의리를 통하여 『주역』을 말하는 것으로, 단순한 점서의 영역을 넘어서는 단계라고 할 수 있다.

위의 분석을 통해서 우리는 『역』에 두 가지의 계통이 있음을 발견할 수 있었다. 그것은 점을 주로 하는 복서역(卜筮易)과 철학적 해석을 중시하는 의리역(義理易)이다. 복서는 다만 『역』이 가지고 있는 하나의 쓰임일 뿐이다. 의리역은 우주 · 인생과 대도(大道)를 말한다. 위에서 말한 망산 초간, 포산 초간이나 신채 초간의 서점 자료들 및 부양 한간 『주역』은 복서역에 속하는 것으로 볼 수 있다. 이에 비해 초죽서 『주역』, 백서 『주역』과 금본 『주역』은 의리역에 속하는 것으로 볼 수 있다. 이것은 바로 『한서예문지』의 「육예략(六藝略)」과 「수술략(數術略)」의 구분과 다르지 않다.[66]

그런데 여기에서 분명히 지적하고 가야 할 문제는 의리역에 속하는 초죽서 『주역』, 백서 『주역』과 통행본 『주역』은 괘서 등에서 차이가 있을지 모르나 근본적으로 같은 경문을 가지고 있다. 그런데 복서역에 속하는 부양 한간 『주역』의 경문은 통행본 『주역』과 기본적으로 서로 같다. 이것은 바로 복서역과 의리역이 사용하는 것은 서로 같은 경문일 수 있고, 그 구별은 다만 용도가 다를 뿐이라는 것을 말해준다.[67] 이 문제에 대해 이학근(李學勤)은 "초죽서 『주역』이나 마왕퇴 백서 『주역』과 부양 한간 『주역』을 막론하고 모두 『주역』의 전류(傳流) 과정 중의 연결 고리이다. 그러나 그것들은 결코 직접 계승한 관계라는 말은 아니다. 『주역』은 서주시기에 이미 기본적으로 정형(定型)되었고, 간본(簡本)·백서본과 통행본은 근본상의 차이가 없다"[68]고 말하였다.

그런데 여기에서 우리가 가질 수 의문은 바로 "『좌전』 장공(莊公) 22년의 기록에 분명히 『주역』이 존재하고 있음을 말하고 있는데 왜 전국시대의 포산 초간 역괘와 천성관 초간 역괘에는 다만 괘상만 있고 괘명·괘사 및 각효의 효사가 없는가?"이다. 이것은 아마도 소전통(小傳統)인 민간의 역괘로서 주로 복서를 치는 데 사용된 것으로 추정할 수 있다. 여기에는 어떤 철학적 학술연구의 필요성보다는 실용적인 복서만이 필요하였기 때문인 것으로 보인다.[69]

이런 각도에서 보자면 『주역』은 서주시기에 이미 성서(成書)되었을 가능성도 크지만 오늘날 우리가 보는 통행본 『주역』의 형태로 완성된 것은, 즉 9와 6의 효제(爻題)가 포함되어 한차례 큰 수정이 있었던 시기는 아마도 전국시기인 것으로 보인다. 그리고 이에 따라 내용상에서도 상당한 수정이 있었을 것으로 보인다.[70]

2. 괘효사의 기원과 구조

괘효상(卦爻象)과 마찬가지로 괘효사(卦爻辭) 역시 『역경』의 핵심적인 부분으로 역대의 역학자들은 주로 괘효사를 주해(註解)하는 방법을 통하여 『역경』이라는 책을 이해한다. 그러나 고대의 학자들은 『역경』이 성인의 손에서 나왔다는 경학적(經學的) 신앙에 사로잡혀 오로지 괘효사를 해석하면서 성인의 미언대의(微言大義)를 구하는 데 치중하였지, 괘효사의 구조적 특징이나 사료(史料) 가치의 문제에 대해서는 크게 주의를 기울이지 않았다.

20세기 초반에 『역경』의 신성한 지위가 타파되면서 학자들은 전방위적인 연구를 할 수 있었고, 이로 말미암아 괘효사와 은상(殷商) 복사(卜辭)의 연원 관계 및 괘효사의 구절과 구조 및 괘효사 중 보존된 사료적 가치, 잠언(箴言)과 고가(古歌) 등을 모두 연구의 대상으로 삼기 시작한다. 이로 말미암아 『역경』은 백과전서 식의 기능을 가지게 된다.

『역경』의 괘사와 효사를 선진시기에는 주(繇)라고 불렀다. 예를 들면 『좌전』 양공(襄公) 25년 조에 다음과 같은 말이 나온다.

> 제(齊)나라 당공(棠公)의 처는 동곽언(東郭偃)의 누이였고, 동곽언은 최무자(崔武子)의 신하였다. 당공이 죽자 동곽언은 수레를 몰아 최무자를 모시고 조문하게 되었다. 최무자는 당공의 아내 당강(棠姜)을 보고 그녀의 아름다움에 빠져 동곽언을 통해 그녀를 아내로 맞이하려 하였다. 그러자 동곽언이 말하기를 "남녀는 성씨를 구별해야 하는데, 군주께서는 제정공(齊丁公)의 후손이고, 저는 제환공(齊桓公)의 후손이니 혼인이 불가합니다"라고 하였다. 이에 최무자가 점을 쳐 곤괘(困卦)가 대과괘(大過卦)로 변하는 괘를 얻게 되었다. 그러자 사관 모두가 "길하다"고 말했다. 이를 진문자(陳文子)에게 보이자, 진문자가 말하기를

> "사내가 바람을 좇고, 바람은 아내를 떨어뜨리니 아내로 맞이할 수 없습니다. 또한 점사[繇]에 이르기를 '돌에 곤란함을 당하여 가시나무에 앉아 있다. 집에 들어가도 아내를 보지 못하니 흉하다'라고 하였습니다. '돌에 곤란함을 당함'은 나아가 구제하지 못함이요, '가시나무에 앉아 있음'은 믿는 사람에게 상처받는 것이요, '집에 들어가도 아내를 보지 못하니 흉하다'는 것은 돌아갈 곳이 없는 것입니다"라고 하였다. 그러자 최무자가 "그녀는 과부인데 무슨 해가 되겠습니까? 그 말은 앞의 남편에 해당되는 것"이라고 말하고, 그녀를 아내로 맞이하였다.[71]

위의 예문에서도 점사(占辭)를 '주'라고 부르고 있다. 『역경』의 괘효사뿐만 아니라 고대의 복서에서도 모든 조(兆) 아래에 조사(兆辭)가 달려 있는데 이런 조사를 역시 '조'라고 부른다. 고대에 복인(卜人)이 복을 행할 경우 분명히 복사(卜事)의 기록이 있었고 서인(筮人)이 서를 행할 때는 서사(筮事)의 기록이 있었을 것이다. 이처럼 점을 통하여 묻고 싶었던 문제들에 대한 점사의 내용들을 각각 서서(筮書)의 64괘 괘효 아래에 기록했을 가능성이 있고 이런 것이 바로 괘효사의 발생 근원이 될 가능성이 크다. 이런 기록이 바로 괘효사의 출현을 의미하는 것은 아니지만, 이런 복사의 기록과 서사의 기록이 괘효사의 발생적 기원 중의 하나인 것은 사실이다. 이보다 더 이전에는 전혀 괘효사가 없는 시기도 있었을 것이다. 이 문제는 바로 문자가 없던 시절의 경우에 해당한다.

최초의 『역』은 문자가 없었고 또 텍스트의 형태를 이룬 것도 없었다. 64괘가 형태를 갖춘 중개물이라는 것 이외에 그것의 해석 공간은 입과 귀로 전달하는 것일 뿐으로 이른바 『역』의 구전 시기이다. 문자가 없는 상황에서 64괘는 어떠한 고정된 문자의 구속을 받지 않았고 그것에 대한 해석은 다만 구어의 형식을 통해 행해질 뿐이다. 이때 괘획의 존재는 상당히 자유롭다. 이 단계에서는 음양의 도라든지 팔괘취상(八卦取象) 등의 철학적인 문제에 대해서는 관심도 없었고 알지도 못했다. 그들이 가지고 있었던 관심은 앞으로 발생할 상황이 자신이나 자신들의 종족에 어떤 영향을 미칠 것인가라는 것이었다. 즉 알 수 없는 미래에 대한 운명이 주된 관심 사항으로 그들이 신령에게 묻고자 하는 것은 이들 문제에 대한 의심을 해결해 주고 판단하는 것이었다.

원시적 점서는 점서역학의 주제인 운명에 대한 관심을 결코 벗어나지 않기 때문에 점서의 해석 또한 운명에 대한 판단 문제와 관련될 수밖에 없다. 이런 표현이 바로 운명에 관한 판단사(判斷辭)들이다. 여기에서 자주 나타나는 운명의 판단사는 화(禍)·복(福)·유(有)·망(亡)·재(災) 등이다. 『주역』에 기록된 문자의 양은 갑골복사에 비해서 훨씬 적다. 그러나 운명 판단사의 개념들은 오히려 풍부하고 규모가 있으며 다양한 계보를 가진다. 이런 사실은 운명에 대한 관심이 바로 복서 발전의 중요한 요소임을 말해준다.

구어 시대의 점서 단사는 문자로 이루어지지 않아서 구어 점단의 직접적 증거는 찾을 수 없다. 그러나 운명의 판단사만으로는 부족하기 때문에 원시적 점서는 또 다른 구어의 형식과 배합해야만 한다. 이 중에서 들 수 있는 것은 두 가지 종류의 구어 형식인데 그중 하나는 역사고사(歷史故事)이고 다른 하나는 민간 가요(歌謠)이다. 왜냐하면 그것들은 당시에 있어서 최고의 문화적 성분을 가진 것들이었다. 여기에서 구어문화로서의 역사 고사와 민간 가요는 점서과정의 필연적인 구성부분이 되고, 이것이 문자로 기록되면서 점차 괘효사로 발전하게 된 것으로 추정할 수 있다.

문자가 비교적 성숙한 후에 괘획은 문자와 서로 배합하면서 『역』의 진정한 본문이 된다. 이런 본문을 『역』이라고 통칭하고 그 위의 문자를 괘효사라고 말하는 것이다. 이로부터 역학은 64괘에 대한 문자적 해석

으로 진보한다.[72]

따라서 "이들 괘사와 효사는 누가 편집하였는가? 그 편집의 순서는 어떠한 형식적 특징을 가지고 있는가? 그 내용은 어떤 구조적 특징을 가지고 있는가?" 등의 물음은 역학 연구 중의 기본문제이다. 과거 역학자들은 이 문제들에 대해서 다양한 관점을 제시하였지만 사료와 연구방법의 제한으로 말미암아 크게 발전된 성과를 내지 못하였다. 그러나 최근 새로운 자료가 출토됨으로써 학자들의 시야를 크게 넓혀주었고, 『역경』 괘효사에 대한 연구도 새로운 방향을 찾기 시작했다.

위에서 말한 것처럼, 전통 역학사에서 『역경』 괘효사의 저자에 대해서는 통일된 관점이 없다. 그러나 전통 역학의 공통점은 어떤 한 명의 성인의 손에서 나왔다는 관점이다. 그러나 20세기 초에 괘효사의 편찬이라는 문제에 대한 진일보한 인식을 하게 되면서 괘효사의 성인창작설은 수정되기 시작한다.

괘효사는 어떤 성인의 독립적 창작에서 나온 것이 아니라, 이미 있었던 서사(筮辭)나 역사적 사실 등을 가공 · 정리 · 편찬하여 이루어진 것으로 보는 것이 대체적인 관점이다. 그렇게 보는 이유로는 우선 서사 중에는 매우 오래된 역사 자료들이 있다. 예를 들면 둔괘(屯卦) 육이(六二) 효사에 "어려우며 (나아가지 못하여) 머뭇거리니 말을 타고 가려 하나 말이 행렬을 이탈하여 나아가지 못하고 배회하니, 이들은 도적의 무리가 아니라 혼인하러 온 사람들이니"[73]라는 말이나, 규괘(睽卦) 상구 효사에 "그것들은 도적이 아니라 혼인을 하자는 것이니 가서 비를 만나면 길할 것이다"[74]와 같은 이런 말들에 대해 어떤 학자들은 원시 시기 약탈 혼인의 경우를 말하는 것으로 보고 있다.

수괘(需卦) 육사 효사에 "피 속에서 기다리니 구멍으로부터 빠져 나왔다"[75], 또 같은 괘 상육 효사에 "구멍 속에 들어가니 초대하지 않은 세

명의 손님이 올 것이니 공손하게 대하면 끝내는 길할 것이다"[76], 감괘(坎卦) 초육 효사에 "거듭된 위험에 깊은 구덩이 속으로 들어가니 흉하다"[77] 등의 구절들은 상고시기의 혈거(穴居) 생활을 말하는 것으로 보기도 한다.

둔괘(屯卦) 육삼 효사에 "사슴을 쫓는데 길 안내자가 없이 오직 숲속으로 들어갈 뿐이니"[78], 해괘(解卦) 구이 효사에 "사냥에서 세 마리의 여우를 잡아 누런 화살을 얻으니"[79] 등에 대해서는 상고시기의 수렵활동에 대해 말하고 있다.

이괘(離卦)의 괘사에 "암소를 기르면 길할 것이다"[80]와 진괘(晋卦) 괘사의 "왕이 내린 종마(種馬)를 이용하여 많은 말을 번식시켰는데 하루에 세 번이나 교접하였다"[81], 대장괘(大壯卦) 육오 효사의 "경계에서 양을 잃다"[82] 등은 상고시기의 목축생활을 말하는 것으로 보고 있다.[83]

위에서 말하는 상황들이 말하는 것은 경제생활 속에서 어렵(漁獵)이나 목축이 농업보다 더욱 비중이 크다는 것을 반영한다. 그러나 주(周) 초기에는 이미 약탈 결혼도 사라지고 혈거(穴居)의 습관도 줄어들었으며 농업경제가 주도적 위치를 점하는 시대에 접어들게 된다. 이렇게 본다면 서사(筮辭)는 주대(周代) 초기보다 더 이전의 역사적 사실이나 자료를 담고 있는 것으로 보아야 한다.[84]

고형은 『역경』의 성립을 대체로 주초(周初)로 보고 있고, 『역경』에 들어있는 역사 고사 중 가장 늦은 것으로는 문왕(文王)과 무왕(武王) 시기에 해당하는 것으로 보고 있다. 예를 들어 수괘(隨卦) 상육 효사의 "상육은 붙들어 묶어 놓고 이에 좇아 얽어매니 왕이 서산에서 제사를 올리게 하였다(拘係之, 乃從維之, 王用亨於西山)"라는 구절에 대해 고형은 '종유(從維)'를 '종일(縱逸)', 즉 해방의 의미로 보아 이 구절을 문왕이 유리(羑裏)의 감옥에서 석방되는 사건을 이야기하는 것으로 보고 있다.

진괘(晉卦) 괘사의 "왕이 내린 종마(種馬)를 이용하여 많은 말을 번식시켰는데 하루에 세 번이나 교접하였다(康侯用錫馬蕃庶, 晝日三接)"는 말에서 강후(康侯)는 강숙(康叔)을 말하는데, 처음에 강(康)에 봉(封)해지고 나중에 위(衛)에 봉해지는데 이것은 강숙이 위에 봉해지기 이전의 일과 관련된 것으로 추정하고 있다.

또 명이괘(明夷卦) 육오 효사에 "기자의 (밝은 것을 숨기는) 명이이니 바르게 함이 이로울 것이니라(箕子之明夷, 利貞)"라는 말에서 기자(箕子)는 은말 주초의 사람으로 이 글 속에는 무왕 이후의 일에 관해서 기록한 것이 없기 때문에 『역경』은 주대 초기에 이루어진 것이라고 말한다.[85]

『역경』 중의 어떤 괘효사는 운율이 있는 시가의 형식을 취하고 있다. 이 때문에 20세기 초반부터 많은 학자들이 『시경』 연구의 성과를 이용하여 괘효사 중의 시가들을 연구하기 시작했다. 대표적인 학자로는 고형, 이경지, 황옥순 등이 있다.

이경지는 "이것을 복사와 비교하면, 복사가 산문식인 데 비해 『주역』에는 시가도 있고, 괘효사에는 협운(協韻[86])의 구절들이 많이 보인다. 이것은 인위적으로 수식하거나 예술화한 것으로 보인다"[87]라고 하였다. 그는 또 「주역서사고(周易筮辭考)」라는 문장에서 괘효사의 문장 중에도 비흥(比興)식의 시가가 있다고 말한다. 여기서 그는 두 수(首)의 비흥식의 시가를 소개하고 있다. 먼저 명이괘(明夷卦) 초구 효사이다.

> 明夷於飛, 垂其翼
> 명이의 때에 날개를 늘어뜨리고 날아가네
>
> 君子於行, 三日不食
> 군자가 돌아감에 사흘을 먹지 않고 떠나감이 있네

다음은 중부괘(中孚卦) 구이 효사의 경우이다.

> 鳴鶴在陰, 其子和之,
> 우는 학이 그늘에 있거늘 그 자식이 화답하도다
>
> 我有好爵, 吾與爾靡之
> 내가 좋은 술을 가지고 있으니 내가 너와 더불어 나누고 싶도다

여기에서 이경지는 명이괘 초구 효사의 '익(翼)'과 '식(食)'이 서로 협(協)하는 경우를 예로 들고, 중부괘(中孚卦) 구이 효사에 보이는 '화(和) · 작(爵) · 미(靡)'는 고음(古音)에서 서로 협운(協韻)이 되는 것을 말하고 있다.[88] 이외에도 그는 시가(詩歌)식의 구절들이 괘효사에 많이 있음을 말하고 있다.[89]

황옥순(黃玉順)은 12개의 이유를 들어 『역경』이 분명히 고가(古歌)를 인용하고 있음을 증명하고 있다.[90] 이런 각도에서 그는 건괘(乾卦)를 군룡의 노래[群龍之歌]로, 곤괘(坤卦)를 대지의 노래[大地之歌]로, 대축괘(大畜卦)를 양축의 노래[養畜之歌]로, 건괘(蹇卦)를 간난의 노래[艱難之歌]로, 점괘(漸卦)를 홍안의 노래[鴻雁之歌], 미제괘(未濟卦)를 호리의 노래[狐狸之歌]로 표현하였다. 이처럼 괘효사가 원래 시가 혹은 민간 가요였다고 생각하는 관점은 이른바 성인작역의 관점을 분명하게 파괴하는 것이라고 할 수 있다.

『역경』 중의 괘효사에는 분명하게 가공한 특징들이 많이 보인다. 괘효사의 저작 스타일과 그 중의 역사 고사나 민가 및 시가 형태의 구절은 『주역』이 편찬을 통해서 이루어진 것임을 보여준다. 이 점에 대해서 이경지(李鏡池)는 상세히 설명하고 있다.

먼저 이경지는 효사의 내용을 아래와 위를 대비적으로 서로 배치하거나, 아래에서 위로 계단식으로 상승(上昇)하여 가는 점진적인 배열 방식

을 통하여 편찬자가 효사를 정리 가공한 것으로 보고 있다. 구체적으로 건괘(乾卦)의 효사를 예로 들 수 있다.

初九, 潛龍勿用

초구는 물속에 잠겨 있는 용이니 아직 쓰려고 하지 말아야 한다.

九二, 見龍在田, 利見大人.

구이는 나타난 용이 땅위에 있으니 대인을 만나면 유리하다.

九三, 君子終日乾乾, 夕惕若, 厲無咎.

구삼은 군자가 종일토록 굳세고 굳세어서 저녁까지도 여전히 두려운 듯이 행동하면 비록 위태로우나 허물은 없을 것이다.

九四, 或躍在淵, 無咎.

구사는 혹 위로 뛰어오르거나 혹은 연못에 있으면 허물이 없을 것이다.

九五, 飛龍在天, 利見大人.

구오는 나는 용이 하늘에 있으니 대인을 보면 이로울 것이다.

上九, 亢龍有悔.

상구는 너무 높이 올라가버린 용은 후회함이 있으리라.

이경지의 관점에 의하면 문장 구조나 내용상으로 초효와 상효(上爻)를 대비시키거나, 이효와 오효의 대비, 삼효와 사효를 인간사의 문제로 배치시켜 놓은 것은 결코 우연으로 볼 수 없는 편찬자의 의도가 반영된 배열로 보고 있다.[91]

또 계단식으로 효사의 내용을 아래에서 위로 배치하는 경우도 있다.

간괘(艮卦)의 경우를 살펴보도록 하자.

初六, 艮其趾, 無咎, 利永貞.

초육은 그 발꿈치에서 그치는 것이라 허물은 없을 것이니 오래 바르면 이롭다.

六二, 艮其腓, 不拯其隨, 其心不快.

육이는 장딴지에 그치니 구하지 못하고 따르는 것이니 그 마음이 유쾌하지 못하다.

九三, 艮其限, 列其夤, 厲薰心.

구삼은 그 한계(허리)에 그치는데 그 등뼈를 벌려 놓음이니 위태로워 마음을 태운다.

六四, 艮其身, 無咎.

육사는 그 몸에 그치는 것이니 허물이 없다.

六五, 艮其輔, 言有序, 悔亡.

육오는 그 볼에 그치는 것이라 그 말에 조리가 있으니 후회가 없을 것이다.

上九, 敦艮, 吉.

상구는 독실하게 그친다는 것이니 길하니라.

초육의 '지(趾)'는 발꿈치로 가장 아래에 자리한 발부분에 해당한다. 육이의 '비(腓)'는 장딴지를 말하고, 구삼의 '한(限)'은 허리 위를 말한다. 우번(虞翻)은 "한은 허리띠가 있는 곳이다(限, 腰帶處也)"라고 하였다. 구사의 '신(身)'은 상체를 말한다. 육사가 간괘의 상괘에 있는 것은 마치 사람의 상체에 있는 것과 같은 것으로 보기 때문에 "그 몸에 그치는 것이니(艮其身)"라는 상으로 표현한다. 구오의 '보(輔)'라는 말에 대한 뜻은 다양하다. '보'를 볼, 광대뼈 또는 잇몸 등으로 말하고 턱으로 해석하는 경우도 있는데 공통점은 모두 신체의 위에 있는 입과 관련된다는 점이다. 상구의 '돈간(敦艮)'은 간괘(艮卦)를 중첩한 것 중의 가장 위에 있는 양효(陽爻)로 '그치는' 것의 마지막에 속한다. 일반적으로 이 구절은 시종일관 더욱더 조심스럽고 돈후(敦厚)해야 하고 끝까지 지조를 지켜야 함을 강조하는 말이다.[92]

그러나 이경지는 '돈간'의 '돈(敦)'을 이마[頟]로 보아 간괘가 발꿈치에서 이마에 이르는 신체의 구조를 감안하여 배치한 것으로 말하고 있다. 이것은 문자를 편찬자가 의도적으로 계단식으로 편찬한 하나의 예라고 말한다.[93] 이런 관점은 점괘(漸卦)의 경우에서도 잘 나타난다.

初六, 鴻漸於幹, 小子厲, 有言, 無咎.
초육은 기러기가 물가에 점차 나아감(漸進)이니 어린 아이(小子)가 위태해서 말이 있으나 허물은 없다.

六二, 鴻漸於磐, 飮食衎衎, 吉.
육이는 기러기가 반석에 점차 나아감이니 마시고 먹는 것이 즐거우니 길하다.

九三, 鴻漸於陸, 夫征不復, 婦孕不育, 凶, 利禦寇.
구삼은 기러기가 뭍으로 점차 나아감이니 남편은 가면 돌아오지 못하고 부인은 임신하여도 기르지 못하여 흉하니 도적을 막는데 이로우니라.

六四, 鴻漸於木, 或得其桷, 無咎.

육사는 기러기가 나무로 점차 나아감이니 혹 그 평평한 나뭇가지를 얻으면 허물이 없을 것이리라.

九五, 鴻漸於陵, 婦三歲不孕, 終莫之勝, 吉.

구오는 기러기가 언덕에 점차 나아감이니 부인이 삼년 동안 임신하지 못하나 (가로막는 자들이) 끝내 이기지 못하니 길하다.

上九, 鴻漸於陸, 其羽可用爲儀, 吉.

상구는 기러기가 높은 하늘로 점차 나아감이니 그 깃털은 의표(儀表)를 삼을 만하니 길하다.

점괘(漸卦)는 '초육의 기러기가 물가에 점차 나아감(鴻漸於幹) → 육이의 기러기가 반석에 점차 나아감(鴻漸於磐) → 구삼의 기러기가 뭍으로 점차 나아감(鴻漸於陸) → 육사의 기러기가 나무로 점차 나아감(鴻漸於木) → 구오의 기러기가 언덕에 점차 나아감(鴻漸於陵) → 상구의 기러기가 높은 하늘로 점차 나아감(鴻漸於陸)'의 단계로 점차적으로 상승하고 있는 것을 상징한다.

점괘(漸卦)는 순서에 따라 점진적으로 나아가는 것을 말한다. 절대로 단계를 벗어나는 전진이 아니기 때문에 나가는 속도는 완만할 수밖에 없다. 이런 이유에서 점괘가 이야기하려는 핵심은 사물 발전의 단계적 발전 법칙을 설명하는 것이라고 할 수 있다. 이런 점에서 사물이나 사태의 점진적 발전 단계를 여섯 효의 단계로 놓고 있는 것은 분명히 편찬자가 의도적으로 편찬한 것으로 보는 것이다.

20세기 초 의고파(疑古派)는 『주역』의 괘효사를 상고시대 선민들의 점서활동의 기록이며, 무술(巫術) 미신의 산물이라고 보았다. 이런 의고파의 영향으로 경(經)과 전(傳)을 엄격하게 분리하여, 경을 복서의 기록으로, 전을 철학적 해석으로 본다. 즉 『역경』은 복서의 기록이고, 그 연구는 단지 고대사의 풍속을 검증하는 데 사용될 뿐이며, 어떤 철학적 해석은 발견하기 어렵다고 말한다. 물론 『역경』이 복서의 기록이 아니라는 것을 부정할 수는 없지만, 괘효사 중에도 매우 철학적인 창작에 해당하는 내용들이 상당 부분 포함되어 있음을 간과해서는 곤란하다.

위에서 말하는 의고파의 관점은 『역경』에 보이는 괘효사를 단순히 역사성을 지닌 문헌사료라는 측면으로만 접근하는 방식이다. 이런 관점은 『주역』이 가진 본질적 특성의 범위를 상당 부분 협소하게 만들 위험성을 가지고 있다. 왜냐하면 괘효사는 기본적으로 상징언어(symbolic language)라는 『주역』의 본질적 특성을 무시하고 있기 때문이다.

괘효사가 가지고 있는 글의 내용 중에서 추상적인 의미를 사용한 것이 구체적인 의미를 사용한 것보다는 분명히 더 많다. 이런 것들은 괘명과 효위(爻位) 및 효사의 문장들을 적절하게 배합하여 어떤 구체적인 상황이나 사태에도 적용가능한 상징적 체계로 연결하고 있는 것으로 보인다. 다시 말하면 64괘 속에는 효위, 괘명과 효사의 내용들을 결합하여 여러 가지 새로운 의미를 다채롭게 연역할 수 있는 구조를 만들어 놓고 있다는 것이다. 여기에서 효사는 단순한 고사(故事)나 점사(占事)만을 기록한 것이 아니라, 다양한 의미와 상황들을 새롭게 연역해 낼 수 있는 상징적 언어 체계이다.

만약 효사의 내용들을 단순한 역사적 기록이나 점사의 기록으로만 본다면 『주역』이 가지고 있는 본질적 특성으로서의 상징체계가 가진 함의는 크게 위축되어 후대의 다양한 해석은 기대하기 어려웠을 것이다.

다양한 의미와 내용들을 연역하는 방법은 대부분 서로 비슷하다. 즉 모든 괘의 괘명의 의미를 감안하는 동시에 각 효가 자리하고 있는 위치를 이용하여 괘가 가진 의미가 다른 상황 속에서 전개되어가는 방식을 통하여 의미의 연역을 보여주고 있다. 이런 점에서 현재 우리가 보는 통행본 『주역』에 보이는 많은 효사들은 단순히 점을 친 기록이라기보다는 편찬자 혹은 창작한 사람이 각 괘의 요지 · 효위 · 괘명을 배합하여 편집하거나 만든 것으로 보인다. 다시 말하면 『역경』의 모든 괘효사가 어떤 점서활동을 거친 후에 보존된 임의적인 기록이 아니라는 것이다. 이런 점은 『주역』의 효사 속에 괘명을 각 효 효사의 앞이나 뒤에 연결시켜 어떤 괘, 어떤 효를 해석하는 상징적 키워드로 만들어 놓고 있는 것에서 그 단서를 발견할 수 있다.

가) 괘명이 효사의 뒤에 놓인 경우(14괘)

괘명	효사
蒙卦	發蒙, 包蒙, 困蒙, 童蒙, 擊蒙
否卦	大人否, 休否, 傾否
謙卦	鳴謙(六二, 上六), 勞謙, 撝謙
豫卦	鳴豫, 盱豫, 由豫, 冥豫
蠱卦	幹父之蠱, 幹母之蠱, 裕父之蠱
臨卦	鹹臨, 甘臨, 至臨, 知臨, 敦臨
復卦	休復, 頻復, 獨復, 敦復, 迷復
頤卦	顚頤, 拂頤, 由頤
遯卦	系遯, 好遯, 嘉遯, 肥遯
家人卦	閑有家, 家人嗃嗃, 富家, 王假有家
蹇卦	往蹇(初六, 九三, 六四, 上六), 大蹇
升卦	允升, 升虛邑, 升階, 冥升
兌卦	和兌, 孚兌, 來兌, 商兌, 引兌
節卦	安節, 甘節, 苦節

도표7)

나) 괘명이 효사의 앞에 놓인 경우(16괘)

괘명	효　사
需卦	需於郊, 需於沙, 需於泥, 需於血, 需於酒食
比卦	比之自內, 比之匪人, 比之無首
同人卦	同人於門, 同人於宗, 五同人先號咷而後笑, 同人於郊
噬嗑卦	噬膚, 噬腊肉, 噬乾胏, 噬乾肉
剝卦	剝牀以足, 剝牀以辨, 剝之無咎, 剝牀以膚
鹹卦	鹹其拇, 鹹其腓, 鹹其股, 鹹其脢, 鹹其輔頰舌
明夷卦	明夷於飛, 夷於左股, 明夷於南狩
困卦	臀困於株木, 困於酒食, 困於石, 困於金車, 困於赤紱, 困於葛藟
井卦	井泥不食, 井穀射鮒, 井渫不食, 井甃, 井洌, 井收勿幕
鼎卦	鼎顚趾, 鼎有實, 鼎耳革, 鼎折足, 鼎黃耳, 鼎玉鉉
震卦	震來虩虩, 震來厲, 震蘇蘇, 震遂泥, 震往來厲, 震索索
漸卦	鴻漸於幹, 鴻漸於磐, 鴻漸於陸, 鴻漸於木, 鴻漸於陵
歸妹卦	歸妹以娣, 歸妹以須, 歸妹愆期
豐卦	豐其蔀, 豐其沛, 豐其屋
旅卦	旅瑣瑣, 旅卽次, 旅焚其次, 旅於處
渙卦	渙奔其機, 渙其躬, 渙其羣, 渙汗其大號, 渙其血去逖出

도표8)

다) 괘명이 효사의 앞에 있거나 뒤에도 있는 경우(4괘)

괘명	효　사
履卦	素履, 夬履, 履道, 履虎尾, 視履考祥
觀卦	童觀, 闚觀, 觀我生, 觀其生, 觀國之光
賁卦	賁其趾, 賁其須, 賁如濡如, 賁如皤如, 賁於丘園, 白賁
艮卦	艮其趾, 艮其腓, 艮其限, 艮其身, 艮其輔, 敦艮

도표9)

64괘 속에는 이미 효위를 배열하고 괘명을 이용하여 각종 새로운 의미를 연역해 내고 있다. 괘명을 각 효 효사의 앞과 뒤에 연결하여 효사 속에서 그 의미를 연역하는 경우는 앞의 도표에서 보았듯이 모두 34괘가 있다.[94] 이것은 64괘의 괘효사가 단순한 점사의 기록이 아니라 창작이나 창조적 편찬이라는 것을 보여주는 예이다.

이런 점으로 볼 때 『주역』 괘효사는 기존에 존재한 서사(筮辭)에다 역사 고사나 민가를 가공한 것, 어떤 부분들은 편찬자가 창작한 내용 등을 결합하여 하나로 정리 · 편찬하여 이루어진 것으로 보는 것이 옳을 것이다. 다시 말하면 결코 어떤 한 사람 혹은 한 시대의 산물이라고 할 수는 없을 것이다. 이 때문에 어떤 학자들은 이런 괘효사의 성질들을 분류하여 나누어 보기도 한다. 고형이나 이경지 등의 학자들은 이 문제에 대해 상세하게 분석하고 있다.

고형은 괘효사의 내용에 근거하여 괘효사를 기사지사(記事之辭), 취상지사(取象之辭), 설사지사(說事之辭), 단점지사(斷占之辭)의 네 가지 유형으로 나눈다.

기사지사(記事之辭)는 고대의 고사(故事)를 기록하고 길흉을 묻는 것으로, 두 가지로 나눌 수 있다. 그중 하나는 고대의 고사를 채용하는 것이고, 다른 하나는 당시의 서사(筮事)를 기록한 것이다.

취상지사(取象之辭)는 내용이 간단한 경우는 시가(詩歌)의 비흥(比興)[95]의 방법에 가깝고, 내용이 복잡한 경우에는 산문(散文)의 우언(寓言)과 비슷한 것으로, 하나의 사물을 가지고 와서 그것을 인간사의 문제에 대입하여 길흉을 드러내는 것이다. 고형은 여기에서 말하는 취상을 구체적 사물을 가지고 추상적 도리를 말하는 것으로 정의한다.[96]

설사지사(說事之辭)는 직접 인간의 행사(行事)를 이용하여 길흉을 드러내는 것을 말한다. 그 행사의 시비(是非)와 성패(成敗)는 바로 길흉의 원인 혹은 현상이 되기 때문에 그 자체로 길흉의 의미를 가지고 있다. 단점지사(斷占之辭)는 당연히 길흉을 판단하는 어구이다.[97]

이에 비해 이경지는 괘효사의 구조 특징에 근거하여 괘효사를 정조지사(貞兆之辭), 서사지사(敍事之辭), 상점지사(象占之辭)로 나누고 있다. 정조지사(貞兆之辭)는 점을 행할 때의 사(辭)와 사후의 기록으로 크게 나눌 수 있다. 서사지사(敍事之辭)는 여러 가지 다양한 이야기와 생활에 관한 부분들을 말하는 것들이다. 이경지는 서사지사는 대부분 주(周) 민족 초기의 사료에서 나온 것이라고 말한다. 전쟁이나 혼인 및 질병 등의 문제들에 대해 다루고 있다고 하는 것이 그 예이다. 상점지사(象占之辭)의 '상점'의 의미를 이경지는 사물의 변화나 드러난 현상을 보고 길흉을 점치는 것으로 말한다. 이것도 두 가지로 나눌 수 있다고 하는데, 하나는 일상생활 속에서 심상치 않은 일이 발생하였을 때 그것으로 길흉을 점치는 것이고, 다른 하나는 자연계의 변화나 천상의 변화를 통하여 인간사의 길흉을 점친 내용을 기록한 것이라고 한다. 이경지는 『주역』의 괘효사는 기본적으로 이 세 가지 서사(筮辭)로 구성되어 있다고 말한다.[98]

괘효상에 괘효사(卦爻辭)를 부가함으로써 『역』은 해석의 대상과 범위에서 혁명적인 변화를 겪게 된다. 즉 점단(占斷) 해석과 역사 고사 및 민간 가요는 본래 64괘를 해석하는 주체 혹은 해석자였지만, 그것들이 오히려 『역』의 본문 내용이 된 후에 그것은 마침내 『역』 본문의 해석 대상이 되어 버린다. 즉 이전의 해석자 혹은 해석의 주체가 지금은 해석의 대상으로 전환되었다는 말이다. 이런 변화는 『역』의 해석을 더욱 다양한 관점에서 다시 새롭게 해석할 수 있는 계기를 제공한다.

3. 효제(爻題)의 출현과 음양을 통한 해석의 가능성

통행본 『주역』 64괘의 괘의 효사 앞에는 모두 초구, 초육, 구이, 육이, 구삼, 육삼, 구사, 육사, 구오, 육오, 상구, 상육 등의 숫자식의 조합이 있다. 이에 대해 고형은 처음으로 명확하게 '효제(爻題)'라는 명칭을 이야기하였고, 지금은 학계에서 이를 보편적으로 받아들이고 있다.

효제는 효의 이름으로 효칭(爻稱) 또는 효명(爻名)이라고도 말하는데 여섯 효의 아래 위의 자리 이름을 말한다. 효제는 바로 괘 속의 효에 대한 지칭이다. 효제는 효성(爻性)을 표현한 하나의 수자 부호(육 또는 구)와 효위(爻位)를 표현한 문자부호(초初, 이二, 삼三, 사四, 오五, 상上)가 연결되어 이루어진 것이다. 즉 양의 효 즉 '⚊'는 '구(九)'라고 하고, 음의 효인 '⚋'는 '육(六)'이라고 부르는데 이것은 효의 성질인 효성을 의미한다. 여기에서 '구'와 '육'은 그 효의 성질을 말하는데 효위의 한 글자와 효성의 한 글자를 결합한 것이 바로 효제이다.[99]

예를 들면 기제괘(旣濟卦)의 가장 아래의 자리에 있는 효는 초구(初九)가 되고, 세 번째의 효는 구삼(九三)이 된다. 하나 더 예를 들면 미제괘(未濟卦)의 가장 아래의 효는 초육(初六)이고 세 번째의 효는 육삼(六三)이 된다. 기제괘와 미제괘를 예로 들어 설명하면 다음과 같다.

기제괘(旣濟卦) 미제괘(未濟卦)

도표10)

가장 아래에 있는 효를 초(初)라고 한다면 제일 위의 효는 종(終)이 되어야 하는데 왜 상(上)이라고 하는가? 혹은 제일 위의 효가 상(上)이라면 제일 아래의 효는 하(下)가 되어야 하는데 왜 '초(初)'라고 하는가? 여기에는 나름대로의 철학적 의미가 들어있는 것으로 보인다. 초(初)는 시생(始生)의 의미로서 시간의 의미를 함유하고 있고, 상(上)의 의미는 가장 높은 위로서 공간적인 면을 이야기하고 있다. 6효의 변화는 한편으로는 시간을 이야기하고 또 다른 한편으로는 공간을 이야기하고 있다. 그러므로 6효는 만물의 시공 중에서의 6가지 변화를 상징하여 시공의 불가분성을 상징하고 있는 것으로 보인다.

『역』에는 본래 효제가 없었다. 『좌전』과 『국어』에 보이는 서례들을 살펴보면 구(九)와 육(六)이라는 말은 보이지 않는다. 그들이 효제를 말하지 않았다는 것은 이 시기에 효 자체가 독립되지 못하여 이름을 가지지 못한 것으로 보인다. 그러므로 구와 육 두 글자가 삽입된 것은 분명히 전국(戰國) 말이나 진한(秦漢) 사이에 사용된 것으로 보인다.

『좌전』과 『국어』 등에 기재된 22항의 서례에는 효제의 사용기록이 없다. 현존하는 춘추시기 문헌자료에는 효제를 찾을 수가 없는데, 그 원인을 따져보면 효제는 춘추시기에는 아직 생기지 않았다는 것을 말하는 것으로 보인다. 『좌전』과 『국어』에 점친 일을 기록할 때는 모두 "우모괘지모괘(遇某卦之某卦)"로 표시한다. 이를 볼 때 이 시기에는 아직 효제를 사용하지 않았던 것으로 보인다. 『좌전』 소공 29년에 인용된 문장에 "건지구(乾之姤)"라는 것은 바로 건의 초구이고, "건지동인(乾之同人)"은 바로 건의 구이를 말한다. 종합해서 말하면, 『좌전』과 『국어』에 인용된 『주역』의 점서 사례에는 효제가 출현하지 않는다.

예를 들면 『좌전』에 다음과 같은 말이 나온다.

남괴가 배반하려고 하여 서점을 쳐서 곤지비(坤之比)를 얻었다. "누런 치마라면 크게 길하리라(黃裳元吉)"라고 하니 그는 그것을 매우 길한 것이라고 생각하고 자복혜백에게 보이고는 "내가 무슨 일을 도모하려고 하는데 어떻겠는가?" 하고 물었다. 그러자 혜백은 "내가 일찍이 배웠는데 충성되고 신의 있는 일은 좋지만, 그렇지 않으면 실패할 것이다"100)라고 하였다.

위에서 말하는 "누런 치마라면 크게 길하리라(黃裳元吉)"라는 말은 곤괘(坤卦) 육오 효사의 말인데 "우곤지육오(遇坤之六五)"라고 말하지 않고 "우곤지비(遇坤之比)"라고 말한다. 이로 보면 이 시기에는 아직 효제가 사용되지 않았던 것으로 보인다. 앞에서 인용한 아래의 문장에서도 효제가 발견되지 않는 경우이다.

(진환공陳桓公의 아들인) 진려공(陳厲公)은 채(蔡)나라 공주가 낳은 자식이다. 그래서 채나라 사람이 오보(五父)를 죽이고 그를 진려공으로 옹립했다. 진려공은 경중(敬仲)을 낳았는데, 경중이 어렸을 때 주나라 조정의 태사가 『주역』을 가지고 진려공을 뵙자 진려공이 그에게 점을 치도록 하였다. 점친 결과 관괘(觀卦)와 지괘(之卦)인 비괘(否卦)를 얻자 그는 다음과 같이 설명했다. "이는 '나라의 빛남을 봄이니, 왕의 손님이 됨이 이롭다'는 것을 일컫는 말이니, 그는 진(陳)나라를 대신해 나라를 갖게 될 것입니다."101)

위의 인용문에서 말하는 "나라의 빛남을 봄이니, 왕의 손님이 됨이 이롭다(觀國之光, 利用賓於王)"라는 말은 관괘(觀卦)의 육사 효사에서 나온 말이다. 그러나 "우관지육사(遇觀之六四)"라고 말하지 않는 것으로 보면 이 시기에도 여전히 효제가 사용되지 않았다.

진문공(晉文公)이 (정鄭나라로 망명한 주양왕周襄王을 다시 주周 왕실로 모시려는 일을 복언卜偃에게) 점치도록 하여 대유괘(大有卦)가 규괘(睽卦)로 변하는 점괘를 얻었다. 이에 복언(卜偃)이 말하기를 "길합니다. 왕공이 천자에게 조공을 바친다는 괘를 만났습니다. 전쟁에서 이기고 왕이 잔치를 베풀어 대접하니 이보다 더 길한 일이 있겠습니까? 또한 이 괘는 하늘이 연못으로 변하여 해를 맞이하는 것으로, 이는 천자가 마음을 낮춰 제후를 맞이함이니 좋은 일이 아니겠습니까?"라고 하였다.102)

이 문장은 "우대유괘지규괘(遇大有卦之睽卦)"로 본괘인 대유괘가 지괘인 규괘로 변한 것을 말한다. 그러나 "어떤 괘 어떤 효"가 변효(變爻)인지를 말하고 있지 않다. 여기에서 점단의 대상은 대유괘 구삼의 "왕공이 천자에게 조공을 바친다(公用亨於天子)"는 말이다. 그러나 여기에서도 여전히 효제는 발견되지 않고 있다.

앞에서 말한 것처럼, 『좌전』과 『국어』에 기록되어 있는 서법은 전후 서로 연결되는 두 가지 법칙을 포함하고 있는데 그것은 바로 성괘(成卦)와 변괘(變卦)의 법칙이다. 성괘법(成卦法)은 점서를 통하여 얻은 괘를 확정하는 데 사용되는데 이런 괘를 일러서 본괘(本卦)라고 한다. 변괘법(變卦法)은 설시(揲蓍)하여 얻은 구(九)와 육(六)을 칠(七)과 팔(八)로 바꾸어서 새로운 괘를 만드는 것으로 이것을 지괘(之卦)라고 한다. 만약 본괘를 'A'로 표시하고 지괘를 'B'로 표시할 경우 이 구형(句形)의 형식은 "A 之 B"로 표현할 수 있다.

『좌전』과 『국어』 중의 점서는 모두 이러한 구형의 형식을 이용하고 있는 것으로 보인다. 참고로 『좌전』에 보이는 "A 之 B"의 정효(定爻) 기능을 통하여 그것이 지칭하는 효제를 살펴보면 아래와 같은 등식을 만들어낼 수 있다.

『좌전』 莊公22年: 《觀》之《否》=《觀 · 六四》

『좌전』 閔公元年: 《屯》之《比》=《屯 · 初九》

『좌전』 閔公02年: 《大有》之《乾》=《大有 · 六五》

『좌전』 僖公05年: 《歸妹》之《睽》=《歸妹 · 上六》

『좌전』 僖公25年: 《大有》之《睽》=《大有 · 九三》

『좌전』 宣公06年: 《豊》之《離》=《豊 · 上六》

『좌전』 宣公22年: 《師》之《臨》=《師 · 初六》

『좌전』 襄公25年: 《困》之《大過》=《困 · 六三》

『좌전』 襄公28年: 《復》之《頤》=《復 · 上六》

『좌전』 昭公05年: 《明夷》之《謙》=《明夷 · 初九》

『좌전』 昭公07年: 《屯》之《比》=《屯 · 初九》

『좌전』 昭公12年: 《坤》之《比》=《坤 · 六五》

『좌전』 昭公29年: 《乾》之《姤》=《乾 · 初九》

《乾》之《同人》=《乾 · 九二》

《乾》之《大有》=《乾 · 九五》

《乾》之《夬》=《乾 · 上九》

《坤》之《剝》=《坤 · 上六》

『좌전』 哀公09年: 《泰》之《需》=《泰 · 六五》

위에서 열거한 예들은 효제가 없는 상황에서 일효(一爻) 변괘(變卦) 형식의 진술은 확실히 효제가 가지고 있는 꼭 같은 기능을 갖추고 있는 것으로 보인다. 이 때문에 『좌전』과 『국어』 속의 변괘 형식은 거의 대부분 일효 변괘에 관한 것이고, 그 정효(定爻) 기능과 효제는 서로 동일하기 때문에 위의 등식을 만들어낼 수 있는 것이다.

『역』 텍스트에 아직 효제가 없었을 때, 지괘(之卦)를 만들기 위한 정효는 필수적이다. 즉 본괘와 지괘를 대비하면 본괘 속의 효를 발견할 수 있고, 지괘 속에는 어떠한 변화가 발생하게 된다. 만약 본괘 속의 변화한 효가 단지 하나가 아니라면, 점서는 곧 자기들끼리 모순된 국면이 나타날 수 있는데, 이때의 점서는 바로 중지하고, 다시 새롭게 점쳐야 한다. 말하자면 본괘가 변한 효가 오직 하나라야만 한다는 것이다. 그러므로 『좌전』·『국어』 속의 변괘 형식은 대부분 일효 변괘에 관한 것이다.103)

"A 之 B"의 일효 변괘로 정효를 하는 구조는 전국시기에 이르면 사라지게 된다. 마왕퇴 백서와 상박 전국 초죽서 『주역』 텍스트에 이미 효제가 출현하고, 통행본 『주역』「계사전」 등의 『역전』에 효제가 보인다. 이런 점에서 보자면, 효제는 대체로 주대(周代) 말엽인 전국 후기에 발생했을 가능성이 크다. 이에 대해 고형은 "그러므로 『주역』의 효제를 말하는 것은 아마도 주대 말엽의 사람들이 덧붙인 것으로 볼 수 있다. 『주역』은 처음에 효제가 없고 모든 괘중의 각 효와 효사 사이에는 빈틈이 있었는데, 주대 후기 사람들이 효제를 덧붙여 각 효의 효위와 효성을 표시하였다. 이것은 『주역』의 조직이라는 점에서 하나의 큰 진보이다"104)라고 하였다.

효제가 출현한 연대에 대해서 이경지는 고형과는 또 다른 견해를 가지고 있다. 그는 "64괘 중에서 모든 괘획은 여섯 항을 가지고 있는데, 각각의 항을 일효로 부른다. 각각의 효에 명칭이 없으면 이야기하기에 매우 불편하기 때문에, 대체로 한대 사람들이 『역전』을 편찬할 때에 각 효의 위치·성질에 근거하여 초구나 육사 등의 호칭을 붙였다."105)고 하였다.

이런 효제의 출현 시기에 대한 논란은 많다. 통행본 『역전』을 통해 보면 비교적 일찍 형성된 「설괘전」·「잡괘전」·「서괘전」·「대상전(大象傳)」에서 「단전」에 이르기까지 모두 효제가 보이지 않는다. 그러나 「문언전」

·「소상전(小象傳)」·「계사전」에는 효제가 보인다.「계사전」은『주역』을 총괄적으로 분석하고 또 형이상학적인 관점에 대해서도 말하고 있는데, 이것은 아마도「문언전」과「소상전」이후의 작품으로 보인다. 이 때문에 효제가『주역』을 증보(增補)한 것은 아마도「단전」이후「문언전」과「소상전」이전으로 보아야 할 것이다.

효제의 출현 시기에 대한 논란은 많지만 상박 전국 초죽서『주역』과 백서『주역』의 출현으로 이 문제는 어느 정도 해결되고 있다. 상박 전국 초죽서『주역』과 백서『주역』에는 효제가 모두 보인다. 백서『주역』은 64괘가 거의 완전하게 보존되어 있고, 모든 괘의 효에는 수자식 효제가 있다. 아래에서부터 위로 올라가는 순서에 따르면 양효의 효제는 각각 초구·구이·구삼·구사·구오·상구(尙九)이고, 음효의 효제는 초육·육이·육삼·육사·육오·상육(尙六)이다. 숭상할 상(尙)은 윗 상(上)자와 통하는데, 이것은 백서『주역』의 효제가 통행본『주역』과 같다는 것을 의미한다.

예를 들어 환괘(渙卦)의 여러 효는 아래로부터 위의 순서대로 말하면 음·양·음·음·양·양이고, 백서『주역』에서 환괘의 효제는 각각 초육·구이·육삼·육사·구오·상구이다. 그 후에 1977년 안휘성(安徽省) 부양(阜陽) 한간『주역』이 발굴되었다. 이 자료는 대체로 기원전 165년에 하장(下葬)한 것으로 보인다. 부양 한간『주역』의 잔편(殘編)에 보이는 효제는 통행본『주역』과 완전히 같다. 이런 두 가지 출토『주역』본을 통하여 알 수 있는 것은 적어도 한초(漢初) 내지 그 이전에『주역』의 수자식 효제가 이미 확립되었음을 말해준다고 할 수 있다.106)

백서『주역』이나 한간『주역』등의 자료들은 이경지나 의고파들이 주장하는 '효제는『역전』을 편찬한 한대 유가들의 손에서 나왔다'는 관점을 완벽하게 반격하기에는 부족하다. 여기에서 이런 문제를 분명하게 해결해 주는 것이 바로 초죽서 『주역』의 발견이다. 초죽서 『주역』의 효제를 예로 들어보면, 아래에서부터 위로 올라가는 순서에 따라 모든 양효는 각각 초구 · 구이 · 구정(九晶) · 구사 · 구오 · 상구이다. 음효는 각각 초육 · 육이 · 육정(六晶) · 육사 · 육오 · 상육으로 되어 있다. 예를 들면, 환괘(渙卦)의 여러 효를 아래에서 위로 순서대로 말하면 음 · 양 · 음 · 음 · 양 · 양이며, 초죽서 『주역』의 환괘 효제는 각각 초육 · 육이 · 육정 · 육사 · 구오 · 상구이다.[107] 다시 대유괘(大有卦)의 효를 아래에서부터 위로 순서대로 하면 양 · 양 · 양 · 양 · 음 · 양이고, 초죽서 『주역』 중에는 대유괘의 효제는 각각 초구 · 구이 · 구정 · 구사 · 육오 · 상구이다.[108]

정(晶)은 삼(三)으로 쓸 수 있다. 백서 『주역』, 한간 『주역』과 통행본 『주역』은 모두 '삼'으로 쓰고 있으나 초죽서 『주역』은 '정'으로 쓰고 있다. 이것은 갑골문의 자형과 같다.[109] 초죽서 『주역』 중의 '삼'자는 모두 '정'으로 쓰고 있는데 갑골문의 '정'의 글자 형태와 거의 같다. 갑골문과 간문(簡文)에서 '정'은 삼의 뜻이다.[110] 이것으로 보면, 구정은 바로 구삼이고, 육정은 바로 육삼으로, 전국 후기 『주역』 텍스트 중의 하나인 초죽서 『주역』은 이미 완전히 통행본 『주역』과 서로 같은 수자식 효제를 가지고 있다. 이것은 고형이 효제가 주나라 후기 사람들이 붙인 것이라고 하는 단언이 틀린 것이 아님을 증명하고 있다.

또 초죽서 『주역』의 정리자인 복모좌(濮茅左)는 "초죽서 『주역』은 구 · 육을 말하는 것을 증명했는데, 선진 시대에 확실히 이미 존재하였다"[111]라고 하였다. 이러 관점에서 보면 수자식 효제가 출현한 연대의 하한선은 적어도 전국 후기이고, 그것이 출현한 연대의 상한선은 전국 중기이거나 이보다 더 빠를 수가 있다.[112]

앞에서 고형이 효제의 발생은 『주역』 구조상의 일대 변혁이라고 말했듯이, 어떤 학자는 심지어 효제의 발생을 점서(占筮) 『주역』과 철학적

『주역』의 분계(分界)를 의미하는 것으로 보기도 한다.[113] 이 말은 나름대로 충분한 근거가 있는 말이다. 점서 『주역』에서 철학적 『주역』으로 변화되었다는 사실은 결코 간단한 이야기가 아니다. 구조적인 면에서 뚜렷한 징표는 효제가 『주역』의 텍스트 속에서 분명한 지위를 가지게 되면서 『주역』은 더 이상 점서에 종속되지 않고, 점서에서 벗어나 완전히 독립 자주적인 해석이 가능한 철학적 텍스트로 전환될 수 있었다는 것이다.

효제가 효획(爻畫)과 효사(爻辭) 구절을 지칭하는 정효(定爻)의 기능을 가지고 있다는 사실은 마치 사람이 자신의 이름을 가지게 되고 그 이름이 바로 그 사람을 지칭하는 것과 같은 것이다. 예컨대 어떤 사람이 자신의 이름을 가지면서 한 명의 독립적인 개체로 되는 것과 같다. 효제는 효획과 그 대응하는 효사에 대한 지칭으로, 그것이 가지고 있는 기본적인 기능은 구체적인 하나의 효를 지칭하여 다른 효와 구별하는 것에 있다. 이러한 기능은 오늘날의 관점에서 보면 별것 아닌 것으로 보일 수도 있다. 그러나 사실 여기에는 매우 깊은 문화적 함의가 숨어있다.[114]

효의 이름이 없다가 효제가 생기게 되면서 『주역』에 대한 해석의 지평 역시 엄청나게 전환된다. 예를 들면 관례(冠禮)를 치르고 어른이 되면서 새로 지은 이름인 관명(冠名)은 어떤 사람을 직접 지칭하는 방법이다. 그러나 이것이 유일한 지칭 방법은 아니다. 지칭은 또한 간접적 형식을 취할 수도 있다. 예를 들면 "누구의 부인, 누구의 동생" 등이다. 그러나 이런 간접적인 지칭 방법은 쉽게 '누구'에 의부(依附)하여 모두 '누구'의 존재에 종속될 가능성이 크다. 이런 의부관계가 바로 효제가 출현하기 이전 『주역』 본문의 현실이고 그것은 서법의 중개를 통하여 비로소 해석된다. 이런 상황은 『역전』의 발생 이전까지 지속되었다.[115]

점서 『주역』은 "A 之 B"의 형식으로 효를 정하여 『주역』 본문의 어떤 괘 어떤 효로 해석해야하는지를 결정한다. 여기에서 『주역』의 본문은 점서에 의지하여 존재하는 것으로 효제가 필요 없는 점서의 도구일 뿐이다. 점서의 "A 之 B" 형식을 통하지 않고 『주역』의 효나 효사를 칭하는 것은 실제상으로 거의 불가능하다. 『주역』이 점치는 책이라는 성질을 벗어나서 직접 해석의 대상이 되기 위해서 효제가 요청되는 것이다. 만약 효제가 있으면 주역의 해석지평은 완전히 달라진다.

"A 之 B"의 괘명을 주체로 하는 문자식 효제를 거쳐서 구와 육을 주체로 하는 수자식(數字式) 효제의 변천이 가지고 온 가장 큰 변화는 괘효 형식이 상징적 부호 체계로 전환하게 된다는 점이다. 수자식 효제를 사용할 경우 『주역』의 어떠한 구문에 대해서도 직접 그것을 지칭하여 해석할 수 있다. 이런 상황에서 『주역』은 점차적으로 점서로부터 완전히 자유로운 하나의 철학적 텍스트가 된다. 동시에 『주역』이 가진 내함은 철학적 해석에 의해서 파악되는 철학적 전적(典籍)이 되어 최종적으로는 술(術)에서 학(學)으로의 도약을 실현하도록 만들어 준다.116)

효제가 『주역』의 텍스트 속에서 분명한 지위를 가지게 되고 독립적인 개체로 된다는 의미는 『주역』 구조상의 일대 변혁일 뿐만 아니라 해석상에 있어서도 큰 변화를 가져오게 된다. 다시 말하면 효제가 『주역』 본문의 독립적인 구조적 요소가 될 경우, 『주역』은 직접적 해석 대상이 될 수 있다. 효제가 『주역』 본문의 독립적인 구조적 요소가 된다는 말은 괘획은 더 이상 점서할 때의 분명치 않은 전체가 아니라 각종 분해가 가능한 대상이 된다는 의미이다. 전체가 다양한 부품으로 분해됨으로써 그 구조를 구성하고 있는 부품들은 각자의 독립성을 가지게 된다. 여기에서 괘를 구성하고 있는 각각의 효가 독립성을 가진다는 의미는 자신만의 주체적인 언어체계를 지닌 철학적 구성 요소가 된다는 말이다.117) 말하자면 그냥 단순히 있는 것이 아니라, 세상의 모든 도리를 다 담아낼 수 있는 하나의 상징 부호의 자격으로 존재할 수 있게 됨을 의미한다.

효의 개체로서의 독립을 의미하는 효제의 발생은 『주역』을 점서에서 완전하게 벗어나 철학적 성격을 지니는 책으로 변하게 만든다. 『주역』 텍스트 자체로 말하면 효제가 본문에 들어간 것은 바로 점서 『주역』이 철학적 『주역』으로 변하게 되는 하나의 계기를 제공해 준 것이라고 할 수 있다. 『주역』은 효제를 가지게 되면서 완전히 독립 자주적인 텍스트가 되고 더 이상 점서의 명을 따르지 않게 되며 또한 각각의 효는 분명한 자신의 호칭을 가질 수 있게 되는 것이다. 이 조그마한 변화가 본질의 변화를 만드는 것은 결코 흔한 일은 아니다.[118]

효제의 발생으로 말미암아 효의 이름을 구체적으로 지칭하는 정효의 기능을 가지게 되었다는 점 이외에 음양을 통한 철학적 해석 가능성이 생겼다는 점에 주목할 필요가 있다. 즉 효제는 효획과 음양을 상징하는 구(九)와 육(六)을 결합하도록 하여 '⚊'과 '⚋'의 형식이 역학 속에서 완전히 자리잡게 만들었다. 이로부터 효획 '⚊'과 '⚋'은 음양의 의미를 담고 있는 상징적 부호로 변하면서 괘상과 괘획은 모두 음양의 의미적 복합체로 변하게 된다. 이런 음양체계의 결합은 『주역』 본문의 성질을 철저하게 변화시키고 '⚊'과 '⚋' 부호는 음양을 상(象)으로 삼는 상징적 체계로 변화하게 된다. 여기에서 "일음일양지위도(一陰一陽之謂道)"라는 형이상학적 명제를 만들어내는 것이다.

원래 『주역』의 두 가지 기본 효획에는 구와 육의 호칭이 없었다. 물론 앞에서 말한 것처럼 구와 육은 음양을 표현하는 것이지만, 그러면 왜 6과 8은 사용하지 않는가? 여기에서 『주역』의 서점이 가지고 있는 특징이 나온다. 그것은 바로 동(動)과 변(變)을 점치기 위해서이다. 움직임[動]을 점치거나 혹은 변화[變]를 점치는 서법의 규칙은 『주역』의 두 가지 기본 효획인 구와 육의 전단계이다. 우선 서(筮)는 수(數)의 기우(奇偶)의 구별에 근거하여 효를 정하고 괘를 만든다. 『주역』의 8괘와 64괘 체계는 사실상 이로부터 형성된다.

『주역』의 서법이 동과 변을 점치는 데 초점이 있다면, 부동(不動) 혹은 불변(不變)은 『주역』의 서법과 다른 『연산(連山)』이나 『귀장(歸藏)』의 점법이라고 말한다. 예를 들면 정현(鄭玄)은 『주역건착도(周易乾鑿度)』 권상(卷上) 주(注)에서 말하기를 "계사전에서 말하기를 효는 천하의 움직임을 본받는 것이라고 하였다. 그러나 『연산』과 『귀장』은 단(彖)을 점치는데 그 질성(質性)에 근본하고 있다. 『주역』은 변화를 점치는 것으로 그 흘러 움직이는 것을 본받는다"[119]고 하였다. 즉 점서에는 두 가지 계통이 있었던 것으로 보인다.

현존하는 자료로 보면 『연산』이나 『귀장』의 서법과 『주역』의 서법은 다르다. 그 다른 점은 『연산』과 『귀장』은 7과 8을 점치고, 『주역』은 9와 6을 점치는 점에서 다르다. 위의 『주역건착도』에서 말하는 '단(彖)'을 정현은 같은 곳에서 "단이라는 것은 효의 변동하지 않음을 말한다(彖者爻之不變動者)"라고 하였다. 즉 『연산』과 『귀장』은 불변(不變)을 점치고 『주역』은 변(變)을 점친다는 것이다. 『주역』이 변과 동을 점친다는 것은 분명하다. 역이라는 것은 변역(變易)이고, 변역은 『주역』의 첫 번째 뜻이다. 변역의 뜻은 괘로부터 드러나는데 즉 괘가 변역을 드러내기 때문에 효도 동변(動變)하는 것이다. 이 때문에 효는 변역의 최종적인 증거이다.

『주역』이 대연서법(大衍筮法)을 정통적인 서법으로 인정한 이후 효획의 9와 6이 출현한 것으로 보인다. 효획 9와 6의 칭위(稱謂)가 출현한 것은 결코 통행본 『주역』 64괘의 탄생과 시기를 같이 하는 것은 아니다. 우선 동을 점치거나 혹은 변을 점치는 서법의 규칙은 『주역』의 두 가지 기본적인 효획인 9와 6과 관련이 있다. 즉 서법은 수의 기우의 구별에 근거하여 효를 정하고 괘를 만든다. 『주역』의 8괘와 64괘 체계는 이로부터 형성된다.

대연서법의 점법에 따라 모두 9, 8, 7, 6의 네 가지 정효의 수를 얻게 되는데 9와 6은 음양의 노(老)를 표현하고, 7과 8은 각각 소양(少陽)과 소음(少陰)을 표현한다. 노는 변하고 소(少)는 불변한다는 것은 9와 6은 동변(動變)의 효이고, 7과 8의 효는 부동과 불변의 효라는 말이다. 그러나 서점의 최종 목표는 점단(占斷)을 드러내는 데 있다. 점단을 파악하기 위해 대연서법은 동변을 이용한다. 동변은 바로 길흉회린(吉凶悔吝)의 기미(幾微)를 표시하는데 오직 9와 6의 효가 있어야 비로소 이런 길흉회린의 기미를 드러낼 수 있다. 『주역』이 동을 점치고 변을 점치는 이유는 바로 동변지효(動變之爻)가 함축하고 있는 길흉회린의 기미에 있다.[120]

역학에서 처음부터 '⚊'을 양효라 하고 '⚋'을 음효라고 불렀던 것은 결코 아니다. 처음부터 『역경』에는 효제가 없었고 '⚊'을 양효로 칭하고 '⚋'을 음효로 칭하는 것은 『역전』 발생 이후의 일이다. 『주역』에는 음양개념이 없었고, 『좌전』과 『국어』의 서례에도 음양개념이 없었으며, 비교적 일찍이 발생한 『역전』 전기의 「설괘전」·「잡괘전」·「서괘전」·「대상전」에도 음양개념은 보이지 않는다. 음양개념이 우선적으로 독자적인 발전을 한 것은 인간과 자연 대상의 기본 관계에서 발생한 것으로 역학과는 본래 무관하다.

『주역』 본문이 효제를 증보하여 음양 개념을 받아들였다는 것은 『주역』이라는 구조에 새로운 논리적 기점을 제공한 것이라고 할 수 있다. 『주역』은 이로부터 새로운 이론 기초를 가지게 된다. 언뜻 보기에는 역학에서 효제가 일으킨 변화가 별것 아닌 것으로 보일 수 있지만, 효제의 출현은 『주역』이 점서에서 철학적인 책으로 변하는 매우 중요한 판단기준이 된다.

효제는 우선 서법의 무장(武裝)을 해제하고 『주역』을 이용하여 철학적

이치를 말하는 방편으로 사용된다. 또한 효제의 형성은 음양개념이 『주역』 본문에 완전히 정착할 수 있도록 기회를 제공한다. 역학은 이 때문에 형이상학적 측면을 얻게 되고 세계를 관조하는 데 있어서 음양 혹은 '⚊'과 '⚋'의 전개를 통하여 '태극 - 양의 - 사상 - 팔괘'라는 체계를 만들어내는 것이다.[121] 여기에서 『주역』은 더 이상 점서의 단계에만 머무르지 않고 8괘 취상이라는 철학적 해석의 단계로 도약할 수 있는 것이다. 이 문제는 제 5장에서 구체적으로 다룰 예정이다.

4. 점단사(占斷辭)에 보이는 인문주의적 요소

물론 한계를 가지고 있지만, 귀복점의 점단 해석에 비하면 서점(筮占)의 점단 해석은 분명히 더 많은 발전과 진보를 하고 있고, 특히 인간 자율성의 범위가 더 넓어졌다는 점에 대해서 앞에서 이미 이야기하였다. 즉 귀복점이 문점(問占)하려는 것은 맞다[是]와 아니다[非] 혹은 길과 흉의 간단한 이원(二元)의 대립인 일종의 배중률(排中律)의 형식이었다.

이에 비해 서점의 점단 해석에는 단순한 길이나 흉 이외에 회(悔) · 린(吝) · 구(咎) · 무구(無咎) · 리(利) 등 단점지사가 더 추가되어 있다. 단순한 이원 대립이 아니라 이 속에는 보다 더 많은 인간의 자주적 판단이나 주체적 노력의 여지와 공간이 훨씬 더 넓어져 있다. 말하자면 점친 괘가 비록 흉하다는 점단의 경우에도 점을 묻는 자의 자아반성 혹은 경계(警戒)를 통하여 화를 복으로 바꾸고 흉을 길로 바꿀 수 있는 가능성을 분명히 말하고 있다. 이런 인간의 자아반성이나 주체적 덕을 강조하는 사유가 침투함에 따라 점서역학 속에는 단순한 취길피흉의 문제만이 아니라 인문정신과 관련되는 철학적 내용들이 점차 부각되기 시작한다.

길 · 흉 · 회 · 린 · 무구 · 리라는 것은 괘사와 효사의 좋고 나쁨을 말해주는 점단사이다. 점단사, 즉 단점지사는 사람들에게 무엇이 길한 것이고, 무엇이 흉한 것인가를 깨우쳐 주는 말이다. 길과 흉한 것을 보여주어 사람들로 하여금 무엇을 하여야 옳은지 그른지를 깨닫게 해준다. 여기에는 인생의 지혜가 내포되어 있고, 풍부한 인문주의적 교훈과 도덕적 함의가 스며들어 있다.

『주역』의 64괘 중 관괘(觀卦)를 제외하고는 모든 괘에서 길과 흉이란 글자가 보인다. 이것은 바로 『주역』의 목적이 취길피흉에 대한 관심에서 나온 것임을 말해주는 것이라고 할 수 있다. 『주역』에서 말하는 점단사가 당연히 위에서 말하는 여섯 개에만 한정된다는 말은 아니다. 이외에 또한 '려(厲), 이유유왕(利有攸往), 불리유유왕(不利有攸往), 이섭대천(利涉大川), 불리섭대천(不利涉大川), 무유리(無攸利), 무불리(無不利)' 등의 판단사들이 있는데, 더 세분화되어 정도의 차이가 있다. 예를 들면 '원길(元吉), 종길(終吉), 소사길(小事吉), 종길(終凶), 회망(悔亡), 소린(小吝), 무대구(無大咎)' 등도 있다.[122] 이처럼 많은 점단사들이 있으나 이 중에서 분명히 파악하고 있어야 할 것들은 역시 길 · 흉 · 회 · 린 · 무구 등의 다섯 가지이다. 이런 점단어 혹은 점단사들이 어떤 의미를 가지고 있는 것인가에 대해 「계사전」은 분명하게 말하고 있다.

> 길 · 흉 · 회 · 린은 움직이는 데서(변동에서) 생기는 것이고[123]

> 이 때문에 역은 상(상징)이니, 상이라는 것은 (이치를 비슷하게) 본뜨는 것이오, 단(彖)이라는 것은 재질을 말하고, 효라는 것은 천하의 움직임을 본받는 것이니, 이 때문에 길흉이 생기고 회린(悔吝)이 드러난다.[124]

'움직임[動]'은 변동(變動)의 뜻을 의미한다. 모든 괘의 여섯 효는 천하의 사물이 움직이는 것을 본받아서 변화하고 움직인다는 의미이다. 이 말에 대해 이광지(李光地)는 『주역절중(周易折中)』에서 호원(胡瑗)의 말을 인용하여 "효에는 변동이 있고 위에는 득실이 있다. 변하여서 도에 합치하면 득(得)이고 움직여서 이치에 어긋나면 실(失)이다. 인간사의 참됨과 거짓, 물리적인 시비(是非)는 모두 6효 속에 있기 때문에 천하의 움직임을 본 딴 것이라고 하는 것이다"125)라고 하였다. 괘 속에서의 효의 움직임과 추이는 천하 만물이 어떻게 움직이고 추이하는가 하는 것을 본뜨고 있다. 즉 길 · 흉 · 회 · 린이 생겨나오는 근본적인 이유는 변화하는 세계와 관련이 있다는 말이다.

이른바 단(彖) · 상(象) · 효(爻) 등은 이런 변화하는 세계와 변화의 도를 표현하는 것이고, 인간은 이런 것을 통하여 변화하는 상황(즉 길 · 흉 · 회 · 린 등의 차별상)을 파악할 수 있게 된다. 이런 관점에서 보면 음양의 변화가 자연스럽게 조화하여 순응하는 것을 '길'로 보고 있고, 이에 비해 어긋나서 서로 조화하지 못하게 되는 것을 일러 '흉'으로 보는 것 같다.

위의 「계사전」에서 인용한 '드러난다[著]'는 말은 '출현'이라는 말과 의미가 비슷하다. 행동하면 득실이 있기 때문에 길흉이 생긴다. 또 행동에는 자그마한 하자(瑕疵)가 생기기 때문에 회와 린이 드러나는 것이다. 길흉은 이미 결과가 드러난 것이므로 '생(生)'이라 하였고 회와 린은 아직 구체적으로 드러나지 않고 마음속에 있는 것이므로 '나타난다[著]'라고 하였다. 서로 조화하고 따라가지 못하면 많게 혹은 적게 서로 해치게 되는데, 이것이 바로 '회'이고 '린'이다.126) 「계사전」에서는 다음과 같이 말하고 있다.

변하고 움직이는 것은 이로움으로써 말하고 길흉은 사물의 정황에

> 옮겨간다. 이 때문에 사랑하는 것과 미워하는 것이 서로 부딪혀서 길흉이 생기고, 먼 것과 가까운 것이 서로 취하기 때문에 뉘우칠 일이나 부끄러움을 당할 일이 생기며, 참과 거짓이 서로 교감하여 이로움과 해로움이 생기니 무릇 역이 깨우쳐 주는 상태가 가까이 있는데도 서로 어울리지 못하면 흉하거나 혹은 해로우며, 뉘우치게 되고 또 부끄럽게 된다.127)

역의 변화는 이로움을 원하고 해로움을 피하는 데 초점이 있기 때문에 여기에서는 특별히 '리(利)'자에 대해 설명하고 있다. 길흉의 결과는 대부분 효위 관계가 반영하는 변화나 괘효사에 근거해서 정해지거나, 상징하고 있는 물상(物象)의 상태에 근거하여 변천하고 추이한다고 말한다. 각 괘효는 변동에 의해서 형성된 것이기 때문에 변동으로부터 이해(利害)를 설명한다.

"서로 부딪혀서[相攻]"라는 말은 서로 다투고 투쟁한다는 말이다. 여러 가지 사물의 상황들이 "사랑하는 것과 미워하는 것이 서로 부딪히는데[愛惡相攻]" 서로 사랑하면 합하려고 하고, 미워하면 적대하기 때문에 서로 다투면서 길흉이 생긴다. 음양 효의 상징을 가지고 논하면 "사랑하는 것과 미워하는 것[愛惡]"은 또한 음효와 양효 사이의 분리되고 합하는 법칙을 반영하고 있다. 말하자면 상하의 두 효 사이에서 이성(異性), 즉 음과 양은 서로 흡수하지만 동성(同性)은 서로 배척하여 사랑하는 것과 미워하는 것이 생기고 사랑하고 미워하는 서로간의 다툼 속에서 길과 흉이 생겨난다는 말이다.

'먼 것[遠]'은 상하괘의 효의 자리가 멀리서 상응하는 것을 가리키고 '가까운 것[近]'은 효의 자리가 가까이서 친한 것[比]을 말한다. "서로 취한다[相取]"라는 말 속에는 취사(取捨)가 올바르지 못하다는 뜻을 포함하고 있다. 이 구절은 두 개의 효가 비(比)하거나 또는 응(應)하는 것을 말하여 만약 취사가 부당하면 회린이 생기는 것을 사물 상호관계의 상태를 통하여 말하고 있다.

그러므로 『주역절중』에서 "먼 것은 상응과 불상응을 말하고, 가까운 것은 상비(相比)와 불상비(不相比)를 말한다. 혹 멀리 있는 상응을 취하고 가까이 있는 상비를 버리거나 또는 가까이 있는 상비를 취하고 멀리 있는 상응을 버리기도 한다. 이런 먼 것과 가까운 것이 서로 취하기 때문에 회린이 계사에서 생긴다"[128]고 하였다. 즉 각 효의 위치 중에서 멀리 있는 것에는 초효와 사효 · 이효와 오효 · 삼효와 상효의 상응과 불상응이 있다. 가까이 있는 곳에는 상하가 서로 이웃하고 있는 두 효 간의 사랑하고 미워하는 상비와 불상비가 있다. 이런 먼 것과 가까운 것의 취사(取捨) 가운데에서 뉘우침[悔]과 부끄러움[吝]이 생긴다. '회(悔)'는 뉘우침이나 후회를 말하고 '린(吝)'은 부끄러움을 당한다는 말이다. '우우(憂虞)'는 근심하고 걱정하는 것을 말한다.

길 · 흉 · 회 · 린은 모두 점사로 이것은 괘효사의 상징적 의미를 설명하고 있다. 이에 대해 상병화(尙秉和)는 『주역상씨학(周易尙氏學)』에서 "길하면 얻고 흉하면 잃어버리고 회린을 알면 근심하고 걱정하는 것을 알고 근심하고 걱정하는 것을 알면 길로 향하고 흉을 피할 수 있다"[129]고 하였다. 상병화는 길흉의 의미를 득실(得失)의 관점에서 말하고 있는데, 「계사전」의 입장 역시 마찬가지이다.

> 이런 까닭에 길흉이란 것은 잃고 얻는 것을 말한다.[130]

> 길흉이란 것은 잃고 얻는 것을 말하는 것이다.[131]

길흉의 의미는 당연히 위의 두 문장의 실득(失得)이라는 것으로 말해야 한다. '실득'으로 길흉을 말한다고 한다면 당연히 '득'으로 '길'을, '실'로 '흉'을 말하는 것이다. '길'은 『주역』에서 출현 빈도가 매우 높아서 100번 이상 나온다. 그 뜻은 선(善)하고 득(得), 호(好), 유리(有利) 등이다. 주요한 표현형식으로는 "길(吉), 왕길(往吉)[132], 초길(初吉)[133], 중길(中吉)[134], 종길(終吉)[135], 정길(貞吉)[136], 대길(大吉)[137]" 등이 있다.

> 호랑이 꼬리를 밟은 것이니 두려워하고 두려워하면 끝내는 길할 것이다.[138]

비록 호랑이의 꼬리를 밟았지만 조심하고 신중하게 하면 결국 길할 수 있다는 것이다. 구사는 구오의 아래에 있어서 위험하지만 스스로를 낮추어 구오를 대하기 때문에 끝내 길하게 된다. 육삼과 구사는 둘 다 호랑이의 꼬리를 밟았지만 육삼은 흉한 반면에 구사가 길한 이유는 무엇인가? 이 결과의 차이는 하나는 자신의 능력을 모르고 욕심을 부린 결과이고 다른 하나는 스스로의 상황을 잘 파악하여 조심스럽게 하였기 때문에 길한 것이다.

> 조금의 헛됨도 없이 진실하니 나아가면 길할 것이다.[139]

초구는 양으로 무망괘(無妄卦)의 초효에 자리하고 있는데 음의 아래에 있으면서 겸손하고 공손하여 진실한 모습을 보여주고 있다. 그러므로 나아가면 반드시 길함을 얻는다. '나아간다[往]'라는 말은 하괘(下卦)인 진괘(震卦)의 괘덕(卦德)인 움직임[動]과 관련이 있다. 겸손하고 공손하여 진실하여 헛된 행동을 하지 않는 모습이야말로 무망의 진정한 모습이라 할 수 있다.[140] 이런 태도로 행동할 경우 여기에서 불길함은 찾기 어렵다. 겸괘(謙卦) 구삼 효사에서는 다음과 같이 말하고 있다.

> 공로가 있는 겸손이니 군자는 끝이 있으니 길하다.141)

구삼 효는 겸괘의 주효(主爻)로 유일한 양효인데 하괘의 최상위에 자리하여 중대한 책임을 맡은 인물에 해당한다. 구삼 효는 강직하고 굳세어[剛毅] 바름을 얻었기[得正] 때문에 다섯 양으로부터 신뢰를 받고 있다. '공로가 있는 겸손[勞謙]'은 많은 일을 하여 공을 세웠으면서도 겸손하기 때문에 '노겸(勞謙)'이라고 하는 것이다. 겸손이라는 것 자체도 결하고 쉽지 않은 일인데 '노겸'은 더욱 하기 어려운 것이다.

위에서 예를 든 효사들은 대부분 어떤 행위로 인해서 그 결과가 길상(吉祥)하다는 것이다. 예를 들면 "조금의 헛됨도 없이 진실하니" 길하고, "공로가 있으면서도 겸손하니" 길한 것이다. 말하자면 '길'이란 것이 기계적으로 주어진 것이 아니라 인간의 행동이나 생각 여하에 의해서 획득 가능하다는 점이다.

흉(凶)자는 『주역』에서 모두 56번 보이는데 그 뜻은 흉험(凶險)과 재앙이다. 그 표현형식에는 흉, 정흉(征凶) 또는 종흉(終凶), 유흉(有凶), 정흉(貞凶) 등이 있다. 사괘(師卦) 초육의 효사는 다음과 같이 말하고 있다.

> 군대를 출동시키는 데 있어서 엄격한 군율로서 지휘하여야 하는데 군기가 불량하면 결국은 흉하게(실패하게) 될 것이다.142)

초육은 사괘(師卦)의 시작으로 전체 괘의 대의(大義)를 말하고 있다. 출사(出師)하는 데 있어서 가장 중요한 것은 역시 엄격한 군기(軍紀)이다. '부(否)'는 '부(不)'의 뜻으로 '부장(否臧)'은 '불선(不善)'의 의미로 "군기가 불량하다"는 뜻으로 해석할 수 있다. 만약 군기가 불량할 경우 그 군대의 미래가 어떻게 될 것인가는 너무나 분명하기 때문이다. 이괘(履卦) 육삼의 효사는 다음과 같이 말하고 있다.

> 애꾸눈으로 보며 절름발이로 걸어 호랑이 꼬리를 밟으니 사람을 물어 흉하고 무인이 대군이 되었도다.143)

육삼은 부중부정(不中不正)으로 강자들 사이에 끼어 있고 또 자질은 부족하면서 의지는 매우 강하다. 그것은 애꾸눈이 능히 볼 수 있다고 생각하고, 절뚝발이가 스스로 능히 멀리까지 갈 수 있다고 생각하는 것과 같다. 말하자면 능력이 부족하거나 자신의 약점은 간과한 채 욕심이나 의지만 강하기 때문에 결과가 흉하게 될 것은 분명하다. 이런 상황에서 자신을 반성하여 조심하지 않으면 "호랑이 꼬리를 밟는[履虎尾]" 불행한 사태가 벌어지게 된다.

이괘(履卦)의 괘사에서는 "호랑이 꼬리를 밟더라도 사람을 물지 않으니 형통할 것이다(履虎尾, 不咥人, 亨)"고 하였는데, 육삼 효사는 "호랑이 꼬리를 밟으니 사람을 물어 흉하고(履虎尾咥人)"라고 말하여 앞에서는 길하다고 하였다가 또 흉하다고 말하기도 하여 일면 모순된 것으로 보이기도 한다. 이는 괘사가 전체적 대의라고 한다면 육삼 효사의 경우는 구체적인 다양한 상황을 통하여 괘사의 전체적 대의를 보충 설명해 주는 경우라고 할 수 있다.144)

위의 인용문에서 흉은 모두 흉험(凶險)의 뜻이다. 그러나 효사를 자세히 분석해보면 흉험의 발생 또한 모두 조건적이다. 예를 들면 사괘(師卦) 초육의 흉이나 이괘(履卦) 육삼의 흉은 모두 조건적이다. 『주역』 효사 중의 흉은 모두 특정한 상황에 대해서 말하는 것이다. 만약 이런 흉으로부터 스스로 자각하여 바꾸고 그에 상응하는 상황을 피하려 노력한다면 흉은 두려울 것이 못 된다.

『역경』 괘효사 중 흉은 대체로 사람들로 하여금 가장 두렵게 만드는 단점지사(斷占之辭)이다. 그러나 위에서 인용한 자료로 보면 흉의 발생은 대부분 원인이 있다. 『역경』의 괘효사는 바로 사람들이 흉이 발생하는 원인을 알도록 도와주고 아울러 이런 경험적 지식에 근거하여 흉을 피하는 방법을 찾는 데 있다.

「계사전」에서 "길흉은 잃고 얻는 상이다"라고 하였는데 이것은 잃어버리는 것으로 흉을 해석하는 경우이다. 이광지(李光地)는 『주역절중』 권13에서 조옥천(趙玉泉)의 말을 인용하여 "길이라는 것은 이치를 따라서 얻는 상이다. 흉이라는 것은 이치에 어긋나서 잃어버리는 상이다"[145]라고 하였다. 여기에서 실(失)의 함의는 매우 범위가 넓은데 결코 하나의 일이나 하나의 사물을 잃어버리는데 국한되지 않는다. 만약 그 보편적 의미의 측면에 주의를 기울여 본다면 우리들은 조옥천이 말하는 '실'은 바로 이치에 위배된다는 것을 의미한다. 역리(逆理)가 바로 실도(失道)로 객관적 법칙을 위배하여서 도를 잃어버리는 것이다. 그 결과는 필연적으로 흉하다. 그러므로 『역경』 효사 중에서 흉이 발생하는 원인은 비록 다양하나 그 귀결점은 바로 도를 잃어버린 것에 있다.[146] 회와 린은 모두 중간상태에 있는 것으로 회는 뉘우침을 통하여 후회하여 원래 흉에서부터 길로 향해가는 것을 말한다. 린은 여전히 바꾸지 못하여 원래 길에서 흉으로 변화하는 것을 말한다.[147]

> 뉘우침(悔)과 부끄러움(吝)이라는 것은 작은 결점을 말하는 것이다.[148]

뉘우침(悔)과 부끄러움(吝)이 생기는 것을 근심할 때에는 (선과 악이 나누어지는) 경계선에서 (조심스럽게) 예방하는 것에 있고149)

회와 린이라는 것은 이미 잘못을 범하였지만, 큰 잘못을 범한 것은 아니기 때문에 작은 결점[小疵]이라고 말한다. 이미 잘못을 범한 것을 알면 걱정이 생기기 때문에 걱정하거나 근심하는 것이다.

회와 린은 개념상에서 구별된다. 회는 '심(心)'의 회의자(會意字)에서 나왔고, 린은 '구(口)'에서 나왔다. 잘못을 범한 후에 마음에 걱정이 생겨서 잘못을 보충하여 선(善)으로 향하려는 생각이 바로 회이다.150) 잘못을 범한 후에 잘못을 보충하여야 한다는 사실을 알면서도 성실하게 실천하지 않고 다만 입으로만 말하는 것이 린이다. 또는 입으로만 자신의 잘못을 변명하고 치장하여 계속 잘못을 저지르게 되어 작은 잘못이 큰 잘못으로 되는 것이 린이다. 그러므로 하나는 길로 향하는 경향이고, 다른 하나는 흉으로 향하는 경향이다. 이 네 가지의 관계를 도표로 그리면 다음과 같다.

吉 〈―――――― 悔・吝 ――――――〉 凶

회와 린이라는 것은 본래 작은 잘못이지만 작은 과실은 왕왕 큰 잘못의 전주(前奏)가 될 가능성이 크다. 또한 작은 잘못일수록 더욱 쉽게 소홀히 여기게 된다. 그러므로 나중에 생기게 될 큰 잘못을 만들지 않으려면 작은 잘못 속에서 그것을 개선하려는 노력을 기울여야 한다. 어떻게 하면 작은 잘못이 생기지 않게 할 수 있는가? 바로 "뉘우침[悔]과 부끄러움[吝]이 생기는 것을 근심할 때에는 (선과 악이 나누어지는) 경계선에서 (조심스럽게) 예방하는 것에 있고"라는 것에 있다.

개(介)의 뜻은 선과 악이 나누어지는 경계선의 의미를 가지고 있다. 그것의 뜻은 옳음과 그름의 기미가 처음 생길 때에 분명하게 분별하고 미리 앞서서 단속하여야 함을 말하는 것이다. 이것이 바로 『주역』이 강조하는 "기미를 아는 것[知幾]"의 뜻이다.[151] 예를 들면 둔괘(屯卦) 육삼 효사에서는 다음과 같이 말하고 있다.

> 사슴을 쫓는데 길 안내자가 없이 오직 숲속으로 들어갈 뿐이니 군자가 기미를 알아 그만두는 것만 못하니 계속 나아가면 부끄러움을 당하게 될 것이리라.[152]

만약에 사슴을 잡는 일에 몰입하여 무작정 숲속으로 들어가게 된다면 큰 화를 당하게 될 것이다. 이것을 효의 위치를 가지고 말하면 육삼은 여러 가지 상황에서 조심하여야 하는 것이 필요한데 그렇지 않고 계속 나아간다면 결과는 낭패를 당하게 될 것이다. 본 괘의 육삼 효사에서도 안내 없이 깊은 산중으로 사슴을 추적하는 것은 위험하다는 사실을 미리 예측하여 그만두는 상황을 말하고 있다.

'기(幾)'는 '기미, 조짐'을 말하는 것으로 미리 일어날 상황을 판단하는 것을 말한다. 『주역』은 특히 이 기미의 공부를 강조하여 '연기(硏機)'를 말한다. 이른바 미래에 대한 예측 능력은 바로 연기의 공부에서 나온다고 말할 수 있다. 그러므로 "그만두는 것보다 못하다"라고 말하는 것이다. 말하자면 기미가 처음 생길 때에 분명하게 분별하고 미리 앞서서 단속하여야 함을 말하는 것이라고 할 수 있다.

회(悔)라는 글자는 『주역』 중에서 모두 33번 보이는데 표현형식에는 "회(悔), 회유회(悔有悔)[153], 유회(有悔), 무회(無悔), 회망(悔亡)" 등이 있는데 뜻은 후회한다는 말이다. 예를 들면 『주역정의』 공영달(孔穎達) 소(疏)에서는 “회라는 것은 그 일을 잘못한 것으로 그 뜻은 후회가 따른다는 것이다”154)는 것이다.

예를 들면 건괘(乾卦) 상구의 “너무 높이 올라간 용은 후회가 있다(亢龍有悔)”에서 용은 너무 높은 데 올라가서 떨어지는 위험이 있기 때문에 반드시 후회한다는 것이다. “항룡유회”라는 말은 매우 좋은 경계어(警戒語)로 건괘 「문언전」에서는 “항이라는 말은 나아갈 줄만 알고 물러날 줄을 모르고 있는 것만을 알고 없는 것을 모르는 것이고 얻는 것만 알고 잃어버리는 것을 모르는 것이다”155)라고 하였다. 이것은 사람들에게 항룡을 경계로 삼아 일을 하는 데 있어서 지나치게 극단으로 가지 말 것을 깨닫게 해주는 말이다. 그러나 만약 진정으로 후회하여 잘못을 바꾼다면 결과는 길할 수 있다. 이것은 사람이 이 세상에서 후회할 일을 만들지 않을 수는 없다 할지라도 다만 후회하고 잘못을 고쳐서 분명히 깨달으면 좋은 결과가 있을 것이라는 말이다. 예괘(豫卦) 육삼 효사에서는 다음과 같이 말한다.

> 위로 쳐다보며 즐거워하니 후회가 있으며, 늦으면 뉘우침이 있을 것이다.156)

‘우예(盱豫)’라는 말은 눈을 위로 치켜뜨면서 구사의 눈치를 살피는 것을 말한다. 육삼은 근본적으로 중(中)도 아니고 정위(正位)에 위치하지 않고 있는 소인을 말한다. 육삼이 구사에 가까이하려고 하나 그런 뜻을 이룰 수 없으므로 빨리 뉘우치고 제자리로 돌아와야 한다. 만약 그런 뉘우침이 늦으면 더 나쁜 상황에 이르게 될 것이라는 말이다. 위로는 아첨하고 굽실거리면서도 오히려 아래에 대해서는 오만하여 기쁨 속에 빠져 있기 때문에 반드시 후회하게 될 것이다. 만약 잘못을 고칠 줄 알면 뉘우치는 일은 없을 것이다. 가인괘(家人卦) 초구에서는 다음과 같이 말한다.

> 집에 (법도로 규범을 만들어 우환을) 방지하면 후회가 없을 것이다.[157)]

초구는 가도(家道)의 시작을 말한다. '한(閑)'은 규범을 지킨다는 뜻이고 '유(有)'의 뜻은 '어(於)'로 해석할 수 있는데 "한유가(閑有家)"라는 말은 바로 집안의 규범을 지킨다는 뜻이다. 초구는 집안을 다스리는 초기 단계이다. 이런 초기 단계에는 반드시 '한(閑)'이 필요하다. 집안의 규범을 집행하기 위해서는 반드시 그 시작을 엄밀히 하여 집안사람들이 감히 규칙을 범하지 못하게 하여야 한다. 만약 그 시작을 게을리하여 집안사람들의 습성이 이미 고정되어 버린 후에 그것을 교정하려 하면 힘들어지기 때문이다. 말하자면 처음부터 우환을 미연에 방지하여야 하는 것이다.[158)] 그러므로 「상전」에 말하기를 "집에 (법도로 규범을 만들어 우환을) 방지한다는 것은 뜻이 아직 변하지 않았다는 것이다"[159)]라고 하여 가정에서 근심을 미연에 방지하는 것은 반드시 우환이 생기기 이전에 앞서서 방지하는 것이 중요함을 말한다. 초구는 가족 간의 뜻[志]이 아직 변하여 흐트러지기 전의 시작이기 때문에 바로잡을 수 있다. 일단 뜻이 변하여 다시 그것을 방지한다고 하여도 가족 간의 마찰은 쉽게 발생하여 결국은 서로 후회할 일이 생기기 때문에 초기에 그 잘못을 미연에 방지하는 것이 더욱 중요하다는 말이다.[160)]

회는 후회하거나 곤경에 빠진다는 뜻을 드러내고 있다. 후회는 곤경에 빠지면서 생기는 것으로 곤궁은 또한 필연적으로 후회를 일으킨다. 이 두 가지는 비록 조금 다름이 있다고 하나 사람들에게 경계하는 뜻은 똑같다. 주자는 "후회는 흉으로부터 길로 나아가는 것이다"[161)]라고 하였는데 바로 회개하여서 길함에 이르는 뜻이다. 그러므로 『주역』 중에 후회 또는 뉘우침의 결과는 무구(無咎)이거나 길, 종길(終吉), 무회(無悔), 회망(悔亡)임을 말해준다. 이처럼 '회'는 개과천선(改過遷善)이라는 말과 밀접하게 연계되어 있다.162)

'린(吝)'자는 『주역』 속에서 20번 나온다. 표현형식에는 "린(吝), 왕린(往吝), 소린(小吝), 종린(終吝), 군자린(君子吝), 정린(貞吝)" 등이 있다. 『주역』 속에서 효사 중의 '린'자는 대부분 경계의 뜻이 있다. 만약 경계를 통하여 스스로 반성하지 못하면 "길로부터 흉으로 향하게 된다(自吉而向凶)"고 말한다. 동인괘(同人卦) 육이 효사에서는 다음과 같이 말한다.

> 같은 집안사람끼리만 함께하니 부끄러워하게 될 것이다.163)

일반적인 경우에 있어서 육이와 구오의 상응은 분명히 문제가 없이 좋으나, 동인괘의 경우에 있어서는 다르다. 동인괘가 가지고 있는 의미는 천하의 대동단결을 이상으로 하기 때문에 육이가 너무 구오 하나에만 집착하면 대동(大同)의 화합이 깨어질 가능성이 크다. 여기에서 말하는 '종(宗)'이라는 말은 종족이나 같은 혈족의 의미로 그것을 매우 사사로운 것으로 간주하여 육이와 구오의 상응을 같은 집안간의 관계로 비유하고 있다.164) 즉 같은 집안사람끼리의 만남을 사적인 것으로 보아 부끄러운 것으로 보고 있다. 가인괘(家人卦) 구삼 효사에서는 다음과 같이 말한다.

> 부인과 아이들이 희희낙락 떠들면 끝내 부끄러움을 당하게 될 것이다.165)

집안을 다스리는 데 엄하게 하지 않으면 처자와 아이들은 하루 종일 희희낙락 웃으며, 이를 느슨하게 하면 결국에는 치욕적인 상황을 맞이하게 될 가능성이 크다. 그러므로 집안을 다스리는 데는 엄하게 하는 것이 차라리 낫지, 지나치게 분위기를 이완시켜서는 안 된다고 말한다. 이에 대해 『주역절중』은 호병문(胡炳文)의 관점을 인용하여 "'지나치게 엄하여 원망하니'라는 말은 도의가 감정을 이긴 것으로 비록 '뉘우치고 위태롭게 느끼나' 길하다. '희희낙락 떠드는 것'은 감정이 도의를 이긴 것으로 끝내 부끄러움을 당하게 될 것이다(嗃嗃 以義勝情, 雖悔厲而吉. 嘻嘻,以情勝義, 終吝)"라고 하였다.[166]

위의 여러 가지 예에서 비록 '린'의 구체적 표현형식은 다르지만, 효사는 모두 '린'을 통하여 사람들에게 이렇게 행동하면 결코 원만하지 못한 결과를 낳기 때문에 조심하여야 할 것을 말한다.

구(咎)자는 『역경』 중에서 출현하는 비율이 매우 높은데 모두 98번 보이고 표현형식으로는 "위구(爲咎), 비구(匪咎), 하구(何咎), 무구(無咎)" 등이 있다. 그 뜻은 재해(災害)이다. 고형(高亨)은 "주역에서 말하는 구(咎)는 회(悔)보다는 무겁지만 흉에 비해서는 가볍다. 회는 바로 비교적 작은 곤액(困厄)을 말하고 흉은 바로 거대한 재앙(災殃)이다. 구는 비교적 가벼운 재환(災患)을 말한다"[167]고 하였다.

『역경』에 '구(咎)'자는 98번 나오지만, 오직 한 번만 "위구(爲咎, 조만간 재환이 되는 것)"[168]이고, 그 나머지는 "비구(匪咎, 재환이 아닌 것)"[169]가 1번이고, "하구(何咎, 무슨 해가 있겠는가? 즉 허물이나 해가 없다는 의미)"[170]가 3번, 무구가 93번 나온다. 비구, 하구, 무구 3가지는 그 뜻이 기본적으로 일치하여 모두 어떤 허물이 생기지 않는다는 말이다. 그러므로 『역경』 중에서 비록 누차에 걸쳐 '구'자가 나오지만, 절대다수는 무구(無咎)로 끝을 맺는다. 그러나 무구는 결코 조건이 없는 것은 아니다.

효사가 무구로 연결되어 있다는 것은 바로 어떻게 하여야 무구를 실현할 수 있는가를 말하려는 것이다.[171] '무구'의 뜻에 대해 「계사전」은 다음과 같이 말한다.

> 무구라는 것은 잘못을 잘 보충해 가는 것을 말한다.[172]

구(咎)는 허물이나 잘못의 의미이다. '회, 린, 흉'은 모두 '구'라고 말할 수 있는데, 다만 정도의 차이만 있다. 괘사와 효사에는 허물을 말하는 부분이 많은데 이것은 사람이 행동하는 데 있어서 잘못이 없을 수는 없지만 잘못을 잘 보충하면 허물이 생기지 않을 있음을 말한다. 말하자면 본래 잘못이 있으나 만약 잘못을 반성하여 적절하게 잘 보충하면 무구(無咎)가 될 수 있음을 말한다.

『주역』에서는 항상 길흉을 이용하여 어떤 일의 두 측면을 말하고 있는데 회린을 통해서는 길흉의 중간 상태를 표시하고 무구를 통해서는 잘못을 잘 보충하는 것을 말한다. 이런 이유에서 『주역』은 무구를 매우 중요하게 여긴다. 사람의 일이란 것이 어떻게 계속적으로 바르고 옳을 수만 있겠는가? 여기에는 늘 복잡한 우연성이 끼어들기 때문에 잘못은 있기 마련이다. 따라서 잘못을 보충하는 행동이 단순한 길을 얻는 것보다 더 중요할 수밖에 없는 것이다.[173]

『주역』은 무구라는 것을 통하여 은연중에 사람들이 잘못을 범하지 말아야 한다는 사실만 강조한 것이 아니라, 도리어 잘못을 저지른 후에 '잘못을 보충함[補過]'을 중요하게 보아 '선보과(善補過)'함이 바로 '무구'라는 사실을 말하고 있다. 현실적으로 사람은 과실을 범하지 않을 수 없다. 그러나 잘못을 범하고서 보과를 모르거나 혹은 잘못을 알고서 고의로 잘못을 저지르는 것은 도덕적으로 문제가 된다.

『논어』에서 "잘못하고서 고치지 않는 것이 바로 잘못이다(過而不改, 是謂過矣)"라고 했다. '개과(改過)'가 바로 '보과'이다. 『역경』에서는 '보과'에다 '선(善)'이라는 글자를 하나 더 추가하여 의미가 더 깊어진 느낌을 가지게 한다. 그러나 보과의 출발점은 어디까지나 '뉘우치는[悔]' 마음에 있다. 자기가 잘못을 저지르는 것을 뉘우치면 자연히 '선보과'할 수 있게 되는 것이다.[174] 그러므로 "무구를 가능하게 하는 것은 잘못을 후회하여 고치는 데 있다"[175]라고 말하는 것이다.

대유괘(大有卦) 초구 효사는 다음과 같이 말한다.

> 해로운 것에 사귐이 없으니 허물이 아니나 어렵게 여기고 조심하면 허물이 없을 것이다.[176]

초구는 대유괘의 시작으로 아래에 자리하고 있으면서 구사와는 상응하지 않고 또 다른 사람과도 내왕이 없는 상이다. 이 때문에 어떤 다른 재앙이나 허물을 발생시키지 않는다. '비구(匪咎)'라는 말은 허물이 아니라는 말이다. 위로 상응하는 것이 없고 홀로 자리하여 때를 기다리기 때문에 "어렵게 여기고 조심하면 허물이 없을 것이다(艱則無咎)"라고 말한다.

이 점에 대해 조언숙(趙彥肅)[177]은 이 효에 대해서 "비구는 때로 말미암아 생기는 것이고, 무구는 자기로부터 생겨나는 것이다"[178]라고 하였다. 즉 은둔해 있는 시기가 되어 은둔하여 자신을 드러내지 않는 것은 시운이 그러하기 때문에 그것은 허물로 연결되지 않는다고 말한다. 스스로 어려움을 파악하여 함부로 망동하지 않는 이것은 명(命)을 알고 시(時)를 파악하였기 때문에 분명히 허물이 아니다. 결론적으로 이 효는 시운이 아직 이르지 않았기 때문에 이익도 없고 해도 없어서, 어려움 가운

데에 물러나 스스로를 보존하여 억지로 망동하지 않으면 허물이 없이 평안할 수가 있다고 말한다.[179)]

효사에서 말하는 '무구'는 조건적이다. 이들 조건은 환경과 관련이 있거나 신분과 관련이 있거나 시간과 관련이 있다. 이 모두는 사람들이 자세하게 구별하여 관찰할 필요가 있다. 그렇지 않으면 무구는 위구(爲咎)로 변할 가능성이 있다. 이런 예는 『역경』 중에서 매우 많이 보인다.

이상에서 『역경』의 단점지사에 대한 분석을 통하여 괘효사 중의 철학적 의미 또는 인도적(人道的) 교훈에 관해서 논의하였다. 『역경』 속에는 확실히 풍부한 생존에 대한 지혜를 말하는 내용들이 많이 포함되어 있다. 비록 그것은 점서의 모습으로 출현하였지만 서점과 귀복은 분명히 구별된다. 귀모(鬼謀)도 있지만 더욱 중요한 것은 인모(人謀)가 더욱 강조되고 있다는 점이다. 그러므로 서점 속에는 특수한 방식으로 사람들이 어려움을 미연에 방지하려는 우환(憂患)의 마음이나 취길피흉하려는 심리를 표현하고 있다.

바로 앞에서 든 괘효사 중의 단점지사는 비록 다른 점법의 말들과 차이가 없으나 자세히 음미해보면 모든 것들에 경계하는 작용이 들어 있다. 이것은 바로 행위의 주도권은 기본적으로 사람의 수중에 있고, 자신이 가지고 있는 지혜를 통하여 판단하고 행동한다는 것이다. 여기에는 이미 상당한 정도의 철학적 정신이 침투되어 있다. 여기에서 『주역』은 단순한 취길피흉의 복서지서(卜筮之書)가 아니라 인문정신이 침투되어 있는 철학적인 책으로 변신을 시작하고 있다.

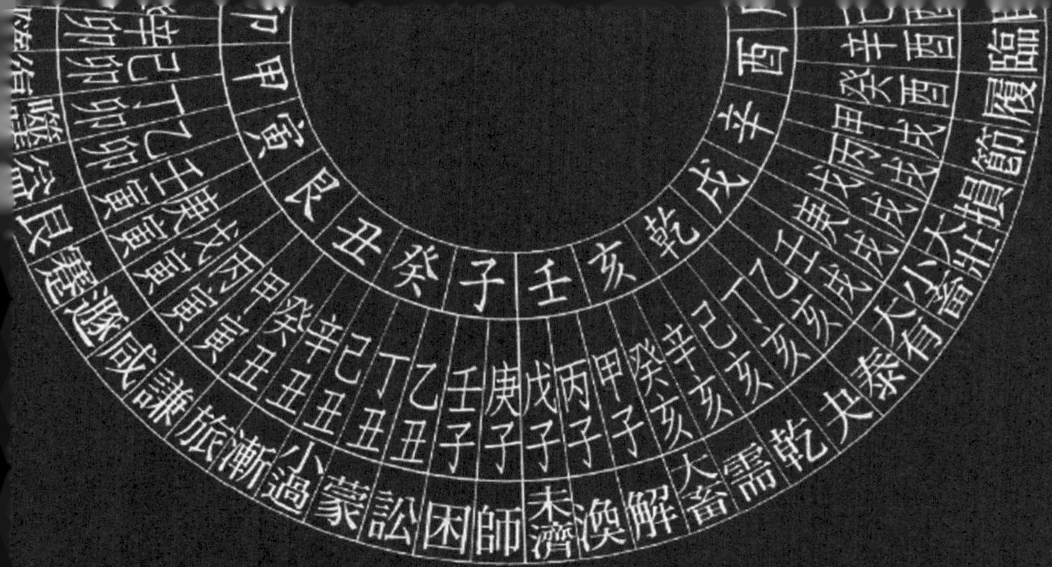

5

점서역학의 해체와 『역전(易傳)』의 형성

점서역학의 해체와 『역전(易傳)』의 형성

1. 『역경』에서 『역전』으로

『역전』은 모두 7종의 문장으로 구성되어 있는데, 바로 「단전(彖傳)」, 「상전(象傳)」, 「문언전(文言傳)」, 「계사전(繫辭傳)」, 「설괘전(說卦傳)」, 「서괘전(序卦傳)」, 「잡괘전(雜卦傳)」 등이다. 이 가운데 「단전」·「상전」과 「계사전」은 각각 상하 두 편으로 되어 있어서 모두 합하여 10편이 되기 때문에 십익(十翼)이라고 불렀다.[1]

사마천은 다음과 같이 말했다. "공자는 만년에 주역을 좋아해서 「단전」, 「계사전」, 「상전」, 「설괘전」, 「문언전」을 정리하였다."[2] 반고(班固)는 "공자는 「단전」, 「계사전」, 「상전」, 「설괘전」, 「문언전」과 「서괘전」 등의 10편을 지었다"[3]고 하였다. 이런 기록들로 인하여 후대 유가들은 대부분 십익을 공자의 저작으로 여기는 것이 일반적이다. 이 문제에 대해 송대의 구양수가 처음으로 십익을 "모두 공자께서 만드신 것이 아니라 … 또한 한 사람의 말이 아니다"[4]라는 말을 하였다. 그러므로 어떤 사람들은 십익 속에 한대에 이루어진 것들이 있다고 말하지만 확실한 논거가 있는 것은 아니다. 이 문제에 대해 고형은 십익은 대부분 전국시대에 쓰여졌는데, 바로 구양수가 말한 "한사람의 말이 아니다"라는 언급처럼 「단전」과 「상전」은 비교적 그 시기가 더 이른, 아마도 춘추말기에 출현한 것으로 보고 있다.[5)]

『역경』은 대략 은주(殷周) 시기에 형성되었고, 『역전』은 전국 후기에 형성되었다는 것이 일반적 관점이다.[6)] 『역경』에서 『역전』으로의 역사적 발전과정은 약 700~800년 정도 되는데, 이는 선진(先秦)철학사의 시기와 거의 일치한다. 또 이러한 역사적 발전과정은 인류의 철학적 추상사유가 점점 높아져 가는 과정과도 일치한다. 『역경』에서 『역전』으로의 역사적 발전과정과 선진 철학사의 발전단계와 기본맥락은 대체적으로 서로 부합하기 때문에 선진철학사의 발전 단계와 기본 맥락을 연계하면 『역경』에서 『역전』에 이르는 사유 단계를 간접적으로 평가할 수 있다.[7)]

『주역』은 『역경』과 『역전』 두 부분으로 구성되어 있다. 일반적으로 『역경』은 점서의 책이고 『역전』은 철학의 책으로 알려져 있기 때문에 이 두 책은 마치 전혀 다른 성격의 책으로 오해할 가능성이 있다. 『역전』이 말하고 있는 철학사상은 『역경』의 내용에 근거하여 형성된 것이기 때문에 이 두 부분은 내용상에서 구별되지만 분명히 내적으로 연속성을 가지고 있다. 이럼에도 왜 『역경』과 『역전』을 단호하게 구분하는 이런 문제가 출현하는가?

20세기 초 고사변(古史辨) 운동이 일어나면서부터 과학주의 사조의 영향을 받아, 대부분 『역경』을 복서의 기록으로, 『역전』을 철학적인 해석으로 보고, 『역경』과 『역전』을 단호하게 구분하여 『역전』으로 『역경』을 해석할 수 없다는 관점이 생겨났다. 즉 『주역』 괘효사를 상고시대 점서 활동의 기록과 미신의 산물이라고 보았다.

소수의 학자들이 여전히 『역전』을 공자가 지었다고 믿는 관점 이외에,[8)] 많은 학자들은 『주역』의 '경전분리(經傳分離)'를 주장하고 있다. 저명한 역학자, 예를 들면 고형(高亨) · 이경지(李鏡池) · 굴만리(屈萬里) · 여돈강(余敦康) 등은 모두 이 설을 주장하였고, 후학들은 이 논점을 거의 정설로 여긴다.

특히 주백곤(朱伯崑)은 『주역』이 '경(經), 전(傳), 학(學)' 세 가지로 나누어지고 피차 서로 뒤섞어 볼 수 없다는 주장을 하는데, 이는 바로 20세기 학자들의 주류적 관점을 대체적으로 표현한 것이라고 할 수 있다.[9] 『역경』과 이것을 해석하는 『역전』의 관계, 즉 '경'과 '전'의 혈연관계는 단칼에 끊어지고, 『역전』은 곧 '경'과는 어떠한 의미적 연결성이나 연속성이 전혀 없는 것으로 전락하였다. 말하자면 '경'은 혈육(자손)이 없어지고, '전'은 혈육(부모)을 잃어버려 근본 없는 것이 되어 버렸다. 이로 말미암아 『주역』 경전(經傳)의 성질, 전승 관계, 학설 연원은 모두 은폐되어 보이지 않는데, 이것은 매우 심각한 문제가 아닐 수 없다.[10]

'경전분리(經傳分離)'를 주장하는 학자들이 견지하고 있는 하나의 중요 관점은 『역경』은 복서의 책이고 『역전』은 의리(義理), 즉 철리(哲理)의 책이라는 것이다. 이러한 복서와 의리의 지나친 분리에 반대하여 비판하는 학자들은 자신들의 관점을 주장하기 위하여 『역경』의 괘효사에 들어 있는 철학적 성분을 발굴하고, 이를 통하여 『역경』은 결코 단순한 복서의 기록이 아님을 증명하는 데에 힘쓴다.[11] 이러한 관점이 기본적으로 크게 잘못된 것은 아니라 하더라도, 여전히 "복서와 의리를 양분(兩分)"하는 의리 중심의 인식 구조를 탈피한 것으로 보이지는 않는다.

또 어떤 학자들은 "그 문구와 어의(語義)의 대응관계를 비교하는 것 이외에", 또한 "전체 역학의 발전과정을 고려하여, 『역전』이 『역경』에서 어떤 것을 계승하고, 또 무엇을 발전시켰는가를 살펴보아야 한다"고 말한다.[12] 이 관점은 물론 '경전분리'를 지나치게 강조하여 생긴 오류에 대한 비판이지만, 이 관점 역시 상당 부분 『역전』의 의리 중심의 사상

내용을 전제로 한 가운데 논리를 전개하고 있는 것으로 보인다.[13)]

여기에서 주목하려고 하는 문제는 『역경』이 단순히 복서의 기록만이 아니고 의리적인 요소를 가지고 있다고 하는 관점을 논증하는데 목적이 있는 것이 아니라, 『역경』과 『역전』이 가지고 있는 사유방식과 사유과정 상에서 발견되는 공통성이 무엇인가를 찾아내어 이것이 『역경』을 해석하는 데 어떤 역할을 하고 있는가 하는 점을 살펴보는 데 있다. 다시 말하면 괘효사의 의리적 성분을 밝히는 데 초점이 있는 것이 아니라, 괘효사를 해석하는 사유방식이 무엇인가를 살펴보는 것이 우선적이라는 말이다. 아마도 춘추부터 전국 후기까지 『주역』 괘효사를 해석할 때 하나의 잠재적으로 따르는 연역(演繹) 방식이 있었던 것으로 보인다. 앞에서 이미 인용한 내용이지만 다시 예를 들어보겠다.

> 위양공 부인 강씨는 자식이 없었다. 그러나 총희 주압(위양공의 모친)은 아들 맹집을 낳았다. 하루는 대부 공성자가 꿈을 꾸었다. 꿈에 위나라 시조 강숙이 나타나 그에게 말했다. "원(元)을 옹립하라. 내가 너의 아들 공기의 손자인 공어와 대부 사구로 하여금 그를 돕도록 하겠다." 대부 사조도 꿈을 꾸었는데 꿈에 강숙이 나타나 말했다. "내가 장차 너의 아들 사구와 공증서의 증손인 공어에게 명하여 원을 돕도록 하겠다." 사조가 공성자를 만나 꿈 이야기를 했다. 이에 두 사람은 서로의 꿈이 일치한 사실을 확인하게 되었다. 진나라의 한선자가 집정하면서 제후들을 예방하던 해에 주압이 또 아들을 낳았는데 이름을 원(元)이라고 지었다. 이때 큰아들 맹집은 발이 정상이 아니어서 제대로 걷지 못했다. 이에 공성자가 주역을 이용해 시초점을 치면서 이같이 빌었다. "원은 위나라를 차지해 다스리고자 합니다." 그러자 점괘에 '둔괘(屯卦)'가 나왔다. 이에 공성자가 다시 빌었다. "저는 맹집을 세울 생각이 없으니 신령이 이를 윤허해주기 바랍니다." 이에 둔괘가 '비괘(比卦)'로 변하는 점괘를 얻었다. 공성자가 이를 사조에게 보이자 사조

가 이같이 풀이했다. “이는 원형(元亨: 원이 국가를 향유한다)이오. 이 일에 관해 더 이상 무엇을 의심하겠소?” 공성자가 물었다. “원이 수뇌가 된다는 뜻이 아니오?” 이에 사조가 대답했다. “강숙이 나타나 그의 이름을 지어주었으니 가히 그렇다고 할 수 있소. 맹집은 온전한 사람이 아니어서 종주(宗主)가 될 수 없으니 우두머리가 된다고 말할 수는 없소. 게다가 괘사에서 이르기를, ‘이건후(利建侯: 제후로 세우기에 이로움)’라고 했소. 장자는 당연히 사위(嗣位)하는 것이니 ‘사위’를 길하다고 한다면 특별히 ‘건후’라고 한 이유는 무엇이오? 이는 장자 이외의 아들을 군주로 세우는 것을 말하는 것이 아니오. 두 점괘가 다 그런 뜻으로 말하고 있으니 그대는 원을 군주로 세우도록 하시오. 강숙의 명도 그렇고 두 점괘의 괘상 또한 그렇소. 복서가 꿈과 맞아떨어지면 주무왕은 그대로 좇았소. 그런데 왜 이를 좇지 않으려 하는 것이오? 다리가 불편한 사람은 한거(閑居)할 수 있을 뿐이오. 그러나 군주는 나라를 다스리고, 종묘 제사에 친림하고, 백성을 봉양하고, 귀신을 섬기고, 회조(會朝: 제후들 간의 회동)에 참가해야 하니 어찌 능히 한거할 수 있겠소? 각자 서로 이로운 바를 좇아 나가는 것이 가하지 않겠소?” 이에 공성자가 위령공(원)을 새 군주로 세웠다.[14]

누구를 군주로 세울 것인가에 관해 공성자(孔成子)와 사조(史朝)는 모두 양공(襄公)의 차남 원(元)을 옹립하려고 하였으나, 점을 친 이후 공성자는 확신을 가지지 못한다. 이 때문에 그를 설득하기 위해 사조는 괘사에 근거하여 자의(字意)를 연역(演繹)하여, 장자(長子)를 폐위하고 다른 왕자(원元의 이름을 가진)를 세우는 데 필요한 그럴듯한 합리적 해석을 찾아내었다. 이 단락의 대화를 분석하면, 두 사람의 차이는 바로 괘사 ‘원(元)’에 대한 다른 해석에서 나온다.

공성자는 ‘원’을 장(長)의 뜻으로 보고 이로부터 장자(長子)를 연상하여 복서의 점단(占斷)은 마땅히 장자를 세워야 하는 것으로 해석한다. 이에 비해 사조는 '원'을 인명(人名)을 가리키는 것으로 보아 차남 원(元)을 세워야 한다고 주장한다. 여기에서 사조는 한 걸음 더 나아가 "강숙이 나타나 그의 이름을 지어주었으니 가히 그렇다고 할 수 있소. 맹집은 온전한 사람이 아니어서 종주(宗主)가 될 수 없으니 우두머리(長)가 된다고 말할 수는 없소"라고 하였다. 여기에서 '장(長)'자에 대한 다양한 해석이 출현한다. 또 사조는 괘사 "이건후(利建侯)"의 '건(建)'자의 연역을 통하여 "장자는 당연히 '사위(嗣位)'하는 것이니 '사위'를 길하다고 한다면 특별히 '제후를 세운다(建侯)'라고 한 이유는 무엇이오? 이는 장자 이외의 아들을 군주로 세우는 것을 말하는 것이 아니오."라고 말하였다.

위에서 말한 이런 발언들은 분명히 차자(次子)의 왕위 계승을 위한 의도에서 나온 말들이다. 이런 점에서 교묘하게 자의를 연역하는 것은 확실히 춘추시기 『역』 해석의 중요한 방식이라고 할 수 있다. 이런 식의 자의를 연역하여 의미를 뽑아내는 방식은 『좌전』과 『역전』이 다를 것이 없다. 괘효사를 해석하는 방식에서는 심지어 어구조차도 매우 유사한 부분이 많이 있다.[15] 「문언전」은 다음과 같이 말한다.

> 원이란 것은 선의 우두머리요, 형이란 것은 아름다운 것의 모임이요, 리라는 것은 마땅함에 조화되는 것이요, 정이란 것은 일의 줄기이니, 군자가 인을 본받아서 행해야 다른 사람의 우두머리가 될 수 있으며, 모이는 것을 아름답게 하여야 충분히 예에 합치할 수 있으며, 다른 사물을 이롭게 해야 충분히 의로움과 조화될 수 있으며, 바르고 굳게 함이 일의 근간이 될 수 있다.[16]

앞의 『좌전』과 「문언전」에서 말하는 '원'에 대한 해석은 초점이 다르기 때문에 내용상에서 마치 큰 차이가 있는 별개의 것으로 보이지만, "원형이정(元亨利貞)"이라는 하나의 뿌리에서 나온 것을 부정할 수는 없을 것이다. 춘추에서 전국후기까지 『주역』 괘효사를 해석할 경우에 하나의 잠재적으로 따르는 연역 방식이 있었던 것 같다. 이런 연역 방식에 따라서 어떤 새로운 해석이나 도덕적 진술을 하는 것은 결코 완전히 새로운 창조적인 해석을 하는 것이 아니라 모종의 특별한 사유구조 아래에서 전개되고 있는 것으로 보인다. 이런 사유방식 또는 사유구조는 기본적으로 자의의 이해를 통하여 점차적으로 연역 추리되는 것을 말한다.[17] 그러나 이것은 결코 자의의 새로운 해석을 통한 연역 추리에만 그친다는 말은 아니다. 왜냐하면 다른 경전들 속에서도 문자의 뜻을 연역하여 점차적으로 의미를 확대하는 방식은 얼마든지 발견할 수 있기 때문이다. 그러면 이 문제를 어떤 각도에서 보아야 하는가?

위의 문제제기에 대해 여기에서는 우선 『주역』이 가지고 있는 가장 현저한 특성 중의 하나인 괘상(卦象)의 상징체계와 괘효사의 상징언어(symbolic language)가 모종의 어떤 중요한 역할을 하고 있다는 것에 대해 생각해 보도록 하자. 우선 생각할 수 있는 문제는 괘 속의 각각의 효는 종종 괘명(卦名)의 본래 의미에 근거하지만, 한 걸음 더 나아가 다른 어의까지 확장하고, 심지어는 괘명의 본의와는 다른 의미를 사용하는 경우도 있다는 사실이다.

리괘(離卦)의 경우를 예로 들어보자. 64괘 속에서 리괘는 불을 상징하는 것으로·감(坎)의 물과 상대되는 의미를 가지고 있다. 그러나 리(離)를 「단전」에서는 정반대의 뜻을 가진 부착(附著)의 뜻으로 의미 확장을 하게 된다. 즉 리괘의 「단전」은 "부는 부착한다"[18]고 하여 완전히 다른 의미를 만들어낸다. 이렇게 되는 근거는 단순히 독음(讀音)이 같기 때문만은 아니다.[19] 이런 의미의 확장이 가능한 것은 무엇보다도 기본적으로 리괘의 괘상과 상징 대상인 불(火)로부터 의미 확장을 하고 있다는 점에 주목할 필요가 있다. 왜냐하면 "리괘의 여섯 효는 음이 상하의 양에 부착하고 있다. 또 리괘가 상징하고 있는 것은 불이고, 불의 외적인 특징은 비어있는 것[虛]으로 스스로 이루고, 스스로 생겨날 수 없기 때문에 반드시 다른 사물에 부착하여서 밝음을 드러낼 수 있다. 또한 리괘는 중간에 있는 하나의 음효가 두 개의 양효에 붙어 있는 형상이다. 여기에서 리괘는 크게 부착[麗]과 밝음[明]의 두 가지 뜻을 가지게 된다. 부착은 음이 상하의 양에 부착해 있다는 것이고 밝음은 가운데의 비어있는 상을 취하여 말한 것"[20]으로 볼 수 있기 때문이다.

『좌전』, 『국어』와 『역전』 등은 모두 괘상, 괘명과 괘효사에 근거하여 괘의를 해석하고 의미를 확장해 간다. 그러므로 그 해석은 대개 위의 세 가지 내용에 근거하고 비교하여 나온 것들이라고 할 수 있다. 둔괘(屯卦)를 예로 들어 설명해 보도록 하자.

가) 『좌전』의 경우

당초 필만(畢萬)은 진(晉)나라에서 어느 정도까지 관직이 올라갈 수 있는지를 알아보기 위해 시초로 점을 쳤다. 이에 둔괘(屯卦)가 비괘(比卦)로 변하는 점괘를 얻었다. (진나라 대부) 신료(辛廖)가 점괘를 풀이했다. "길하다. 둔괘는 위치가 굳음[固]을 뜻하고 비괘는 공중에 들어가는 것[入]을 뜻한다. 이보다 더 길한 것이 어디 있겠는가. 그는 틀림없이 번창할 것이다. 진괘(震卦)가 변하여 토(土)가 되고, 수레가 말을 따르고, 두 발이 땅을 밟고 서 있고, 형이 양육하고, 모친이 보호하고, 백성이 귀의한다. (둔괘에서 비괘로 바뀌더라도) 6체(6효)는 바뀌지 않아 백성을 화합시켜 굳게 지킬 수 있고 지위가 안정되어 백성의 생사를 좌우할 수 있으니 이는 공후(公侯)의 괘상이다. 공후의 자손은 반드시 그 시조(필공 고高)의 지위를 회복할 것이다."[21]

나) 『국어』의 경우

공자(公子) 중이(重耳)가 친히 시초점을 치며 이같이 기원했다. “가장 길한 점괘를 바라오니, 진나라를 차지하게 해주십시오.” 그 결과 둔괘(屯卦)의 내괘(內卦, 정貞)와 예괘(豫卦)의 외괘(外卦, 회悔) 음효가 모두 태음[八]이 되는 괘를 얻었다. 서(筮)와 사(史)가 모두 해석하여 말하기를 “불길합니다. 막혀 통하지 않고, 효에 따르면 장차 이루는 바가 없습니다”라고 하였다. 하지만 사공(司空) 계자(季子)가 말했다. “길합니다. 『주역』에서는 두 괘가 모두 제후를 세움에 이롭다고 하였습니다. 진나라를 얻지 못할지라도 주 왕실을 보필하게 될 것이니, 어떻게 해야 제후를 세울 수 있다고 하는 것입니까? 공자께서 점을 치며 기도하기를 ‘가장 길한 점괘를 바라오니, 진나라를 차지하게 해 주십시오’라고 했는데, 괘사에서 ‘제후를 세움에 이롭다’라고 답해줬습니다. 이는 바로 나라를 얻는다는 취지니, 이보다 더 길한 것이 어디에 있겠습니까? 진괘(震卦)는 수레, 감괘(坎卦)는 물, 곤괘(坤卦)는 땅, 둔괘(屯卦)는 중후, 예괘(豫卦)는 즐거움을 상징합니다. … 진괘는 천둥과 수레를 상징합니다. 감괘는 만물이 귀의함을 상징하는데, 물의 기세[坎]가 깨끗하고 중망(衆望, 곤坤)이 모여드는 괘상입니다. 내괘에 천둥과 수레가 있고, 외괘에 물과 백성이 있습니다. 수레바퀴가 지축을 흔드니 위무(威武)의 괘상입니다. 중망이 모여드는 것은 백성의 지지와 문덕이 있다는 것을 의미합니다. 문무(文武)가 모두 갖춰져 있으니 매우 중후합니다. 그래서 둔괘라 한 것입니다. 그 주사(繇辭)에서 이르기를, ‘크고 형동하고 이롭고 바르니, 가는 바를 두지 말고 제후를 세움이 이롭다’라고 한 것입니다. 내괘가 주(主)가 되고 진은 뢰가 되니, 이것은 장남을 뜻합니다. 그래서 ‘크다’고 한 것입니다. 백성들이 순종하고 귀의하니 이는 좋은 일이 거듭 생기는 것을 뜻합니다. 그래서 ‘형통'하다고 한 것입니다. 내괘에 진과 뢰가 있어 '이롭고 바르다'라고 한 것입니다. 위무(威武)하고 진동하는 수레가 위에 있어 잘 갖추어진 군대를 상징하고, 순종하고 무리지은 물이 아래 있으니, 반드시 제후들의 패자가 됨을 말하는 것입니다. 그러나 소인들이 하는 일은 성공을 거둘 수 없습니다. 이는 꽉 막혀 통하지 않기 때문입니다. 그래서 '급하게 진행해서는 안 된다'라고 한 것입니다. 이는 한 사람의 행동을 지적한 것입니다. 백성들이 순종하고 옹호하며 위세가 진동하니 '제후를 세움에 이롭다'라고 한 것입니다. 곤괘는 모친을 뜻하고, 진괘는 장자를 뜻합니다. 모친이 늙었을 때 장자가 장성하니 안락을 뜻하는 예괘를 얻은 것입니다. 그 괘사에 이르기를, '제후를 세움이 이로우니, 출병하여 교전한다'고 했습니다. 이는 바로 안락함에 처하고 밖으로 무위를 떨치는 것을 말합니다. 둔괘와 예괘 모두 장차 나라를 얻게 됨을 예시하는 길한 괘입니다.22)

다) 『역경』 둔괘 괘사

둔은 크게 형통하고 바르게 하는 것이 이로우니, 나아가려고 하지 말고 제후를 세우는 것이 유리할 것이다.23)

라) 둔괘 「단전」의 경우

「단전」에 말하기를 둔은 강과 유가 처음 사귀기 시작하니 어렵게 나오며, 위험한 가운데 움직임이니 크게 형통하고 바르다는 것은 우레와 비의 움직임이 가득차기 때문이다. 하늘이 운행하는 처음 시기는 아직 어지럽고 어둡기 때문에 마땅히 제후를 세워야 하고 편안하다고 생각하

지 말아야 한다.[24]

마) 「서괘전」의 경우

천지가 있고 난 뒤에 만물이 생겨나니, 천지 사이에 가득 차 있는 것은 오직 만물이다. 그러므로 (건 · 곤괘 다음에) 둔괘(屯卦)로써 받으니, 둔은 가득 찬 것이며 둔은 만물이 처음 낳은 것이다.[25]

바) 「잡괘전」의 경우

둔은 바깥으로 드러나지만 자기의 거처를 잃지 않으며[26]

위의 가)와 나)의 『좌전』과 『국어』 속에 보이는 두 개의 서례(筮例) 속에서, 신료(辛廖)는 '둔(屯)'을 '고(固)'로 해석하였고, 사공(司空) 계자(季子)는 '둔'을 '후(厚)'로 해석하였다. 이런 해석은 『역경』 둔괘의 괘명의 뜻인 '둔난(屯難)'에서 모두 의미가 확장된 것이라고 할 수 있다.

가)의 『좌전』에서 신료가 '둔(屯)'을 '고(固)'로 해석하는 경우는 쉽게 이해가 가지 않는 측면이 있다. 이 문제에 대한 관점은 매우 다양하다. 단옥재(段玉裁)는 "견고하지 않고, 가득 차지 않으면 빠져나갈 수 없다"[27] 라는 말을 하고 있다. 즉 둔난의 초기에는 어떤 일을 수행하기가 쉽지가 않은 것은 당연하다. 이 단계에서 어려움을 빠져나가기 위해서는 반드시 힘이나 능력이 견고하거나 충만하게 가득 채우고 있어야 한다는 의미로 보인다. 여기에서 '둔'은 전혀 다른 각도의 의미를 가진 '견고함[堅固]'과 '가득 참[盈滿]'의 뜻으로 확장되고 있다. 고형은 『좌전』에서 신료가 '둔'을 '고(固)'로 해석한 것은 바로 이 사유 노선을 따른 것이라고 생

각했다.[28]

나)의 『국어』에서 '둔'을 '후(厚)'로 해석할 수 있는 것은 크게 두 가지의 관점과 관련된다. 하나는 둔괘 구오 효사 "둔기고(屯其膏)"와 연관이 있다는 관점이다. 또 다른 하나의 관점은 「서괘전」과의 관련성이다. 여기에서는 구오 효사의 관점과 관련하여 이야기해 보겠다. 고형의 『주역대전금주(周易大傳今注)』와 이경지의 『주역통의(周易通義)』에서 '둔'을 '모으다, 축적하다'로, '고(膏)'를 '기름진 고기'로 말하여 "둔기고"를 "기름진 고기를 모아 두었다"로 풀이하고 있다. 즉 '둔'을 쌓아 놓는다는 의미인 '돈적(囤積)'으로 해석하고 있다.[29] 『좌전』에서 사공 계자가 '둔'을 '후'로 해석하는 것과 이것은 관련되는 것으로 볼 수 있다.[30]

라)의 「단전」에서 "둔은 강과 유가 처음 사귀기 시작하니 어렵게 나오며"라는 말은 여전히 '둔난'으로 보고 있다. 그러나 이것은 결코 '둔'자의 상형으로부터 나온 것이 아니고, 둔괘의 괘상으로부터 의미를 확장하고 있다. 소위 "강과 유가 교류하기 시작한다"라는 말이 가리키는 것은 바로 하괘(下卦) 진괘(震卦, ☳)의 상에 근거하고 있으며, '어렵게 나오며'라는 말은 바로 상괘(上卦) 감괘(坎卦, ☵)의 상에 근거하여 말하고 있다.

마)의 「서괘전」은 괘서(卦序)로부터 '둔'의 의미를 해석하고 있다. 둔은 건곤의 다음에 있고 또한 사물의 시생(始生)을 나타내기 때문에, 천지가 만물을 잉태하여 낳는 것을 상징하고 있다. '둔'을 '가득 참(盈滿)'의 뜻으로 해석한 단옥재의 관점은 바로 "천지 사이를 가득 채우는 것은 오직 만물이다"는 것에 근거하고 있는 것으로 볼 수 있다.

바)의 「잡괘전」은 "둔은 드러나지만 그 거처를 잃지 않음이다"라고 하였는데, 이 말은 둔괘는 자신을 드러내어야 하는 시기이기 때문에 드러내기는 하였지만 여전히 어렵다. 그렇다고 하여 자신의 거처를 완전히 잃어버린 것은 아니라고 말한다. 이것은 상하 괘의 괘상에 의거하여 해석한 것으로 보인다. 주자는 『주역본의』에서 "둔은 진이 감을 만나는 것인데, 진은 움직이므로 드러나고, 감은 위험해서 움직이지 않는다"[31]고 하였다. 주자는 "그 거처를 잃지 않음"은 상괘가 감으로 위험하여 움직이지 않음을 상징하고 있는데, '둔난'의 관점을 8괘의 괘상에 근거하여 설명하고 있다.[32]

위에서는 둔괘를 예로 들어 『좌전』·『국어』와 『역전』 등에서 어떤 다양한 해석을 하고 있고, 그것이 어떤 의미로 연역·확장되어 가는가에 대해 살펴보았다. 이미 앞에서 말한 것처럼, 모두 괘상·괘명·괘서·괘효사 등에 근거하여 괘의를 해석하고 의미를 확장해 가고 있음을 발견할 수 있었다. 다시 말하면 『좌전』·『국어』·『역경』·『역전』은 하나의 괘나 그것을 구성하고 있는 각각의 효는 기본적으로는 괘명의 본래 의미에 근거하지만, 한발 더 나아가 다른 어의(語義)까지 확장하고 괘명의 본의를 사용하지 않는 경우도 보인다는 점이다. 어떤 점에서 보자면 『역경』은 단순히 점서를 기록한 것이라기보다는, 상당한 철리성(哲理性)을 지닌 창작 혹은 편집의 산물로도 볼 수 있다는 것이다.[33] 만약 『역경』의 내용을 순수한 창작이라고 주장하는 관점이 지나치다고 한다면 적어도 복서에 사용되는 괘상과 서사를 통하여 새로운 의미를 취상하여 연역하는 방식을 통해서 새로운 철학적 의미를 계속적으로 부가하였다는 주장은 크게 잘못된 의견은 아닐 것으로 본다.

여기에서 우리는 『주역』이 가진 가장 현저한 특성중의 하나인 괘상의 상징체계와 괘효사의 상징 언어야말로 『역경』에서 『역전』으로의 발전에 결정적인 역할을 하고 있음을 발견할 수 있었다. 『역경』에서 다양한 철학적 해석 지평이 전개된 『역전』으로의 발전을 가능하게 만든 사유방식 혹은 해석의 방향을 한미디로 요약하여 말하면 『계사전』의 "그 상을 살펴보고 그 말이 가진 의미를 음미한다(觀其象而玩其辭)"는 말로 정리 가능할 것이다. 이 말은 단순히 『주역』이 제시한 내용을 마치 기계적으로 생각하고 행동하라는 의미가 아니라, 그것이 담고 있는 의미를 발견하여 자신의 입장에서 주체적으로 해석한다는 말이다. 즉 『주역』의 괘효상과 괘효사 속에 들어있는 상징적 의미의 함의를 얼마든지 연역하여 확대할 수 있다는 것이다. 왜냐하면 『주역』의 괘효상과 괘효사는 기본적으로 상(象), 즉 상징의 체계이기 때문이다.

'상'으로서의 『주역』 괘효상과 괘효사에 대한 무한한 연상과 연역이라는 해석을 통하여 천하의 모든 문제와 연결시킬 수 있게 되는 것이다. 이것은 바로 『계사전』의 "이끌어 펴서 종류에 따라 확장하면 천하의 가능한 일을 다 할 수 있다"34)는 말에 해당한다. "이끌어 펴서(引而伸之)"라는 말은 「계사전」 하편의 "팔괘에 인하여(근거하여) 그것을 각각 포개니(引而重之)"의 뜻과 같은 것으로 팔괘를 중첩하거나 연신(延伸)하여 계속적으로 의미를 확대한다는 말이다. 이 말은 본래 팔괘를 중첩하여 64괘로 만드는 것에서 나온 말이지만, 의미를 확대하여 연역한다는 뜻으로 전용(轉用)된다. 복잡한 세계의 운동과 변화를 팔괘는 설명해내지 못하기 때문에 그것을 "이끌어 펴서 종류에 따라 확장하는 것(引而伸之, 觸類而長之)"이다. 여기에서 중요한 것이 바로 취상(取象)의 문제이다.

결론적으로 말하여 『역경』을 단순히 점복의 기록으로 규정하고, 『역전』은 철학적 해석에 속하는 것으로 간주하여 이 둘을 엄격하게 분리하는 방식은 문제가 됨을 발견할 수 있었다. 동시에 『역경』 속에도 당연히 철학적 성분이 잠재되어 있는 것이 사실이고, 『역경』의 성서(成書)나 편집 배경 등을 통해서도 뚜렷한 철리적 성격을 분명히 발견할 수 있다.

또한 『역경』은 분명히 점서를 행하는 데 사용된 것이라는 관점 역시 부정할 수 없는 사실이다. 그렇다고 하여 '복서와 의리를 양분'하는 '이경해경'과 '이전해전'의 방식을 비판하기 위해 『역경』의 본래적 기능을 무시하고 철학적 성격을 찾아내는 데에 집중하는 방식은 문제의 본질과는 거리가 있는 관점이라는 생각이 든다. 이런 방식이 아니라 『역경』이 기본적으로 가지고 있는 '상' 또는 상징이라는 관점을 통하여 점서역학 단계의 『역경』에서 철학적 『역전』으로의 발전이라는 문제를 살펴보는 것이 더욱 설득력이 있는 관점일 것이다. 다시 말하면 『역경』이 가진 상징이라는 관점을 통하여 점서로서의 『역경』에서 철학적 『역전』으로의 발전을 역사적 연속성이라는 관점에서 살펴보아야 한다는 말이다.

2. 점서 해석의 위기와 팔괘취상설(八卦取象說)

점서역학(占筮易學)의 해체는 어떤 한순간의 일이 아니라 점차적이고 단계적으로 진행된 기나긴 역사적 과정이다. 이 기나긴 과정 속에서 역학(易學)은 귀복(龜卜)과 점서(占筮)가 본래 가지고 있었던 점의 기능을 벗어나 인간의 이성과 합리적 판단을 귀중하게 여기는 철학적 성격을 지닌 것으로 변모하게 된다. 이것이 의미하는 것은 운명을 주재하는 신의 압제로부터 해방되어 인간 스스로의 경험과 지혜에 근거하여 인생과 세계를 이해하는 단계로 나아가게 됨을 말한다. 이것이 바로 점서역학이 철학적 역학으로 전환한 것을 의미한다. 일종의 패러다임의 전환이라고 할 수 있다.

만약 어떤 시대 사람들의 철학적 관점이나 사고를 근본적으로 규정하고 있는 테두리로서의 인식 체계 또는 사물에 대한 이론적인 틀이나 체계를 패러다임이라는 개념으로 규정할 경우, 역학적(易學的) 혁명의 구체적인 내용은 바로 점서적 패러다임에서 철학적 패러다임으로의 전환을 의미한다. 이것의 구체적인 표현이 바로 『역전』이다.

『주역』이 점치는 책에서 철학적인 책으로 변신(變身)한 것은 그 내재적 요소와 외부의 해석의 발전이 결합되어 실현된 것으로 여러 가지 점서적 요소들이 새롭게 해석되어져 철학적인 요소로 전환하게 된다. 여기서 사람들은 완전히 새로운 『주역』을 만나게 된다. 여기에서 말하는 새로운 『주역』은 더 이상 점서의 도구가 아니라 사람들이 스스로 자신을 돌아보고 개발하는 데 있어서 주요한 해석의 자원으로 전환하게 되면서 성(性)과 명(命)을 온전히 다하고 자강불식(自彊不息)하는 정신적 근원으로 변하게 되는 것을 말한다.[35]

그러면 『주역』이 점치는 책에서 철학적인 책으로 변신할 수 있었던 원인은 무엇인가? 다시 말하면 역학의 어떤 요소들이 『주역』을 점서에서 철학적인 책으로 변신시켰는가의 문제라고 할 수 있다. 전통적인 관점에 의하면 점서에서 철학적인 책으로의 변신이 가능한 근거는 줄곧 성인의 마음 혹은 작역자(作易者)의 해석 중에 존재하는 가운데에서 발전하였던 것으로 보았다. 그러므로 역학의 바른 공부는 다름아닌 성인의 뜻을 파악하고 작역자의 원의(原義)에 부합하는 것을 탐구하는 것으로 보았다.

전통적인 관점에서 『주역』은 비록 점서를 표면으로 하고 있지만, 그 속에는 이미 철학적인 성질을 내함하고 있는 것으로 보아 역학적인 철리가 본래부터 그 속에 존재하고 있는 것으로 생각하였다. 예를 들면 장선문(張善文)은 "만약 『주역』의 괘상이나 괘효사에 내재적인 철학 성질이 없다면 어떤 성인이라 할지라도 근거 없이 그 중의 의미를 끄집어내기는 어려울 것이다.[36] 만약 『주역』 64괘가 가진 대의(大義)를 조심스럽게 분석한다면 음양을 대표하는 '⚊'과 '⚋'의 두 획이 탄생한 날로부터 『주역』 철학은 최초의 맹아적 요소가 생기는데, 8괘를 중첩한 독특한 64괘와 괘효사가 이루어지고 편찬된 후에 『주역』의 상징철학은 기이한 사상적 빛을 드러낸다. 이 때문에 『주역』의 점서가 말하는 것은 다만 고인(古

人)의 64괘 의리에 대한 어떤 측면의 운용이고, 『주역』의 상징은 그 철학적 내용의 기본적 표현 형식인데 그것은 전서(全書)를 관통하는 사물의 대립 · 운동 · 변화규율 등의 사상이다. 『주역』의 상징은 바로 64괘 철리의 내재적 핵심이다. 분명히 『주역』의 경(經) 부분은 비록 점서를 바깥으로 하지만 실은 철학을 안으로 하는 상징적 색채로 충만한 철학 저작으로 보아야만 한다"[37]라고 하였다. 이러한 관점이 완전히 틀린 것은 아니다. 그러나 이런 설명만으로는 부족하다. 왜냐하면 새로운 해석의 패러다임을 전환시키는 결정적인 요소가 그 자체 속에 내재하고 있었던 것은 아니기 때문이다. 이런 점에서 『주역』 해석의 패러다임 전환이라는 문제에 대한 논란이 발생하는 것이다.

위의 문제에 대해 오전형(吳前衡)은 다른 관점을 말하고 있다. 『주역』 텍스트의 생명은 바로 그것에 대한 해석에 있고 해석은 텍스트의 자아갱신(自我更新)을 의미하는데, 그것의 부단한 해석을 통하여 『주역』 텍스트는 새로운 의미를 만들어낸다. 점서역학이 어느 정도로 발전하면 『주역』의 해석은 점서의 형식을 넘어서서 『주역』을 통하여 어떤 인문적 · 철학적 도리를 이야기하게 되고 이로부터 점서역학은 철학적 역학으로 전환하게 된다. 구체적으로 말하면, 해석의 질적(質的) 변화가 있어야만 『주역』 해석의 패러다임 전환이 가능하다는 말이다.[38] 여기에서 오전형은 『주역』 해석의 패러다임의 전환이 가능한 것은 해석의 질적 변화가 있어야 가능하다고 말한다. 구체적으로 그는 이런 해석의 질적 변화를 『주역』 바깥의 철학적 경향이나 내용을 통한 『주역』 해석에서 가능한 것으로 말하고 있다.

『주역』을 철학적 역학으로 전환시키는 데 있어서 기여한 최초의 철학적 관점은 다름아닌 음양을 상징하는 '⚊'과 '⚋'의 두 획이다. 이 기본적인 두 획을 기초로 삼아 8괘를 만들고, 또 이 8괘를 중첩하여 64괘로 만들고 괘효사를 편정(編定)한 후 『주역』의 상징체계는 철학적 면모를 본격적으로 드러내게 된다고 말한다. 이것이 바로 『주역』이 점서를 표면으로 하지만 철학을 오히려 내용으로 가지고 있다는 전형적인 관점이라는 것이다.

여기에서 오전형은 이런 관점에 대해 몇 가지 의문을 제기한다. "그러면 원시적 철학으로서의 음양관을 대표하는 '⚊'과 '⚋'의 두 획은 어떤 조건에서 생겨난 것인가? 철학적 음양관을 생기게 할 수 있었던 문화적 배경은 무엇인가? 『주역』은 표면적으로는 점서지만, 그 속은 철학이라는 성질은 원래 작역자가 만들어놓은 것인가, 아니면 해석에 의해서 만들어진 것인가? 또 이미 점서라고 한다면 또 철학을 내면(內面)으로 삼을 필요가 있는가? 또 이미 철학이라고 한다면 다시 점서를 표면으로 내세울 필요가 있겠는가?"라는 문제 제기이다.[39] 말하자면 이런 문제 제기는 『주역』의 철학적 내용들을 『주역』 자체가 본래 생득적으로 본구(本具)하고 있는 것으로 간주하여 오직 작역자로서의 성인이 가진 숨은 뜻을 찾아내는 것에 열중하기만 하면 된다는 관점에 대한 비판이다. 이것은 역학사라는 기나긴 해석의 역사를 송두리째 부정하는 것이나 마찬가지이고, 일종의 성인작역의 다른 말에 지나지 않는 것이라고 비판한다.

이른바 역학은 『주역』 텍스트에 대한 해석을 말한다. 그러므로 역학은 해석 속에서 생장하고 부단히 스스로를 갱신하여 왔다. 점서역학이 『주역』의 성서(成書) 단계로 발전하면서 『역』 텍스트와 서법은 모두 최고의 정점에 도달한다. 주대(周代)의 천명 개념이 인문주의적 덕에 의해 대체되는 분위기는 점서 해석의 위기를 초래하는 외부적 원인이 된다. 역학에서 말하는 인간의 운명을 주재하는 천명에 관한 신앙을 도덕적으로 이성화하는 경향은 점서 해석의 한계를 돌파하여 표현된 것이다.

점서 해석의 한계는 『역』 텍스트에 대한 무술적(巫術的) 또는 점서적 해석에서 나온 것으로 이런 한계는 원래부터 존재했다. 즉 점서역학의 특징은 점서로 『역』의 본문을 결정하는 해석인데, 이것은 근본적으로 해석의 한계를 가질 수밖에 없는 것으로, 이것이 점서 해석의 위기를 초래한다. 점서 해석은 내재적으로 네 가지 한계를 가지게 된다고 말한다.

첫째, 점단(占斷)의 해석은 반드시 천명의 이름으로 말하는데 그렇지 않으면 점서는 존재할 수 없고, 이런 천명관은 줄곧 『역』 텍스트의 자유로운 창조적 해석을 가로막는다.

둘째, 점단 해석은 점치는 자의 물음에 답할 때 사용된다. 그러나 점단 해석이 『역』 텍스트의 의미로 이해되지 않고, 다만 점치는 자의 물음에 대한 천명의 대답으로만 간주된다는 것이다. 말하자면 『역』 텍스트 자체가 해석의 근원이 되지 못한다는 말이다.

셋째, 점서 중의 괘획은 다만 천명을 상징하는 부호이며 서법의 조작 중에서 매개적인 작용만을 하고, 설시(揲蓍)의 결과를 『역』 텍스트로 전이(轉移)한 후에 괘의 부호는 사명을 다한다. 여기에서 점단 해석은 『역』 텍스트의 의미를 충분히 드러내지 못한다.

넷째, 점서 중 『역』 텍스트는 신령과 통하는 하나의 도구일 뿐으로 그것의 해석은 자주적인 것이 아니다. 사람들은 책을 읽는 것처럼 『역』 텍스트를 직접 이해하지 못하고, 다만 서법(筮法)이 지정하는 대로 해석할 수 있을 뿐이다.[40]

여기에서 점서적 해석은 자유로운 해석의 제한을 의미하며, 이것은 곧바로 점서 해석의 위기로 직결된다. 이러한 위기는 점서 자체에서 나온 것으로 점서의 범위 내에서 극복할 수 있는 것은 아니다. 위에서 말한 네 가지 위기는 점서역학의 패러다임으로는 해결할 수 없는 한계를 의미한다. 이러한 위기는 64괘를 근본적으로 새롭게 해석하도록 만든다. 그렇지 않으면 역학은 점서와 함께 위기 속에서 사라져버렸을 것이다.[41] 그러면 여기에서 출현한 해석의 방향은 무엇인가?

이런 문제의식에서 자주 등장하는 해석 방식이 바로 종교적 이성화 혹은 인문화(人文化)의 과정을 통하여 설명하는 방식이다. 예를 들면 진래(陳來)는 막스 베버(Max Weber)가 말하는 '이성화'의 관점을 빌려와 중국 고대의 점복 혹은 무문화(巫文化)가 예악문화(禮樂文化)로 발전해 가는 과정을 설명하고 있다.[42]

그러나 종교적 이성화 혹은 인문화의 과정을 통하여 설명하는 방식만으로는 "점서적 성격을 가지고 있는 『역경』에서 어떻게 차원 높은 철학적인 체계를 갖추고 있는 『역전』의 출현이 가능하게 되었는가?"라는 물음에 적절하게 대처하기는 어려울 것으로 보인다.

왜냐하면 여기에서 우리는 이런 의문을 가질 수밖에 없다. 신비적인 복서 혹은 무문화에서 이성적인 철학의 단계로 넘어가는 과정은 중국의 경우뿐만 아니라 동서양의 어느 지역에도 모두 공통적으로 존재하며 또한 중국 고대의 점치는 방법들은 이것 이외에도 많이 존재하고 있었고, 그것들은 여전히 무술적 단계 혹은 미신적 단계에만 머물러 있는 데 비해 오직 『주역』만이 철학적 체계로 발전하였는가? 또한 철학적 체계로서의 『역전』은 왜 여전히 점서적 단계의 동일한 형식체계와 공존하고 있는가 하는 이런 문제들은 분명히 인간 이성의 자각이나 종교적 이성화 혹은 인문화의 과정을 통하여 설명하는 것만으로는 충분하지 못한 것으로 보인다.

다시 말하면 이런 관점은 고대 종교의 발전에 있어서 비이성적인 무술과 미신이 이성적 종교로 발전해 가는 보편적 경향을 설명해 주는 데 있어서는 크게 문제가 되지 않지만, 그것만으로 『주역』이 가지고 있는 특수성을 모두 설명해 주기에는 부족하다. 즉 이런 접근 방식은 결코 위의 문제가 요구하는 물음에 대한 본격적인 해답은 아닌 것으로 보인다.

이런 근본적인 물음, 즉 『주역』의 어떤 요소가 창조적인 해석을 가능하게 하는가라는 문제와 관련되는 보다 본질적인 근거에 대해 집중적으로 분석할 필요성이 있다. 여기에서 주목하여야 할 문제가 바로 팔괘취상설(八卦取象說)을 중심으로 하는 상(象)의 사유이다.

지나치게 형식화된 서법의 『주역』 본문에 대한 엄격한 규정은 점서 해석의 위기를 초래하게 되면서 64괘의 해석은 마침내 새로운 방향을 만들어내는데 이것이 바로 팔괘취상설이다. 8괘의 취상이라는 관점은 괘획 부호를 완전히 새로운 방향에서 해석하는 것으로 그것은 서법을 지키지도 않고 또 서법의 제한을 받지도 않는다. 그러나 이것 역시 점서 역학의 기체(機體)에서 발생한 신생 사물이다. 그것의 최초의 발생은 점서라는 모체를 벗어날 수 없고 또 그것의 해석 또한 일단은 점서라는 모체를 통하여 표현된 것이다.[43)]

팔괘 취상은 더 이상 점서의 과정을 필요로 하지도 않고 또 서법의 규정을 준수할 필요도 없다. 그것은 직접적으로 세 개의 '⚊'과 '⚋'의 부호로 구성된 8괘를 통하여 현실세계 속의 사물이나 상황들을 상징하여 64괘의 의미 구조를 완성하는 데 결정적인 작용을 한다. 여기에서 세 개의 '⚊'과 '⚋'의 부호로 구성된 8괘는 인간의 길흉화복을 묻는 점서의 형식적 도구에 머무르지 않고, 또 단순히 신령의 계시에만 의거하여 문점(問占)하는 단계에 머물지 않고, 취상이라는 '상'이 나타내는 관계와 상징의 응용을 통하여 철학적 · 문화적인 방면에서 주체적 · 창조적인 해석을 할 수 있게 하는 여지를 제공하고 있다.

이런 『주역』의 '취상'과 관련되는 일련의 사유과정과 인식체계는 『역전』 등의 철학적 해석뿐만 아니라 이후의 유가 · 도가 심지어 불가에 이르기까지 모두 이를 응용한 다양한 관점들을 양산하게 만든다. 즉 『사고제요(四庫提要)』 「역류소서(易類小序)」에서 "역의 도리는 매우 넓어 포함하지 않는 것이 없는데 널리 천문 · 지리 · 악률 · 병법 · 음운학 · 산수를 비롯하여 방외의 봉화에 이르기까지 모두 『주역』을 바탕으로 하여 이야기하고 있다"[44]라는 기록을 통해서 그 응용의 다양하고 방대한 범위를 어렵지 않게 짐작할 수 있을 것이다.

『주역』이 한 권의 점치는 책에서 출발하여 이와 같이 방대한 문화적 기능과 철학적 가치를 가지는 중요한 경전의 지위를 누릴 수 있었던 관건은 바로 그 자체의 괘상 · 괘효사 · 효제 등이 밀접하게 배합된 '취상'의 사유체계와 해석에 기인하기 때문이다. 말하자면 『주역』의 외연이 이처럼 무한대로 확장될 수 있었던 배경에는 이런 '취상'의 인식체계 혹은 사유가 있었기 때문에 가능했던 것이다. 그러므로 『주역』을 이해하는 데 있어 선결적인 과제는 '상', 특히 8괘 취상의 의미와 체계에 대한 해석과 판독이라 할 수 있다.

그러면 먼저 '상'과 '취상'개념에 대해 살펴보도록 하자. '상'에 대해 전면적 해석을 하는 부분이 바로 「계사전」이다. 『역전』의 「계사전」은 명확하게 "역이라는 것은 상이다(易者, 象也)"라고 하여 『주역』의 특징을 가장 분명하게 정리하고 있다. 『역전』 속에서 '상'은 모두 485번이나 출현한다. 괘상은 '상'의 핵심으로 심지어 『주역』의 대명사라고 하여도 지나친 말은 아니다.

「계사전」에서 말하는 "역이라는 것은 상이다"의 '상'을 표면적으로 이해하면 괘상의 체계를 말하는 것으로 이해할 수 있다. 이 괘상은 『주역』에서 만사만물을 인식하는 매개의 역할을 하는 가장 중요한 핵심임에는 틀림이 없지만 여기에서 말하는 '상'은 결코 괘효의 부호체계만을 의미하지 않는다. 만약 '상'이라는 말이 가지고 있는 성질로 분석하면 크게 두 가지로 나눌 수 있다. 그것은 바로 명사(名詞)로서의 상과 동사(動詞)로서의 상이다.

명사로서의 상에는 괘상, 효상과 괘효가 상징하는 물상(物象) 및 사상(事象) 등이 있고 또 일체의 현상 · 형상까지도 모두 포함된다. 즉 형태가 있고 볼 수 있는 구체적인 기물의 모습과 비록 형태가 없어서 볼 수 없지만 느낄 수 있는 현상들을 상이라고 말한다. 「계사전」에서는 "나타난 것을 상이라 하고, 형체로 구체화된 것을 기(器)라 한다"[45]라고 하여 보이는 상과 형태가 있는 기물을 모두 '상'이라고 하였다.

동사로서의 '상'은 '상(像)'과 통하는데 상징 · 비유 등의 의미를 가지고 있다. 『주역』이 괘효의 부호를 이용하여 자연변화와 인간사의 길흉을 상징하고 비유하는 것을 가리킨다. 「계사전」에서 "이 때문에 역은 상이니 상은 본뜬다는 것이다"[46]나 "물의 마땅함을 상징한다(象其物宜)", 또는 "성인이 상징한다(聖人象之)"에서 말하는 '상'은 모두 동사적으로 사용되는 경우이다.[47]

'상'은 『주역』에서 가장 중요한 구성 요소이고 심지어 『주역』의 대명사라고도 할 수 있다. 이 중에서 실제로 상이 가지고 있는 중요한 의미와 기능은 동사로서의 상인 취상(取象), 상징이나 비유의 방법론에 있다. 동사로서의 상은 앞에서 말한 '상(像)'으로 취상 · 상징 · 유비의 뜻을 가지고 있다. 『주역』은 괘효의 부호를 이용하여 자연변화와 인간사의 길흉을 상징하고 유비한다.[48]

『주역』에서 말하는 상을 작용이나 단계로 나누어 볼 수도 있는데, 작용이나 기능으로 나누어 말하면 물상, 괘상과 취상이 있다. 이러한 상의 세 가지 작용은 서로 유기적으로 결합되어 있다. 즉 '괘상'은 핵심이고 '취상'은 방법이고 사상과 물상은 괘상이 상징하려는 대상을 말한다.

또 이들 '상'은 대체로 세 단계 혹은 삼층의 구조를 가지고 있다고 말한다. 그 순서나 단계는 물상에서 괘상으로, 거기서 다시 취상으로 발전한다. 물상은 괘가 상징하고 있는 만사 만물의 '상'을 말하고, 8괘와 64

괘는 괘상에 속한다. 취상은 상징이나 유비의 뜻을 가지고 있다. 이것을 구체적으로 나누어 설명하면 다음과 같다. 상의 첫 번째 의미는 물상이다. 물상에 대해 「계사전」은 다음과 같이 말하고 있다.

> 옛날 복희씨가 천하를 통치하던 시대에 위로는 하늘의 현상을 살펴보고, 아래로는 땅의 법칙을 관찰하였다. 조수의 문채와 초목 · 나무 · 돌 등을 포함한 땅의 지리를 살펴서, 가까운 곳에서는 몸의 형상에서 취하고, 멀리는 만물의 형상을 취하여 비로소 팔괘를 만들어 신령스럽고도 밝은 조화의 덕행에 통하여 만물의 실정을 유추해 내었다.[49]

위에서 말하는 '하늘의 현상'이나 '조수의 문채와 초목 · 나무 · 돌 등을 포함한 땅의 지리' 등은 모두 물상으로 객관적 존재를 말한다. 『역전』에는 이외에도 많은 곳에서 물상의 '상'에 대해 말하고 있다. "하늘이 상을 드리워 길흉을 나타내니 성인이 이것을 본뜬다"[50]고 하였다. 『역전』은 먼저 물상인 '하늘의 상'이 있고 난 후에 성인이 그것들을 '본떠서[象之]' 괘상을 만든다는 것을 말하고 있다.

상의 두 번째 함의는 괘상이다. 예를 들면 "성인은 괘를 베풀어서 상을 살펴 말을 붙이고 길함과 흉함을 밝혔다"[51]라거나 "팔괘는 상으로 알려주고, 괘효사는 실정으로 말해 준다"[52]고 하였는데 이들 상은 모두 『주역』의 괘상을 가리킨다.

상의 세 번째 함의는 동사적인 의미의 취상이나 상징을 의미한다. 예를 들면 "성인이 천하의 복잡함을 보고 그 생겨난 모양을 비겨보며, 그 사물에 알맞은 것을 본뜨는지라 이 때문에 상이라 한다"[53] 혹은 "역은 상이니, 상은 본뜬다는 것이다"[54]라고 하였는데 이들 상은 모두 상에서 본받는 '취상'을 말한다. 즉 괘상을 본받음의 준칙으로 삼아 해석하고 행동하는 것을 말한다. 여기에서 상은 바로 상사(相似), 유추 혹은 유비의 뜻이다. 만약 상의 상사 · 유추 · 유비의 기능이 없다면 "신령스럽고도 밝은 조화의 덕행에 통하여 만물의 실정을 유추해 내는" 것은 모두 불가능한 일일 것이다.

상은 기본적으로 대상에 대한 본뜸이지만, 상은 결코 단순한 대상의 재현은 아니다. 상을 통하여 드러내려는 근본적인 의미나 목적은 마음속에 들어 있는 하나의 뜻에서 나오는 것이라고 할 수 있다.[55) 「계사전」에서 말하는 "천이 상을 드리워 길흉을 나타내니"에서 말하는 천은 자연계 혹은 구체 세계를 말한다. 상은 바로 천이 내린 것으로 우리가 보고서 알 수 있는 것이다. 여기에서 하늘이 드리운 상은 외재적 조건(External condition)이고 내가 보는 것은 내재적 조건(Internal condition)이다. 상은 바로 이런 두 가지 조건을 합해서 만든 것이라고 할 수 있다.[56)]

비록 상의 성립은 천지의 자연현상으로부터 나오지만, 그러나 상은 대상의 재현에 그치는 것이 아니라 나의 뜻과 불가분의 통일체를 구성한다. 상은 단순한 사물 현상이 아니라 가장 중요한 것은 상속에 '의(意)'를 포함하고 있다는 점일 것이다. 그러므로 「계사전」은 "상을 세워서 뜻을 다하며(立象以盡意)"라고 말한다.

위에서 말한 상의 세 가지 함의 중에서 가장 중요한 것이 바로 '취상'이다. 괘상이 객관적인 상이라고 한다면 취상은 주관적이다. "상에는 두 가지 의미가 있다. 괘상과 효상은 객관적으로 말하는 것으로 모든 괘효에 대해서 하나의 상이 있는데 이 상은 도상의 상으로 그것을 영어로 말하면 'picture'이다. 이에 비해 또 주관적으로 말하는 상도 있는데 그것이 바로 상징이다.

『역전』에서 우리가 가장 쉽게 발견할 수 있는 주관적으로 말하는 상의 예가 있는데 바로 '상왈(象曰)'의 상이다. 이것은 바로 주관적으로 말하는 것으로 상징한다는 뜻이다. 이것은 방법적인 의미에 해당하는 상징의 방법인데 바로 취상의 뜻에 해당한다.[57] 즉 객관적으로 말하는 상은 괘효의 도상으로 상 개념의 명사적 의미에 해당하는 것이고, 도상은 일종의 세계를 설명하는 부호 혹은 세계를 묘사하는 도구이다.

상은 단순히 64괘의 객관적 도상에만 제한되지 않고 주관적으로 말하는 것도 있다. 그것은 바로 취상과 상징의 의미를 가지고 있는 것으로 모두 상 개념의 동사적 함의에 속한다. 이것이 바로 "이끌어 펴서 종류를 더듬어 펴나가면(引而申之, 觸類而長之)"의 취상 방법론으로 단순히 64괘의 도상을 말하는데 머무르지 않고 그것을 바탕으로 해서 모든 사물에 적용하여 무한히 유추해 나갈 수 있음을 말한다. 즉 괘상을 본받음의 준칙으로 삼아 다양한 결과들을 만들어낸다. 이와 관련되는 문제들을 「계사전」은 잘 말하고 있다.

> 노끈을 맺어서 그물을 만들어 새를 잡고 물고기를 잡았는데, 대개 그 이치를 이괘(離卦)에서 취한 것이다. 포희씨가 죽고 신농씨가 일어나, 나무를 깎아 보습을 만들고 나무를 휘어 쟁기를 만들어, 쟁기로 갈고 김을 매는 이로움을 천하 사람에게 가르쳤으니, 대개 그 이치를 익괘(益卦)에서 취한 것이다.[58]

> 아주 옛날에는 굴속에서 살고 들판에서 거처했다. 후세에 성인이 이것을 궁실로 바꾸어 위에는 용마루를 얹고 아래에는 처마를 쳐서 바람과 비에 대비케 하였으니 대개 대장괘(大壯卦)에서 취한 것이다. 옛날의 장사지내는 방법은 섶으로 두껍게 싸서 들판에 매장하여 봉분도 하지 않고 나무도 심지 아니하였으며 장례를 치르는 기일도 일정하지 않았는데, 후대에 성인이 관곽(棺槨)으로 바꾸었으니 대개 대과괘(大過卦)에서 취한 것이다. 아주 옛날에는 노끈을 맺어 만든 결승문자를 이용하여 천하를 다스렸는데 후대에 성인이 그것을 글자와 부호로 대치하였으니, 관리들이 이것을 가지고 백성을 다스렸고 만

민들은 이것을 가지고 번거로운 일을 살폈다. 이는 대개 쾌괘(夬卦)에 서 취한 것이다.[59]

『역전』은 복희씨 등 성인이 괘상을 본받아서 여러 가지 문화적 기구들을 만들어 내는 것에 대해 말하고 있다. 이것이 바로 취상의 의미이다. 각각의 상속에는 기구를 발명해낼 원리를 함유하고 있는데, 성인들은 이 점을 분명하게 인식하여 『주역』 속에서 "상상제기(尙象制器)"의 이론적 체계를 형성하고 있다.[60]

『주역』에서 말하는 상은 정지되어 있는 것이 아니라 늘 변화의 과정 속에 놓여 있기 때문에 어떤 하나의 고정적인 의미나 형상만을 가지고 있지는 않다. 새로운 기물을 만들어낼 수 있는 가능성 혹은 원리는 상을 본받아 응용하는 것으로 상을 기(器)로 전환시킨 것이라고 할 수 있다.[61] 이런 취상의 활동은 작게는 기물의 발명에서부터 정치적 · 문화적 발전의 단계까지 그 범위는 무한대이다.

위에서는 '상'과 '취상'의 의미를 「계사전」을 중심으로 살펴보았다. 「계사전」의 관점은 엄밀히 말하면 『주역』의 통론적(通論的) 특성을 '상'과 '취상'으로 간주하여 그것을 체계적으로 해석하는 입장이라고 한다면, 『주역』을 철학적인 것으로 가능하게 만든 8괘 취상의 관점을 집중적으로 정리하고 체계화한 곳은 바로 「설괘전」이다.

『역전』 중에서 「설괘전」에 팔괘취상에 관한 논의가 가장 풍부하다. 이것은 『국어(國語)』 · 『좌전(左傳)』 · 「단전」과 「상전」의 논점들과 결합하여 여러 측면으로 응용한 것으로 보인다. 8괘 취상은 괘의 부호를 상하 둘로 나누어 취상하는데 여기에서 괘덕(卦德)의 문제가 출현한다. 이런 괘덕의 출현이 점서 해석의 위기를 돌파하게 해준다. 8괘 취상은 바로 하나의 괘획 부호를 상하 둘로 나누어 취상하는데, 이것이 지니고 있는 해석 능력은 점서해석의 위기를 극복하는 동력(動力)의 역할을 한다.

이른바 '괘상'이라고 하는 것은 하나의 특수한 부호로 단순한 수(數)나 문자와는 다르다. 괘상을 구성하는 기본적 부호는 '⚊'과 '⚋'으로, 이것을 세 겹으로 만들어 여덟 개의 부호로 만든 것이 바로 팔괘이고 팔괘를 겹쳐서 만든 것이 64괘이다. 현존하는 『주역』의 경문(經文)에는 64괘만 있고 음양이나 팔괘에 관한 언급은 찾을 수 없다. 경문의 64괘의 체계는 비록 엄밀한 형식적 체계를 갖추고 있지만, 64괘의 괘상은 어디까지나 서술(筮術) 활동의 산물로 그것 자체가 스스로 어떤 법칙이나 심오한 의미를 담고 있는 것은 아니다.

구체적으로 말하면 경문 중 괘상의 원시적 형태는 결코 후대의 해석자가 말하는 것처럼 우주만물과 음양의 변화를 상징하고 있는 것으로 표현되고 있지 않다. 즉 괘상 자체는 결코 개념이나 언어가 아니다. "괘상의 원시적 의미는 어떠한 사상 내용도 가지지 못하는 부호일 뿐이었다. … 괘가 가지고 있는 의의는 그 자체가 가지고 있는 것이 아니라, 해석자가 부여한 결과이다. 해석이 다르면 괘의 의미 역시 달라진다."62)

『주역』 괘상의 의미는 후대의 해석에 근거하여 판단되는 것이지 괘 자체가 처음부터 어떤 사상을 담고 있다고는 말할 수 없다. 말하자면 어떤 관점에서 괘상을 해석하느냐에 따라 괘상이 가진 의미와 차원이 달라진다는 의미이다. 예를 들면 그것을 점서라는 차원에서 사용하면 그것은 점서의 차원에서 해석되어야 하고, 그것을 세계와 우주에 대한 해석에 사용하면 괘상의 의미는 하나의 철학적 세계관을 설명하는 것으로 변하게 된다. 여기에서 취상의 문제가 중요한 문제로 부각되는 것이다.

효가 자기 이름을 가지면서 독립되듯이, 하나의 괘획 부호를 상하 둘로 나누고 8괘를 독립적 부호로 만들어 취상의 과정을 통하여 의미를 표현할 때 이것은 하나의 새로운 해석 원칙을 만들어내게 된다. 말하자면 부호의 취상은 부호를 이용하여 세계를 상징하는 것인데 이를 통하여 세계와 인간 존재의 의미를 이해할 수 있기 때문이다.

상의 부호를 통한 세계와 인간 존재에 대한 표현은 철학적 해석을 가능하게 하는 기초를 만들어낸다. 왜냐하면 취상의 과정은 만물과 사태가 상을 가지고 있는 한 그것들을 표현하고 해석할 수 있기 때문이다. "역은 상(상징)이니 상이라는 것은 (이치를 비슷하게) 본뜨는 것이다"63) 라는 구절의 의미는 부호와 대상의 관련을 말하는 것으로 그 표현 방식이 바로 상의 부호라는 것이다. '상'은 비슷한 것을 본뜨는 것을 말한다. 여기에서 말하는 '상'은 단순한 복제(複製)라는 의미보다는 같은 이치 혹은 기능을 가진 것을 동일한 범주, 즉 하나의 괘에 집어넣는 것을 의미한다. 여기에서 다양한 괘의 취상이 나오고 상의 사유가 시작되는 것이다.

이런 괘의 취상에 대한 체계적인 설명은 『역전』을 기다려야 비로소 가능해진다. 물론 이보다 앞서 취상이 나타나는 곳이 바로 춘추시기의 『국어』와 『좌전』이다. 그러나 『국어』와 『좌전』의 취상에 대한 설명과 『역전』의 취상에 대한 관점은 분명히 근본적으로 구별된다. 춘추시기의 『국어』와 『좌전』의 취상을 『역전』과 비교하면 상징하고 있는 사물은 둘 다 대체로 비슷하다. 구체적으로 『국어』와 『좌전』에 등장하는 8괘가 가지고 있는 취상의 경우는 아래와 같다.

乾 — 天, 天子, 金, 玉

坤 — 土, 馬, 母, 衆, 順, 帛

震 — 車, 雷, 兄, 長男, 足

巽 — 風, 女

坎 — 水, 夫, 衆, 勞

離 — 火, 日, 馬, 牛, 公侯

艮 — 山, 男, 庭

兌 — 澤, 旗[64]

아래는 「설괘전」에서 말하는 팔괘의 취상이다.

乾 — 健, 馬, 首, 天, 君, 父, 金

坤 — 順, 牛, 腹, 地, 母, 布, 釜

震 — 動, 龍, 足, 雷, 玄黃, 長子

巽 — 入, 鷄, 木, 風, 長女, 繩直

坎 — 陷, 豕, 耳, 水, 中男, 溝瀆, 隱伏

離 — 麗, 稚, 目, 火, 日, 中女, 戰

艮 — 止, 狗, 手, 山, 小石, 少男, 徑路

兌 — 說, 羊, 口, 澤, 少女, 巫

특별한 몇 가지의 다른 점을 제외하고는 『국어』와 『좌전』에 등장하는 8괘 취상과 「설괘전」의 관점은 기본적으로 일치한다. 그러나 양자 사이에는 성질상 근본적으로 구별되는 점이 있다.

전자(『국어』와 『좌전』의 8괘에 대한 설명)가 대부분 점서적인 측면에서 이야기하고 있는 반면에 「설괘전」은 8괘를 주로 철학적인 관점에서 다루고 있다는 점이다. 즉 전자가 괘상을 신령이 계시하는 도구로 간주하여 길흉을 예측하는 근거로 삼고 있기 때문에 그들의 세계에 대한 전체적 관점은 종교적 서술(筮術)의 세계관에 속한다.[65]

이에 비해 『역전』의 「설괘전」에서 말하는 취상에 대한 관점은 『주역』을 철학적으로 해석하려는 시도에서 나온 것이라고 할 수 있다. 만약 위에서 나온 취상의 관점들만을 가지고 비교하여도 다른 차이점을 발견할 수 있을 것이다. 그것은 바로 「설괘전」에 괘의 성질을 말하는 괘덕(卦德)이 출현한다는 점이다.

「설괘전」은 『주역』의 괘상의 형식적 체계에 대하여 본격적인 철학적 해석을 가하고 있다. 「설괘전」은 8괘의 괘가 가지고 있는 상징적인 의미를 통하여 『주역』에 대한 철학적 해석을 시도하고, 8괘가 가지고 있는 괘덕을 통하여 하나의 철학적 체계를 확립하고 있다.

여기에서 말하는 괘덕은 하나의 괘가 가지고 있는 성정(性情)이나 특징을 말한다. 예를 들면 건괘(乾卦)가 가지고 있는 덕은 천체의 운행이나 사시(四時)를 어떤 다른 성질로 교체할 수 없는 것이다. 이것이 바로 건괘가 가지고 있는 강건(剛健)의 덕이다. 여기에서 곤괘(坤卦)의 덕은 유순(柔順)함이고 태괘(兌卦)의 덕은 열(悅)이다.

「설괘전」은 8괘가 가지고 있는 덕에 관하여 설명하고, 8괘가 상징하는 사물의 성질과 의미 등을 기술하고 있기 때문에 '설괘(說卦)'라고 말한다. 그러므로 공영달은 「설괘전」을 팔괘가 상징하고 있는 성질과 그것이 드러내고 있는 의미 및 괘의 성질(卦德)에 대해 하나하나 설명하고 있는 것으로 말하고 있다.[66] 이런 이유에서 많은 학자들은 현재의 통행본 『주역』의 「설괘전」에서 64괘에 대해 말하는 부분들이 「계사전」의 착간(錯簡)일 가능성이 높은 것으로 의심하기도 한다.[67]

일반적으로 「설괘전」이 가지고 있는 특징을 주로 8괘의 취상을 말하는 것에서 찾는다. 「설괘전」에서는 주로 8괘의 상을 말하고, 64괘에 대해서는 앞부분의 제1장과 제2장에서만 말하고 있을 뿐이다. 앞부분의 제1장과 제2장에서 말하는 64괘에 대한 논의는 언뜻 중요하지 않는 문제로 간과할 가능성이 크지만, 이 부분이야말로 「설괘전」의 결론 또는 '설괘'의 궁극적 목적에 해당하는 것으로 보아야 마땅할 것으로 보인다.

어떤 학자는 「설괘전」의 이론적 발전 단계의 순서는 앞에서 뒤로가 아니라, 뒤에서 앞으로의 순서로 되어 있다고 주장하기도 한다. “「설괘전」을 읽으려면 앞에서부터 뒤로 읽어야 하는데, 뒤로 갈수록 더욱 구체화되고, 갈수록 혼란하여 형이하(形而下)의 방향으로 나아간다. 뒤로부터 앞으로 읽으면 읽을수록 체계적인 조리가 보이고 개괄적으로 추상화되는데 형이상(形而上)의 방향이다. 그것은 「설괘전」의 각 부분이 동일한 시기에 나온 것이 아니라 각기 다른 시기의 산물이라는 것이다. 그 분포는 지층의 퇴적으로 아래로 가면 갈수록 오래되고, 위로가면 갈수록 새롭다. 단계적으로 오래된 재료 위에 재료가 층층이 중첩되어 각기 다른 시기의 역사적 정보를 드러내주고 있다.”[68] 위의 관점은 여러 가지 점에서 참신한 관점을 제공해 주고 있고, 『설괘전』이 말하려고 하는 핵심을 정확하게 지적해 내고 있다. 이런 문제에 대해서는 뒤에서 다시 논의하기로 하자.

취상을 통해 나타난 물상(物象)들은 「설괘전」에 가장 많이 기록되어 있다. 이것은 아마도 『좌전』과 『국어』 등의 논점들을 계승하여 여러 측면으로 응용한 것으로 보인다. 굴만리(屈萬里, 1907~1979)는 이것을 점서(占筮)를 행할 때에 “사물에 적용하여 길흉을 말하는” 것으로 본다. 즉 「설괘전」이 괘상 방면에서 취상을 통하여 증가시킨 것은 대체로 「계사전」에서 말하는 “가깝게는 자기에서 취하였고, 멀리는 다른 사물에서 취하여(近取諸身, 遠取諸物)”라는 관점을 따르는 것으로 보고 있다. “가깝게는 자기에서 취하였고”라는 것은 머리 · 배 · 다리로부터 가정 중의 부모 자녀 및 사회에서 볼 수 있는 여러 형태의 인물들과 사물들에까지 미친다. “멀리는 다른 사물에서 취하여”라는 말은 천문 · 지리 · 동식물 · 인공적으로 만든 것으로부터 빛 · 맛, 나아가서 사물의 여러 가지 성질이나 상황으로까지 발전된다.[69]

「설괘전」의 후반부에는 점을 치기 위한 수많은 상들이 출현하는데 여기에는 전혀 어떤 체계도 갖추지 못한 임의적인 많은 상들이 나열되어 있다. 구체적으로 「설괘전」의 11장 이후의 마지막 단락들은 8괘가 대표하는 대량의 물상(物象)을 임의적으로 나열하고 있다. 이 단계가 바로 무체계적인 단계로 오히려 가장 먼저 출현하는 첫 번째의 단계로 보인다.[70] 이것을 도표로 정리해 보면 다음과 같다.

乾	天, 圜, 君, 父, 玉, 金, 寒, 冰, 大赤, 良馬, 老馬, 瘠馬, 駁馬, 木果
坤	地, 母, 布, 釜, 吝嗇, 均, 子母牛, 大輿, 文, 衆, 柄, 其於地也爲黑
震	雷, 龍, 玄黃, 敷, 大塗, 長子, 決躁, 蒼筤竹, 萑葦, 其於馬也爲善鳴, 馵足, 作足, 的顙, 其於稼也爲反生, 健, 蕃鮮
巽	木, 風, 長女, 繩直, 工, 白, 長, 高, 進退, 不果, 臭, 其於人也爲寡髮, 廣顙, 多白眼, 近利市三倍, 躁
坎	水, 溝瀆, 隱伏, 矯輮, 弓輪, 其於人也爲加憂, 心病, 耳痛, 血卦, 赤, 其於馬也爲美脊, 亟心, 下首, 薄蹄, 曳, 其於輿也爲多眚, 通, 月, 盜, 其於木也爲堅多心
離	火, 日, 電, 中女, 甲胄, 戈兵, 其於人也爲大腹, 乾卦, 鱉, 蟹, 蠃, 蚌, 龜, 其於木也爲科上槁
艮	山, 徑路, 小石, 門闕, 果蓏, 閽寺, 指, 狗, 鼠, 黔喙之屬, 其於木也爲堅多節
兌	澤, 少女, 巫, 口舌, 毁折, 附決, 其於地也爲剛鹵, 妾, 羊

도표11)

위의 도표를 통해서 파악할 수 있듯이, 먼저 8괘가 대표하는 기본 물상인 건은 천, 곤은 지 등을 말하고 난 후 기타의 다른 잡상(雜象)으로 확대해 나간다. 유일한 변례(變例)는 손괘(巽卦)로 「설괘전」의 앞부분에서는 그것의 가장 기본적인 취상은 주로 바람[風]이었지만 여기에서는 먼저 나무를 말하고 바람이 뒤이어 나온다. 이렇게 되는 이유는 아마도 그 후의 잡상이 나무를 중심으로 하여 확장되었기 때문으로 보인다.

이런 취상의 단계적인 전개는 본래 점서의 필요에서 나온 것으로 주로 작자의 활발한 연상력에 근거한 것이라고 할 수 있다. 「설괘전」 자체로 말하면 작자의 우주론적 관심이 매우 농후한데 8괘가 만물 생성과정 중에서 드러내는 기능을 설명하려고 하는 것 같다.

8괘는 부호체계로 어떠한 사물이나 사태도 모두 대입할 수 있는 특성을 가지고 있다. 그러므로 왕필(王弼)은 "뜻이 강건함에 있다면 반드시 말일 이유가 없으며 류(類)가 순종에 있다면 반드시 소일 필요가 없다"[71]고 하였다. 왕필은 말이 의미하는 것이 강건(剛健)의 의미에 벗어나지 않으면 꼭 말이라는 구체적 상징에 얽매일 필요가 없고, 또 유순(柔順)의 의미에 벗어나지 않는다면 꼭 소라는 구체적 상징에 얽매일 필요가 없다고 말한다. 여기에서 말하는 '강건함'이나 '유순함'이 괘덕이다. 이 괘덕에 따라 류가 구분되고, 이 류 속에 다양한 사물과 사태를 분속(分屬)시킬 수 있다. 이처럼 8괘에 대입할 수 있는 범위는 모든 사물이 다 가능하다. 「설괘전」은 이런 사실을 잘 말해주고 있다.

그러나 만약 8괘가 단순한 점서를 위한 사물의 상징에서 방향을 바꾸어 우주의 모든 사물이나 사태를 전체적 관점에서 설명하려는 방향으로 나아가게 될 때, 8괘 취상설은 우주 전체를 설명하는 하나의 체계적인 해석 체계로 변하게 된다. 「설괘전」으로 보면, 앞에서 말한 잡상들이 주로 뒷부분에 속해 있다면, 이런 체계적인 8괘 취상의 내용은 주로 3장에서 10장 사이에 출현한다.

이것을 도표로 그려 보면 아래와 같다.

	乾	坤	震	巽	坎	離	艮	兌
가족관계	아버지	어머니	장남	장녀	차남	차녀	삼남	삼녀
신체기관	머리	복부	발	넓적다리	귀	눈	손	입
동물계통	말	소	용	닭	돼지	꿩	개	양
성질계통	健	順	動	入	陷	麗	地	說
공간방위	서북	서남	동	동남	북	남	동북	서
작용운동			動	橈	刑	燥	終	說
계절관계	秋冬之交	夏秋之交	正春	春夏之交	正東	正夏	冬春之交	正秋
발생관계	戰	役	出	齊	勞	見	成	說

도표12)

비록 각각의 괘가 계절과 방위를 상세하게 언급하지 않지만 「설괘전」에서는 분명히 8괘와 사계절 및 팔방을 배합하고 있다. 8괘와 계절의 관계는 진은 봄, 리는 여름, 태는 가을, 감은 겨울이 된다. 그것과 8방의 관계는 진은 동, 손은 동남, 리는 남, 곤은 서남, 태는 서, 건은 서북, 감은 북, 간은 동북이 된다. 또 위의 도표에서 만물에 대한 '작용운동' 항에서 건과 곤에 대해서는 언급이 없으나, 그것을 추론하면 건은 '생만물(生萬物)'이고, 곤은 '재만물(載萬物)'일 것으로 보인다.

「설괘전」에서 말하는 8괘 방위설은 『역경』의 경문에서 언급된 방위와 완전히 합치하고 있다. 예를 들면, 곤괘(坤卦) 괘사는 "서남득붕, 동북상붕(西南得朋, 東北喪朋)"이라고 하였다. 서남은 곤의 자리이므로 친구를 얻고, 동북은 반대되므로 친구를 잃는다. 건괘(蹇卦) 괘사는 "이서남, 불리동북(利西南, 不利東北)"이라고 말한다. 서남은 곤(坤)의 자리이며 지(地)이고 동북은 간(艮)의 자리이며 산(山)이다. 해괘(解卦) 괘사는 또 "이서남(利西南)"이라고 말한다. 승괘(升卦) 괘사는 "남정길(南征吉)"이라고 말한다. 남쪽은 리(離)의 자리이다. 리는 밝음으로 올라가서 밝은 장소에 이르면 길하다는 뜻이다. 괘사가 방위를 언급하는 것은 비록 몇 개의 괘이지만, 모두 「설괘전」과 합치한다. 「설괘전」이 방위의 상을 말하는 것은 근거가 없지 않음을 알 수 있다.72)

8괘의 취상을 이용하여 우주론의 범위로 확장될 때 전체 우주는 8괘 취상의 범위 속에 포함된다. 8괘 취상은 이 때문에 우주론적인 이론 기능을 지니게 되면서 이성적 사유의 철학적 우주론의 차원에 도달한다. 그것이 해결하려는 문제는 세계의 도식을 세우는 데 있다. 즉 세계가 어떠한가라는 큰 이치를 8괘를 이용하여 체계화하는 것이다. 이 문제는 제3장에서 6장 사이에 주로 보이는데, 이 문제를 고명(高明, 1909~1992)의 관점으로 분석하면 다음과 같다.

가) 본체(本體)의 상: 「설괘전」 제3장

하늘과 땅이 자리를 정하고 산과 못이 기를 통하여, 천둥과 바람이 서로 부딪히고 물과 불이 서로 쏘지 않아 팔괘가 서로 섞이게 되니 지나간 것을 세는 것은 앞으로 나아가는 움직임(순방향)을 따르는 것이라면 올 것을 아는 것은 거꾸로 돌아오는 움직임(역방향)을 따르는 것이니 이 때문에 역은 역방향으로 헤아리는 것이다.73)

나) 양물(養物)의 상: 「설괘전」 제4장

우레로써 움직이고, 바람으로써 흩뜨리고, 비로써 적시고, 해로써 말

리고, 간으로써 그치고, 태로써 기쁘게 하고, 건으로써 군림케 하고, 곤괘로써 저장케 한다.74)

다) 시종(始終)의 상: 「설괘전」 제5장

제(帝)가 진(震)에서 나와, 손(巽)에서 가지런히 하고, 리(離)에서 서로 보고, 곤(坤)에서 수고로운 일을 다 하게 되고, 태(兌)에서 기뻐하고, 건(乾)에서 싸우고, 감(坎)에서 위로받고, 간(艮)에서 이룬다.75)

라) 만물변화를 이루게 하는 상: 「설괘전」 제6장

신(神)이란 것은 만물을 묘하게 함을 말한 것이니, 만물을 움직이는 것은 우레보다 빠른 것이 없고, 만물을 흔드는 데는 바람보다 빠른 것이 없고, 만물을 말리는 것이 불보다 더 잘 말리는 것이 없고, 만물을 기쁘게 하는 데는 못보다 더 잘 기쁘게 하는 것이 없고, 만물을 적시는 데는 물보다 더 잘 적시는 것이 없고, 만물을 마치게 하고 시작하게 하는 것은 간보다 더한 것이 없으니 그러므로 물과 불이 서로 미치며 천둥과 바람이 서로 어그러지지 않으며, 산과 못이 기운을 통한 뒤에라야 변화할 수 있어서 만물을 다 이룬다.76)

위에서 인용한 「설괘전」 제3장에서 6장에 보이는 네 가지의 상에 대한 관점77)은 분명히 만물과 세계에 대한 관점을 체계적으로 보여주고 있다. 동시에 처음에 언급한 「설괘전」의 구성 방식은 분명히 뒤에서 앞으로 갈수록 더욱 체계적이고 형이상학적인 이론을 보여주고 있는 것은 분명한 것으로 보인다.

가)의 '본체의 상'에서 말하고 있는 것은 주로 '천지정위(天地定位)'를 중심으로 하는 세계의 본체론적 도식을 말하고 있다. 그리고 정위(定位)·통기(通氣)·상박(相薄)·불상석(不相射)은 모두 통일되고 조화하는 상황을 보여주기 때문에 "서로 섞이게 되니[相錯]"라고 말한다. 이것은 자연우주의 변화와 생성에 대해 설명하는 부분이다. 하늘·땅·산·못·우레·바람·물·불은 결코 서로 떨어져 고립되어 있는 것이 아니라 서로 영향을 주고 있다. "서로 섞이게 되니"라는 말은 서로 모순되면서도 또한 조화하여 서로 섞이는 것을 말한다. 천지·산택·뢰풍·수화는 팔괘의 상으로 모두 일음일양이 서로 대립되는 괘이다.[78] 이것에 대한 소강절의 해석을 보자.

> 천지가 자리를 정하였다는 말은 건과 곤이 대립함을 말한다. 산과 못이 기를 통하였다는 말은 간과 태가 대립한다는 말이다. 우뢰와 바람이 서로 부딪친다는 말은 진과 손이 서로 대립한다는 말이다. 물과 불이 서로 쏘지 않는다는 말은 리와 감이 서로 대립한다는 말이다. 이것이 바로 복희씨의 역이다.[79]

소강절의 위의 논의는 자신의 선천역학을 말하는 데 집중되어 있지만, 기본적으로 자연우주는 모두 8괘에 의해 변화생성하고, 8괘는 네 가지의 상착(相錯)관계를 구성하고 있음을 말하고 있다. 그러므로 이 부분은 음양이라는 두 가지의 대립적인 것이 어떻게 자연세계의 형성과 변화를 가능하게 하는가라는 본체론의 관점을 이야기하는 것으로 볼 수 있을 것이다.

8괘의 상은 비록 그 성질이 다양하지만, 그중에서 가장 중요한 것은 역시 천(天)과 지(地)가 가지고 있는 작용이다. 위에서 말하는 8괘의 배열순서는 분명히 자연계의 대립과 통일이라는 관점에서 출발하고 있으며,

이것이 설명하려는 대상이 바로 자연계라는 사실을 잘 말해주고 있다. 건과 곤의 대립통일이 의미하는 것은 바로 천과 지의 대립과 통일이라는 구조이다. 이 천지의 사이에서 다시 산과 못의 대립을 설정하고 우뢰와 바람의 대립, 물과 불의 대립을 안배한다.

그런데 여기에서 우리가 주목하여야 할 문제는 '천지정위(天地定位)'의 문제이다. 표면적으로 보면 '천지'는 어떤 활동력을 가지고 있는 것이 아니라, 단지 나머지 여섯 가지 사물이 그 안에서 작용을 드러낼 수 있는 상하의 공간을 표시하고 있는 듯하다. 즉 '천지'는 만물이 그 속에 놓여 있는 경험적 공간의 위와 아래에 해당하는 것이며 그 안의 구체적인 사물들과는 구별된다는 의미이다.

『주역』에서 '천지'라는 말이 종종 '우주' 내지 '세계'라는 의미로 사용되는데 이는 바로 이러한 경험적 공간이 추상화된 '천지'이다.[80] 그러나 여기에서 '천지정위'의 '천지'가 의미하는 것은 단순히 상하의 공간적 의미만 가지는 것이 아니라, "건과 곤은 역을 드러내는 기초이다"[81]의 건곤(즉 음양의 뜻)을 설명하는 것으로 보인다. 왜냐하면 8괘의 핵심은 건곤이고 기타의 6괘는 모두 건곤에서 발전한 것이기 때문이다.[82] 바꾸어 말하면 8괘중에서 가장 중요한 경험적 의미의 '천지'는 하나의 경험적 대상에서 오히려 천지 등의 경험 존재를 결정하는 '법칙' 또는 '원리'인 건곤으로 격상하게 된다. 건곤 그 자체는 결코 구체적 존재가 아니다. 구체적 존재는 천지에서 시작된다. 그러므로 천지가 있으면 건곤의 원리가 구체화의 단계로 들어가기 시작한다. 그 아래는 일체의 속성이 생겨나고, 일체의 현상 또한 생겨나는 것이다.[83]

이 부분은 완전히 철학적 세계관에 속하는 것으로 춘추시기의 괘상설이 다만 신령이 계시하는 도구로 간주되어 길흉을 예측하는 근거로 사용되는 것과 비교하면 큰 차이가 있다. 즉 「설괘전」이 괘효를 단순히 신의 뜻을 전달하는 매개물로 보지 않게 되면서 『역경』의 괘효는 원래의 기능과 의미를 상실하게 된다. 이로부터 사람들은 괘효가 가지고 있는 논리적 관계와 상징을 통하여 철학적인 이해를 도모하기 시작한다. 바로 여기에서 하나의 철학적 우주관이 출현하게 되는 것이다.

이런 관점의 변화는 『주역』 해석에 있어서 하나의 중요한 발전을 의미한다. 왜냐하면 이런 관점 속에는 우주의 질서 관념과 철학적 세계관, 인간의 실천이념 등의 문제를 담고 있기 때문이다. 이러한 철학적 취상설은 마침내 일체의 사물과 인사를 설명하는 하나의 우주 인식모형의 체계 혹은 설명의 체계로 발전하게 된다.

「설괘전」은 8괘 취상을 통하여 우주자연계의 변화의 법칙과 인간사의 변화를 해석하는 철학적 경향을 보여주고 있다. 그러므로 천지 만사만물의 표상인 8괘는 이미 우주변화의 상징이자 모형체계이고 또한 우주의 현상에 대한 해석 체계로 전환한다. 「설괘전」은 8괘의 취상과 해석을 통하여 우주자연의 현상에 대한 해석 체계와 세계 도식의 문제를 제기하고 있다.

8괘가 천지의 만사만물을 설명하려고 할 때 우선적으로 「설괘전」은 우주속의 매우 복잡다단한 사물과 현상을 그 성질에 따라 여덟 가지의 류(類)로 나눈다. 이것은 단순한 여덟 가지의 다른 자연현상에 대한 설명만이 아니라, 우주의 만사만물에 대한 성질의 규정이라고 할 수 있다. 세상의 모든 사물은 이 8종의 성질, 즉 괘덕의 분류 속에 모두 포함된다. 여기에서 중요한 사실은 단순히 성질의 분류에만 머무르지 않고 서로 다른 성질을 가진 사물이 충돌하여 어떤 발생관계가 생기는 지를 설명하고 있다는 점이다. 이것은 바로 우주운행의 근본법칙을 상징하는 것이다.

나)의 '양물(養物)의 상'에서 말하고 있는 것은 8괘와 만물의 변화를 연결시켜, 8괘의 기본적인 물상을 통하여 천지 사이의 여덟 가지 자연물이 서로 배합하여 신묘한 작용을 일으켜 만물의 생성발전을 촉진시키고 만물을 기르는 상을 표현하고 있다. '양물'이라는 말은 공영달(孔穎達)의 "이 한 절(「설괘전」 제4장)은 8괘가 사물을 기르는 공덕을 전체적으로 밝히는 것"[84]이라는 말에서 나왔다.

이 장은 우레 · 바람 · 비 · 해의 네 가지 현상을 말하고 다시 간 · 태 · 건 · 곤 네 개의 괘명이 가진 성질에 대해 말하고 있다. 이 장은 자연현상의 작용을 단계적으로 설명하고 있다. 즉 우레가 소리를 내기 시작하면 만물의 맹아(萌芽)를 고동하게 하고, 바람이 불어 만물을 펼치게 만든다. '감(坎)'은 비를 말하고, 비는 수분을 공급하여 만물을 생장하게 해준다. '훤(烜)'은 건(乾), 즉 말린다는 뜻으로 사용하고 있다. '리(離)'는 해로 햇빛이 비추어 만물을 기르고 또 습기를 말리는 작용을 한다. '간(艮)'은 강력한 양기가 음을 가로막는 것으로 산을 상징하여 만물의 행동을 저지한다. '태(兌)'는 왕성한 양기가 음기에 의해서 부드러워지는 형상으로 만물을 조화하여 기쁘게 만든다. '건(乾)'은 하늘을 상징하여 만물을 주재한다. '곤(坤)'은 땅을 상징하는데 만물을 모두 포용하며 저장하고 있다는 자연현상을 통하여 양물에 대해 말하고 있다.[85]

다)의 '시종(始終)의 상'과 라)의 '만물변화를 이루게 하는 상'에서 우선적으로 해결하여야 할 것은 "「설괘전」에서는 음양의 활동에 의한 변화가 어디에서부터 생기는 것으로 보고 있는가?"라는 문제이다. 이 문제에 대해 「설괘전」은 변화의 개념이 결코 강제적으로 외부에서 부여되는 어떤 규범성의 원칙이 아니라, 내재적 자기법칙에 따르는 자동자발적(自動自發的)인 변화발전이라고 말한다. 즉 「설괘전」이 말하고 있는 변화는 외재적 동인(動因)에 의해서 생겨난 것이 아니고 사물 자체가 가지고 있는 것이다. 여기에서 「설괘전」은 6자괘(六子卦)의 변화문제에 대해 말한다. 「설괘전」 6장은 이른바 6자괘가 변화하여 만물을 생성시켜 나가는 것에 대해 설명하고 있다.

왜 건곤을 제외한 6자괘만 사용하여 말하고 있는가? 이것은 아마도 '건곤'을 하나의 경험적 대상인 '천지'에서 오히려 경험적 존재를 결정하는 '법칙' 또는 '원리'인 음양의 법칙으로 격상시켜 놓은 것으로 보인다. 이런 음양이 드러내는 생화(生化)의 신묘한 작용이 바로 '신(神)'이다. 신이라는 것은 바로 만물 속의 운동변화를 말한다. 즉 사물의 변화는 결코 신비한 천(天)이나 신(神)이라는 외부의 초월적 존재가 만든 것이 아니고 자연계 자체가 만들어 낸 산물이라는 의미이다.

위에서 '신'을 '묘만물(妙萬物)'이라고 말하는 것은 바로 만물의 변화와 생성의 작용이 매우 미묘하다는 것을 표현한 것이다. 따라서 「설괘전」의 작자는 '신'이라는 개념을 형용사적인 의미로 사용하였을 뿐 어떤 실체개념으로는 사용하지 않고 있다. 즉 신은 결코 초월적인 실체개념이 아니라 변화와 관계되는 하나의 속성이다. 그 속성의 주체는 음양, 강유와 사물의 음양적인 두 측면이다. 말하자면 신이라는 개념은 만물을 생성하고 변화시키는 성질을 의미하고, 그것을 가능하게 하는 주체는 8괘와 그것이 상징하는 자연현상이라는 것이다.86)

「설괘전」 5장은 여기에서 한걸음 더 나아가 8괘가 시간과 공간의 배경 속에서 가지는 변화와 작용에 대해서 설명하고 있다.

> 만물이 진(震)에서 나오니 진은 동방이다. 손(巽)에서 가지런하니 손은 동남이다. 가지런히 한다는 것은 만물이 깨끗하고 가지런하다는 것을 말한다. 이(離)란 밝은 것이다. 만물이 서로 보는 것이니 남방(南方)의 괘이다. 성인이 남방을 향하여 천하의 일을 듣고 밝은 데를 향하여 다스리는 것은 대개 여기에서 취한 것이다. 곤(坤)이란 땅이니 만물을 모두 여기에서 기르게 된다. 그런 때문에 곤에서 사역하게 된다고 말하는 것이다. 태(兌)는 바로 가을이니 만물이 모두 기뻐하는 것이다.

그러므로 태에서 기뻐한다고 말하는 것이다. 건(乾)에서 싸운다는 것은 건은 서북방의 괘이므로 음양이 서로 부딪힌다고 말하는 것이다. 감(坎)이란 물이니 정북방의 괘이다. 이것은 수고로운 괘이니 만물이 돌아가는 곳이다. 그러므로 감에서 수고롭다고 한다. 간(艮)은 동북방의 괘이니 만물이 끝을 이루고 처음을 이룬다. 그러므로 간에서 이룬다고 말하는 것이다.87)

위의 인용문은 공간의 방위(동, 남, 서, 북)와 시간의 질서(춘, 하, 추, 동)를 모두 8괘에 근거하여 규정하고 있다. 여기에서는 아직 모든 괘의 방위와 시서(時序)를 상세하게 열거하고 있지는 않지만 이미 드러난 것들에 비추어보면 대체적인 추정은 가능하다. 「설괘전」은 8괘가 상징하는 자연물이 만물의 생성과 중요한 연관이 있는 것으로 보아 8괘와 사계절, 방위를 연결시키려고 한다. 여기에서 방위가 나오는데 이런 방위를 일러 '팔괘방위(八卦方位)'라고 말한다. 왜 이런 식으로 순서를 정하고 방위를 분배하였는가 하는 것에 대해 확실한 근거를 가지고 말하기는 쉽지 않고 다만 추측할 수 있을 뿐이다. 앞에서 말한 것처럼, 진괘(震卦)는 동쪽과 봄의 상징인데, 만물이 싹이 트는 시기이고, … 간괘(艮卦)는 동북쪽이고 겨울과 봄의 사이를 상징하여 만물이 끝을 이루는 동시에 새싹이 다시 트기를 준비하는 시작으로 말하는 식이다.

「설괘전」의 내용은 크게 두 부분으로 나눌 수 있다. 3장 이하가 팔괘 취상에 대한 논의라면 앞의 1장과 2장 부분은 6획괘, 즉 중괘(重卦)의 형성과 그것이 가진 철학적 의미를 설명하는데 초점이 있다. 이른바 8괘 취상에 대한 다양한 논의를 통하여 『주역』이 가진 의미들을 다시 새롭게 해석하고 있다.

옛날 성인이 역을 지음에 그윽히 신명을 도와 시초를 내었고, 하늘

> 의 3의 수와 땅의 2의 수를 취하여 (음양기우陰陽奇偶의) 수를 세우고 음양의 변화함을 보아서 괘를 세우고, 강유에서 발휘하여 효를 만들어 내니, 도덕에 조화하여 따르고 마땅함에 의해 다스려지게 하였으며, 이치를 궁리하여 본성을 다하고 명(命)에 이른다.[88]

이 단락은 비록 짧지만 많은 문제를 이야기하고 있다. 우선 말하고 있는 것은 작역(作易)의 순서로 시(蓍)에서부터 수(數)에 이르고, 다시 괘에서부터 효에 이르는 과정을 말하고 있다. 즉 시초점을 통하여 괘가 이루어지는 것에 대해 말하고 있다. 이들 괘는 어떤 것은 양효이며 또는 음효로 각각의 괘의 육효가 완성된다. 9를 양의 수로 하고, 6을 음의 수로 정하여 그것을 근거로 시초를 헤아려 음양강유의 변화를 살펴서 괘가 완성되는 것을 말하고 있다.

괘효의 형성 과정을 설명한 후에 괘효가 가지고 있는 철학적 의미에 대해 언급하고 있다. 그것이 바로 "도덕에 조화하여 따르고 마땅함에 의해 다스려지게 하였으며, 이치를 궁리하여 본성을 다하고 명(命)에 이른다"는 말이다. 여기에서는 도 · 덕 · 리 · 의 · 성 · 명의 여섯 가지 중요한 철학적 개념들이 한꺼번에 출현한다.

"도덕에 조화하여 따르고 마땅함에 의해 다스려지게 하였으며"라는 말은 사람은 각자의 위치에서 도덕과 이치에 따라야 함을 말하는 것으로 보인다. "이치를 궁리하여 본성을 다하고 명(命)에 이른다"는 말은 괘상을 통하여 사람들이 사물의 이치를 궁구하고 인물(人物)의 성을 다할 수 있어서 결국에는 천명을 이루게 된다는 것을 말한다.

성과 천명에 관한 문제들은 『맹자』와 『중용』의 관점과 상당히 유사하다. 이렇게 보자면 「설괘전」의 이 단락은 이미 상당 부분 유가철학의 관점에서 해석되고 있음을 알 수 있다. 이런 점은 2장을 통해 보면 더욱 분명하다.

옛날 성인이 역을 지은 것은 장차 성명의 이치를 따르고자 한 것이니 이 때문에 하늘의 도를 세워서 음과 양이라 말하고, 땅의 도를 세워 유와 강이라 말하고, 사람의 도를 세워 인과 의라 하니 삼재를 겸하여 둘로 겹쳤기 때문에 역은 여섯 획이 되어 괘를 이루게 되었고 음으로 나누고 양으로 나눔으로써 유와 강을 차례로 쓰기 때문에 역이 여섯 자리가 되어 무늬를 이루었다.89)

이 구절은 『주역』의 여섯 획을 각각 천 · 지 · 인의 삼재지도(三才之道)를 대표하는 것으로 말하고 있다. 이는 삼재지도가 각각 대립하는 두 개념을 짝으로 하여 구성된 것을 말한다. 이 구절은 바로 "일음일양지위도"의 괘효 속에서의 해석이라고 할 수 있다. 구체적으로 천도(天道)는 음과 양, 지도(地道)는 유와 강, 인도는 인과 의이다. 삼재를 겸하여 둘로 곱하기 때문에 여섯 획으로 하나의 괘를 만든다는 말이다. 이것은 한 괘가 왜 여섯 효인가에 대한 설명이고, 한 괘의 여섯 효를 음양으로 해석하고 있는 경우이다. 즉 초 · 삼 · 오는 양이 되고, 이 · 사 · 상은 음이 되는데 이것이 바로 '일음일양'이다.

「설괘전」이 8괘 취상을 통하여 궁극적으로 말하려는 목적은 바로 "옛날 성인이 역을 지은 것은 장차 성명의 이치를 따르고자 한 것이니"라는 말에 있다. 이 구절은 바로 앞 장의 "이치를 궁구하고 성을 다하여 명에 이른다(窮理盡性以至於命)"고 하는 말을 이어받아 다시 해석하고 있다. 여기에서 『주역』은 단순한 점서가 아니라, 천명과 인성을 말하는 형이상학적인 철학서로 변신하고 있다.

3. 점서역학의 해체와 8괘 모형의 상(象) 사유

8괘 취상은 역학을 근본적으로 변혁시키는 시작단계에 속하는 것으로 『역전』 발생에 결정적인 역할을 하게 된다. 8괘 취상의 핵심은 상부호(象符號)를 통하여 다양한 철학적 의미를 표현하는 '상사유(象思惟)'를 하는 데 있다. 이런 상사유는 처음에 8괘 부호의 인위적인 취상으로부터 시작하는데 그것들을 보다 체계화하여 우주론과 형이상학의 여러 단계로 발전시켜 세계와 인간을 말하는 철학적 체계를 형성하는 계기를 제공해 준다는 점에서 매우 중요하다. 말하자면 이른바 '상사유'는 서술적(筮術的) 관점과는 판이한 이성발전의 과정과 이성화의 특징을 전개하고 있다. 이런 '상사유'의 결과는 점서역학과의 결별을 뜻하고 『역경』의 철학적 해석인 『역전』의 형성을 의미한다.

어떤 사람들은 이런 '상사유'야말로 중국철학의 전형적인 사유방식이라고 말하고 이것이 한자(漢子)와 연관이 있는 것으로 말하기도 한다. 중국인의 이론사유는 독특하여 서양과는 완전히 다르다. 이 때문에 중국의 이론 사유를 삼천 년간 주도한 사유형식을 '상사유'로 보기도 한다.90) '상사유'를 담는 그릇이 바로 상부호이다. 여기에서 말하는 상부호는 매우 독특한 부호체계를 가지고 있는데 8괘 취상 부호가 바로 상부호이다.

『역전』은 '상사유'에 대해 이론적 분석을 하고 있다. 『역전』에서 말하는 괘상에 대한 토론은 실제로는 모두 상부호에 관한 논의라고 할 수 있다. 상부호는 상형(象形) 부호와는 다르다. 상형 부호는 대상을 묘사하여 이루어진 부호로 그 본질 특징은 대상을 모방한 것으로 그 대상물의 규칙을 준수하고 부호의 도형도 대상물에 따르기 때문에 사람은 다만 수동적인 지위에 처해 있는데 이것은 일종의 조잡한 형상(形象)사유라고 할 수 있다. 그러나 상부호는 이와는 다르다.

상부호는 대상을 모사해서 이루어진 부호가 아니라 인위적으로 만든 부호다. 바로 이 점이 중요하다. 인위적인 부호로서의 상부호는 그것을 통해서 자주적인 해석과 행위를 할 수 있고 단순히 자연의 정보를 베끼거나 수동적으로 대상을 묘사하여 대상물의 규칙에 일방적으로 이끌려 가지 않는다.[91] 그보다는 이 부호를 이용해서 대상물이 가진 작용과 기능을 자신의 입장에서 해석하고 자기화한다. 여기에서 점서의 도구로만 기능했던 괘상은 세계관과 인간의 올바른 실천을 이끌어내는 철학적 의미의 상부호로 전환하게 된다.

이른바 상사유는 『역전』 또는 후대의 해석을 중심으로 제기된 것이지 『역경』이 원래부터 가지고 있었던 것은 아니다. 『역전』, 특히 「계사전」은 상사유에 대한 이론적 논의를 체계화하고 있고, 「설괘전」은 8괘의 취상을 통하여 우주와 인간을 말하는 철학적 상징체계를 보여주고 있다. 구체적으로 「설괘전」의 8괘취상설은 인간이 우주를 인식하는 하나의 우주 인식모형 혹은 우주를 어떤 특정한 것으로 인식하는 설명의 체계가 되어, 다만 개별적인 서사(筮辭)와 괘로 해석하는 『역경』 경문의 서술적(筮術的) 관점과는 근본적으로 다른 철학적 세계관을 말하고 있다. 이런 8괘취상설에는 우주에 대한 해석 체계와 인간의 실천이념의 문제를 말하는 일종의 철학적 인식 모형 이론으로 해석할 수 있는 단서들이 포함되어 있다.

모형(model)이란 단어는 라틴어 'Modulus'에서 기원하는데 그 의미는 견본 · 척도 · 표준 등이다. 이른바 모형론이란 바로 모형을 사용하여 어떤 특정한 원대상(原對象, Original)의 형태 및 특징과 본질을 연구하는 방법이다. 여기에서 말하는 원대상은 모형이 본뜨려고 하는 현실의 객관대상을 가리킨다.

모형은 주체와 원대상 및 모형 자체라는 3항의 내적 관계를 가지는 모형 체계(Model system)의 테두리 내에서 주체의 목표에 의지하여 기능한다. 자연의 대상이나 기술상의 대상 또는 인간과 관련된 대상이 모두 모형으로 등장할 수 있다. 또 관념적 의미와 결부된 기호 체계가 모형의 역할을 할 수가 있다. 모형을 도입할 필요성은 특히 일정한 상황 속에서 원래의 대상에 대한 새로운 인식을 얻고자 할 때 (예컨대 과학적 연구에서) 생겨난다. 이밖에도 모형이 필요한 경우들로는 무엇보다도 일정한 대상에 대한 계획을 세우거나 대상을 최적화하고자 할 때, 모형의 형태로 주어지는 정보들을 통해 행동을 목적에 맞게 통제하고자 할 때, 또는 어떤 전체적 과정에 대해 원대상의 기능들을 대치시키려고 할 때 등이 있다.92)

그러나 어느 모형도 주체에 의해 자의적으로 만들 수는 없다. 모든 모형은 나름대로의 내적 합법칙성에 따르며, 주체는 이러한 합법칙성을 분석의 객관적인 대상으로 삼는다. 원대상을 직접적으로 묘사하는 것이 힘들기 때문에 모형이 필요하게 된다. 인식론의 관점으로 말하면 모형은 일련의 체계와 구조에 속하는 모든 단위를 결합해서 나온 관계 혹은 작용으로, 그것은 원대상을 간략화하거나 혹은 수리화(數理化)하여 묘사한 것을 말한다. 모형은 묘사적(descriptive) · 설명적(expositive) · 귀납적(inductive) 형태를 취하고 있다.

모형을 이야기하는 이유는 전체를 구성하고 있는 여러 가지 요소들의 상호작용하는 체계들을 파악하기 위한 것이다. 모형은 어떤 실재 혹은 현실을 본뜨는 데 있어, 전체의 특성을 모두 드러내지 못한다면 적어도 분명하게 파악된 어떤 타당하거나 또한 서로 상응하는 실재의 어떤 분명한 상태들을 본떠서 묘사하여야 한다.93)

철학과 자연과학의 연구 중에서 사람들은 비교적 복잡한 연구대상에 대해 종종 이미 알고 있는 사실과 규칙 혹은 체계를 통해서 하나의 적당한 모형을 세워서 묘사한다. 이것은 인류가 자연과 세계를 인식하는 데 있어 매우 효과적이고 중요한 방식이고, 또한 사람들이 이론적 사유를 진행하는 중요한 수단이라고 할 수 있다.[94]

고대 그리스의 원자론자는 세계의 본원을 탐구하기 위해 일찍이 그들이 구상했던 유명한 '원자모형'을 세웠다. 피타고라스는 '수(數)'를 통하여 우주만물의 근원을 삼는 전형(典型) 혹은 모형을 제출하였고, 또한 더욱 분명하게 만물의 생존 상태가 수에 의지해 있음을 보여주었다고 할 수 있다. 말하자면 피타고라스는 수의 모형으로부터 만물의 근원과 만물의 현상을 설명할 수 있다고 생각했다. 플라톤의 이데아론 역시 이데아라는 추상적 관념을 중심으로 하는 철학모형을 세웠다고 할 수 있다.

이외에도 우리는 철학사 속에서 인류가 세계의 본질과 규칙에 대해 탐색하는 과정 속에서 다양한 사상모형이 출현했고, 대부분의 철학이론 혹은 과학이론은 모두 다양한 형태의 모형을 사용하고 있다는 것을 어렵지 않게 발견할 수 있다. 예를 들어 아리스토텔레스는 만물의 변화 발전에 대해서 생물학적인 모형을 제기했고, 스콜라 철학자들은 일종의 물리적인 모형을 제기했고, 유태교와 기독교는 가족개념인 아버지와 아들의 관계를 통해서 사회와 사람의 관계를 자세히 기술했다.[95]

모형은 바로 모종의 특정한 목적을 위해서 인식 대상에 대해 진행한 일종의 간략화된 묘사라고 할 수 있다. 이런 점에서 우리는 인간이 모형을 만드는 중요한 이유가 무엇인가에 대해 어느 정도 짐작할 수 있을 것이다. 가장 중요한 원인은 바로 인식 대상의 복잡성을 효과적으로 처리하기 위한 것이다. 우리들이 인식하고자 하는 대상들은 모두 나름대로의 독특한 특징과 다양한 성격(존재 단계)을 가지고 있기 때문에, 반드시 여러 가지 부차적인 비본질적 우연성을 벗어나 인식대상에 내재한 본질 구조와 보편적인 필연적 연관성을 끄집어내어야 한다. 여기에서 자주 모형이라는 방법을 취하게 된다.

모형이론의 가장 중요한 철학적 기초는 각종 현상이 가지고 있는 차별성과 헤아리기 어려운 다양성 속에 동일성이 존재하고 있다는 것을 미리 가정하는 것에 있다. 인식대상으로서의 원대상의 내재구조의 동일성은 단지 우리들로 하여금 반드시 모형을 사용해서 많은 양의 사실을 묘사하고 설명하며 반영하게 할 뿐만 아니라, 여러 가지 인식되지 못한 사실에 대해서도 예측하거나 혹은 드러내 보이는 것이 가능하게 된다. 각각의 모형은 모두 원대상의 구조나 기능 또는 행동을 유비(類比)적으로 파악할 수 있게 해준다. 이때 기능의 유사성은 행동의 유사성을 포함하지만 반드시 구조의 유사성까지 포함하는 것은 아니다.

원대상에 대한 유비의 내용에 따라 모형은 구조 모형, 기능 모형 또는 행동 모형 등으로 구별된다. 이 중에서 모형을 분류하는 결정적인 단계는 기능에 따른 분류의 단계이다. 이러한 분류는 전체로서의 모형체계가 어떠한 기능을 지니며 또 주체가 모형을 통해 실현하고자 하는 기능이 무엇인가에 따라 이루어진다.[96]

그러나 역시 우리가 모형을 만드는 원칙 중에서 제일 중요한 것은 원대상이 가지고 있는 체계적 구조를 어떻게 처리하고 반영하는가에 있다. 여기에서 말하는 원대상이 가지고 있는 체계라는 것은 우리들에게 모형과 원대상 사이의 상호관계의 기본 맥락을 제공한다. 모든 현실적 인식대상으로서의 원대상은 그것이 가지고 있는 여러 다양한 내용의 요소들을 통일적인 전체 체계를 통하여 구성하고 있다. 여기에서 말하는 체계는 우리들이 어떤 하나의 대상에서 발견한 각종 속성의 일치된 관계를 의미한다. 그러므로 모형화의 핵심은 원대상의 체계적 구조를 본뜨는 데에 있다.

『주역』을 지은 작역자(作易者)의 입장에서 전체 우주는 가장 큰 하나의 대체계(大體系)이고, 이 대체계는 다시 여러 가지의 작은 체계로 구성되어 있다. 『주역』에서 말하는 전체 우주로서의 대체계는 다양한 존재들이 서로 의존하면서 공존하는 하나의 통일적인 체계로 구성되어 있는 것으로 말한다.

> 역이라는 책은 넓고 커서 (세상 이치를) 다 갖추어, 천도가 있으며 인도가 있으며 지도가 있으니, 삼재를 겸해서 둘로 한다. 그러므로 6이니, 6이란 것은 다른 것이 아니라 삼재의 도이다.[97]

위에서 말하는 천(天) · 지(地) · 인(人) 삼재가 바로 『역전』에서 말하는 전체 우주라는 대체계를 구성하는 주요 구조의 구성 요소이다. 『역』이라는 책은 포함하지 않는 것이 없을 정도로 범위가 넓어서 천 · 지 · 인을 모두 포괄하고 있다. 여기서 말하는 천 · 지 · 인은 전체 우주를 상징하고 이 전체 우주는 하나의 통일적인 체계를 구성하고 있음을 말하고 있다. 천 · 지 · 인 삼재(三才)를 상징하는 『주역』의 괘는 사실상 원대상인 우주의 체계를 본떠 묘사한 것이라고 할 수 있다.

이런 원대상의 구조를 본떠서 묘사하기 위해서는 분명히 하나의 방법적 절차가 필요하다. 왜냐하면 원대상의 구조를 본떠서 묘사하기 위해서는 먼저 '원대상의 체계가 가지고 있는 구조에 대한 관찰과 연구'를 통해서 '원대상의 체계가 가지고 있는 구조의 간략화'라는 작업이 선행되어야 가능하기 때문이다. 즉 원대상인 우주에 존재하는 자연사물의 현상들을 관찰하고 연구하여 그 속에 들어 있는 통일적이고 불변적인 법칙 혹은 동일한 내재 구조가 있음을 발견해내는 일이 전제되어야 하기 때문이다. 이런 원대상의 체계가 가지고 있는 구조를 간략화하는 작업으로 나타난 것이 바로 팔괘를 바탕으로 한 괘상의 상징체계이다. 이런 팔괘의 성립 과정에 대해 「계사전」은 다음과 같이 말한다.

> 옛날에 포희씨가 천하에 왕 노릇할 때 우러러 하늘의 상을 관찰하고 굽어 땅의 형태들을 관찰하며, 새와 짐승의 무늬와 땅의 마땅함을 관찰하며, 가깝게는 자기에서 취하였고, 멀리는 다른 사물에서 취하여, 이럼으로써 비로소 팔괘를 만들어 신명의 덕에 통하게 하고, 만물의 실상을 분류하고 정돈하였다.[98]

이것은 복희씨가 우주 자연이 가지고 있는 구조와 현상에 대한 관찰과 연구를 통해서 팔괘를 만들어 내었음을 말하고 있다. 이것이 자연물의 관찰을 통하여 괘상을 만드는 것으로 이른바 관물취상(觀物取象)이다. 이것의 출발은 분명히 자연 사물의 구조에 대한 관찰과 연구로부터 시작하여 원대상의 체계가 가지고 있는 구조를 괘상으로 간략화한 것이다. 왜냐하면 『주역』에 보이는 괘상은 결코 객관적 현상을 복사하거나 혹은 자연사물의 외형을 있는 그대로 묘사하려는 것이 아니라, 괘상의 형식을 통해 전체 세계의 체계 구조와 보편적인 이치를 본뜨고 있기 때문이다. 「계사전」은 괘상을 제작한 원칙에 대해 다음과 같이 말한다.

> 성인은 천하의 만사만물의 혼잡한 다양성을 관찰하고 그 형용되는 모습에 닮게 본뜨며, 그 사물이 가지고 있는 마땅함을(형상과 특성을 괘상으로) 상징함이라, 그런 까닭에 그것을 상(象)이라 한다.[99]

여기에서 말하는 '상(象)은' 객관세계의 동적(動的) 구조를 묘사한 것이라고 할 수 있다. 이른바 '천하의 만사만물의 혼잡한 다양성(天下之賾)'은 분명히 일체의 자연사물을 가리켜 말한 것이다. 『주역』을 지은 작역자는 일체의 자연사물을 관찰대상으로 삼아 자연사물의 관찰 가능한 형상들을 닮게 본 따[擬諸其形容] 사물이 가지고 있는 형상과 특성을 괘상으로 상징한다[象其物宜]. 여기서 말하는 형용(形容)은 만사만물이 가지고 있는 모습이나 형태를 말하고, '의(擬)'는 닮게 본뜨는 것으로 일종의 유비(analogy)적 작용에 해당한다.

이런 유비적 작용을 통하여 만물이 가진 모습을 괘상으로 나타낸 것이 바로 '상'이다. 이 괘상은 결코 자연사물의 외형을 있는 그대로 복사하거나 그려내는 것이 아니라, 그 중의 어떤 하나의 본질적 측면[宜]만을 취하여 간략하게 하고 나머지 부분들은 버려둔다. 왜냐하면 자연사물 중에서 관찰가능한 객관 형상은 여러 다양한 측면과 각도를 가지고 있고, 본질과 비본질적인 것들이 동시에 섞여 있기 때문이다.

"사물이 가지고 있는 마땅함(物宜)"은 바로 물이 가지고 있는 본질이나 이치를 말한다. 이 '마땅함'이라는 말은 각종 현상의 차별성과 다양성 속에 존재하는 보편적 동일성 내지 구조라고 할 수 있다. 각종 현상이 가지고 있는 고도의 복잡성 때문에 우리는 체계의 모든 구조와 측면을 완전하게 파악할 수는 없다. 또한 그것을 완전하게 그려내고 표현하는 것은 불가능하기 때문에 다만 자연사물에 내재한 본질적 구조 관계를 처리하고 반영해내는 데에 집중할 수밖에 없다. 이 때문에 『주역』을 지은 자가 자연세계를 본뜨려고 하는 것은, 결코 자연세계의 외형을 모방하는 것이 아니라, 상징적 도상(팔괘, 64괘의 배열로써 조합된 도형)을 통하여 자연사물의 내재적 구조를 상징하는 것에 있다. 특히 중요한 것은 그것이 본뜨려고 하는 대상이 결코 정태적(靜態的)인 것이 아니라, 동태적(動態的)인 구조라는 점이다.

> 성인이 천하의 움직임을 보아 그 모이고 통하는 것을 관찰하여 그 법도와 예제(禮制)에 따라 행하며, 말을 얽어매어 길흉을 판단하는지라

이런 까닭에 효(爻)라고 말한다.[100]

작역자는 괘를 만들고 효를 만들 때에 먼저 자연현상의 다양한 변화를 관찰하고 그 속에서 자연사물에 공통적으로 존재하는 보편적 이치 혹은 구조를 꼼꼼히 따져 본[觀其會通] 결과에 의해서 우주를 하나의 역동적 과정으로 묘사한다. 천하의 움직임은 한시도 움직이지 않은 때가 없이 늘 변동하기 때문에 이런 변화를 설명하기 위해서 괘상은 동태적 기능을 가지고 있어야 한다. 여기에서 괘상의 체계는 변화하는 객관세계를 표현하는 기능적인 동태적 모형이라고 할 수 있다. 세계가 부단히 변화하고 유전(流轉)하여 파악하기 어려워도 괘효의 이치만 이해하게 된다면, 자연사물 운동의 변화규칙을 파악할 수 있게 된다. 이런 점에서 괘상은 세계와 인간에 대한 일종의 사유모형이라고 할 수 있다.

『주역』 64괘의 괘상은 천지만물을 닮게 본뜬 것으로 결코 세계만물을 원본 그대로 묘사한 것은 아니다.

> 성인은 천하의 만사만물의 혼잡한 다양성을 관찰하고 그 형용되는 모습에 닮게 본뜨며, 그 사물이 가지고 있는 마땅함을(형상과 특성을 괘상으로) 상징함이라, 그런 까닭에 그것을 상(象)이라 한다.[101]

> 넓고 큰은 하늘과 땅(의 광대함)에 짝하고, 변하여 통함은 네 계절(의 일정한 순환)에 짝하고, 음과 양의 변화하는 법칙은 해와 달에 짝하고, 쉽고 간략함의 좋은 원리는 지고(至高)의 덕에 짝한다.[102]

> 주역을 지은 것은 천지의 도리를 준칙(準則)으로 삼았는데 이 때문에 천지간의 모든 도리를 남김없이 포함하여 그것을 조리(條理)있게 짜고 있다.[103]

『주역』을 지은 자는 위의 인용문 속에서 괘상과 객관적 현상세계의 관계에 대해 말하고 있다. 이 둘의 관계는 바로 '의(擬)·상(象)·배(配)·준(準)' 등의 네 가지 관계로 압축된다. 즉 음(- -)과 양(—)의 부호를 통하여 천지만물의 이치 혹은 내재 구조를 본받아 모의(模擬)하고 있다. 그러면 64개의 한정된 괘상을 가지고 어떻게 다양하고 광대무변(廣大無邊)한 우주의 모든 만물의 변화를 전부 설명해 낼 수 있는가?

64괘는 8괘를 기초로 하고 있는데 8괘는 각각 천·지·뢰·풍·수·화·산·택 등의 여덟 개의 자연물을 상징한다. 『주역』의 작자는 이런 팔괘를 중첩하여[因而重之] 64괘를 만들고 그것을 치밀하게 안배하여 역동적인 전체 우주의 변화 과정을 설명하려 한다. 8괘 괘상이 여덟 개의 자연물을 상징하고 있는 것을 자칫 세계를 구성하는 여덟 가지의 기본 구성물로 볼 가능성이 있다. 이는 마치 초기의 오행(五行)학설이 세계 만물은 모두 목·화·토·금·수의 오재(五材)의 물질 요소를 융합하여 이루어진 것으로 보기 쉬운 관점과 유사하다. 그러나 오행 학설이나 팔괘의 관점은 결코 고대 희랍 혹은 고대 인도의 유물주의 철학자가 말하는 다섯 종 혹은 여덟 종의 물질요소가 아니라는 점이다.

『상서』「홍범」편에서는 "1은 물, 2는 불, 3은 나무, 4는 쇠, 5는 흙이다. 그 성질을 말할 것 같으면 물은 적시면서 흘러 내려가는 것이요 불은 타서 올라가는 것이요 나무는 굽거나 꼿꼿하게 자라는 것이요 쇠붙이는 열에 따라 여러 가지 모양으로 변하는 것이요 흙은 곡식을 심거나 거두는 것이다"[104]라고 하였다. "적시면서 흘러 내려가는 것, 타서 올라가는 것, 굽거나 꼿꼿하게 자라는 것, 열에 따라 여러 가지 모양으로 변하는 것, 곡식을 심거나 거두는 것" 등은 모두 오행의 동태적 기능으로 오재가 드러내려고 하는 상징적 의미라고 할 수 있다. 여기에서 다섯 가지 새로운 의미와 상징이 부가되면서 오행의 중요한 의미가 만들어진다.

즉 오재설에서 오행으로 발전하는 데 있어서 가장 의미 있는 것은 원래 의미상의 다섯 가지 인간의 삶에 필요한 재료나 세계를 구성하는 다섯 가지 물질재료(五材)가 아니라 다섯 가지 동태적 속성 혹은 상징적 의미를 만들어 내었다는 데 있다.

비록 다섯 가지의 기능적 속성이 오재가 표현한 것에서부터 나왔지만 그것들은 의미적 개괄 과정을 거친 후에 점차적으로 독립적인 의미를 가지는 방향으로 발전하게 되면서 세계를 다섯 가지로 분류하여 보는 표준 또는 모형적 체계를 만들어 내게 된다. 구체적으로 말하면 오행, 오방(五方), 오계(五季), 오색(五色), 오음(五音), 오미(五味) 등이 나온다. 이러한 오행학설의 과정 중에서 인식의 중심은 오재로부터 다섯 가지의 기능적 속성으로 전이(轉移)되었으나 오행의 원래 명칭은 여전히 변경되지 않았다.105)

팔괘 역시 위에서 말한 오행학설의 형성과 매우 유사한 길을 걷는다. 팔괘는 본래 여덟 가지의 자연물을 상징하고 있지만 괘명의 이름은 결코 그들이 대표하는 여덟 가지 자연물을 가지고 이름으로 삼지 않는다. 이것은 『주역』의 팔괘가 여덟 가지 자연물을 대표할 뿐만 아니라 여기에서 한 걸음 더 나아가 어떤 독립적인 여덟 가지 기능적인 동태 속성을 부가하게 된다는 것이다. 즉 여덟 가지의 상을 취하게 된다는 말이다. 이렇게 본다면 『주역』은 여덟 가지 자연물을 세계를 구성하는 물질 기초로 보거나, 그들의 형체나 형질에 관심을 두는 것이 아니라 그들이 가지고 있는 기능적인 동태적 속성에 초점을 맞추고 있다고 할 수 있다.

이런 이유에서 『주역』은 건 · 곤 · 진 · 손 · 간 · 리 · 감 · 태를 팔괘의 명칭으로 삼지, 천 · 지 · 뢰 · 풍 · 수 · 화 · 산 · 택을 팔괘의 명칭으로 삼지 않는다. 만약 구체적인 자연계의 실물을 괘명으로 삼을 경우 팔괘가 가지는 기능은 대폭 축소되어 버릴 것이다. 여기에서 상징적인 기능을 가진 괘의 이름을 가지게 된 것은 동태적 속성을 강조하기 때문으로 구체적인 형체에 핵심이 있는 것이 아니라 기능, 속성이나 행위 방식이라는 측면에 초점이 있음을 말한다.

명대(明代)의 장개빈(張介賓, 1563~1640)은 "체로써 말하면 천지가 되지만 그 용으로 말하면 건곤이다"106)라고 하였다. 즉 여덟 가지 자연물이 체(體)라면 팔괘의 괘명(卦名)은 모두 용(用)에 해당한다. 이른바 기능, 속성이나 행위 방식들이 바로 용에 속한다. 팔괘의 중심은 용에 있지 체에 있는 것은 아니다. 이것은 역학사에서도 매우 중요한 발전을 의미한다.

왜냐하면 이런 팔괘의 취상은 64괘를 점서적인 부호로부터 상징부호로 변화시켜 상의 의미를 통하여 성명(性命)과 세계의 이치를 이야기할 수 있게 되고 여기에서 철학적인 의미를 지닌 의리적 해석을 가능하게 만들기 때문이다. 64괘가 점서적인 부호로부터 기능, 속성이나 행위방식을 강조하는 상징부호로 변신하면서 여러 다양한 해석을 가능하게 만든다.

예를 들면 리(離)는 혁괘(革卦) 속에서는 불을 의미하지만 진괘(晉卦)에서는 밝음 또는 태양을 의미하는데, 이것은 불 · 밝음 · 태양은 모두 빛과 열을 발하기 때문에 같은 동류(同類)에 속하는 것으로 볼 수 있다. 또 손(巽)은 관괘(觀卦) 중에서는 바람을 의미하지만 대과괘(大過卦) 중에서는 나무를 의미한다. 바람은 나무를 움직이게 하고 나무는 바람을 타고 움직이기 때문에 바람과 나무는 동류에 속하는 것이라고 할 수 있다. 감(坎)은 환괘(渙卦) 중에서는 물을 의미하고 홍수가 범람하는 것을 상징하지만, 감괘(坎卦) 중에서는 웅덩이나 함정을 의미한다. 이 둘은 모두 위험을 말한다는 점에서 또한 동류에 속하는 것이라고 할 수 있다.

이처럼 『주역』의 팔괘가 가진 의미는 세계를 구성하는 물질 기초나 형체를 말하는 데 있는 것이 아니라, 그들의 기능적인 동태적 속성의 동류라는 측면에 초점을 두고 있다. 여기에서 팔괘는 여덟 가지 동류의 기능과 속성을 근거로 하여 우주의 만사만물을 여덟 가지로 분류하여 보는 모형의 체계로 변모한다. 이와 관련되는 8괘의 분류에 관한 것은 앞에서 보이는 도표12를 참고하기 바란다.

만약 팔괘가 단순한 점서(占筮)를 위한 사물의 상징에서 방향을 바꾸어 우주의 모든 사물이나 사태를 전체적 관점에서 설명하려고 할 때, 팔괘의 괘상설은 우주 전체를 설명하는 하나의 설명체계 혹은 모형체계로 변하게 된다. 팔괘가 단순한 자연물의 형상을 말하는 단계에서 가까이로는 신체 기관, 가족 관계에서 크게는 우주의 방위와 시령(時令) 전체를 여덟 가지로 나누어 설명한다. 그러면 동류로 나누는 근거는 무엇인가?

동류로 나누는 근거에 대해 유장림(劉長林)은 첫째, 상응하는 것을 동류로 보고 있다. 예를 들면 봄에 대지에 새싹이 보이면 우레가 나오고 동풍이 불어오면서 식물은 생장하기 시작한다. 또 도처에 푸른 색깔의 식물이 온 천지를 뒤덮는데 여기에서 사물 사이에 서로 움직이고 서로 따르는 관계를 찾아낼 수 있다. 이것을 하나의 유(類)로 나눈다면 진(震)을 표지로 삼을 수 있다. 둘째, 기능과 행위 방식이 서로 같으면 동류에 속하는 것으로 볼 수 있다. 셋째, 동태적 속성이 서로 같으면 동류에 속한다. 넷째, 정태적 속성이 서로 같거나 혹은 순수 형식상의 외재적 연관이 있으면 동류로 볼 수 있다[107]고 하였다.

여기에서 팔괘는 하나의 기능적 동태 모형이 되는데, 이것을 다시 중첩하여 64중괘를 형성함으로써 천변만화하는 세계를 모두 표현해낸다. 괘와 효는 기능적인 동태적 모형이고 괘효 자체는 상의 형식을 통해 객관세계를 상징적으로 반영하는 상사유를 잘 보여주고 있다.

4. 『역전』 형성의 몇 가지 해석 방식

『역전』이 형성되는 데 있어서 가장 중요한 것은 점서의 도구인 괘상이 취상을 통하여 우주의 모든 사물이나 사태를 설명할 수 있는 상의 체계로 변하였다는 사실일 것이다. 이를 통하여 『주역』은 점서역학과 결별하고 철학적 역학으로 전환하게 된다. 여기에서 말하는 『역전』 형성의 네 가지 단서는 괘상을 통한 해석, 괘덕(卦德)을 통한 의리적 해석, 괘위(卦位)를 통한 해석 및 괘서(卦序)를 통한 해석법이다. 이런 해석이 가능한 것은 역시 상사유의 영향이라고 할 수 있다.

아래에서는 『역전』 형성의 네 가지 단서들에 대해 상세하게 설명하려고 한다. 다만 '괘상을 통한 『주역』 해석 부분의 주요 내용은 앞에서 논의한 8괘 취상설이 중심이 되어야 하기 때문에 중복될 가능성이 크다. 이 부분에서는 가능하면 중복되는 부분은 피하고 8괘 괘상설을 응용하여 『주역』을 해석하는 내용을 「상전(象傳)」과 「설괘전」을 중심으로 하여 살펴보도록 하겠다.

(1) 괘상(卦象)을 통한 『주역』 해석

8괘의 괘상은 '⚊'과 '⚋'의 부호가 세 겹으로 된 것을 말한다. 어떤 하나의 64괘를 상하로 나누면 세 겹으로 된 8괘가 된다. 이런 '⚊'과 '⚋'의 부호가 세 겹으로 된 8괘가 취상의 과정을 통해서 의미를 가진 상 부호가 된다. 다시 말하면 8괘는 단순한 괘획이 아니라, 모든 사물을 상징할 수 있는 상징 부호로서 의미의 근원이 된다. 이런 상징의 의미를 가지고 있는 8괘의 부호를 괘상이라고 말한다.

64괘를 분리하여 8괘가 하나의 상징 부호로 전환한 것은 『주역』 해석에 혁명적인 변화가 생겼음을 의미한다. 8괘로 분리되기 이전의 64괘가 가지고 있는 함의는 제한적이고, 한계를 가질 수밖에 없었다. 특히 64괘는 다양한 철학적 해석을 불가능하게 만드는 괘획의 부호에 불과하였고, 어떤 상징 부호의 기능보다는 점서의 도구라는 역할이 훨씬 더 농후하다고 할 수 있다. 다시 말하면 8괘가 상징 부호로 변신하면서 8괘의 괘상은 무한한 함의량(含意量, connotation)을 가질 수 있게 되었다. 이런 무한한 함의량을 가진 8괘의 괘상을 통하여 『주역』은 다양한 문화적·철학적 해석이 가능한 공간을 만들어 내게 되는 것이다.

앞에서 64괘와 8괘의 관계를 논의하는 경우에 어느 것이 먼저 출현하였는가 하는 문제가 『주역』 해석에서 매우 중요한 논점이 되었던 것이 사실이지만, 여기에서 또 하나 주의를 기울여 보아야 할 중요한 철학적 문제가 포함되어 있다. 그것은 바로 64괘와 8괘는 문화적, 철학적인 질적(質的) 차이를 가지고 있다는 점이다.

64괘는 기본적으로 점서역학이라는 배경에서 나온 것으로 그것의 운용 원리는 대부분 서법(筮法)과 밀접한 관련을 가지고 있었다. 이 때문에 그들이 관심을 두었던 것은 운명적인 천(天) 또는 신령(神靈)의 계시였지 문점(問占)하는 사람의 주체적 해석은 결코 어떤 의미도 가지고 있지 못했다. 여기에서 필요한 것은 점의 도구인 64괘이지 8괘 괘상을 통한 철학적이나 문화적인 의미의 해석이나 전달에 있었던 것은 아니었다. 그렇다면 8괘 괘상의 출현이 의미하는 것은 무엇인가?

64괘를 이용하여 운명을 알아보려는 점서역학에서 8괘의 존재는 필요로 하지도 않았고 또 8괘 괘상이나 취상을 통하여 의미를 얻는다는 것에 대한 문제의식도 없었다. 이 단계에서 8괘라는 괘획(卦畫) 자체는 어떤 명확한 의미를 지니고 있지도 않았다. 여기에서 8괘 괘상의 출현과 취상이 의미하는 것은 일종의 자각적 부호화의 과정이라고 할 수 있다.[108] 8괘 괘상을 통한 해석이 가지고 있는 의미는 초월적인 천명이나 신령의 계시 등을 전달하는 매개의 역할을 담당하는 데 그치는 것이 아니라, 그 자체의 괘상을 통하여 직접적인 의미를 담고 있는 하나의 철학적 텍스트로 변신한 것에서 찾을 수 있을 것이다. 이 과정 속에서 8괘 괘상은 단순히 어떤 사물을 지시하는 표시 기능 이외에 의미의 무한한 유비적(類比的) 확장을 통하여 인간과 세계를 해석하는 철학적 기능을 가진 상징부호체계가 된다.

팔괘의 여덟 가지 성질은 엄청나게 많은 실제 사물들을 상징하고 있다. 앞의 도표12에서 본 것처럼, 8괘 괘상이 상징하는 실물은 결코 고정되어 있지 않다. 그것은 자연물일 수도 있고, 인간사 즉 사회현상이나 실천적 규범이나 태도일 수도 있다. 중요한 것은 8괘가 상징하는 실제 사물들은 달라도 그 성질은 동일하다는 사실이다.

팔괘 괘상설을 통하여 『주역』을 해석하는 『역전』의 대표적인 문장은 당연히 「설괘전」이다. 팔괘취상설에 대한 「설괘전」의 관점은 이미 앞에서 상세히 분석하였다. 「설괘전」 이외에 8괘 괘상설을 이용하여 『주역』을 해석하는 대표적인 것으로는 「상전」 그중에서도 「대상전」이 있다. 이 외에도 이런 괘상설을 이용한 『주역』 해석의 문제를 전체적으로 정리하는 예는 「계사전」에도 많이 보인다. 아래에서는 8괘 괘상을 이용하여 『주역』에서 어떠한 철학적 관점을 이끌어내고 있는지를 「설괘전」과 「계사전」 및 「대상전」에 보이는 관점들을 통하여 살펴보도록 하자.

팔괘 중에서 가장 중요한 것은 역시 천(天)과 지(地)를 상징하는 건과 곤이 가지고 있는 작용과 역할이다. 「설괘전」에서는 앞에서 말한 것처럼, 천과 지의 대립과 통일을 '천지정위(天地定位)'라는 관점에서 말하고 있다. 즉 '천지정위'라는 관점을 통하여 경험적 의미의 천지는 하나의 경험적 대상에서 오히려 천지 등의 경험 존재를 결정하는 '법칙' 또는 '원리'인 건곤(乾坤)으로 격상하게 된다. 이런 관점을 「설괘전」은 우주의 만물은 모두 건곤을 부모괘(父母卦)로 하고, 다른 괘는 여섯 명의 자식으로 삼는 육자괘(六子卦)를 만들어내고 있다.

그런데 여기에서 주목할 문제는 이런 '부모육자괘'라는 8괘 괘상의 관계를 통하여 인간과 만물이 혈연적으로 연결되어 있다는 유가의 보편적 우주관인 연속적 세계관을 은유적으로 말하고 있다는 점이다. 「설괘전」은 8괘의 괘상을 이용하여 우주와 인간, 만물의 관계를 하나의 연속적 존재 체계로 묘사하고 있다.

> 건(乾)은 하늘이라 그러므로 부(父)라 일컫고, 곤(坤)은 땅이라 그러므로 모(母)라 일컫는다. 진(震)은 한 번 구하여 남(男)을 얻음이라 그러므로 장남이라 이르고, 손(巽)은 한 번 구하여 여(女)를 얻음이라 그러므로 장녀라 이른다. 감(坎)은 두 번 구하여 남을 얻음이라 그러므로 중남이라 이르고, 이(離)는 두 번 구하여 여를 얻음이라 그러므로 중녀라 이른다. 간(艮)은 세 번 구하여 남을 얻음이라 그러므로 소남이라 이르고, 태(兌)는 세 번 구하여 여를 얻음이라 그러므로 소녀라 이른다.109)

위의 「설괘전」의 말은 바로 전체 우주 속에는 어떤 고립된 사물의 존재란 있을 수 없고. 모두 혈연적인 연결성 혹은 상관성을 가지고 있음을 설명하고 있다. 즉 일체의 만물은 모두 음과 양을 대표하는 건과 곤을 부모로 하여, 건곤 두 괘의 교배(交配)를 통하여 만물이 같은 혈통을 가지고 생겨 나온 하나의 혈연적인 연속적 관계를 구성하고 있음을 은유적으로 말하고 있다. 팔괘는 가정의 기본 구성원으로서 우주라는 대가정(大家庭)의 가장 원시적인 상태이다. 비록 기본적 분자가 여덟 개에 지나지 않지만 이것을 다시 중첩하여 64괘를 만들어 전체 우주의 모든 존재자가 혈친(血親)의 관계를 가지는 일가(一家)임을 묘사하고 있다.

「설괘전」이 8괘를 통하여 묘사하고 있는 전체 우주는 천지와 인간을 포함한 만물이 모두 혈친관계(血親關係)를 통하여 결합된 연속적 전체임을 말하고 있다. 즉 천지라는 부모와 여섯 자식으로 상징되는 작은 가정에서부터 시작하여 하나의 지방에서 나라, 우주 전체로 확대되는 생명의 유기적 전개과정을 은유적으로 표현하고 있다. 이런 「설괘전」의 '부모육자괘'라는 관점을 통하여 일체의 인간과 사물을 설명하는 것이 가능함을 「계사전」은 다음과 같이 정리하고 있다. "팔괘로 소성하여 이를 가지고 미루어 동류에 맞추어 확장시켜 나가면 천하의 모든 일이 여기에 속하게 된다"[110]고 하여 음양 – 팔괘의 체계 속에서 우주 및 인간사의 모든 사태를 설명할 수 있다고 말한다. 이런 점에서 천지의 만사만물의 표상인 8괘는 우주 변화를 상징할 수 있는 상징 부호 체계로 전환하고 있다.

이러한 만물의 혈연적 상관성을 가장 단적으로 보여주는 것이 바로 방통(旁通)이다. 방통이란 개념은 『주역』에서 서로 다른 괘의 부분을 흡수하여 기타의 다른 괘로 파생하여 확장해 가는 것을 말한다.[111] 이 때문에 모든 각각의 괘는 다른 괘의 모든 부분을 상호 흡수하여 다른 63괘와 서로 관계를 갖게 되는 것이다. 이런 방통의 가장 기본적인 괘는 말할 것도 없이 건과 곤이다. 바꾸어 말하면 64괘는 건곤의 조합 즉 천지의 조화에 의하지 않는 것이 없으므로 건곤이야말로 기본적인 인자(因子, gene)이다. 건곤을 기본 인자로 하여 방통하는 우주 속의 무생물, 동식물, 인간 등이 상호 연관 속에서 존재의 연속을 이룬다는 것이다.[112]

'부모육자괘'의 건 · 곤 · 진 · 손 · 감 · 리 · 간 · 태의 괘서(卦序) 배열순서는 가정의 생성서열, 즉 먼저 부모가 있고 다시 장남(長男)이 있고 장녀(長女) 다시 중남(中男), 중녀(中女), 마지막으로 소남(少男), 소녀(少女)의 순서이다. 건곤을 부모로 삼고, 건·곤·진·손·감·리·간·태를 삼남삼녀로 하는 이런 모형은 가정 속의 생성의 선후서열이라는 관점에서 8괘의 배열 순서를 말하는 것으로 보인다. 이런 생성서열의 모형인 괘서에 따라 「설괘전」은 순서를 배치하고 있다.

이른바 '건곤부모육자'의 괘상설에서 우리는 인간 사회의 실천이념과 새로운 우주관의 성립을 이야기할 수 있다. 「설괘전」의 '건곤부모육자' 괘상설을 통하여 형성된 우주론은 사실상 가정이라는 우주에 대한 인식 모형의 응용과 발전이라고 할 수 있다. 「설괘전」의 작자는 가정이라는 관점을 우주에 투사하여 우주를 하나의 대가정과 같은 것으로 그리고 있다. 남녀의 양성이 교감하여 자손을 낳아가듯이 우주 속에서도 음양이 교감하여 만물을 낳는다는 유비적 사유를 보여주고 있다.

「설괘전」은 팔괘를 통하여 전체 우주의 현상을 설명하고 '가정'이라는 모형을 말하는 것으로 보인다. 『역전』의 작자들은 우주를 하나의 대가정과 같은 것으로 상징하고 있다. 가정 안에서 건곤 즉 음양의 두 가지 성질의 교감으로 말미암아 자손을 번영시키는 것과 같은 똑같은 이치로 마찬가지 이치로 우주 속에서도 음양의 교감으로 말미암아 만물을 생성시킨다. 어쨌든 사물의 발생에는 반드시 부모가 있어야 한다. 『주역』에서는 '건곤'·'천지'·'강유'·'음양' 등의 용어를 사용하여 두 가지의 성질이 바로 '생(生)'의 기원임을 설명한다. 그러므로 「계사전」은 "천지가 느껴서 만물이 화생한다"113)거나 "천지가 서로 만나니 모든 사물이 다 빛난다"114)라고 말한다.

가정 속에서의 기본적인 구성원은 부모와 자녀이기 때문에 팔괘는 우주라는 대가정의 기본적 구성원을 상징하고 있다. 한 가정에 여덟 식구가 있다는 것이 우주라는 가정의 가장 원시적인 상태이고, 그 모형이다. 우주라는 거대한 가정의 기본적 구성요소는 비록 단지 여덟 개이지만,

그러나 팔괘를 서로 중첩하여 64괘를 이루어 생생불식(生生不息)하는 우주만물을 대표하게 된다.115) 이 '부모육자설'이 강조하려는 것은 단순히 전체 우주를 하나의 '가정'으로 보고 있다는 데 머무는 것이 아니라 우주 만물이 부단히 화생(化生)한다는 큰 작용을 말하는 데 있다. 건곤 또는 천지로 상징되는 음양의 화생이야말로 우주 만물을 관통하는 보편적이고 본질적인 특성이다.

「설괘전」 이외에 8괘 괘상설이 가장 많이 이용되는 부분은 '군자(君子)의 교과서'로 불리는 「대상전(大象傳)」이다. 앞에서 말한 '부모육자설'을 통하여 『주역』의 우주관을 존재 연속이라는 유가의 전형적인 우주관으로 해석하였다고 한다면, 「대상전」은 8괘 괘상설에 근거하여 『주역』이 담고 있는 인간의 도덕적 행위 및 올바른 정치적 행위가 어떠해야 하는가라는 문제에 대해 해석하고 있다.

「대상전」이 『역경』을 해석하는 방식은 괘상에 근거하여 괘명(卦名)을 설명하고, 이를 통하여 괘가 가지고 있는 의미를 다시 끄집어낸다. 「대상전」이 괘상에 근거하여 괘의 의미를 말하는 부분에는 「대상전」 작자의 주관적 생각이 투영될 수밖에 없다. 어떤 의미에서 말하면, 「대상전」의 작자가 괘상에 근거하여 자신의 생각을 발휘한 창작이라고 하여도 크게 틀린 말은 아닐 것이다.

「대상전」의 기본 체제와 구조는 먼저 상 · 하괘의 괘상을 통하여 괘의 의미를 말한 후에, 괘의 의미에서 인간사와 관련되는 상징들을 추리해 낸다. 「대상전」은 크게 두 부분으로 구성되어 있다. 앞부분은 모두 괘상에 근거한 자연 사물의 모습과 상태를, 예를 들면 "하늘의 운행은 굳건하고(天行健)", "하늘과 땅이 교류하니(天地交)", "우레가 땅속에 있으니(雷在地中)" 등을 말하고, 뒷부분은 "군자가 그것을 본받아(君子以 …)", "군주가 그것을 본받아(后以 …)", "선왕이 그것을 본받아(先王以 …)" 등으로 대부분 사람이 이를 본받아서 어떻게 덕을 쌓고 수신해야 하는가 또는 어떤 사리에 맞는 행위를 하여야 하는가 등에 대해 말하는 구조이다. 몇 가지 예를 들어보자.

> 가) 건괘(乾卦)「대상전」: "하늘의 운행이 굳건하니, 군자는 그것을 본받아서 스스로 힘쓰고 쉼이 없다."[116]

> 나) 송괘(訟卦)「대상전」: "하늘과 물이 어긋나게 나아가는 것이 송이니, 군자는 이것을 본받아 일을 할 때는 처음부터 철저히 잘하도록 도모해야 한다."[117]

> 다) 비괘(賁卦)「대상전」: "산 아래에 불이 있는 것이 비이니 군자는 이것을 본받아 여러 정사를 밝히되 함부로 옥사를 과감하게 처리하지 않는다(찬찬히 살펴서 신중하게 처리한다)."[118]

위에서 인용한 「대상전」의 앞부분은 대부분 8괘 괘상설에 근거하여 괘를 설명하고 있음을 쉽게 발견할 수 있다. 즉 건괘의 괘상은 상하가 하늘이고, 송괘의 상괘는 하늘이고, 하괘는 물이기 때문에 "하늘과 물이 어긋나게 나아가는 것"으로 말하고, 비괘(賁卦)는 상괘가 산이고, 하괘는 불이기 때문에 "산 아래에 불이 있는 것이 비이니"라고 말하는 것이다. 그러면 군자가 본받아야 하는 내용들은 어떻게 파생되어 나오는가?

먼저 가)의 건괘 「대상전」의 내용은 매우 유명한 구절로 이야기할 필요도 없을 정도이다. "하늘의 운행이 굳건하다"는 것은 상괘와 하괘가 모두 천을 상징하는 건괘의 괘상과 괘덕에 근거하여 천체의 운행이 조금의 차질이나 중단 없이 운행하고 있는 것을 말한다. 즉 사계절과 주야(晝夜)의 교체를 잠시도 중지하거나 순서를 바꾼 적이 없이 부단하게 운행하고 있다는 말이다. 여기에서 군자는 건괘가 상징하는 천도의 굳세게 운행하는 모습을 본받아 군자 역시 스스로 노력하는데 굳세어 쉼이 없어야 한다는 의미를 끄집어낸다.

나)의 송괘의 괘상은 상괘는 하늘이고, 하괘는 물이다. 즉 하늘의 기운은 위로 올라가고 물은 아래로 떨어지는 성질이 있어서 그 방향이 서로 어긋난다. 어긋나게 나아가는 것, 즉 의견의 불일치가 쟁송(爭訟)이 일어나는 시작이다. 군자는 이 괘상을 보고서 마땅히 경계하고 두려워할 줄 아는 마음을 가지고, 시빗거리를 멀리하여야 하므로 "처음부터 철저히 잘하도록 도모해야 한다"고 말한다. 어떤 일을 행할 때 그 시작을 분명하게 잘 헤아려서 싸움이 벌어질 수 있는 단서를 시작부터 철저하게 차단해야 쟁송이 생기지 않을 수 있다는 교훈을 송괘의 괘상을 통해서 말하고 있다.

다)의 비괘의 괘상은 상괘는 산이고, 하괘의 괘상은 불이다. 그러므로 "산 아래에 불이 있는 것이 비이니"라고 말한다. 군자는 이 괘상을 본받아 여러 가지 상황을 자세히 관찰하여 경솔하게 소송을 판결하지 않는다. 내괘의 이(離)는 밝음으로 여러 정황을 분명히 살피는 것을 말하고 외괘의 간(艮)은 머무르는 것(止)으로 가볍게 판결을 내리지 않는 것을 말한다. 이 경우는 괘상뿐만 아니라 괘덕을 통하여 해석하는 경우이다.

「대상전」은 주로 괘상에 근거하여 괘를 해석하고 있다. 「대상전」이 근거한 괘상은 「설괘전」 후반부의 제11장에서 18장에 보이는 첫 번째 기본 물상을 중심으로 대부분 단순화시키고 있는 것으로 보인다. 「대상전」이 8괘에서 취하는 물상을 정리하여 보면 아래와 같다.

괘	기본 물상
乾	天
坤	地
震	雷
巽	風, 木
坎	水, 雲, 雨, 泉
離	火, 電, 明
艮	山
兌	澤

도표 13)

『역전』의 『주역』 해석의 기본적 인자(因子)는 바로 8괘 괘상에서 찾아야 하고, 이런 관점에서 「설괘전」이 가지고 있는 중요성은 더 이상 강조할 필요가 없다. 여기에서 8괘 괘상을 기본적 인자로 본다는 말은 마치 부모의 유전자가 자식에게 유전되는 것처럼, 『역전』의 핵심은 이 8괘 괘상설과 그것의 취상에 있음을 강조하는 말이다. 그러므로 「설괘전」의 8괘 괘상설은 『역전』의 각 편의 구조 속에서 복제되고 전록(轉錄)되고 표현된다. 설령 약간 변이(變異)되었다 하더라도 새로운 상의 의미를 획득한 상 부호를 벗어나지는 않는다. 다시 말하면, 『역전』의 각 편이 비록 각기 다른 내용과 특징을 가지고 있지만 그것들은 모두 8괘 취상의 방법과 새로운 괘상의 내용을 빌려와서 자신들의 사상을 표현한 것에 불과하다는 말이다.

『역전』 각 편의 사상은 많은 철학적 의리를 표현하고 있지만 상당한 정도에서 대부분 8괘 괘상설에 근거하고 있다. 예를 들면 바로 앞에서 말한 건괘 「대상전」의 "하늘의 운행이 굳건하니, 군자는 그것을 본받아서 스스로 힘쓰고 쉼이 없다"는 것은 바로 「설괘전」에서 건괘의 물상을 하늘로 보는 말에 대한 응용이다. 또 「단전」의 "위대하도다, 건원이여!

만물이 이에 바탕하여 시작하니 이에 하늘을 통솔하는구나(大哉乾元! 萬物資始, 乃統天)" 역시 마찬가지이다. 이들 해석은 모두 8괘 괘상의 해석에 근원한다. 만약 「설괘전」의 8괘 괘상의 해석이 없었다면 이들 해석의 발휘는 상상할 수 없었을 것이고, 『역전』 각 편의 철학적 해석 역시 다채롭지 못했을 가능성이 크다.

(2) 괘덕(卦德)을 통한 『주역』의 의리적 해석

8괘의 모든 괘에는 괘명, 괘상과 괘덕이 있다. 8괘의 괘명은 건 · 곤 · 감 · 리 · 진 · 간 · 손 · 태이다. 괘상은 주로 물상(物象)을 가지고 칭한다. 왜냐하면 모든 괘는 어떤 구체적 물상을 가지고 이름을 붙이기 때문이다. 예를 들면 건괘의 물상은 하늘이고, 곤괘의 물상은 땅이고, 감괘의 물상은 물인 것 등을 들 수 있다. 물상에 대한 인식과 이해는 사람들의 물질 속성에 대한 기본적 관점이 반영되어 있다. 물질 속성에 대한 파악과 이해 가운데에서 파생되어 본의(本意)를 확장시킨 의리(義理)가 바로 괘덕(卦德)이다.

괘덕은 한마디로 말하여 괘의 성질이다.[119] 즉 8괘의 괘덕은 8괘의 성질을 말한다. 이에 대해 주자는 "괘체(卦體)는 내건외순(內健外順), 내음외양(內陰外陽) 같은 것이고, 괘덕은 건건곤순(乾健坤順) 같은 것을 말한다"[120]고 하여 괘덕을 괘의 성질임을 분명하게 말하고 있다. 또 그는 몽괘(蒙卦)에 대해 말할 때, "산하유험(山下有險)이 괘의 상이라면, 험이지(險而止)는 바로 괘의 덕이다"[121]라고 하여 감괘(坎卦)와 간괘(艮卦)가 가지고 있는 성질을 말하는 것이 괘덕임을 분명하게 말하고 있다. 괘덕과 유사한 관점이 바로 정이천이 말하는 괘재(卦才)이다.

괘덕은 물(物)이 가지고 있는 속성에서 사람의 성질 또는 성정(性情)이란 문제로 의미가 확장된 것이라고 할 수 있다. 즉 물상의 의리에 근거하여 사람의 실천 문제로까지 전환되는 것이라고 할 수 있다. 이것을 건괘(乾卦)를 예로 들어 설명하면, 건괘의 물상은 천이고, 천의 속성은 강건함(健)이다. "하늘의 운행이 굳건하니[天行健]"로부터 파생되어 나온 괘덕은 바로 "군자는 그것을 본받아서 스스로 힘쓰고 쉼이 없다(君子以自強不息)"는 것으로 확장될 수 있는 것이다.

괘덕으로 『주역』을 해석한다는 것은 괘가 상징하는 의미 혹은 괘의 주지(主旨)를 통하여 의리적으로 해석하는 것을 말한다. 이것이 의미하는 것은 괘효상의 의미를 벗어난 의리적 해석은 불가능하다는 말이나 마찬가지이다. 역학 속의 의리는 상 의미에 기원을 두고 있고, 상의 체계가 없으면 철학적인 의리 역시 나올 수 없다.

본래 『주역』 속의 각 괘는 처음부터 고정된 의미를 가지고 있었던 것은 아닌 것으로 보인다. 그러나 점서의 편의를 위해서 점치는 자들이 괘에 중심이 되는 의미들을 부여하게 되면서 점차적으로 모든 괘는 각각의 고유한 주지(主旨)와 의미들을 가지게 되고, 모든 괘효의 체계는 이런 주지와 의미를 따라서 해석을 전개한다. 이런 의미와 주지를 만들어내는 핵심 또는 중심이 바로 괘덕이다. 괘덕은 바로 괘의 성질, 즉 괘의 덕성(德性) 상징을 말한다.[122] 예를 들어 말하면 건괘(乾卦)는 하늘을 상징하고, 괘덕은 강(剛) · 건(健) · 양(陽) 등이다.

만약 철학적 의리가 발생하는 것을 단계적으로 나누어 말하면, 괘효의 상징적 의미는 최종적으로는 언어를 통하여 표현된다. 『역전』의 의리적인 명제(예를 들면 "천행건, 군자이자강불식(天行健, 君子以自強不息)" 등)는 괘상이 가진 괘덕을 통하여 표현된 것이라 할 수 있다. 즉 역학에서 말하는 의리적인 근원 역시 모두 상이 가진 괘덕에서 근원한다고 할 수 있다. 왕부지(王夫之)는 다음과 같이 말한다.

수(數)에서 획(畫)이 생기고, 획이 쌓여서 상(象)이 이루어지고, 상이 이루어져서 덕(德)이 드러나고. 덕이 서고서 의미(義)가 생기고, 의미가 파악되면 말[辭]로 전달하는데 이것들은 서로 묶여 있어서 떨어지지 않는다.123)

위의 인용문은 괘덕과 괘의(卦義) 및 괘상의 관계에 대해 설명하는 말이다. 즉 괘상이 이루어지고 난 다음에 괘덕이 드러나고 여기에서 의미가 생긴다는 것이다. 그러나 이것은 괘상과 그것의 의리적 함의가 같은 차원에 머물러 있다는 말은 아니다. 의리는 상 부호에 제한되지 않는다. 왜냐하면 기본적으로 의리의 존재 형식은 언어[辭]로 전환되어 전달되기 때문에 각 괘가 가지고 있는 괘덕과 괘의를 결합하여 새로운 철학적 의미를 발휘해 낸다. 이런 철학적 해석 혹은 전환 후에 괘상은 단순한 획이 모여 이루어진 점서의 부호체계에 머물지 않고 다양한 철학적 의리를 끄집어낼 수 있는 의미체로 변신한다.

여기에서 말하는 의리라는 말은 본래 철학적 의미라는 뜻으로 사용하는 것이 일반적이다. 그러나 의리라는 말을 할 경우, 자주 상수(象數)와 관련된다. 만약 상수와 관련시켜 의리를 말할 경우, 상수는 『주역』의 괘상 · 효상 · 음양기우의 수를 가리키고, 의리는 64괘와 384효가 담고 있는 철학적 이치를 말한다. 이런 점에서 보자면 상수와 의리는 서로 긴밀하게 연관되어 있어 분할할 수 없는, 상호의존적인 『주역』의 두 가지 가장 중요한 해석의 근간이고 요소라고 할 수 있다.

이른바 의리를 통한 『주역』 해석을 모두 의리역학(義理易學)이라고 말하는데 이것은 결코 동일한 의미는 아니다. 왜냐하면 일반적으로 말하는 의리역학은 경학적인 학술 범주로 『주역』의 괘효 부호 · 괘효사 및 서점원리(筮占原理)를 통하여 그 중의 도덕적 우의(寓意) · 가치 이념과 철학적인 의미를 드러내어 밝히는 역학적 경향을 말한다. 이것은 상수(象

數) 역학과 대비된다. 이에 비해 의리를 통한 『주역』 해석이라는 관점에서 강조하려는 것은 이른바 취의설(取義說)이다. 물론 의리역학과 취의설이 결코 다른 것은 아니나 여기에서는 그것의 발생이라는 점에서 구별하려는 시도이다. 취의설은 취상설(取象說)과 대비된다. 이런 취의설이 발전되면 의리역학으로 발전하게 된다.

취의설과 취상설의 차이점은 다만 사유의 방향과 강조점이 다르다는 점이다. 취의설은 추상적인 사유방향으로 발전하여 괘효 구조와 괘효사의 도덕적 우의를 이끌어내는 데 편중되는 것에 반해, 취상설은 상징적 사유 방향으로 전개되어 괘효 구조와 괘효사의 상징적 공간을 충실히 하는 데에 강조점이 놓여 있다. 이런 점에서 이 둘이 완전히 다른 것으로 분리하기는 쉽지가 않다.

그러나 여기에서 우리가 주의해야 할 문제는 취의설이든 취상설이든 모두 8괘 취상이라는 관점에서 출발한다는 점이다. 왜냐하면 8괘는 취상의 부호이기 때문에 64괘의 괘획은 점차적으로 점서적 성질을 벗어나서 철학적 의미를 함유하고 있는 상징부호 체계가 되고, 이런 상징부호 체계가 가지고 있는 기능으로 인하여 괘상은 의미를 생산하고 실현하도록 만드는 매개체가 되기 때문이다.

『역전』은 『역경』을 해석할 때 괘덕의 해설을 통하여 의리를 발휘한다. 가장 기본적인 괘덕에 대한 논의는 「설괘전」에 보이는 "건은 굳세고 곤은 유순함이며, 진은 움직임이고 손은 들어가고 감은 빠지고 이는 걸림이요, 간은 그침이요 태는 기뻐함이라"[124]라는 구절이다. 이 외에도 「설괘전」 4장의 "우레로써 움직이고, 바람으로써 흩뜨리고, 비로써 적시고, 해로써 말리고, 간으로써 그치고, 태로써 기쁘게 하고, 건으로써 군림케 하고, 곤괘로써 저장케 한다"[125]는 구절은 물론 자연현상에 대한 설명이지만, 동시에 괘의 성질과 함의를 해석하고 발휘한 경우에 해당한다.[126]

『역전』의 「문언전」·「상전」·「단전」·「잡괘전」 등에서도 괘덕으로 해석하는 경우가 많이 보인다. 그중에서도 「단전」은 8괘의 덕성으로 괘사를 해석하여 의리를 끄집어낸다. 그중에서 송괘(訟卦)의 「단전」 해석을 살펴보자.

> 송괘 괘사: "송은 마음속에 진실함을 가지고 있으나 막혀서 두려워하여 지나치지 않고 중용을 지켜야 길하고 끝까지 밀고 나가면 흉하니 대인을 봄이 이롭고 큰 내를 건너는 식의 어려운 일을 추진하기에는 불리하다."127)

> 송괘 「단전」: "송은 위가 강하고 아래가 험하여, 속은 음험하고 밖은 강건하니 송이라 한다. 송은 마음속에 진실함을 가지고 있으나 막혀서 두려워하니 지나치지 않고 중용을 지켜야 길하다는 것은 강이 와서 중을 얻은 것이다. 끝까지 밀고 나가면 흉하다는 것은 쟁송은 부득이해서 하는 것이니 이 일을 끝까지 밀고나가서는 안 된다는 것이다. 대인을 봄이 이롭다는 것은 중정을 숭상하는 것이다. 큰 내를 건너는 식의 어려운 일을 추진하기에는 불리하다는 것은 더욱 깊은 물로 빠지는 것이다."128)

송괘의 「단전」은 송괘의 상괘인 건(乾)은 굳세고[剛] 하괘인 감(坎)은 험함[險]이라는 두 괘의 괘덕을 가지고 괘명을 설명하는 경우이다. 즉 내심(內心)의 감(坎)은 음험(陰險)하고, 외표(外表)의 건(乾)은 강건하기 때문에 서로 쟁송(爭訟)하게 된다는 것으로 해석하고 있다. 송괘 「단전」은 쟁송은 결코 좋은 일이 아니기 때문에 이것을 끝까지 밀고 나가면 흉한 결과를 가져온다고 말한다. 즉 "끝까지 밀고 나가면 흉하다는 것[終凶]"은 쟁송은 끝까지 밀고 나가지 말아야 하며 만약 끝까지 고집하면 흉하다는 의미를 말하고 있다.

태괘(泰卦) 괘사: "태는 작은 것[陰]이 가고 큰 것[大]이 오니, 길하여 형통하다."129)

태괘「단전」: "작은 것[陰]이 가고 큰 것[大]이 오니, 길하여 형통하다고 말하는 것은 천지가 서로 사귀어(교류하여) 만물이 통하며 상하가 사귀어 그 뜻이 같아진다는 것이다. 양이 안에 있고 음이 밖에 있으며 강건함이 안에 있고 유순함이 밖에 있으며 군자가 안에 있고 소인이 밖에 있으니 군자의 도가 커지고 소인의 도는 사라진다."130)

태괘의 괘체(卦體)는 양의 괘인 건괘가 아래에 있고, 음의 괘인 곤괘가 위에 있다. 이것을 동태적으로 표현하면 양은 점차 커가고 음이 사라지는 상황이다. 이것을 사회에 적용하면 모든 어려운 일이 순통(順通)하게 풀리는 태평의 때라는 것이다. 「단전」은 이런 관점을 세 방면에서 나누어 설명하고 있다. 첫째, 자연계에서는 천지의 두 기가 접촉해 화합하여 만물이 생성 발전하는 것을 말하며, 인간 사회에서는 군신이 친하게 지내고 화합하여 상하의 뜻이 통하는 것을 말한다. 둘째, 괘상으로 말하면 내괘가 양이고 외괘가 음이기 때문에 내괘는 군자[陽]이고 외괘는 소인[陰]이라는 것을 말하고 있다. 셋째, 양기(군자의 도)가 점차 자라나고, 거기에 따라 음기(소인 도)가 점차 사라져 가는 음양의 소식(消息)을 표현하고 있다.131) 이것이 바로 전형적인 괘덕을 통하여 의리를 전개하는 것으로, 이를 통하여 자연계, 인간 사회의 문제까지 점차로 확대하여 간다.

철학적 의리를 통한 『주역』 해석이 가져온 가장 큰 변화는 더 이상 점서를 필요로 하지 않게 되면서 운명에 관한 주체적이고 반성적인 사고를 요청하게 된다는 것이다. 이런 운명에 대한 주체적이고 반성적 사고를 통하여 그들이 가지게 된 관심은 더 이상 눈앞의 길흉화복이 아니라 인생의 의미가 무엇인가를 탐색하거나 천인의 도리가 무엇인가를 탐구하는 궁극적 관심에 대한 관점의 전환이 생기게 된다. 여기에서 그들의 관심과 시야는 더 이상 눈앞에만 머무르지 않고 우주 전체로까지 확장된다.

(3) 괘위(卦位)를 통한 『주역』 해석

괘위는 괘 부호 구조의 상하 위치 관계를 말한다. 괘위 관계는 괘효 구조의 이해에 대한 심화이고, 그것의 실제적인 매개체는 효획 부호이며 효는 괘위 관계를 통하여 독립적인 의미를 표현해낼 수 있다. 괘위를 통한 『주역』 해석은 바로 괘획 혹은 괘상의 위치 관계를 이용하는 것을 말하는데 이것이 『주역』의 텍스트에 다양한 해석을 제공한다.

괘위 관계의 주요 내용으로는 정위(正位)·득중(得中)·승(乘)·승(承)·비(比)·상응(相應) 등의 관계를 말하는 것으로 전통 역학 특히 상수파에서는 이것들을 매우 전문적으로 다룬다. 『역전』 발생의 다른 해석 방법과는 달리 괘위를 통한 『주역』 해석은 점서와는 크게 관련이 없다. 왜냐하면 서법 중에는 괘위와 관련된 어떠한 요소도 없기 때문이다. 『좌전』과 『국어』 중에도 괘위의 흔적은 없다. 다만 「단전」과 「소상전」에 이르러 비로소 괘위로 『주역』을 해석하는 방법이 비교적 구체적으로 나타난다.[132] 괘위 학설은 보다 후대에 나온 것으로 보이는데 이것은 아마도 효제(爻題)의 출현과 관련이 있는 것으로 보인다. 괘위로 『주역』을 해석하는 방법에 대해 구체적으로 살펴보도록 하자.

『주역』에서 위(位)를 정하는 기본 원칙은 음양으로 나누는 것이다. 하나의 괘는 육효(六爻)이고, 초·삼·오는 양의 위이고, 이·사·상은 음의 위이다. 양의 자리 중에서 오효는 상괘(上卦)의 중(中)에 있는 것으로 양위 중에서 가장 존귀한 자리이다. 음의 자리 중에서 이효는 하괘(下卦)

의 중에 자리하기 때문에 음의 자리 중에서 가장 존귀한 자리이다. 오효의 양과 이효의 음이 각각 정위(正位)를 얻어서 상하가 서로 상응하는 것은 보통 천자와 왕비(후)로 서로 비견된다. 초효는 보통 백성의 위이고, 삼효는 하괘의 상으로 제후의 위이다. 사효는 천자에 가까이 있어 공경(公卿)의 위에 해당된다. 상효는 종묘 혹은 태상왕의 위이다.

양효로 양의 위에 있거나 음효로 음위에 있는 것을 일러 당위(當位)·득위(得位) 혹은 정위(正位)라고 한다. 이와는 반대로 만약 양효(陽爻)로 음위(陰位)에 있거나 혹은 음효(陰爻)로 양위(陽位)에 있는 것을 일러 부당위(不當位)·실위(失位) 혹은 비기위(非其位)라고 한다. 「당위」의 효는 의미상으로는 자연히 길하지만 반드시 길한 것만은 아니다. 왜냐하면 다른 기타의 시(時)·응(應)·승(乘)·승(承) 등의 영향을 받고 있기 때문이다.

부당위의 효는 비록 뜻으로는 흉하지만 또한 반드시 흉한 것은 아니다. 이런 상황이야말로 인간사회의 실정이다. 어떤 사람이 몸을 가지런히 하여 행위 하는 것은 분명히 군자의 태도이지만 그렇다고 모든 일이 순조롭게 풀려 해결되는 것만은 아니다. 어떤 사람이 비록 소인의 행위를 하여도 결과적으로 어떤 일이 성공적으로 끝맺을 경우도 있기 때문이다.

제2효와 제5효를 중(中)이라고 말한다. 비록 제2효와 5효는 공간적인 중앙이라는 것에서 출발하고 있으나 이것이 궁극적으로 표현하려는 것은 행위가 어느 한쪽에 치우치지 않고 적절하다는 것을 말하는 데 있다. 어떤 점에서 본다면 공간적인 의미보다는 시간적 의미의 적절성이라는 측면이 더 강조된다. 즉 중이 제이와 제오 효를 가리켜 말하지만 중은 결코 정적인 것이 아니고 동적인 것이다. 항상 변화하여 하나에만 고착하는 것이 아니라, 시간을 따라서 변화한다. 중은 적합, 적당의 의미를 가지는데 이것이 바로 시중(時中)이다. 시중은 바로 가장 적당한 때에 가장 적당한 행위를 하는 것을 의미한다. 또 중과 정(正)을 비교해 보면 중이 정보다는 훨씬 더 중요하다.

일반적인 의미의 상응(相應)은 각각 내괘(內卦)와 외괘(外卦)에서 초효와 사효, 이효와 오효, 삼효와 상효 사이에 각각 음양의 효가 다른 것을 일러 응(應) 혹은 여(與)라고 한다. 만약 음양의 효가 같은 경우에는 무응(無應) 혹은 무여(無與)라고 말한다.

효위에는 당위(當位)와 부당위 이외에 또 승강(承剛)과 승강(乘剛), 즉 승(承)과 승(乘)이 있다. 승(承)과 승(乘)은 효와 효 사이의 서로 비(比)하는 가운데에서 생긴 것이다. 음양의 효가 가까이에 붙어 있는 것을 일러 비(比), 접(接) 혹은 제(際)라고 한다. 예를 들면 초효와 이효가 비(比)하고, 삼효와 사효가 비하고 사효와 오효가 비하는 것 등을 들 수 있다. 두 효가 서로 비하는 가운데 승(承)과 승(乘)의 현상이 나타난다.

역도(易道)의 이치라는 것은 양이 앞서고 음이 뒤에 있고, 양은 건(健)하고 음은 순(順)하기 때문에 양이 상(上)에 있고 음이 하(下)에서 승(承, 이어받음)하는 것이 올바른 것으로 이를 승강(承剛)이라 하여 대부분 길하다. 이와는 반대로 양이 아래에 있고 음이 위에 있는 것들은 대부분 흉하다. 이러한 의미는 인간과 사물세계에 있어서 가장 보편적인 현상으로, 우주속의 만물과 인간은 무리를 떠나서는 독존할 수 없는 것이기 때문에 음양이 서로 친(親)하는 것은 필연적인 사실이다. 서로 친하다고 한다면 그 두 가지 음양의 성질은 주종(主從)과 선후(先後)의 위치가 구분되지 않을 수가 없는 것이다. 그렇지 않으면 만물은 실위(失位)하고 정도도 존재하지 않게 될 것이다.133)

괘위를 통한 『주역』 해석의 조건은 괘획 혹은 괘상의 부호 구조에 대해 명확한 인식을 하는 것으로 이를 통하여 효(爻)의 부호 중의 위치관계를 명확히 한다. 예를 들면 정위(正位)는 효가 괘획 중에 자리하고 있는 기우(奇偶)의 성질을 표시한다.

괘위를 통한 『주역』 해석 중에서 중요한 점은 효획이 독립적인 해석 의미를 가진다는 점이다. 왜냐하면 괘부호를 구성하는 기본 원소가 바로 효획이기 때문에 괘 부호의 실질적인 구조 관계는 효획의 상호관계를 통하여 나타난다. 말하자면 효획의 의미는 바로 괘위를 통한 『주역』 해석 중에서 부각된다. 이것은 괘부호에 대한 인식이 심화되고 독립적인 의미를 가진다는 의미이다. 점서역학 속에서 괘획은 점서의 부호이고 효획은 다만 괘획이라는 도형(圖形)의 구조를 이루는 원소로 스스로는 어떤 독립적인 의미도 가지지 못하였다.

점서역학에서 나타나는 의미 단위는 전체 괘획으로 점서의 형식은 "A 之 B"라는 진술형태로 나타난다. 즉 이런 진술형태에 보이는 A와 B는 모두 괘를 가리킨다. 이 때문에 효는 다만 괘를 구성하는 부품의 역할에만 그친다. 여기에서 괘는 자신의 의미를 가지지만, 효획 스스로는 어떤 독립적 의미도 가지지 못한다.

괘획의 상하를 둘로 나누어 각각 괘상으로 칭하지만 이 분리된 괘상은 여전히 취상의 부호일 뿐이고 효획은 괘상의 구조 원소로 스스로 독립적 의미를 지니지 못한다. 그러나 효제의 출현은 기본적으로 괘획의 분명치 않은 전체를 타파하고 괘획에 복합적인 취상의 의미를 부여하는 동시에 괘획의 혼돈을 제거한다. 여기에서 괘획은 분해 가능한 것으로 변한다. 그것은 이미 상하 양분에 의해서 8괘가 되고 또한 더욱 세밀하게 분석가능한 형식이 된다.134)

괘위를 통한 『주역』 해석에 대한 분석은 대체적으로 위와 같다. 그런데 당위 · 부당위 · 승(承) · 승(乘)의 관점들은 대부분 현실세계의 모습에 비유하여 형성된 것이기 때문에 절대로 괘효의 위를 고정되어 움직이지 않는 것으로 간주해서는 곤란하다. 왜냐하면 『주역』이 말하려고 하는 것은 항상 유행하여 영원히 하나의 점에 머무르는 때가 없기 때문에 위의 변화 또한 시시각각으로 변화한다. 그러므로 괘효사의 뜻을 판단하여 해석할 경우에는 이 문제를 깊이 생각하여 『주역』이 말하려고 하는 본의가 무엇인지를 파악해 내어야 한다.

효의 득위(得位)가 진실로 길한 것은 득위 자체를 가지고 논하는 것이 아니고, 또 실위(失位)가 진실로 흉한 것은 실위 자체를 가지고 논한 것은 아니다. 승(承) · 승(乘) 역시 그러하다. 실제로는 인간사회와 사물세계의 변화는 무궁하고 여러 가지 요인이 있기 때문에 하나의 고정된 형식으로 포괄할 수 없다. 이러한 상황은 한 개인이 삶의 과정 속에서 동시에 부(父) · 모(母) · 형(兄) · 제(弟) · 상사 · 부하 · 친구 · 국민 등의 직위와 의무를 동시에 가지고 있는 경우를 예로 들 수 있을 것이다. 즉 어떤 하나의 특정한 상황 속에서 사태를 판단할 경우 가정 속에서는 가정의 관계를 위주로 하고, 사회에는 사회관계를 위주로 하여야 한다. 그러므로 위에서 말하는 당위 · 부당위 · 승 · 승이 길하고 흉한 것들은 다만 인간과 사물의 현상과 변화를 전체적으로 통관(通觀)하여서 생겨난 개별적 의미이지, 필연성을 가지는 그런 것은 아니다.[135)]

(4) 괘서(卦序)를 통한 『주역』 해석

괘서는 괘의 배열 질서를 말하는 것이다. 괘서라는 이 배열 질서는 고정되어 『주역』의 전체적 질서 구조를 형성한다. 이처럼 괘서는 『주역』 본문 구조의 질서를 형성하는 중요한 역할을 하는 것이지만 이것이 초기 점서의 단계에서부터 존재한 것은 아닌 것으로 보인다. 말하자면 현재의 통행본 『주역』의 64괘 괘서는 『주역』 형성 이후에 건곤(乾坤)에서 시작하여 미제(未濟)에 이르는 괘서가 비로소 확정된 것으로 보인다. 이것은 앞에서 말한 『연산』이나 『귀장』및 백서 『주역』의 괘서가 모두 다르다는 점을 통해서 알 수 있다.

통행본 『주역』이 지금의 이런 괘서로 배열된 것은 그 나름의 철학적 의미가 들어 있는 것으로 볼 수 있다. 건괘(乾卦)는 『주역』의 첫 번째 머리 괘[首卦]로 곤괘(坤卦)와 더불어 근원이 되는 조상괘[祖卦]로 불리기도 한다. 주(周)나라의 역서인 『주역』이 건괘를 앞머리에 두고 있는 데 비해, 은(殷)나라 때의 역서인 『귀장역』의 머리 괘는 곤괘이다. 이것을 은나라가 모계(母系) 계통을 중심으로 하고 있는 데 비해 주나라는 부계(父系) 계통을 중심으로 하는 문화 체계를 구성하고 있는 것과 연관이 있는 것으로 보기도 한다.

또 하나 여기에서 주목할 것은 건곤(乾坤)을 제일 앞에 배치하고 있다는 사실은 바로 건곤을 상징하는 천지(天地)가 만물의 본원(本源)임을 상징적으로 말해준다고 할 수 있다. 『주역』이 건곤을 앞에 두고 64괘로 괘의 수를 확정하고 마지막 괘에 미완성을 의미하는 미제괘(未濟卦)를 배치한 것 등은 모두 당시의 우주와 자연에 대한 관점을 분명하게 보여주는 것이라고 할 수 있다. 곤괘를 건괘의 뒤에 두고 있는 이 문제는 주나라 사람들의 우주관의 성격을 잘 보여주고 있다고 할 수 있다.

삼역(三易) 중에서 『연산역』은 간괘(艮卦)를 머리 괘로 하여 건곤을 중요한 것으로 보고 있지 않다. 이것은 하대(夏代) 사람들이 건곤이 가지고 있는 생성의 의미를 이해하지 못하였기 때문인 것으로 보인다. 즉 「서괘전(序卦傳)」에서 말하는 "천지가 있은 연후에 만물이 있다(有天地然後, 有萬物)"라는 말을 아직 이해하지 못하고 있다.

『귀장역』은 곤괘를 앞에 두고 있다. 은(殷)나라 사람들은 곤건의 중요성을 인식했으나 건괘 「단전」에서 말하는 "위대하도다, 건원이여! 만물이 이에 바탕하여 시작하니 이에 하늘을 통솔하는구나(大哉乾元! 萬物資始, 乃統天)"의 의미를 이해하지 못한 것으로 보인다. 이것은 당시 사람들이 생성의 중요성은 인식하고 있었으나, 생성의 구체적인 전후 단계에 대해서는 이해가 아직은 부족한 것으로 볼 수 있다. 『주역』에 와서야 비로소 건곤을 말하여 생성의 중요성과 생성의 전후 단계까지도 이해하여 우주론의 새로운 지평을 열게 된 것으로 볼 수 있다.[136] 이런 괘서를 중점적으로 다룬 부분이 바로 「서괘전」이다.

「서괘전」은 64개의 괘서 배열에 관해서 이야기하고 아울러 각 괘가 서로 연속되는 이유에 대해 해석하고 있다. 각 괘가 서로 연속되는 이유에 대해 여섯 가지 상황이 있다고 말한다. 『주역정의』에서 「서괘전」은 여섯 개의 문(門)으로 나누는데, 그것은 천도문(天道門) · 인사문(人事門) · 상인문(相因門) · 상반문(相反門) · 상수문(相須門) · 상병문(相病門)이다.[137]

그러나 서로 순서가 이어진 이유로 본다면 오직 두 가지의 관계만이 있을 뿐인데 하나는 상인(相因)이고, 다른 하나는 상반(相反)이다. 상인은 갖추어진 조건에 따라 순리적으로 인과를 미루어보는 것이고 상반은 '사물이 극단에 이르면 반드시 되돌아온다(物極必反)'는 역리(易理)에 근거하여 서로 반대되는 인과관계를 미루어 보는 것이다. 비괘(賁卦) 뒤에 이어서 박괘(剝卦)가 오는 것은 그 서로 이어지는 관계가 상반에 속하는데 이것은 사물을 미화하고 장식한 후에 완벽하게 되지만 물극필반하여 완벽함으로부터 불완전함으로 변화하여 침식하기 시작한다. 이런 관련 하에서 이 두 괘가 서로 이어지는 것이다.

『주역』 괘서의 안배는 64괘를 32짝으로 나누어 2괘를 한 조(組)로 하여 도전괘(倒顚卦)가 아니면 반대괘(反對卦)이다. 또 상경(上經)과 하경(下經)을 나누어 상경은 건과 곤을 머리 괘로 하여 끝에는 감괘(坎卦)와 리괘(離卦)를 두어 모두 30괘이다. 하경은 함괘(咸卦)와 항괘(恒卦)를 머리 괘로 하여 기제(旣濟)와 미제(未濟)로 끝을 맺는데 모두 34괘이다. 그중 건(乾) · 곤(坤) · 태(泰) · 비(否) · 습감(習坎) · 리(離) · 함(鹹) · 항(恒) · 손(巽) · 익(益) ·

진(震)·간(艮)·손(巽)·태(兌)·기제(旣濟)·미제(未濟)의 16괘가 괘서의 골간이다.

청대의 강영(江永)은 「괘변고(卦變考)」에서 말하기를 "반대로 할 수 없는 것에는 8괘가 있고 반대로 할 수 있는 것은 56괘이다. 상경과 하경은 이것을 가지고 순서로 삼고 있다. 천도(天道)와 인사(人事)는 항상 서로 바뀌어서 서로 반대되고 또 서로 반대되다가 처음으로 돌아온다. 이것이 역 가운데의 대의(大義)이다. 옛날에 괘명을 만들 때에 예를 들면, 태비(泰否)·박복(剝復)·건해(蹇解)·손익(損益) 등은 분명히 상반의 뜻이 있다"[138] 라고 하였다. 이런 까닭에 64괘는 실은 두 괘가 각각 상대되어서 서로 짝을 이룬다. 이런 사상은 괘효사 중에도 반영되어 있는데 이것이 바로 물극필반의 의리이다. 그러므로 역괘(易卦)의 상(象) 중에는 항상 반복(反復)의 이치를 담고 있다. 예를 들면 다음과 같다.

> 리괘(履卦)의 상구: "밟아온 것을 살펴보아 길흉화복을 상세히 살펴보되 되돌아볼 수 있으면 크게 길할 것이다."[139]

> 태괘(泰卦)의 상육: "성이 무너져 해자로 돌아감이니"[140]

> 비괘(否卦)의 상구: "막힌 것이 전복되는 것이니 먼저는 막혔으나 나중에는 기쁘다."[141]

> 예괘(豫卦)의 상육: "안일한 즐거움에 빠져 어두운(열락에 빠져 극단에 이른 상태) 것이 되었으나 변화하게 되면(마음을 바꾸면)"[142]

> 명이괘(明夷卦)의 상육: "처음에는 하늘에 올라가고 뒤에는 땅 속으로 들어간다."[143]

위에서 말하는 예들은 모두 높은데 자리하지만 결국 아래로 내려가는 뜻을 가지고 있다. 이 문제에 대해 노사광(勞思光)은 효사가 길흉을 논하는 것은 적어도 두 가지 특색을 가지고 있다고 말한다. 첫째, 효사가 각 효의 길흉을 논할 때 언제나 '사물이 극단에 이르면 반드시 되돌아온다(物極必反)'는 사상이 있다. 구체적으로 말하여 괘상이 길한 것은 오히려 맨 끝의 효가 대부분 불길하다. 그리고 괘상이 흉한 것은 맨 마지막 한 효가 어떤 때는 반대로 길하다. 예를 들어 다음과 같다.

> 건괘(乾卦)의 상구: 너무 높이 올라가버린 용은 후회함이 있으리라.144)
>
> 곤괘(坤卦)의 상육: 용이 들판에서 싸우니 그 피가 검고 누렇다.145)
>
> 복괘(復卦)의 상육: 돌아오는데 혼미하여 흉하니, 재앙이 있어서 군대를 움직여 쓰면 끝내 대패하고 한 나라로써 (예로 들어) 말하면 군주에게 흉하여 10년에 이르도록 끝내는 출정도 하지 못한다.146)
>
> 익괘(益卦)의 상구: 더하여 주는 사람이 없다. 혹 (다른 사람이) 공격하니 그 마음을 세우는 데 항상 함이 없으니 흉하다.
>
> 승괘(升卦)의 상구: 어둠 속에서 올라간다(오르는데 눈이 어둡다). 한결같이 노력하여 쉬지 않는 것이 이롭다.
>
> 풍괘(豐卦)의 상육: 그 가옥을 풍성케 하고 그 집은 가려져 있다. 문틈으로 엿보니 적적해서 사람이 없다. 삼년이 되어도 그를 만나본 사람이 없다. 흉하다.

이상은 모두 길한 괘이면서 맨 마지막 한 효가 불길한 것의 예이다.

이는 만물이 그 극단에 이르면 반드시 되돌아온다는 관점이라 할 수 있다.147)

이른바 '물극필반'은 철학적으로 말하면 상반상성(相反相成)이고 부정(否定)의 부정이다. 서로 유사한 것 예를 들면 "태는 통하는 것이니 사물이 끝까지 통할 수만은 없기 때문에 비괘(否卦)로 받았다. 사물이 끝까지 막힌 채로 있을 수만은 없기 때문에 동인(同人)으로 받았다(泰者, 通也. 物不可以終通, 故受之以否. 物不可以終否, 故受之以同人)"라고 하였다. 상인(相因)관계를 예를 들면 다음과 같다.

> 천지가 있고 난 뒤에 만물이 생겨나니, 천지 사이에 가득 차 있는 것은 오직 만물이다. 그러므로 (건 · 곤괘 다음에) 둔괘(屯卦)로써 받으니, 둔은 가득 찬 것이며 둔은 만물이 처음 낳은 것이다. 사물이 생겨남에 반드시 어리므로 몽(蒙)으로써 이으니, 몽은 몽매함이니 사물의 어린 것이다. 어린 것은 길러 주지 않을 수 없다. 그러므로 수괘(需卦)로써 이어받았는데 수는 음식의 도이다. 음식에는 반드시 송사가 있기 때문에 송괘(訟卦)로써 받았다고 하였다. 사람이 필요한 것은 음식이고, 이미 필요한 것이 생기면 다투고 송사함이 이로 인해 일어나니 이것이 바로 송괘가 수괘 다음 차례가 된 까닭이다. 쟁송에는 반드시 많은 사람들이 일어나기 때문에 사괘(師卦)로써 받았다. 사는 무리이다. 무리는 반드시 돕는 바가 있기 때문에 비괘(比卦)로써 받았다. 비는 친하여 돕는 것이다. 친하게 가까이하면 반드시 모이고 쌓는 것이 있기 때문에 소축괘(小畜卦)로 받았다. 사물이 모인 뒤에 예가 있기 때문에 리(履)로써 받았다. 행하여 나아가서 태평하게 된 뒤에 편안해지기 때문에 태괘(泰卦)로 받았다. 태는 통하는 것이다. 태는 통하는 것이니 사물이 끝까지 통할 수만은 없기 때문에 비괘(否卦)로써 받았다.148)

위의 「서괘전」에서 말하는 64괘에 대한 설명을 살펴보면, 건곤 두 괘가 취상설에 근거하여 천지를 해석하는 것 이외에 다른 괘는 괘명을 중심으로 하여 괘의를 해석하고 있다. 예를 들어 몽괘(蒙卦)는 사물의 나이가 어림, 몽매의 뜻을 취한다. 「서괘전」에서 말하는 괘의 중에 어떤 것은 「단전」에서 취하는데, 예를 들어 "태는 통하는 것이다(泰者通也)"라는 말은 태괘 「단전」의 "천지가 서로 사귀어 만물이 통하며(天地交而萬物通也)"를 해석하는 것과 관계가 있다. 또 어떤 것은 「상전」에서 가져온 것도 있다. 예를 들면 수괘(需卦)는 음식의 도로 말하는데 이것은 이 괘의 「상전」 "구름이 하늘 위에 있는 것이 수이니 군자가 이것을 본받아 먹고 마시며 잔치를 열고 즐거워하며 기다리니라(雲上於天, 需, 君子以飮食宴樂)"라는 구절과 관련이 있다.

또 하나 주목하여야 하는 문제는 "~로 받다(受之以)"라는 말이다. 즉 이것은 64괘 사이의 관계를 논리적 인과성을 갖춘 필연적 관계로 보려는 시도이다. 앞의 괘는 뒤의 괘의 원인이고, 뒤의 괘는 앞의 괘의 결과라는 것이다. 수(受)는 계승하여 이어받는다는 뜻이다. 이것을 상세히 구별하여 살펴보면, 이런 '이어받음[受]'의 관계는 세 가지로 나눌 수 있다. 이것을 왕부지가 말하는 상인(相因)·상성(相成)과 상반(相反) 등으로 나누어 설명할 수 있다.[149]

'상인'은 뒤의 괘가 앞의 괘를 이어 발전한 것을 말한다. 예를 들어 둔(屯)은 사물이 처음 생한 것이고, 몽(蒙)은 사물의 몽매인데 둔의 뒤는 몽으로 "사물이 생겨남에 반드시 어리므로(物生必蒙)"의 뜻을 나타낸다. '상성'은 앞의 괘가 뒤의 괘를 기다려 이루어진 것으로, 예를 들면 만물이 나이가 어리고 몽매한 상태에 있어서 양육(養育)이 필요하고, 이 때문에 뒤에 나오는 수괘는 음식의 도를 말하는 것이다. '상반'은 뒤의 괘와 앞의 괘의 의미가 상반되는 것으로 예를 들어 태괘(泰卦)는 통(通)이지만 비괘(否卦)는 막혀 통하지 않으며, 비괘는 태괘를 이어

서 "사물이 끝까지 통할 수만은 없기 때문에 비괘(否卦)로써 받았다." 라고 하는 것이다.150)

위에서 말하는 것은 모두 어떤 조건을 구비한 후에 어떠한 결과를 내게 되는 것으로 사물의 발전에 따라서 계속 미루어 나간 것이라고 할 수 있다. 「서괘전」의 이러한 괘서 배열에 대한 이유의 설명은 어떤 때는 다분히 견강부회하는 경우가 있다. 예를 들면 관괘(觀卦)와 서합괘(噬嗑卦)의 연계는 "볼 만한 뒤에 합하는 것이 있기 때문에 서합으로 받았다(可觀而後有所合, 故受之以噬嗑)"이다. 덕치(德治)의 교화(敎化)가 볼 만하여 형성된 민의(民意)와 서로 합치한다는 점에서 상하의 치아(齒牙)가 서로 교합(咬合)하는 것으로 연결되는 경우는 쉽게 이해가 되지 않는다.

그러나 이치상으로 따져보면 괘명의 함의(含意)에 대한 설명은 상당히 일리가 있는 것으로 보인다. 왕필은 「서괘전」의 작용은 주로 "괘의 순서에 근거하고 상의 의탁하여 그 뜻을 밝힌다(因卦之次, 托象以明義)"고 하였다. 공영달 역시 왕필의 관점에 대해 찬동한다. 괘의 배열에 대해서 말하면 주로 "전도괘[覆]가 아니면 반대괘[變]이다"라고 하여 두 괘 사이의 관계가 서로 반대로 뒤집어 놓은 전도괘, 즉 종괘(綜卦)가 아니면 서로 반대되는 착괘(錯卦)라는 말이다. 이 외에 괘의 순서에 대해 말하는 부분이 바로 「잡괘전(雜卦傳)」이다.

「잡괘전」의 편명 이름은 '잡(雜)'이라는 뜻에서 그 이름이 나온 것으로 보인다. 여기서 말하는 '잡'은 여러 개를 섞어서 그 괘가 가진 내용들을 설명하기 때문이다. 특히 「잡괘전」은 「서괘전」에서 말하는 괘의 순서와는 달리 64괘를 32짝으로 나누어 매우 정밀한 언어를 이용하여 괘의 뜻을 설명하고 있다.

「잡괘전」 속에서 들고 있는 두 괘 사이에는 보통은 괘의 형태에서 착

(錯) 아니면 종(綜)으로 괘의 상은 대부분 상반된다. 예를 들면 건괘(乾卦)는 양이고 그 뜻은 강건함을 말하는데 그것의 반대괘는 곤괘(坤卦)로 순음(純陰)이고 뜻은 유순(柔順)함이다. 또 예를 들면 규괘(睽卦)는 하괘가 태괘(兌卦)이고 상괘가 리괘(離卦)로 그 뜻은 서로 어긋난다는 말이다. 규괘의 반대괘인 가인괘(家人卦)는 하괘가 리괘이고 상괘가 손괘(巽卦)인데 그 뜻은 서로 간에 친한 것을 의미한다. 이런 식으로 짝을 지어 드러내어 뜻을 말하는데 한편으로는 사물의 발전이 정반대되는 요소 가운데에서 그 법칙을 구현하기도 하고 다른 한 편으로 64개의 괘상(卦象)의 형식이 모두 반대와 전도의 현상을 가지고 있음을 말하고 있다. 이러한 착과 종의 법칙이 「잡괘전」의 작자가 집중적으로 표현하려는 내용이다.151)

「잡괘전」은 두 괘를 각각 짝으로 드러내어 뜻을 밝히는 내용 이외에 64괘 전체 배열에서 「잡괘전」 작자의 세밀한 의도를 살펴볼 수 있다. 예를 들면, 앞부분의 30괘는 건곤(乾坤)에서 시작하고, 후반부의 34괘는 함괘(咸卦)와 항괘(恒卦)에서 시작하여 이미 상하경의 괘수와 일치하고, 또한 상하경의 첫머리에 있는 두 괘를 머리괘로 하는 점에서도 동일하다. 그런데 마지막에 쾌괘(夬卦)를 두는 것은 그 뜻이 "강이 유를 결단하여 군자의 도는 자라나고 소인의 도는 근심한다(剛決柔, 君子道長, 小人道憂)"고 하여 『주역』이 숭상하는 "양강정도(陽剛正道)"의 종지(終止)를 숭상하는 뜻과 합치하고, 아울러 전체 『주역』이 건괘에서 시작한다는 관점과도 상응한다. 이렇게 본다면 「잡괘전」은 비록 여러 괘를 잡(雜)하지만 그 조리는 오히려 질서정연하고 분명하여 실제로는 「서괘전」의 자매편이라고 말하여도 무방할 것이다.152)

여기서 또 하나 생각해야 할 부분은 마왕퇴(馬王堆) 백서 『주역』의 괘서와 「서괘전」에서 말하는 것이 다르다는 점이다. 백서 『주역』의 64괘는 상괘를 강(綱)으로 삼고 하괘를 목(目)으로 배열하고 있는데 이런 배열

방식은 검색하기에 비교적 편하여 후대 사람들이 점서의 실용적인 방편을 위해서 만든 새로운 순서이다. 이런 관점은 장정랑(張政烺)의 「백서육십사괘발(帛書六十四卦跋)」이라는 논문에 보인다. 그러나 백서의 괘서는 각 괘의 사이에 더 이상 철학적인 연계성을 보여주지는 못하고 있다.[153]

이전의 점서역학의 진술은 "A 之 B"로 괘서와는 무관한데 그것은 다만 점친 본괘(本卦) A와 지괘(之卦) B가 어떠한가 하는 것만을 묻지 그들의 순서와 배열 위치에 대한 논의는 필요 없었다. 이 때문에 점서역학에서 괘서 문제는 근본적으로 출현하지 않았다. 그러나 점서를 편리하게 행하기 위해서 점치는 사람들은 괘획을 고정된 곳에 배치하여 점서를 행할 때 사용하기 쉽도록 하였다. 이렇게 되었을 때 실제로 모종의 괘서가 있게 되고 큰 혼란을 극복할 수 있다. 그러나 이러한 괘서는 사람에 따라서 다르고 각 사람의 괘서 원칙 또한 하나로 통일되지 못했다. 『주역』의 괘서는 이로 인하여 발생하였고 64괘는 끝내 혼돈에서 나와서 어떤 질서를 표현하게 된다. 여기에서 분명히 하나의 문화적인 원칙문제가 나오게 된다.

표면적으로 보자면 괘서는 『주역』 본문에 대한 해석이 아니라 다만 괘획의 배열관계이지만 결과적으로 이것은 『주역』에 대한 또 다른 중요한 해석이라고 할 수 있다. 즉 괘획의 순서와 배열을 이용한 소리 없는 해석이고 이로부터 64괘의 총체적 구조가 이루어지고[154] 본격적인 철학적 역학의 다양한 해석들이 더해지는 것이다.

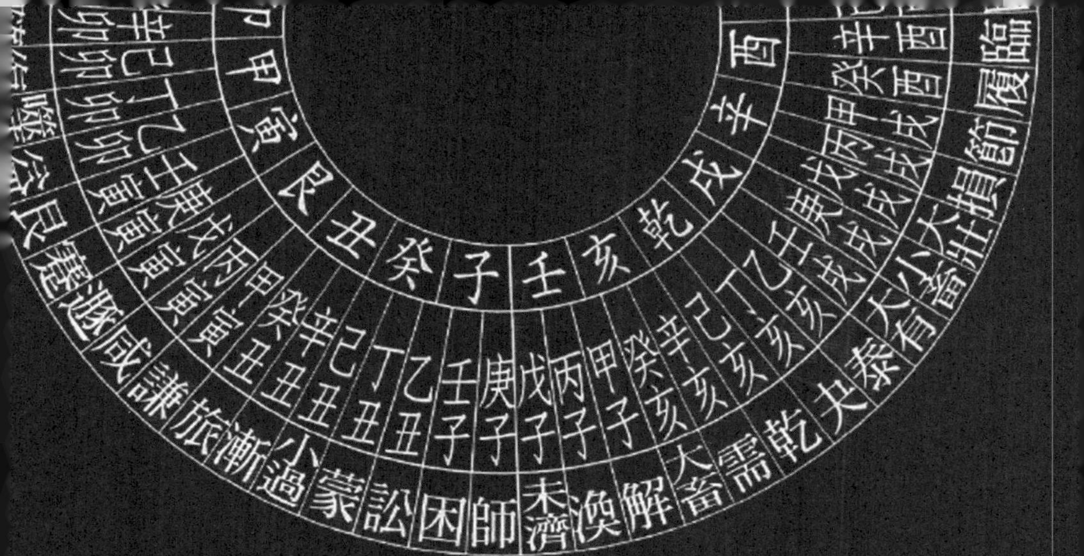

6

『역전』의 철학적 해석과 『주역』의 유가화(儒家化)

『역전』의 철학적 해석과 『주역』의 유가화(儒家化)

『주역』은 본래 복서의 책으로, 그것이 말하고 있는 것은 당연히 미신적 성질을 가진 것으로 인문정신을 중요하게 여기는 유가사상과는 거리가 있다. 이 때문에 이 둘은 기본적으로 양립하기가 어려운 측면이 있다. 그럼에도 후대에 『주역』은 유가의 가장 중요한 경전 중의 하나가 되어 육경의 우두머리가 되는데, 이런 변신은 『역경』에 대한 근본적인 해석의 전환과 개조가 있었기 때문에 가능하다. 무엇에 의해서 복서의 책인 『역경』이 유가의 형이상학과 수신을 말하는 가장 중요한 경전으로 변신하였는가?

일반적으로 『주역』을 철리서로 전환시키는 혁명적인 작업을 주도하고 진행시킨 주체는 공자에서 시작된다고 말한다. 그러나 이런 작업에서 실질적으로 더욱 큰 공헌을 한 사람들은 『역전』의 작자들이라고 할 수 있다. 그들이 모두 공자의 제자인지 아닌지는 정확하게 알 수 없지만, 그들은 대체로 공자를 대표로 하는 유가사상에 대해 긍정적인 태도를 가지고 있는 것으로 보인다.

은주시기에 『주역』은 복서를 담당하는 관리들이 장악하였고, 전국 중기에 이르면 유가의 문도들은 그들의 정치와 철학사상에 따라 『역경』을 해석하기 시작하는데 여기에서 『역전』이 출현한 것으로 보인다. 『역전』의 공헌은 『역경』을 점서의 영역에서 끌어내어 철학의 울타리 속으로 들어가게 만든 것에 있다[1]고 말하는데, 이는 매우 적절한 표현으로 보인다. 『역전』은 『역경』을 철학화(哲學化)하였을 뿐만 아니라, 이런 철학적 해석의 과정 중에 『역경』에 유학적 내용을 부단히 주입하여 유학화(儒學化)하고 경전화(經典化)한 것으로 보인다.

1. 점(占)에서 도(道)로: 『역전』의 철학적 해석의 방향

『역전』은 한 사람 · 한 시기에 이루어진 것이 아니기 때문에, 각 편이 강조하고 있는 내용들은 다르기 마련이다. 『역전』의 각 편에서 말하고 있는 해석의 스타일과 방법은 각각 다르지만, 기본적인 사유 경향과 해석 노선은 대체로 일치한다고 할 수 있다. 『역전』에는 유가 · 도가 · 음양가 등의 여러 사상이 섞여 있으나 기본적으로 유가의 경향이 강하다. 이 때문에 여기에서는 『역전』이 초기 유가 형이상학을 말하고 있다는 전제 하에서 그 해석의 주된 방향에 대해 이야기하려고 한다.

『역경』은 기본적으로 점서의 책이기 때문에 『역전』이 『역경』을 해석할 경우에도 점서는 중요한 하나의 배경으로 『역전』의 철학적 해석에 직접적인 영향을 발휘한다. 물론 『역경』의 점서의 형식 속에도 이미 철학 사상의 맹아가 함축되어 있다. 예를 들면, 그것은 바로 사물 발전의 사상, 물극필반(物極必反) 등이다.

『역전』이 이야기하려고 하는 것은 『역경』의 언어와 부호체계를 당시 사람들이 이해할 수 있는 객관적인 언어로 전환하여 해석하는 데 있다. 이것의 첫 번째 단계는 『역경』의 부호체계와 언어를 해석하는 임무이다. 두 번째의 임무는 텍스트 원의의 기초 위에서 창조적인 해독을 통해 새로운 내용과 새로운 형식 및 새로운 의의를 부여하는 것이다. 그러므로 『역전』은 결코 점서를 피하지 않고 부정하지 않는다. 그러나 『역전』의 해석 방향은 기본적으로 『역경』의 점서적(占筮的) 속성을 약화시키고 그것을 철학적으로 해석하려는 시도에 있다. 이것이 『역전』의 각 편이 『역경』을 해석하는 공통된 특징이다.[2]

『역전』 해석의 기본적 방향이 『역경』의 점서적 속성을 약화시키는 데 있다고 하여서 『역경』의 점서를 부정한다는 의미는 아니다. 오히려 『역전』은 『역경』이 전혀 언급하지 않는 점서의 방법에 대해 체계적으로 언급한다. 「계사전」에서 말하는 대연서법(大衍筮法)이 바로 그것이다. 또한 「계사전」은 분명히 점(占)을 성인의 네 가지 중요한 도(道) 가운데 하나로 말하고 있다.

> 역에는 성인의 도가 네 가지 있다. (역으로써) 말하는 사람은 괘사와 효사를 숭상하고, (역으로써) 행동하려는 사람은 변화의 법칙을 중시하고, (역으로써) 기물을 만드는 사람은 형상을 중시하고, (역으로써) 점을 쳐서 실천하는 사람은 점치는 기능을 중시한다.[3]

여기서 『주역』은 단순한 점서의 책이 아니라 다양한 성격과 기능을 동시에 가지고 있는 책으로 표현되고 있다. 『역전』의 이 해석은 『주역』의 성질에 대해 분명하게 말하고 있다. 『주역』이란 책은 사(辭)·변(變)·상(象)·점(占)의 네 가지 다양한 성격과 기능들을 중층적으로 표현하고 있다. 그런데 여기에서 중요한 문제는 점의 문제이다.

『역전』은 결코 복서의 작용을 완전히 부인하지 않는다. 말하자면 『주역』은 우선 한 권의 점복의 책인 동시에 『역경』의 괘효사에는 철학적으로 해석할 수 있는 단초들이 잠재되어 있다고 말한다. 『주역』에는 점의 형식은 분명히 잔류하고 있으나 이미 점의 기능이나 작용은 더 이상 신에 기대어 미래를 예측하는 방식이 아니라, 자각적이고 수신적인 인문주의적인 점서관의 성격을 가지는 것으로 변화하였다는 것이다. 이런 관점은 「계사전」의 여러 곳에서 발견된다.

> 역은 성인이 심오함을 궁구하고 조짐을 연구하는 것이니 심오하기(사리의 심오함을 궁구하였기) 때문에 천하 사람들의 심지(心志)에 통할 수 있으며, 일의 (미묘한) 조짐을 볼 수 있었기 때문에 천하의 일을 성취할 수 있으며, 이처럼 신묘하기 때문에 빨리 달려가지 않아도 신속하며 가려고 의도하지 않아도 이를 수 있으니, 공자께서 말씀하신 『주역』에 성인의 도가 네 가지가 있다고 말씀하신 것은 바로 이것을 말한다.[4]

위의 문장은 앞에서 말한 네 가지 성인의 도에 대한 언급에 이어서, 성인이 『주역』이라는 책을 어떻게 보고 있는가에 대한 말이다. 『주역』은 심오하면서 깊은 이치를 탐구하고, 완전히 다 드러나지 않는 조짐을 연구하는 책으로 말하고 있다. 여기에서 말하는 '심(深)'은 깊이 들어가 숨어있는 현묘한 도리를 말한다. 이에 대해 주자는 "연(硏)은 살핀다는 뜻과 같고 기(幾)는 조짐이다. 지극히 심오한 까닭은 지극히 정미하기 때문이고 조짐을 살피는 까닭은 지극히 자주 변하기 때문이다"[5]라고 하였다. '기'라는 것은 사물의 매우 희미한 조짐을 말한다. 모든 사물이 일어날 때 시작단계에서는 극히 미세하고 미묘하여 보통 사람의 눈에는 쉽게 드러나지 않는다. 즉 "숨어있는 깊은 도리를 궁구하고 잘 드러나지 않는 조짐을 연구하는" 것이 바로 『주역』이라는 것이다. 이 말은 단순히 신의 뜻을 예측하려는 단계가 아닌 인간의 지적 능력을 통하여 보이지 않는 도리와 조짐을 연구하고 있다는 말이다. 이 때문에 『주역』은 천하의 여러 가지 일들을 성취할 수 있다고 말한다. 이것은 『역전』의 점이 가진 예측 기능을 다른 합리적 방식에서 정리하고 해석한 것이라고 할 수 있다.

이어서 「계사전」에서는 『주역』이라는 책이 가진 성격에 대해 말하고, 이 문제를 점과 관련하여 이야기하고 있다.

> 공자께서 다음과 같이 말씀하셨다. 역은 어찌하여 만든 것인가? 역은 만물을 열고 일을 이루어서 천하의 모든 도리를 망라하고 있으니 (어떤 다른 것이 있는 것이 아니라) 이와 같을 뿐이다. 이런 까닭에 성인이 역으로 천하의 모든 뜻에 통하고, 천하의 모든 일을 정하며, 천하의 의심스러운 모든 문제를 (판단하여) 해결한다. 그러므로 시초(蓍草)의 성질은 둥글면서도 신묘하고, 괘의 성질은 네모져 지혜로우며 6효의 뜻은 변화를 통해서 길흉을 알려주니 성인이 이로써(위에서 말한 세 가지 기능을 응용하여) 마음을 씻어내고, 가만히 물러나 은밀한 곳에 감추며, 길한 상황과 흉한 상황에 백성과 근심을 함께 하며 신묘하게 (미래의) 올 것을 알고 지혜로운 마음으로 과거의 일을 간직하니 그 누가 이러한 일에 참여할 수 있겠는가? 옛날의 총명(聰明)하고 예지(叡智)가 있고 신비스런 무력을 가지고서도 사람을 함부로 죽이지 않는 자가 아니겠는가.6)

위에서 「계사전」은 먼저 『주역』을 "만물을 열고 일을 이루어서 천하의 모든 도리를 망라하고 있는(易開物成務, 冒天下之道)" 책으로 규정하고 있다. '개물(開物)'은 과거에는 없었던 새로운 일을 개발하는 것을 말하고, '성무(成務)'는 새롭게 개발한 일을 완성하는 것을 의미한다. 즉 『주역』은 만물을 개발하고 일을 성취하도록 하는 이치를 모두 포괄하고 있는 책이라는 뜻이다. 이 말을 주자는 점서와 관련하여 "만물을 열고 일을 이루게 한다는 것은 사람에게 점을 쳐서 길흉을 알게 하여 사업을 이루게 한다는 것이고, '천하의 모든 도리를 망라하고 있다'는 것은 괘효가 베풀어지면 천하의 도가 모두 그 가운데 있다는 말이다"[7]라고 하였다.

"성인이 역으로 천하의 모든 뜻에 통하고, 천하의 모든 일을 정하며, 천하의 의심스러운 모든 문제를 (판단하여) 해결한다"는 말은 『주역』이 가지고 있는 주된 기능에 대한 설명이라고 할 수 있다. '천하의 모든 뜻(天下之志)'은 천하 사람들의 공통된 생각이나 염원을 말하고, '통(通)'은 소통(疏通)의 의미로 성인이 『주역』의 도리를 통하여 천하 사람들의 바람에 소통하는 것을 말한다. '천하의 모든 일을 정하며(定天下之業)'의 '정(定)'은 기초를 세운다는 뜻이고 '업(業)'은 모든 사람이 이루고 성취하려는 일을 말한다. '천하의 의심스러운 모든 문제를 (판단하여) 해결한다(以斷天下之疑)'의 '단(斷)'은 판단을 의미하고 사람들이 의심을 가지고 정확한 방향을 찾지 못할 때 『주역』의 도리를 통하여 정확한 방향을 가지고 판단하여 해결하면 일을 성취할 수 있다는 말이다.[8]

"시초(蓍草)의 성질은 둥글면서도 신묘하고, 괘의 성질은 네모져 지혜로우며 6효의 뜻은 변화를 통해서 길흉을 알려주니"라는 말은 바로 시초로 행하는 점에 대한 말이다. 그런데 여기에서 중요한 것은 점을 통하여 무엇을 말하려고 하는가라는 문제이다. 성인은 점을 이용하여 마음을 닦아 깨끗이 하여 사념이나 사욕을 없애려는 것으로 말한다. 여기에서 점은 이미 신비적이거나 미신적 차원이 아닌 인문주의적 점서관의 입장으로 접근하고 있음을 명백하게 보여준다.

또 "신묘하게 올 것을 알고 지혜로운 마음으로 과거의 일을 간직하니(神以知來, 知以藏往)"라는 말은 64괘 384효의 괘효사는 과거의 경험을 축적하고 있는 인류의 지혜가 고스란히 저장되어 있는 책으로 보고 있다. 이 때문에 괘효사에 보이는 과거의 경험과 지혜를 참고로 하여 미래를 예지하는 것이 가능하다고 말한다. 이런 서점이 가지고 있는 작용을 「계사전」은 더욱 합리적인 관점에서 말하고 있다.

> 역은 지나간 것을 밝혀서 오는 것을 살피며(彰往察來), 은미(隱微)한 것을 드러나게 하고 그윽함을 밝히며(闡幽) (만물의 이치를) 열어서 마땅하게 이름을 붙이며, 사물을 분별하며 말을 바르게 하며 괘효사로 판단하니 (천하의 이치가) 완비됨이라. 이름을 일컫는 것은 작으나 그 취하는 유(類)는 크며, 그 뜻이 원대하며 그 말이 문채가 나며 그 말은 곡진하면서도 이치에 맞고, 그 일은 많이 벌려 놓았으면서도 (이치는 은밀하게) 숨어있으니 의심나는 것으로 인하여 백성의 행동을 도와서 구제함으로써 길흉득실의 보답에 대해서 밝혔다.[9]

창(彰)은 분명히 밝힌다는 말이고, 찰(察)은 미루어 살피는 뜻이다. '창왕찰래(彰往察來)'는 지나간 일을 분명히 밝히고 다가올 일을 미루어 살핀다는 말이다. '미현(微顯)'은 은미한 것을 뚜렷하게 드러나게 하는 것을 말하고, '천유(闡幽)'는 어두운 것을 밝게 변화시키는 것으로 이것들은 모두 다가올 일을 미루어 살피는 것에 대해 말하는 것들이다. 64괘는 비록 유한하여 단지 구체적인 특정 상황만을 이야기하는 것으로 보이지만 각 괘는 실제로 하나의 큰 류(類)를 대표하는 것으로 그것이 표현할 수 있는 내용은 무한대이다. '창왕찰래'는 실제로 과거와 미래를 하나의 전체로 연결시키며, 그것들은 모두 같은 하나의 도리를 따르는 것으로 보고 있다. 즉 이 하나의 도리는 지나간 것[往]과 올 것[來]을 연결하여 관통한다.

'창왕찰래'라는 말은 「계사전」의 "수를 극진히 헤아려 미래의 일을 아는 것(極數知來)을 점이라 한다"[10]는 말과 관련된다. 여기에서 말하는 '수를 극진히 헤아린다(極數)'는 괘효의 수로부터 우주 만물의 변화의 수를 탐구하는 것으로 말하기도 한다. 왜냐하면 우주 변화의 수와 괘효 변화의 수는 서로 상통하는 것이기 때문이다. 또 '극수'를 대연(大演)의 수를 극진히 하는 것으로 해석하여 설시(揲蓍)를 의미하는 것으로 보기도 한다. 즉 시초 수의 변화를 통하여 괘효를 확정하여 미래를 예지한다는 말이다. 아울러 이 말은 수를 일반적인 이치나 법칙을 가리키는 것으로 보아, 수의 이치를 이해하고 법칙을 이해하면 미래를 예측할 수 있다는 뜻으로 해석하기도 한다. 이것이 바로 '창왕찰래'의 의미이다.[11]

위에서 『역전』은 점이라는 행위를 '극심연기, 창왕찰래'나 '극수지래' 등의 개념을 통하여 철학적으로 해석하고 있다. 발생적 기원으로 말하면 『주역』은 분명히 점치는 용도로 사용된 도구서이다. 이에 비해 『역전』은 『주역』을 해석하고, 또 그것을 빌려 사상을 표현하는 철학적 성격의 저작이다. 이런 이유에서 이 두 문헌의 사이에는 필연적으로 모순과 긴장 관계가 존재할 수밖에 없다.

앞에서 언급한 것처럼, 『주역』의 함의를 통론하는 작품인 「계사전」은 이 문제에 대한 언급을 피할 수 없다. 여기에는 점서에 관한 내용이 많을 뿐만 아니라, 점이 가지고 기능을 매우 높게 평가하는 부분도 적지 않게 발견되기도 한다.

어떤 학자들은 『역전』에는 두 가지 언어, 즉 점서적 언어와 철학적 언어가 동시에 공존한다는 입장을 말하기도 한다.[12] 그러나 이 말을 두 가지 언어가 분리되어 있는 것으로 오해해서는 곤란하다. 마치 한 단락은 점서를 말하고, 한 단락은 철학을 말하는 것이 아니라 그것들은 실제로 같은 글을 통하여 동시에 표현되고 있다. 구체적으로 말하면 점서의 철학화, 즉 점서활동에 대한 철학적 해석을 하고 있다. 이런 관점을 가장 전형적으로 보여주는 것이 바로 「계사전」이다.[13]

여기에서 우리가 또 하나 주의해야 할 것은 「계사전」이 해석한 점서와 서주(西周) 사람들이 행한 점서는 본질적으로 다르다는 점이다. 서주 시기의 사람들은 유의지적(有意志的)인 귀신 존재가 인간사에 결정적인 영향을 미친다고 생각하였다. 이에 비해 「계사전」은 귀신을 정기(精氣)의 변화로 이해한다. 물론 「계사전」 속에는 귀(鬼) · 신(神) · 귀신 등의 개념이 여러 번 출현하지만, 이런 개념들은 대부분 기의 취산(聚散)과 굴신왕래(屈伸往來)의 변화라는 의미로 해석되고 있다.

가) 단전에 말하기를 겸은 형통하다는 것은 하늘의 도가 (위에 있지만) 아래로 베풀어 광명하고, 땅의 도는 비록 (겸손하여) 아래에 있는 것이지만 위로 올라가 행한다. 천도는 가득 찬 것을 이지러지게 하여 겸손한 것에 더해주고, 지도는 가득 찬 것을 변하게 해서 겸손한 데로 흐르며, 귀신은 가득 찬 것을 해치고 겸손한 것에 복을 주고, 인도는 가득 찬 것을 싫어하고 겸손한 것을 좋아한다.[14)]

나) 무릇 대인은 천지와 더불어 그 덕에 합하며, 일월과 더불어 그 밝음에 합하며, 사시와 더불어 그 질서에 합하며, 귀신과 더불어 그 길흉에 합하며, 천에 앞서 있으면서도 천이 어기지 않으며 천의 뒤에 있으면서도 천시를 받드니 천 또한 어기지 않는데 하물며 사람에게 있어서며, 하물며 귀신이 어기겠는가?[15)]

다) 해가 중천에 있으면 기울며 달이 차면 줄어드니 천지의 차고 비는 것도 때와 더불어 줄어들고 불어나거늘 하물며 사람에게 있어서이며 하물며 귀신에 있어서랴.[16)]

라) 『주역』을 지은 것은 천지의 도리를 준칙(準則)으로 삼았는데 이 때문에 천지간의 모든 도리를 남김없이 포함하여 그것을 조리있게 짜고 있으니, 위로 우러러 하늘의 (해, 달, 별의) 문채를 관찰하고, 아래로 구부려 땅위의 (산, 내, 들판의) 이치를 살핀다. 이 때문에 어두워 드러나지 않는 것과 밝게 드러나는 그 까닭[緣故]을 알며, 사물의 처음 시작되는 것으로 거슬러 올라가 살피고 사물의 마치는 것으로 돌이켜

보기 때문에 삶과 죽음에 대한 이치를 알 수 있다. 정(精)과 기(氣)가 응취(凝聚)하여 물(物)의 형체가 되고, 혼이 떠돌면서(遊魂) 변화가 생겨난다. 이 때문에 귀신의 실제 상태를 아는 것이다.[17]

마) 하늘은 1이고 땅은 2이며 하늘은 3이고 땅은 4이며 하늘은 5이고 땅은 6이요 하늘은 7이고 땅은 8이며 하늘은 9이고 땅은 10이니, 하늘의 수는 다섯이고 땅의 수도 다섯이니 다섯 자리가 서로 얻으며 각각 합하는 것이 있으니 하늘 수의 합이 25이고 땅 수의 합은 30이다. 하늘 수와 땅 수의 합은 55이니 이것이 변화를 이루고 귀신의 작용을 행하는 것이다.[18]

위에서 인용한 『역전』의 귀신에 대해 말하는 문장들에서 귀신의 개념이 어떻게 사용되고 있는지를 살펴보도록 하자.

가)의 겸괘(謙卦) 「단전」에서 말하는 "귀신은 가득 찬 것을 해치고 겸손한 것에 복을 주고"라는 말에서 귀신의 개념은 다양하게 해석된다. 정이천은 『역정전(易程傳)』에서 "귀신은 조화의 흔적을 말하는 것이다"[19]라고 하였고, 주자 역시 『주자어류』에서 이런 관점을 말하고 있다.[20] 즉 귀신을 조화(造化)로 보고 있는데, 여기에서 말하는 조화를 자연과 인간사의 객관적 법칙으로 말하기도 한다.[21]

또 독일의 유명한 『주역』 번역자인 리하르트 빌헬름은 귀신을 신령스런 존재로('Spirits and Gods'로 번역) 번역하기도 한다.[22] 특히 여기에서 겸허한 존재는 복을 얻기 마련이고 과도하게 채우려 욕심을 부리는 자는 재앙을 만난다는 관점들 속에는 분명히 종교적인 정서가 묻어 있는 의지적(意志的) 존재로서의 귀신을 충분히 연상하게 만든다.

나)에서 말하는 귀신의 개념 역시 종교 미신적인 의미의 귀신과 조화의 자취, 즉 자연법칙의 작용을 말하는 것으로 보기도 한다.[23] 특히 고형(高

亨)은 「문언전」의 작자가 귀신을 믿고 있는 것으로 보인다고 말한다.[24)]

다)에서 말하는 귀신 개념은 음양이라는 기의 취산(聚散)을 통하여 해석되고 있다. 해는 중천에 떠서 널리 천하를 밝게 비추지만, 중천을 지나면 점차 서쪽으로 기운다. 달은 차면 보름달이 되지만 시간이 지나면 점차 빠지게 되는 법이다. 천지도 차면 빠지는 성쇠가 있고, 때에 따라 소식(消息)하고 진퇴하는데 당연히 사람에게 있어서도 생멸변화가 있어서 항상 생(生)할 수만은 없다. 변화불측한 기의 신령한 변화인 귀신에도 취산이 있어 항상 취(聚)의 단계에만 머무를 수는 없다.[25)] 어느 것이나 영허소식(盈虛消息)의 보편적인 법칙을 벗어날 수 없다는 말이다.

라)는 기를 통하여 사람의 생사를 설명하고 있다. 사람의 시작을 궁구해보면 음양의 기가 응취하여서 형체를 이룬 것에 불과하다. 사람의 죽음을 살펴보면 음양의 기가 흩어져서 무(無)로 변한 것에 지나지 않는다. 그러므로 귀신은 음양변화의 왕래굴신(往來屈伸)에 불과하다는 것이다. '정기(精氣)'는 순수한 기, 즉 순수하고 뒤섞인 것이 없는 원기(元氣)를 말하고, '유혼(遊魂)'은 혼의 기가 흩어져 생겨난 변이를 말한다. 즉 『주역』의 이치를 통하여 정기가 응취하여 어떤 사물이 되고, 혼의 기가 흩어져 변이하는 것을 고찰하면 귀신의 정상을 알 수 있음을 설명하고 있다.

정기는 물(物)을 이루는 것을 주로 하여 신을 말하는 것인 반면에, 유혼은 변화를 이루는 것을 주로 하여 귀에 대하여 말한다. 귀신을 한마디로 말하면 천지간의 변화불측한 변화이지만 실제는 "정(精)과 기(氣)가 응취하여 물(物)의 형체가 되고 혼이 떠돌면서 변화가 생기는 것(精氣爲物 遊魂爲變)"을 벗어나지 않는다는 것이다.[26)] 여기에서 귀신은 다름아닌 기의 변화에 불과하다.

마)에서 말하는 귀신이라는 두 글자는 결코 귀신이 변화를 주재하고 지배한다는 것이 아니라, 음양 변화의 굴신왕래(屈伸往來)를 표명하는 것으로, 라)에서 말하는 "이 때문에 귀신의 실제 상태를 아는 것이다(是故知鬼神之情狀)"라는 말과 같은 의미를 가지고 있다.

위에서 인용된 다섯 문장을 통하여 귀신이 가진 의미는 크게 두 가지로 구분할 수 있다. 하나는 음양의 신묘한 변화인 조화의 흔적을 가리키고, 다른 하나는 종교적인 의미를 담고 있는 의지적인 존재인 귀신을 말한다. 이 두 가지 의미는 『역전』이 『역경』을 해석하거나 후대인들이 해석하는 경우에도 이 두 가지 기본적 이해를 크게 벗어나지 않는다. 『역전』의 각 편 역시 저작한 시기나 작자가 다르기 때문에 귀신을 해석하는 관점 역시 동일할 수 없다. 그러나 전체적으로 볼 때, 『역전』은 귀신을 대부분 음양 조화의 흔적 또는 기의 변화로 해석하는 경향이 훨씬 강하다. 비록 『역전』중에는 여전히 합리적으로 해석하기 어려운 무술(巫術)이나 미신 등에 해당하는 귀신에 관련된 내용들이 없는 것은 아니지만, 전체적인 내용으로 말하면 의지적인 존재로서의 귀신 개념은 음양 변화의 소식이나 굴신왕래라는 철학의 범위 속에서 해석되고 있다.

그런데 여기에서 또 하나 중요한 문제가 있는데, 그것은 바로 『역전』이 귀신을 말할 때 종종 천지 혹은 천 · 지 · 인과 함께 거론하고 있다는 점이다. 귀신을 천 · 지 · 인과 대등하게 병렬한 것은 자칫 귀신을 높이는 것으로 오해할 수 있다. 이것은 『역경』의 발생적 기원에 해당하는 점서의 문제를 『역전』이 천 · 지 · 인과 함께 철학적 관점에서 다루고 있는 것으로 보아야 한다. 말하자면 귀신의 문제는 『역전』에서 천 · 지 · 인 삼재지도(三才之道)와 더불어 신도(神道)라는 개념으로 전환되어 철학적인 차원에서 해석되고 있다.

그러므로 『역전』은 점서를 결코 귀신의 의지를 이해하는 것을 통하여 예정된 길흉을 미리 예측하는 수단으로 보는 것이 아니라, "지나간 일을 분명히 밝히고 다가올 일을 미루어 살피는(彰往察來)" 과정으로 해석하고 있다. 이런 점서가 가지고 있는 성격에 대해 「계사전」은 정의(定義)에 가까운 해석을 하고 있는데 바로 위에서 말한 "수를 극진히 헤아려 미래의 일을 아는 것을 점이라 한다(極數知來之謂占)"는 말이다. 이처럼 수(數)는 한 편으로는 서수(筮數)이지만, 다른 한 편으로 그것은 또한 이치[理]의 의미를 가지고 있다. 다시 말하면 서수를 논리화하고, 서수의 논리적 변화를 통하여 괘상을 정하고 이를 통하여 길흉을 결정하는 이 과정은 바로 사물 변화의 법칙에 대한 이해를 통하여 미래를 추측하고 판단하는 과정이기 때문이다.27)

이처럼 『역전』은 서법을 논리화하고, 그것에 철학적 의미를 부여하는 해석을 다양한 방식으로 전개하고 있다. 『역경』의 점인 서법을 『역전』은 외면할 수 없었기 때문에 다른 각도에서 그것의 본질적 의미를 새롭게 규정하고, 다른 차원에서 해석하였던 것이다. 먼저 시초점이 가지고 있는 현실적 의의에 대해 「계사전」은 다음과 같이 말하고 있다.

> 이 때문에 하늘의 도를 충분히 밝히고, 백성의 실정(實情)을 상세히 살펴보아, 이에 신물(神物)인 시초를 일으켜 백성이 쓰도록 인도하니 성인은 이로써 재계(齋戒)하여 그 덕을 신명하게 한다.28)

"이 때문에 하늘의 도를 충분히 밝히고, 백성의 실정을 상세히 살펴보아, 이에 신물인 시초를 일으켜 백성이 쓰도록 인도하니"라는 말은 성인이 시초점을 고안하여 백성들이 적절하게 사용하도록 인도하게 만든다는 말이다. 이것은 이른바 신도설교(神道設教)29)로서, 여기에서 말하는 '신도'는 신묘한 법칙을 말한다. 성인이 신묘한 법칙을 이용하여 백성을 교화(敎化)하는 것에 대해 말하는 구절이다. 여기에서 말하는 신은 종교적 의미의 신보다는 천은 말하지 않고도 사계절을 운행시키고 만물을 생장하는 일을 하면서 조금의 어긋남도 없는 오묘함을 말한다. 이런 의미에서 신도(神道)라고 말한다. 성인은 이러한 신도를 빌려와서 백성을 교화하는 가르침의 체계를 만든다.30) 이런 이유에서 신도는 단순한 귀신이나 종교적 의미의 신이 아니라, 자연 운행의 신묘한 법칙이란 의미로 해석된다. 여기에서 중요한 것은 점과 귀신의 문제를 도의 차원에서 해석하고 있다는 점이다. 이 문제는 『역전』의 『역경』 해석의 문제와 관련되는 것으로 볼 수 있다는 점에서 매우 중요하다.

『역전』이 『역경』을 해석하는 중요한 방향과 원칙은 일단 서법의 바탕 위에서 철학적 논의를 진행하고, 그것을 도라는 철학적 지평 위에서 새롭게 해석하는 것에 있다. 도의 문제는 『역전』 철학 체계의 핵심과 정수이다. 『역전』은 『역경』을 도라는 철학적 범주 속에 끌어올려 해석하고 있다. 이런 관점을 통하여 천도(天道)에 대해 인문적 해석과 해독을 하여 점서를 우주의 근거와 도덕의 규범으로 변화하게 만들었다.

2. 『역전』의 『역경』 해석의 주요 명제

(1) 일음일양지위도(一陰一陽之謂道)

『역전』은 천 · 지 · 인의 삼재지도와 귀신의 도를 형이상학적인 차원에서 다루고 있는데, 그것은 "한번 음하고 한번 양한다(一陰一陽之謂道)"31)는 명제로 귀결된다. '한번 음하고 한번 양한다'는 '일음일양지위도'의 형이상학적 명제는 음양(陰陽)과 도(道) 두 개의 개념이 합하여 이루어진 것이다. 이 두 개념은 모두 『주역』 본문의 원생적(原生的) 개념이 아니라 『역전』 발생의 흐름 중에 바깥에서 들어와 역학과 결합한 것이다.

도(道) 개념은 노자(老子)의 정리와 해석을 통하여 존재의 최고 본체로 확립되어 중국철학의 형이상학적 기초가 되었다. 도의 본래 의미는 말 그대로 사람이 가는 도로(道路), 즉 길을 말한다. 실제로 『역경』에 보이는 '도'는 대부분 도로의 의미나 그것에서 의미를 약간 확장한 것으로 사람이나 사태가 가야 할 올바른 방향 · 규칙 또는 궤도의 의미를 가지고 있다. 예를 들어 말하면 다음과 같다.

초구는 돌아옴이 바른길로부터 함이니, 어찌 그것이 허물이 있겠는가? 길하다. 32)

구이는 밟는 길이 넓고 평평하고 숨어 사는 사람이라야 올바르고 길하다.33)

복은 형통하여 나가고 들어옴에 병이 없어서 친구가 와야 허물이 없을 것이다. 그 길을 갔다가 돌아오는 데 7일이 걸리니 가는 바가 있으면 유리할 것이다.34)

구사는 따름에 얻음이 있으나 바르더라도 흉하니, 마음에 진실함을 두고 도에 입각하여서 밝히면 무슨 허물이 있으리오.35)

위에서 보이는 '도'의 의미에 대한 해석에 있어서는 약간의 차이가 있을 수 있으나, 대체적으로는 사람이 다니는 길이나 그 의미를 약간 확장한 올바른 방향이나 법도 등의 뜻이다. 『역전』은 『역경』의 이런 도의 의미를 더욱 확장하여 다양한 관점에서 '도'라는 개념을 연결하여 쓰고 있는 경우들이 출현하고 있다. 예를 들면, 천도, 지도, 건도(乾道), 곤도(坤道), 신도(神道), 성인지도(聖人之道) 등이 있다. 『역전』에서 도를 말하는 곳은 모두 102군데이다. 「계사전」 · 「단전」 · 「상전」 · 「문언전」 등은 역도(易道)

의 내용 · 성질과 근거 등에 대해 말하고 있다. 『역전』의 『역경』에 대한 해석을 총결해 주는 가장 핵심적인 관점이 바로 '일음일양지위도'이다.

음양개념은 자체의 독립적 발전을 거친 후에 『역경』 속에서 이것과 대응하는 부호 형식을 찾아내고, 다시 도와 결합하여 중국 형이상학의 가장 중요한 명제를 만들어낸다. 『역경』 자체에는 음양 관념의 전통이 없고 점서역학은 운명만을 이야기하고 음양을 말하지 않는다. 『주역』의 경문(經文)에는 음양을 말하지 않고 『좌전』과 『국어』의 서례(筮例)에서도 음양은 보이지 않는다. 초기 『역전』에서도 음양을 말하지 않고 「단전」에 이르러 비로소 음양으로 『주역』을 해석한다. 역학과 음양의 결합은 하나의 역사적 과정으로 후대에 출현하였다. 어떤 학자들은 역학은 음양개념에서 출발한 후에 8괘가 있고 다시 64괘가 있다고 말한다. 그러나 음양개념은 절대로 역학의 출발점이 아니고 『역전』이 사용하는 이론적 무기일 따름이다.36)

『역전』의 작자가 역학철학사에서 가지고 있는 주요한 공헌은 음양을 범주로 삼아 괘상 · 효상과 사물의 근본 성질을 설명하고 아울러 "일음일양지위도"라는 철학적 명제를 만들어 역학철학의 기본원리로 삼았다는 데 있다.

사람들은 습관적으로 '⚊'을 양효라 하고 '⚋'을 음효로 부른다. 이 때문에 음양 개념을 역학이 처음부터 가지고 있었던 것으로 생각하는데 이런 관점은 크게 잘못되었다. 『주역』 고경(古經)에 처음부터 효제가 없었는데 어떻게 양효나 음효를 말할 수 있겠는가? '⚊'과 '⚋'의 원시적 구별은 음양개념과는 전혀 관계가 없다. 이것은 괘효의 발생적 기원인 수자괘의 출현을 통해 보면 쉽게 알 수 있다. '⚊'를 양효로 칭하고 '⚋'를 음효로 칭하는 것은 『역전』 발생 후의 일이라고 할 수 있다.

『역전』은 기본적으로 『역경』의 점에 대한 해설이기 때문에, 『역전』에 등장하는 많은 철학적 개념 역시 『역경』의 점을 철학적 언어로 해석하고 있는 것으로 볼 수 있다. 이런 이유에서 『역전』의 음양 개념 역시 『역경』의 서법과 관련이 많다. 이것은 음양 개념이 원래부터 『역경』 속에 존재하고 있었다는 말이 아니라, 그보다는 당시에 유행하던 음양 개념을 끌어와 해석의 범주로 삼았다고 하는 것이 정확한 표현이라고 할 수 있을 것이다. 예를 들면 「설괘전」은 괘효의 기원을 음양과 관련하여 설명하고 있다.

> 옛날 성인이 역을 지음에 그윽히 신명을 도와 시초를 내었고, 하늘의 3의 수와 땅의 2의 수를 취하여 (음양기우陰陽奇偶의) 수를 세우고 음양의 변화를 보아 괘를 세우고, 강유에서 발휘하여 효를 만들어 내었다.37)

괘는 천지의 수에 근거하여 생긴 것이라는 말은 하늘의 수를 3으로 하고 땅의 수를 2로 기준으로 삼아 음양의 수를 세워 정한다는 말이다. 「설괘전」의 작자는 음양, 서법과 수가 서로 관련되는 것으로 보고 음양을 기우(奇耦)의 수와 연계하여 서법의 체계를 해석하고 있다. 이 문제에 대해 주자는 『주역본의』에서 다음과 같이 구체적으로 말한다.

> 하늘은 둥글고 땅은 네모진데 둥근 것은 (지름이) 하나에 둘레가 3이고, 3은 각각 하나의 홀수가 되기 때문에 하늘에서 셋을 취하여 3이 되고 네모진 것은 (한 변이) 하나에 둘레가 넷이고 넷은 두 짝수를 합한 것이므로 땅에서 둘을 취하여 2가 되었으니 수가 모두 이것에 의해서 일어났다. 그러므로 시초를 세어 세 번 변한 뒤에 그 나머지가 홀수가 셋이면 3을 세 번 하면 9가 되고 짝수가 셋이면 3을 두 번 해서 6이며, 2가 둘이고 3이 하나이면 7이고, 3이 둘이고 2가 하나이면 8이다.38)

즉 팔괘 중에서 3효가 동시에 양효인 건괘는 양효, 즉 3의 수가 세 개 있기 때문에 9가 되고 이것이 노양(老陽)의 수이다. 세 효가 동시에 음효인 곤괘는 음효, 즉 2의 수가 세 개 있기 때문에 6이 되고 이것이 노음(老陰)의 수이다. 음효가 둘, 양효가 하나 있는 진(震)·감(坎)·간(艮) 세 개의 양의 괘는 두 개의 2와 하나의 3으로 7이 되고 이것이 소양(少陽)의 수이다. 양효가 둘, 음효가 하나인 손(巽)·리(離)·태(兌) 의 음괘는 두 개의 3과 2로 8의 수가 되고 이것이 소음(少陰)의 수이다. 이렇게 하늘의 수를 3으로 하고 땅의 수를 2로 하여 그것을 기준으로 하여 음양의 수가 정해지고 그것에 의해 시(蓍)를 헤아려 괘의 변화가 생긴다고 하는 것이다.[39]

「계사전」은 「단전」과 「상전」 중의 음양설에 근거하여 괘효상에 대해 전면적인 해석을 하고 있다. 「계사전」에서 8괘의 성질을 해석할 때 다음과 같이 말하고 있다.

> 양괘는 음이 많고 음괘는 양이 많으니 그 까닭은 무엇인가? 양괘는 홀수이고 음괘는 짝수이기 때문이다. (음괘와 양괘의) 그 덕행은 무엇인가? 양괘에는 임금이 하나이고 백성이 둘이니 군자의 도요, 음괘에는 임금이 둘이고 백성이 하나이므로 소인의 도이다.[40]

기본적으로 건괘를 양으로, 곤괘를 음으로 보고 있는 경우이다. 다른 여섯 괘는 음양의 두 효가 서로 섞여 있을 경우 그중 적은 것이 한 괘의 성질을 정한다. 양괘는 홀수인 양효가 하나이고 짝수인 음효는 두 개인 것으로 여기에서는 홀수인 양효가 주체가 된다. 이에 비해 음괘는 짝수인 음효가 하나이고 홀수인 양효는 두 개인 것으로 여기에서는 짝수인 음효가 주체가 된다. 그러므로 양괘는 진(☳)·감(☵)·간(☶)의 세 괘인데, 모두 양이 하나이고 음이 둘로 음이 양보다 많다. 주자는 『주역본의(周易本義)』에서 "양괘는 모두 다섯 획이고 음괘는 모두 네 획이다"[41]라는 입장에서 양괘와 음괘를 나누기도 한다. 음괘는 손(☴)·이(☲)·태(☱)의 세 괘인데, 모두 음이 하나이고 양이 둘로 양이 음보다 많다. 또 기수(奇數)를 양으로 우수(偶數)를 음으로 하는 이것은 바로 양괘(陽卦)는 기(奇)이고 음괘는 우(偶)라는 것으로 이 몇 구절은 사회정치적 현상을 통하여 괘의 음양 성질을 설명하는 경우이다.[42]

「계사전」이 음양을 통하여 『역경』을 해석할 때 나타나는 특징은, 음양을 건과 곤의 괘의로 개념화하거나 혹은 건과 곤의 괘의를 음양화하여 역을 해석하는 것을 분명하게 말하고 있다는 점이다. 예를 들면 다음과 같다.

> 건(乾)의 도(건의 운행 변화)가 남성이 되고 곤(坤)의 도(곤의 운행 변화)가 여성이 되니, 건은 큰 시작을 주관하고 곤은 만물을 이루어 내는 일을 주관한다.[43]

> 건곤은 역(易)의 (모든 곳에 다 들어 있는) 근본 바탕이 아닌가? 건곤이 (상하의) 배열을 이루면 (천지의 변화인) 역이 그 가운데에 성립되니 건곤이 없어지면 역을 볼 수 없고, 역을 볼 수 없으면 건곤의 작용도 거의 그치게 될 것이다.[44]

> 건과 곤은 『주역』의 문인가? 건은 양의 물건이고 곤은 음의 물건이니 음과 양이 덕을 합해서 강유가 형체를 갖게 되고 이로써(건곤으로써) 천지의 일을 본받으며 (이를 통해) 신명의 덕에 통달하니[45]

> 건은 천하의 지극히 굳센 것이니 덕행이 항상 쉬움으로써 험한 것을 알고, 곤은 천하의 가장 지극히 유순한 것이니, 덕행이 항상 간략함으로써 막힌 것을 아니, 마음속에서 기뻐하고 생각으로 연마하여 천하의 모든 길흉을 정하고 천하의 힘써야 할 일을 이루니[46]

「계사전」에서 명확하게 "건은 양의 물건이다(乾, 陽物也)"라고 말하는 것은 음양개념과 『주역』의 본문이 내재적으로 융합한 것을 의미한다. 역학과 음양의 결합은 『주역』이 철학적으로 해석될 수 있는 계기를 제공한 것을 의미한다. 음양 개념과 역학은 원래는 각자 독립적으로 발전한 것들이다. 이 때문에 음양과 역학의 결합은 『역전』 발생 과정 중의 중대한 사건이라고 할 수 있다.

음양개념과 『주역』의 결합이라는 문제에 있어서 관건은 『주역』 속에서 음양이 안정되게 자리할 수 있는 곳을 찾는 것에 있다. 『주역』과 음양의 이 두 가지 다른 전통을 안정되게 하나로 결합해야 한다. 만약 그렇지 않으면 이 둘의 결합은 임시적인 것이고 불완전하게 될 것이다. 여기에서 그들이 하나로 결합되어 자리잡을 수 있었던 것이 바로 '⚋'을 칭하여 음효라 하고, '⚊'을 칭하여 양효라고 하는 것이다.

효가 자신의 이름을 가지고 난 후, 즉 효제(爻題)가 발생한 이후에 '⚊'과 '⚋'는 음양개념을 표현하는 부호 형식으로 된다. 여기에서 『주역』과 음양의 두 전통은 하나로 융합된다. 효획은 더 이상 괘획 혹은 괘상의 구조적 부품이 아니라, 음양이라는 해석적 역량을 가지고 있는 독립적 존재가 된다. 이를 통하여 괘획 혹은 괘상은 새롭게 해석되고 동시에 효 자체도 하나의 독립적인 역학 해석의 대상이 된다. 이로부터 『주역』 본문의 모든 부호는 음효와 양효의 복합체라는 형식을 가지게 되고 음양은 비로소 더 이상 부인할 수 없는 역학개념이 되었으며, 『주역』 본문의 부호체계는 이로 말미암아 음양화된다. 이때 비로소 장자가 『주역』을 규정한 "역은 음양을 말한다(易以道陰陽)"라는 명제가 성립하는 것이다.[47]

앞에서 언급한 것처럼 『역경』과 춘추시기에 역을 해석할 때는 아직 음양 범주를 말하지 않았다. 『역전』의 작자는 전국시대에 유행한 음양설의 영향으로 『주역』과 서법을 음양으로 해석한다. 「단전」은 음양으로 괘상과 괘사를 해석하는데, 이것은 다만 태괘(泰卦)와 비괘(否卦) 두 괘에만 보인다. 여기에서는 8괘중의 건괘의 상을 양으로, 곤괘의 상을 음으로 하고 있다. 예를 들어 설명한 「대상전」은 아직 음양개념으로 괘를 해석하지 않고 있는데 주로 취상설에 근거하기 때문이다.

이에 비해 「소상전」은 음양으로 역을 해석하는데 여기에도 건괘와 곤괘 두 괘에만 보인다. 「소상전」에서 건괘의 초구 효사를 해석할 때 "물속에 잠겨 있는 용이니 아직 쓰려고 하지 말아야 한다는 것은 양의 기운이 아래에 있다는 것이요"[48]라고 하였다. 또 곤괘 초육의 효사를 해석할 때 "서리를 밟으면 단단한 얼음이 온다는 것은 음이 비로소 응결하는 것이니"[49]라고 하였다. 여기에서 말하는 음양은 문의(文意)에 따르면 음양 두 기를 가리킨다. 예를 들면 「문언전」에서 말하는 것처럼 "물속에 잠겨 있는 용이니 아직 쓰려고 하지 말아야 한다는 것은 양기가 잠겨 숨어 있는 것이요"[50]나, 「문언전」에서 곤괘 상구 효사를 말할 때에 "음이 양과 대등해지면 반드시 싸우나니 마치 양이 없는 것으로 생각하기 때문이다"[51]같은 것은 건곤의 두 괘상을 음양의 기로 보고 있다는 말이다.

이상은 「단전」·「상전」·「문언전」의 음양설에 관한 설명이었다. 「단전」과 「상전」은 음양으로 역을 해석하지만 결코 그것을 크게 발전시키지는 않았다. 「단전」에서 함괘(咸卦)를 해석할 때 "두 기가 감응하여서 서로 함께한다"[52]라고 하였는데, 여기에서의 두 기는 바로 산(山)과 택(澤)의 두 기, 즉 「대상전」에서 말하는 "산 위에 못이 있는 것(山上有澤)"으로 산택통기(山澤通氣)의 뜻을 취하고 있다. 「단전」에서는 음양으로 역을 해석했지만, 여기에서 말하는 음양은 강유(剛柔)를 가리킨다. 본격적으로 음양으로 역을 해석하는 관점은 「문언전」에 보인다.

음양 개념은 '—'과 '--' 부호 체계를 통하여 역학이 지니고 있는 역사와 문화를 이어받게 된다. 이른바 "『주역』은 음양을 말한다"라는 명제는 결코 예전부터 있었던 것이 아니라, 『주역』의 본문이 효제를 가지면서 비로소 시작된 것이다. 역학과 음양 개념이 결합한 것은 두 가지 문화 전통의 위대한 결합이다. 음양이 역학화(易學化)되고 역학이 음양화(陰陽化)되었다.[53] 여기에서 효획을 이름하는 것과 음양이 서로 결합하면서 결국에는 "일음일양지위도"라는 형이상학적인 명제를 낳게 되는 것이다. "일음일양지위도"는 도와 음양을 직접 통일시키고 있는 본체론 명제이다.

> 한 번 음하고 한 번 양하는 것을 일러 도라고 하니 이것(도)을 이어받는 것이 선(善)이고, 이를 이룬 것이 성이다. 어진 사람은 그것(도)을 보고 어질다고 하고, 지혜로운 사람은 그것을 보고 지혜롭다고 하는데, 일반 백성들은 매일 (도를) 쓰면서도 그것이 무엇인지 알지 못하기 때문에 군자가 말하는 도의 의미를 아는 사람이 드물다.[54]

이것은 음양의 변화를 통하여 도의 개념을 해석하고 있는 것으로 사물의 대립과 상호 전환의 자연법칙에 대해 이야기하고 있다. 주자는 이에 대해 『주역본의』에서 "음과 양이 번갈아 바뀌어가면서 운행하는 것은 기이고 그 이치는 이른바 도이다(陰陽迭運, 氣也. 其理, 則所謂道也)"라고 하여 이기론의 관점에서 해석하고 있다. 비록 끊임없이 변화하는 이 세계는 형용하기가 어려울 정도로 복잡하지만 그것을 간략화하여 표현하자면, 한 번 음하고 한 번 양하는 운행변화에 불과할 뿐이다. 이런 음양의 운행변화가 만물을 낳고, 음양의 운행변화는 기이고, 그것을 가능하게 만드는 이치를 도로 말하는 입장이다.

이광지(李光地)는 『주역절중』에서 "'한번 음하고 한번 양하는 것'은 대립과 번갈아 교체하면서 운행하는 두 가지 뜻을 겸하고 있다. 대립이라는 것은 천지일월 등이 이것에 속한다. 바로 앞에서 말한 이른바 강유(剛

柔)이다. '번갈아 바뀌어가면서 운행하는' 것은 한서왕래 등이 이것에 속한다. 바로 앞에서 말한 이른바 변화이다"[55]라고 하였다. 일음일양(一陰一陽)이라는 것은 음이면서 또한 양으로 음이 있으면 양이 있고 양이 있으면 음이 있고 음은 양으로 변할 수 있고 양은 음으로 변할 수 있는 이것이 바로 도라는 의미이다. 이것은 "건곤이 (상하의) 배열을 이루면 (천지의 변화인) 역이 그 가운데에 성립되니 건곤이 없어지면 역을 볼 수 없고, 역을 볼 수 없으면 건곤의 작용도 거의 그치게 될 것이다"[56]는 말을 체계적으로 정리한 말이다. 일음일양의 도리를 이어받으면 그 본성을 완성할 수 있는데 이것이 바로 "이를 이룬 것이 성이다(成之者性也)"라는 말이다. 「계사전」의 이 말은 철학사와 역학사에서 매우 중요한 의미를 가진다.

이것을 주백곤은 세 가지로 정리하고 있다.

첫째, 『주역』의 기본원리를 일음일양으로 체계화하였다. 괘획으로 말하면 기우(奇偶) 두 수는 음양의 두 효이고 건곤의 두 괘인데, 모두 일음일양이다. 건곤 두 괘 이외의 다른 괘들도 모두 음양의 두 효로 구성되어 있기 때문에 또한 일음일양이다. 육자괘로 말하면 진(震) · 감(坎) · 간(艮)은 양괘(陽卦)이고 손(巽) · 리(離) · 태(兌)는 음괘(陰卦)로 서로 대립하는데 역시 일음일양이다. 64괘로 말하면 32괘의 대립면으로 구성되어 있어서 또한 일음일양이다.

결론적으로 음양의 대립을 벗어나면 64괘도 없고 또한 『주역』도 없다. 괘효의 변화로 말하면 노음(老陰)과 노양(老陽)은 서로 변하고 본괘(本卦)가 지괘(之卦)가 되는데 이것 또한 일음일양이다. 한 괘의 효상은 서로 변하면 다른 한 괘상이 되는데 이것 또한 일음일양이다. 한 괘 중에서 강유(剛柔)는 상하로 왕래(往來)하는데 또한 일음일양이다. 음양의 변역(變易)을 벗어나면 『주역』의 변역법칙은 없다. 이런 관점을 「설괘전」은 "음양의 변화함을 보아서 괘를 세우고, 강유에서 발휘하여 효를 만들어낸다"[57]고 말한다.

둘째, 사물의 성질과 그 변화의 법칙을 일음일양으로 체계화하고 있다. 「계사전」이 서법을 해석할 때 든 사례로 보면 천은 양이고 지는 음이고, 해는 양이고 달은 음이다. … 결론적으로 자연현상으로부터 인류의 사회생활에 모두 대립면이 있고 그 대립면을 일음일양으로 칭한다. 대립적 사물은 괘효와 마찬가지로 서로 변통(變通)한다. 예를 들면 해와 달은 추이(推移)가 있고 추위와 더위는 왕래(往來)가 있는 것처럼 이런 변화 또한 일음일양이다.

셋째, "일음일양지위도"라는 이 명제는 사물에는 이중성이 존재하고 있음을 말한다. 이 때문에 음양의 두 측면으로부터 사물의 성질을 관찰하는 것이 중요함을 강조하여 양의 일면을 보는 것이 필요할 뿐만 아니라 동시에 음의 일면을 보는 것 역시 필요함을 강조한다.[58]

"일음일양지위도"에는 도, 음양, 역학이라는 세 가지 성분이 결합되어 있다. 이 중에서 도와 음양은 『주역』이 가지고 있는 성질을 근본적으로 변화시켜 버린다. 도의 존재 형식은 형이상학적이고 도의 표현 형식 또한 다양하다. 그러나 도의 의미는 기본적으로 확정되어 있다. 말하자면 비록 64괘 384효의 도에 대한 표현은 각각 차이가 있지만 그들은 모두 도의 내재적 규정성을 가지고 있는데 이런 규정성이 바로 음양의 변역법칙, 즉 "일음일양지위도"이다.

(2) 강유상추이생변화(剛柔相推而生變化)

『주역』은 일반적으로 변화를 말하는 책으로 표현되는데, 이것은 『역전』, 특히 「계사전」의 해석 때문이다. 통계에 의하면 변화는 『역전』 중에서 모두 12차례 출현하며, 그중 「계사전」에는 모두 8번 출현한다. 『주역』이 가진 성격에 대해 「계사전」은 다음과 같이 말한다.

> 역이라는 책은 멀리할 수 없는 것이요, 도(道)됨이 자주 옮긴다. 변동하여 머물지 않아 여섯 빈자리에 두루 흘러 오르내림이 일정함이 없으며, 강(剛)과 유(柔)가 서로 바뀌어 일정한 표준으로 삼을 수 없고, 오직 변해서 갈 뿐이다.[59]

이 구절은 『주역』과 변화의 관계에 대해 말하는 부분이다. "역이라는 책은 멀리할 수 없는 것"이라는 말은 『주역』이라는 책은 결코 우리 실제 삶의 내용들을 벗어나지 않고 항상 함께 있다는 말이다. 여섯 빈자리[六虛]는 육효를 가리킨다. 이 구절은 『주역』이 변동(變動)을 근본으로 삼고 있고, 그 이치는 육효의 사이를 두루두루 유행(流行)하고 있음을 말하고 있다. 육효, 즉 육위(六位)를 육허로 말하는 이유는 위(位)가 본래 체가 없기[無體] 때문이다.[60] "여섯 빈자리에 두루 흘러가기(周流六虛)" 때문에 위로 올라가거나 아래로 내려가는 여러 가지 무상(無常)한 변화가 일어나고 강과 유가 서로 자리를 바꾸는 경우가 있기 때문에 "오르내림이 일정함이 없으며, 강과 유가 서로 바뀌어(上下無常, 剛柔相易)"라고 하는 것이다.[61]

"변동하여 머물지 않아(變動不居)"에서 "강과 유가 서로 바뀌어(剛柔相易)"에 이르기까지 말하는 것은 모두 효가 한 괘 가운데서 변동한다는 것을 말한다. 육허는 한 괘의 여섯 자리를 가리키고 강유는 구체적으로 음양효를 가리킨다. 이것은 음양효가 한 괘 여섯 자리의 변화에 따라서 다른 괘상이 형성되는 것을 말한다. 이러한 변화는 결코 고정적인 규칙을 따르는 것이 아니라 모두 각각의 괘에 기대고 각 효의 구체적인 상황에 따라서 결정된다.[62] 이런 괘효와 변화의 관계에 대해 「계사전」은 다시 말하고 있다.

팔괘가 배열되니 만물의 상징이 그 가운데에 있고, 팔괘에 인하여(근거하여) 그것을 각각 포개니 효가 그 가운데에 있고, 강과 유가 서로 밀치니(서로 번갈아 가면서 자리를 옮기니) 무궁한 변화가 그 가운데에 있고, 거기에 말을 붙여서 고(告)하니 움직임(때에 맞는 변동)이 그 가운데에 있다.[63]

"팔괘에 인하여(근거하여) 그것을 각각 포개니"라는 말은 세 획으로 구성되어 있는 8괘를 중첩하여 64괘를 만드는 것에 관한 말이다. "효가 그 가운데에 있고"라는 말은 384효가 그 속에 포함되어 있다는 말이다. 효는 주로 변화를 말하기 위한 것이다. 「계사전」에서 말하는 "효는 각 효의 변화를 말한 것이요(爻者, 言乎變者也)"라고 하는 말이 바로 이런 의미이다.

'강유(剛柔)'라는 말은 양효와 음효를 말한다. 공영달은 『주역정의(周易正義)』에서 "강유는 바로 음양이지만 기(氣)를 가지고 말하면 음양이라 부르지만, 체(體)를 가지고 말하면 강유라고 부른다"[64]고 하였다. '밀친다'는 강유가 서로 번갈아 가면서 자리를 옮긴다는 말로 강이 유로 변할 수 있고, 유가 강으로 변할 수도 있다는 말이다. 8괘가 64괘로 된 후에 효가 생기고 효가 생긴 이후 변화가 발생한다. 변화가 발생하는 원인은 바로 "강유가 서로 밀치는 것(剛柔相推)", 즉 강과 유의 상호 전환에 있는 것으로 보고 있다.[65]

『역경』 속에는 강유 개념 혹은 강유에 관한 사상은 없고, 강유와 『주역』이 결합한 것은 비교적 후대의 일로 보인다. 즉 『역전』의 강유사상은 후대에 수용된 것이다. 이에 대해 주백곤은 "전국시기의 강유설을 흡수하여서, 강유로서 건곤 두 괘와 홀수 양과 짝수 음 양획의 성질을 구분짓고, 괘상과 효상을 설명하는 범주로 삼은 것"[66]으로 보고 있다. 강유는 『역전』이 생길 때 혹은 그 이전에 이미 광범위하게 사용되었다.

『시경』이나 『서경』에서 강유는 사람의 강함, 약함의 두 성격을 의미하였다. 예를 들어 "강하지도 않고 부드럽지도 아니하여 정사를 펴기를 너그럽고 너그럽게 하시니 온갖 복록이 이에 모이도다"67)나 "강직하면서도 온화하게 하고, 너그러우면서도 위엄을 잃지 않게 하며, 굳세면서도 거칠지 않게 하고, 간략하면서도 오만하지 않게 하라"68)를 보면, 강과 유를 강함과 부드러운 두 가지 의미로 말하는 것은 그 당시의 보편적인 용법이라고 할 수 있다.

후대에 강유는 서로 대대(對待)하면서 또한 상호작용하는 두 힘으로 추상화된다. 예를 들어 『노자』에서 강유는 상대적인 두 역량의 의미를 갖는다. "유약이 강강(剛强)을 이긴다"69)와 "약한 것이 강한 것을 이기고, 부드러운 것이 굳센 것을 이긴다"70)가 그것이다. 또 『좌전』에서 말하기를 "청탁, 대소, 장단, 질서, 쇠락, 강유, 지속, 고하, 출입, 주소(주도면밀함과 소홀함)가 어울려 서로 돕는다"71)라고 하였다. 전체적으로 말하면, 『역전』이 형성된 시기에, 강유 개념은 사람의 강건 혹은 유약한 성격, 사물의 견고하거나 유약한 속성, 강건 혹은 유약한 두 가지 힘 등이라고 할 수 있다. 이것이 바로 『역전』이 형성된 시기 혹은 그 이전의 강유 개념에 대한 일반적인 이해이다.72) 이런 강유 개념이 『역전』이 『역경』을 해석하는 데 수용되어, 역학 해석의 중요한 개념적 전제 혹은 기본적 해석 구조가 되었다.

『역전』에서 강유를 통해 괘를 해석하는 것은 주로 「단전」, 「문언전」, 「잡괘전」 속에 보인다. 예를 들면 다음과 같다.

가) 송괘(訟卦) 「단전」: 송은 위가 강하고 아래가 험하고, 속은 음험하고 밖은 강건하니 송이라 한다.(訟, 上剛下險, 險而健, 訟.)

나) 곤괘(坤卦) 「문언전」: 곤은 지극히 부드럽지만 움직이는 것은 강하고, 지극히 고요하면서도 그 덕은 반듯하니(坤至柔而動也剛, 至靜而德方)

다) 「잡괘전」: 건은 강하고 곤은 유하다(乾剛, 坤柔.)

먼저 가)에서 송괘의 상괘인 건은 굳세고[剛], 하괘인 감은 험함[險]이다. 즉 내심(內心)의 감은 음험(陰險)하고, 외표(外表)의 건은 강건하니 이 때문에 서로 쟁송(爭訟)하게 된다는 것을 말하고 있다. 나)는 곤괘가 가지고 있는 성격과 작용에 대해 설명하고 있다. 곤 즉 땅은 그 성격 자체가 하늘(건)을 따라가는 과정 중에서 그 움직임을 보여준다. 땅(곤)은 하늘(건)의 영향에 따라서 만물을 생장(生長)하고 실어준다. 이런 만물을 생장하고 실어주는 움직임[動]은 오히려 굳센[剛] 성질을 보여준다는 말이다. 다)의 「잡괘전」은 모두 강유로 건과 곤을 해석하고 있다.

위의 내용들이 괘를 강유로 해석한 경우라고 한다면, 『역전』은 강유를 통하여 효를 해석하는 경우가 더욱 많다. 『주역』 64괘로 말하면 각 괘가 모두 여섯 효위를 가지고 있다는 점은 공통적인 것이지만 다른 것은 효의 배열에 의한 것이다. 곧 효의 다름이 괘의 다름을 발생시킨다. 이 때문에 「계사전」은 효를 변화의 관건으로 본다. 예를 들어 "효는 변화를 말하는 것이다"73)라고 하였다. 「계사전」의 시작은 아래의 말로 시작된다.

하늘은 높고 존귀하고 땅은 낮고 비천하니, 건과 곤의 위치가 정해지고, 낮은 것과 높은 것이 배열되니, 귀한 것과 천한 것이 각각의 위치에 자리하고, 움직이고 고요한 것에는 일정한 법칙이 있으니, 강과 유의 성질이 분명하게 구분되고, (우주 만물과 만사는 성향이 달라) 방향에 따라 같은 종류끼리 모이고, 만물은 무리를 지어 구분되니, 여기에서 길하고 흉한 것이 생겨난다. 하늘에 걸려있는 것(예를 들면 일日·월月·성星)은 상(象)이 되고 땅에 있는 것(예를 들면 산천초목)은 형체(形)가 되니, 여기에서 변과 화가 나타난다.[74]

"하늘은 높고 존귀하고 땅은 낮고 비천하니, 건과 곤의 위치가 정해지고"라는 말은 괘의 관점에서 이야기하는 것으로 보인다. 즉 천지의 존비(尊卑)를 본받아 건곤 두 괘상이 정해진다는 말이다. "낮은 것과 높은 것이 배열되니, 귀한 것과 천한 것이 각각의 위치에 자리하고"라는 말은 괘상은 아래에서 높은 곳으로 올라가는 순서에 따라 배열되고, 이에 따라 귀천의 위치 구별이 나타난다. 여기에서 효위가 생긴다. "움직이고 고요한 것에는 일정한 법칙이 있으니, 강과 유의 성질이 분명하게 구분되고"라는 말에서 강유는 효의 성질을 가리키는데, 양효는 강이 되고, 음효는 유가 된다는 말이다. 양은 움직임이고 음은 고요함이다. 이것은 강과 유가 동정의 성질을 가졌음을 말하는 것이다. 결국 이러한 변화는 강유 변동의 결과이다. 이어서 「계사전」은 다음과 같이 말한다.

이런 까닭으로 강과 유가 서로 마찰하며, 팔괘가 서로 섞여서, 우레와 번개로써 발동시키며, 바람과 비로 적시며, 해와 달이 운행하며 한번 추웠다 한번 더웠다 하여, 건(乾)의 도(건의 운행 변화)가 남성이 되고 곤(坤)의 도(곤의 운행 변화)가 여성이 되니, 건은 큰 시작을 주관하고 곤은 만물을 이루어내는 일을 주관한다.[75]

'마찰[摩]'은 서로 다른 것이 충돌하여 부딪힌다는 말로, 강유가 서로 교감하여 8괘가 형성됨을 말한다. '서로 섞인다[蕩]'는 것은 추이(推移)하고 변동(變動)하는 것을 말한다. 이 두 구절은 건(☰)과 곤(☷)이 교감하여 8괘를 생성하는데 예를 들면 초효가 교감하여 진(☳)이나 손(☴)이 되고,

중효(中爻)가 교감하여 감(☵)이나 이(☲)가 되고, 상효가 교감하여 간(☶)이나 태(☱)가 된다. 또 8괘를 중첩하여 64괘를 만들어낸다. 이처럼 8괘와 64괘의 상징적 의미는 바로 만물의 생성은 강유의 교감에 근거한다는 점을 말하고 있다. 이는 강유의 교감을 마치 마찰을 통하여 전기를 일으키는 것으로 상징할 수 있다. 실제로 자동차나 다른 기계들의 시작이 모두 발전기의 전기를 통해서 가동을 시작하는 것과 같은 원리이다.[76] 건곤의 교감으로부터 시작하여 64괘가 형성되는 것을 말하고 있는데, 여기에서 가장 중요한 것은 강유이다.

위에서 「계사전」은 해와 달, 한서(寒暑) 등 우주자연의 왕래 변화를 강유의 마찰과 감통으로 해석하고 있다. 강유가 역학 해석에 진입함에 의해서 변화의 관념에 상세한 해석의 기점을 제공하였고, 『역전』은 강유를 통해서 변화 관념을 분명하게 말할 수 있게 된다. 이처럼 강유 개념을 통한 변화 관념의 출현이 의미하는 것은 길흉에 대한 관심에서 생성변화의 이치에 대한 탐구로 발전하였다는 사실을 말해 주는 것이라고 할 수 있다. 이런 강유 개념을 통하여 『역전』은 진일보하여 괘효의 구조형식에 대한 해석으로부터, 우주 생성의 변역법칙에 대한 탐구라는 단계로 전환하게 된다.[77] 「계사전」은 계속해서 말한다.

> 성인은 괘를 지어 내어 그 속에 들어있는 상(象)을 살펴 거기에 말을 덧붙여서 길함과 흉함을 밝히며. 강과 유가 서로 밀쳐서(서로 번갈아 가면서 자리를 옮겨) 무궁한 변화를 낳으니 이런 까닭으로 길흉이라는 것은 (일을 처리하는 데 있어서) 순리적으로 이루어진 것과 실패한 것의 상징이고, 뉘우침(悔)과 부끄러움(吝)은 (일을 처리하는 데 약간 잘못되어) 근심하고 걱정하는 것의 상징이요, (괘효의) 변(變)하는 것과 화(化)하는 것은 나아가고 물러남의 상징이고, 강효와 유효는 낮[陽]과 밤[陰]의 상징이니 육효가 변동하는 것은 천 · 지 · 인 삼극(三極)

의 도리이다.[78]

위에서 말하려는 핵심은 "강과 유가 서로 밀쳐서(서로 번갈아가면서 자리를 옮겨) 무궁한 변화를 낳으니"라는 말로 압축할 수 있다. 강유는 변화를 말하는 것으로 실제로는 음양이다. 이 구절도 역시 『역전』이 『역경』의 길흉을 강유라는 개념을 통하여 철학적으로 해석하는 부분이라고 할 수 있다. '서로 밀쳐서[相推]'라는 말은 서로 번갈아 가면서 자리를 옮겨가는 것을 말하는 것으로 이로부터 변화가 생긴다. 강은 유로 변할 수 있고 유 또한 강으로 변할 수 있다. 64괘의 강유변화는 마치 인간사에서 나아가고 물러감이 있고 주야의 교체가 있는 것과 마찬가지이다. 이에 대해 주자는 『주역본의』에서 "유가 변해서 강으로 나아감은 물러남이 다해서 나아가는 것이고 강이 변화해서 유로 나아감은 나아감이 다해서 물러나는 것이니 이미 변해서 강이 되면 낮이고 양이며, 이미 화해서 유가 되면 밤이고 음이다"[79]라고 하였다. 이처럼 『주역』이 이야기하려고 하는 것은 불변하는 것이 아니라 순환왕복하고 변동하는 것을 말하는 데 있기 때문에 강효와 유효가 서로 추이하면서 변화를 드러내는 것을 특히 강조하는 것이다.

삼극(三極)은 천·지·인 삼재(三才)를 말한다. 이것은 육효의 변화를 설명하는 것으로, 육효는 천·지·인의 도리를 모두 담고 있다는 말이다. 이에 대해 주자는 "동(動)이라는 것은 변화이고, 극(極)은 지극함을 말한다. 삼극은 천·지·인의 지극한 이치이다"[80]라고 하였다. 강유는 『역경』의 해석의 과정 중에서 점점 도와 관련되어 마침내 도의 의미를 얻게 된다. 바로 「설괘전」에서 말하는 "땅의 도를 세워 유와 강이라 말한다(立地之道曰柔與剛)"는 말이다. 여기에서 강유는 이미 보편적 도의 단계로 격상한다.

(3) 삼재지도(三才之道)

『역전』의 천인관(天人觀)이 가지고 있는 가장 큰 특색은 천 · 지 · 인의 삼재 또는 삼재지도라는 관점을 통하여 천인(天人)의 관계를 이야기하고 있는 것에서 찾을 수 있다. 그러나 삼재라는 뜻이 『역전』의 모든 전(傳)에서 통용되는 보편적인 개념은 아니다. 그중에서 「계사전」과 「설괘전」만이 천도(天道) · 지도(地道) · 인도(人道)의 '삼재'라는 개념을 통하여 '천인'의 문제를 이야기하고 있을 뿐이다.[81] 물론 천도 · 지도 · 인도라는 말은 『역전』의 다른 편에서도 출현한다. 예를 들면 겸괘(謙卦) 「단전」에서 분명하게 천도 · 지도 · 인도 등에 대해 언급하고 있지만, 이들을 통일적으로 설명하고 있는 삼재에 대한 직접적인 언급은 보이지 않고 있다. 이는 천도 · 지도 · 인도 등의 개별적인 개념들은 일찍 출현하여 통용되었지만, 삼재라는 개념의 형성은 더욱 후대에 출현하였기 때문인 것으로 보인다.

앞에서 말하였지만, 『역전』의 『역경』에 대한 철학적 해석 중의 가장 뚜렷한 표현이 있다면 그것은 바로 도이다. 도에 대한 『역전』의 관점은 매우 다양하고 풍부하지만, 그것을 정리해서 말하면 천 · 지 · 인 삼재의 도이다. 이 세상의 모든 이치들 중 가장 대표적인 것이 바로 천도 · 지도 · 인도이고, 이것을 근거로 하여 『주역』을 지었고 괘를 제작했다는 것이다.

> 옛날 성인이 주역을 지을 때의 의도는 그것으로 인간의 본성과 천명에 따르는 이치를 따르고자 하였다. 이 때문에 천의 도를 세워서 음과 양이라 하고, 지의 도를 세워서 유와 강이라 하고, 인간의 도를 세워서 인과 의라 하였다. 천 · 지 · 인 삼재를 겸하여 둘로 하였기에 여

섯 획으로 중괘를 이루었다. 음의 자리와 양의 자리를 분별하여 나누고, 다시 유효와 강효를 차례로 사용하여 역이 여섯 위를 통하여 문장을 이루고 있다.[82]

이것은 『주역』의 6효가 각각 천 · 지 · 인의 삼재지도를 대표하고 있는 것으로 말하고 있다. 여기에서 삼재지도는 각각 대립하는 짝 개념으로 구성되어 있다고 말한다. 예를 들면, 천도는 음과 양, 지도는 유와 강, 인도는 인과 의이기 때문에 각 재(才)의 효는 두 개임을 표시한다. 삼재가 각각 두 효를 가지고 있기 때문에 『주역』은 여섯 효로 괘를 만든다는 것이다.

위의 「설괘전」의 주장은 본래 서법의 각도에서 괘의 구성 문제를 다룬 것이라고 할 수 있다. 삼재지도의 주장이 중요한 것은 여섯 효로 구성되어 있는 괘의 부호체계 속에 천 · 지 · 인의 존재와 그 의미를 투영하여 새로운 철학적 의미를 제기하고 있다는 점이다. 즉 18변의 서법 과정을 통하여 형성된 하나의 단순한 점괘가 아니라 천 · 지 · 인 삼재의 전일적(全一的) 세계관이 출현한다는 점에서 매우 중요한 의미를 가지고 있다.

삼재 중에서 천의 도인 음양은 무형적인 것으로 주로 기(氣)에 해당하고, 지의 도인 강유는 형태가 있는 것으로 대지(大地) 위의 만물은 대부분 만질 수 있고 감각으로 느낄 수 있는 것이기 때문에 강과 유로 개괄한 것으로 보인다. 인의는 오로지 사람의 경우에 한정해서 말하는 것으로 인의를 온전히 행하여야 성물(成物)할 수 있다고 말한다.

『설괘전』은 특히 괘를 제작한 하나의 원칙으로 "삼재를 겸해서 둘로 하였다"는 것을 말하고 있다. 그것은 바로 삼재에 근거하여 두 효는 천이고, 두 효는 지이며, 두 효는 인에 해당하는 것으로, 하나의 괘는 모두 여섯 개의 효로 되어있음을 말하고 있다. 이것은 한 괘가 왜 여섯 효인가를 해석한 구절이다. 「계사전」 중에 위의 말과 매우 유사한 구절이 있다. 그것은 다음과 같이 말한다.

주역이라는 책은 넓고 커서 하나도 남김없이 (모든 것을) 다 갖추어 있는데, (그중에는) 천도도 있으며 인도도 있고 지도가 있으니, 삼재를 겸해서 둘로 하였다. 그러므로 여섯이니, 여섯이란 것은 다른 것이 아니라 삼재의 도이다.[83)]

「설괘전」과 서로 비교할 경우 크게 구별되는 것은 두 가지이다. 그중 하나는 「계사전」에서는 삼재지도의 구체적인 내용에 대해서 언급하지 않는 점이고, 다른 하나는 삼재를 논술한 순서가 다르다는 것이다. 즉 「설괘전」에서는 천 · 지 · 인이지만, 「계사전」은 천 · 인 · 지의 순서이다. 일반적인 경우에서는 천 · 지 · 인을 순서로 하는 것이 정상적이지만 「계사전」이 천 · 인 · 지의 순서를 말하는 것은 『주역』의 특수성과 관련이 있다. 『역전』은 인간이 천지 가운데서 존재한다는 사실에 근거하여 육효 가운데서 상효와 오효는 천을 대표하고, 삼효와 사효는 사람을 대표하고, 초효(初爻)와 이효는 지를 대표하는 것으로 생각하기 때문에 천 · 인 · 지의 순서가 나온 것으로 보인다. 이것은 「문언전」의 주장과 기본적으로 유사하다.[84)] 「문언전」은 다음과 같이 말한다.

구삼은 강이 겹쳐 있으면서 중이 아니며, 위로는 하늘에 있지 않고 아래로는 밭[地上]에 있지 않다. 그러므로 힘쓰고 힘써서 때에 따라서 두려워하면 비록 위태로우나 허물은 없을 것이다. 구사는 강이 겹쳐 있으면서 중이 아니며, 위로는 하늘에 있지 않고 아래로는 밭[地上]에 있지 않고, 가운데로는 인간에 있지 않다. 그러므로 혹(或)이라고 하니 혹이라고 하는 것은 의심하는 것이니 이 때문에 허물이 없다.[85)]

「문언전」에서는 천 · 전(田)과 인을 언급하고 있는데, 삼재의 변칭(變稱)으로 볼 수 있다. 건괘 구이 효사에 "현룡재전(見龍在田)"이 있기 때문에 여기에서는 전(田)으로 지(地)를 지칭한 것으로 보인다. 하지만 약간 다른 것은 「계사전」과 「설괘전」의 주장에 의하면 3 · 4는 당연히 인위(人位)인데, 여기에서 말하는 구사는 "가운데로는 인간에 있지 않다(中不在人)"고 하며 「계사전」이나 「설괘전」의 주장과는 다르다. 이 구절에 대한 해석은 다양하다. 보통은 구삼은 이효에 가깝고 오효와는 멀리 떨어져 있기 때문에 바로 인도(人道)이고, 구사는 오효에 가깝고 이효와는 멀리 떨어져 위로는 천에 가깝지만 아래로는 땅과는 멀기 때문에 사람이 마땅히 처(處)할 곳이 아니기 때문에 "가운데로는 인간에 있지 않다(中不在人)"고 해석한다.86)

그런데 「설괘전」의 인용문이 『계사전』과 크게 다른 점은 천 · 지 · 인의 일체 혹은 합일이라는 존재의 연속 속에서 천 · 지 · 인이 각기 고유한 기능과 역할을 가지고 있을 뿐만 아니라 그 내용이 구체적으로 무엇인가를 말하고 있다는 점이다. 「설괘전」은 삼재를 통하여 천 · 지 · 인이 가지고 있어야 할 고유한 기능과 역할에 대해 말하고 있다. 물론 삼재가 가지고 있는 내용은 크게 보면 사실상 천도의 유행(流行) 아닌 것이 없는 것으로 이른바 "한번 음하고 한번 양하는 것을 도라고 한다"는 말의 다른 표현 혹은 해석에 해당하는 것으로 볼 수 있다.87)

비록 천도 · 지도 · 인도 등의 삼재로 나누어 구별하였다고 하여서 별개로 따르 존재하는 것이 아니라 같은 한 존재의 다른 표현이고, 근본적으로는 모두 천도의 음양을 벗어나지 않고 있다. 즉 "삼재지도를 나누어서 말하면 천도 · 지도 · 인도 등의 분명한 구별이 있지만 전체적으로 말하면 '일음일양지위도'라는 공통적인 보편성 속에 있다"는 것이다.88) 즉 "천도는 본원적, 결정적이고 궁극적인 범주인 데 비해서, 지도와 인도는 천도의 외재적 전개라고 할 수 있다."[89)]

그러나 『역전』에서 강조하려는 것은 삼재간의 주종 관계를 말하려는 데 핵심이 있는 것이 아니라, 천 · 지 · 인이 가지고 있는 지위와 고유한 기능 및 역할을 말하려는 데 초점이 있는 것으로 보인다. 몽배원(蒙培元)은 천도 · 지도 · 인도 등의 삼재가 가지고 있는 작용에 대해 천도는 '시만물(始萬物)', 지도는 '생만물(生萬物)'이고 인도는 '성만물(成萬物)'이라고 말하고 있다. 이런 관점은 삼재지도의 각기 다른 작용을 매우 분명하게 나타내 주고 있다.[90)] 여기에서 『역전』이 말하는 '천생인성(天生人成)'의 의미를 발견할 수 있을 것이다.

『역전』에서 천도와 지도를 가장 분명하게 보여주는 대표적인 것이 바로 건도(乾道)와 곤도(坤道)이다. 건도와 관련해서는 다음과 같은 말을 하고 있다.

가) "건도가 변화하여 각각 성명을 바르게 하니"[91)]

나) "혹 위로 뛰어오르거나 혹은 연못에 있다는 것은 건도가 변혁되었다는 것이요"[92)]

위에서 말하는 건도는 모두 천도의 강건한 본질을 말하고 있다. 가)에서 말하는 건도는 바로 천도로 자연의 운행 법칙을 말한다. 나)의 건도의 변혁을 말하는 것은 하괘에서 상괘로 올라갔기 때문에 새로운 변혁의 조건 속에서 천도의 양강(陽剛)의 본질을 발휘해야 할 때이기 때문이다. 주자는 『주역본의』에서 "아래를 떠나 위로 갔으니 변혁의 때이다"[93)]라고 하였다.

곤도에 대해서는 다음과 같은 말이 있다.

가) 곤의 도가 얼마나 유순(柔順)한가! 하늘을 받들어 때에 따라 행하는구나.[94]

나) 음이 비록 아름다움이 있으나 그 아름다움을 안에 함축하여 왕의 일에 종사하여서 감히 스스로 이루는 것은 없으니 땅의 도이며, 아내의 도이며, 신하의 도이니 땅의 도는 스스로 이룸은 없으나 대신에 마치는 것은 있으리라.[95]

위에서 말하는 '유순', '하늘을 받들다', '함축', '그 아름다움을 안에 함축하여' 등의 말들은 모두 지도의 음유(陰柔)와 화순(和順)이라는 성격을 그대로 보여주고 있다. 이러한 본성에 따라야 비로소 "때에 따라 행할 수 있고, 스스로 이룸은 없으나 대신에 마치는 것은 있으리라"고 말하는 것이다.

『역전』은 인도의 유래에 대해 다음과 같이 말한다.

천지가 있은 연후에 만물이 있고, 만물이 있은 연후에 남녀가 있고, 남녀가 있은 연후에 부부가 있고, 부부가 있은 연후에 부자가 있다. … 군신이 있은 연후에 상하가 있고, 상하가 있은 연후에 예의가 시행된다.[96]

천지에서 만물, 남녀부부, 군신상하에서 도덕예의에 이르기까지 음양이 관통하고 있다. 여기에서 점을 치던 『역경』은 더 이상 점서에 머무르지 않고 철학적 세계관을 말하는 책으로 전환하게 된다. 이것은 세계관과 역사관뿐만 아니라 동시에 인생관까지 보여주고 있다.

『역전』은 다양한 인간에 대해 말하고 있다. 특히 군자의 도와 성인의 도를 말한다. 「단전」과 「상전」은 군자를 많이 말하고, 「계사전」은 성인에 대해 언급하고 있다. 먼저 「단전」에 보이는 군자와 소인에 대해 살펴보도록 하자.

가) 양이 안에 있고 음이 밖에 있으며 강건함이 안에 있고 유순함이 밖에 있으며 군자가 안에 있고 소인이 밖에 있으니 군자의 도가 커지고 소인의 도는 사라진다.[97)]

나) 음이 안에 있고 양이 바깥에 있으며, 부드러움이 안에 있고 강한 것이 바깥에 있으며, 소인이 안에 있고 군자가 바깥에 있으니, 소인의 도는 자라나고 군자의 도는 사라지는 것이다.[98)]

다) 박은 깎이는 것이니 유가 강을 변화시킨 것이니, "나아가는 것이 있으면 불리하다"는 것은 소인이 자라나기 때문이다.[99)]

가)의 태괘(泰卦)는 양은 점차 강해지고 음이 약해서 사라지는 태평의 때에 대해 말하고 있다. 태괘의 「단전」은 이런 관점을 천지의 두 기가 접촉해 화합하여 만물이 생성 발전하는 것, 사회에서는 군신이 화합하여 상하의 뜻이 통하는 것으로 말하고 있다. 그런데 여기에서 중요한 것은 내괘가 양이고 외괘가 음이기 때문에 내괘는 군자[陽]로, 외괘는 소인[陰]으로 해석하고 있는 점이다. 즉 양기(군자의 도)가 점차 자라나고, 거기에 따라 음기(소인의 도)가 점차 사라져 가는 음양의 소식(消息)을 인도(人道)에 적용하고 있다. 비괘(否卦)의 경우는 태괘와는 반대이다. 다)의 경우 역시 음의 힘이 강하여 위로 나아가 양을 음으로 점차적으로 변화시키는 것을 '소인이 자라나는 것'으로 말하고 있다.

다음은 인도 중의 중요한 부분인 성인에 대해 간단히 살펴보도록 하자. 『역전』에서 말하는 성인의 의미는 『주역』을 지었다는 작역(作易)[100)]의 관점, 지적 능력에 근거하여 새로운 발명이나 문물을 제작한다는 '상상제기

(尙象制器)'[101], 덕(德)과 업(業) 모두를 추구하는 '숭덕광업(崇德廣業)'[102], 천의 창조활동을 성인이 본받는 '성인칙지(聖人則之)'[103]를 통하여 '천생인성(天生人成)'을 가능하게 하는 천도의 구현자, '신도설교(神道設敎)'[104]하여 대천행교(代天行教) 하는 것 등이다.

『역전』에서 성인은 『주역』을 지은 작역자뿐만 아니라 인류의 문명발전이 모두 그들에 의해 주도되고 전개된다는 성인 중심의 성인사관(聖人史觀)의 관점까지 보여주고 있다. 이런 역사 발전의 단계에서 가장 중요한 역할을 하는 존재가 바로 성인이다. 『역전』에서는 성인의 위대함은 우선 기물을 제작하여 천하를 이롭게 하는 데 있음을 분명하게 말하고 있다. 이런 성인의 역할에 대해 「계사전」은 다음과 같이 말한다.

> 이런 까닭에 자연현상을 본받는 것에는 천지보다 큰 것은 없고, 변하여 통하는 것이 사계절보다 큰 것이 없고, 형상을 드러내 밝음을 나타내는 것이 일월보다 큰 것이 없고, 숭고하기가 부귀보다 큰 것이 없고 사물을 갖추며 쓰이게 하며 상을 세워 기물을 만들어 천하를 이롭게 함이 성인보다 큼이 없다.[105]

'가장 크다[莫大]'라는 말은 '가장 위대하다'는 것을 의미하는데, 「계사전」은 모두 다섯 가지를 들고 있다. 즉 천지 · 일월 · 사시 · 부귀 · 성인이다. 이것들이 위대한 이유는 모두 인간사회에 어떤 이로움을 주는 작용을 하기 때문이다. 즉 천지의 위대함은 법상(法象)에 있고, 일월(日月)의 위대함은 형상을 드러내 밝음을 나타내는 것에 있다. 사시(四時)의 위대함은 변통(變通)에 있고, 부귀의 위대함은 숭고(崇高)함에 있다. 성인은 "사물을 갖추어 쓰이게 하며 상을 세워 기물을 만드는" 자이므로, 천지 · 일월 · 사시 · 부귀와 함께 가장 위대한 범위 속에 포함되는 것으로 말하고 있다. 이처럼 『역전』에서 말하는 성인이 위대한 이유는 천하에 도움을

주는 현실적 · 실용적인 가치를 실현한 존재이기 때문이다.[106)]

『역전』에서 말하는 복희씨 · 신농씨 · 황제 · 요 · 순 등이 성인으로 추앙되는 이유는 어떤 도덕적인 의미보다는 인간들을 위해 필요한 기물과 제도를 만든 공헌 때문이다. 그러므로 『역전』에서 출현하는 성인들은 대부분 뛰어난 사업능력을 갖추고 있을 뿐만 아니라 동시에 창조적인 사업과 문물을 개척 · 발명하고 추진하는 사람들로 나타난다.

「계사전」에서 소개된 복희씨 · 신농씨 · 황제 · 요 · 순 등의 다섯 명의 성인들은 각기 '팔괘, 농기구와 시장, 의복, 배, 우마차, 절구, 활, 집, 관' 등을 발명하였음을 말하고 있다.[107)] 즉 「계사전」에서 말하는 성인들은 사회와 역사에 늘 새로운 기물과 제도를 만들어 문명 발전을 주도하는 모습으로 표현된다. 성인이 이러한 일을 하는 이유는 모두 백성들의 복리를 도모하기 위한 것이다.

성인은 천지가 만물을 기르는 작용을 본받아 모든 백성을 양육하고, 또 천지가 교감하여 만물을 기르는 특성을 보고 배워 인심을 감화시키고 나라를 다스려 나간다는 말을 하고 있다. 여기서 말하는 성인이 가지고 있는 가장 큰 특성은 천지를 이해하고 또 이런 이해에 근거하여 백성들을 양육하고 감화시키는 데 응용할 줄 아는 지적이고 실용적인 능력을 가지고 있다는 점이다. 그렇다고 하여 『역전』은 결코 성인에게 새로운 발명이나 문물의 개척 등의 구체적인 사업에만 힘을 경주해야 한다고는 말하지 않는다.[108)]

『역전』의 성인은 늘 천지를 본받아 천지 만물과의 연속을 단절시키지 않는다. 바로 "높이는 것은 하늘을 본받고 낮추는 것은 땅을 본받는다(崇效天, 卑法地)"[109)]는 것이다. 천지가 만물을 생성하는[天生] 역할을 한다면 성인의 사명은 그들을 보존하여 본성에 따라 스스로를 완성하도록 도와주어야 할 '성물(成物)'의 책임을 가지고 있다. 그러므로 "본성을 이루고 보존하고 보존하는 것이 도의를 실천하는 문이다(成性存存, 道義之門)"라고 말한다.

성인이 가지고 있어야 할 책임 혹은 역할에 대해 공영달(孔穎達)은 "만물의 본성을 이루어 줄 수 있어야 하고, 만물의 존재를 보존해 줄 수 있어야 한다"[110]라고 말하였다. 공영달의 이 말은 『역전』의 성인관이 가지고 있는 두 가지 책무가 어디에 있는가를 매우 적절하게 말해 주고 있다. 즉 성인의 첫 번째 책무는 천지 생성의 도리와 법칙을 파악하고 본받아 현실의 인간들이 반드시 행해야 할 도덕적 실천의 당위성에 대해 교화하는 데 있다. 성인이 이렇게 할 수 있는 것은 그가 천도를 본받아 일상생활 속에서 천도를 적용하고 있기 때문이다. 그러므로 성인을 천도의 구현자라고 말하는 것이다. 동시에 인간이 안녕한 삶을 살도록 해주는 데 있다. 이런 성인의 역할에 대해 「계사전」은 "천지가 위를 펼치면 성인이 능함을 이루니, 사람에게 도모하고 귀신에게 도모하여 백성이 능할 수 있는 단계에 들어선다"[111]라고 말한다. 여기에서 성인의 역할은 백성이 모두 능할 수 있게 만드는 데 있다. 다시 말하면 성인은 자연계, 사회와 인류의 발전법칙을 완전히 파악하여 천하를 변화시키고[112] 백성의 마음을 감화시켜 천하를 화평하게 하고[113] 아울러 천지의 도를 파악하여 그것을 백성들이 적절하게 사용하도록 만들어주는[114] 천도의 구현자와 문화적 인격의 상징부호로 표현되고 있다.

『역전』이 철학일 수 있는 까닭은 그것이 천도 · 지도 · 인도를 건곤 · 음양 · 강유의 교감작용, 즉 두 가지 서로 모순되면서 상호보충적인 힘의 삼투 · 추이(推移)와 운동에 통일시키고 있기 때문이다. 그것으로 팔괘를 해석하고 이로부터 일체의 사물인 우주의 시원(始原) · 만물의 발생 · 인간사의 법칙을 해석하고 과거를 알 뿐만 아니라 미래를 점치기도 하여, 만물 · 시공과 인간사가 『주역』 중에서 일종의 서로 견제하면서 또한 서로 영향을 주는 밀접한 관계를 가지고 있는 것으로 말하고 있다. 『역전』은 바로 이런 우주의 보편적 질서[天道]와 사회질서[人道]의 일치, 상호인정을 이용하여 만상을 포괄하고 사물을 통일하려는 시도를 하고 있다. 그 결과 "천지의 조화를 범위로 하여 지나치지 않으며, 만물을 곡진히 이루어 빠뜨리지 아니하며"115)라고 하였다. 자연과 역사에 대해서 합치하는 어떤 합법칙적(合法則的)인 관념을 가지고 질서 있는 도식을 만들려고 한다.116) 『역전』의 이러한 철학적 관점은 바로 유가의 연속적인 철학적 세계관을 성립하는 데 결정적 역할을 하게 된다.

3. 공자와 『주역』

『역전』은 『역경』을 해설하고 설명하는 것으로는 가장 이르고 가장 권위 있는 문장으로, '십익(十翼)'으로도 불린다. 『역전』은 보통 공자가 지은 것으로 알려져 있다. 전세(傳世) 문헌 중에서 가장 일찍이 공자가 『역전』을 지었다고 하는 곳은 『사기(史記)』의 「공자세가(孔子世家)」이다. 그러므로 "『주역』은 삼성을 거쳤다(易歷三聖)"라고 말하는 것이다.

후대 사람들은 십익을 『주역』의 일부분으로 간주한다. 확실히 십익은 『역경』을 이해하는 교량으로 십익이 없으면 『역경』의 사상 내용은 쉽게 이해하기 어려울 것이다. 일반적으로 말하는 십익은 사실 7편에 불과하다. 그것은 바로 「계사전」, 「단전」, 「상전」, 「문언전」, 「설괘전」, 「서괘전」, 「잡괘전」 등이다. 그중 「단전」, 「상전」, 「계사전」의 세 편은 각각 상하편으로 나누어지고 여기에 다른 네 편을 합하면 십익이 된다. 익(翼)이란 말은 우익(羽翼)의 뜻으로 경을 보충하여 말하기 때문에 십익이라고 칭한다. 전체적으로 말하여 십익은 『역경』이라는 가장 원시적인 재료를 설명하는 것으로 그것은 경과 불가분의 관계를 가지고 있기 때문에 『역경』을 말하면 십익을 부정하거나 무시할 수는 없다. 『역전』은 『역경』을 해석한 가장 이른 문헌으로 전통적인 관점에서 이 책은 공자의 손에서 나왔다고 말한다.

전통적으로 공자와 『주역』의 관계에 대한 논의는 크게 네 방향에서 언급된다. 첫째는 공자가 괘효사를 지었다는 '공자작역(孔子作易)'이다. 이런 관점은 북송 이후에 많이 출현한다.117) 그러나 이 관점을 보편적으로 수용하기에는 지나친 면이 많다. 두 번째는 공자가 십익, 즉 『역전』을 지었다는 '공자찬역(孔子贊易)'의 관점이다. 세 번째는 공자가 『주역』을 공부하고 연구하였다는 '공자학역(孔子學易)'의 관점이다. 이것은 "공자께서 말씀하셨다. 하늘이 나에게 몇 년의 수명을 더해주어 오십이 되어 『주역』을 배우게 한다면 큰 허물이 없을 것이다"118)라는 『논어』의 말과 관련된 논의이다. 네 번째는 공자가 『주역』을 제자나 후학들에게 전수하였다는 '공자전역(孔子傳易)'의 관점이다. 이런 근거는 『사기』와 『한서』에 보인다.

공자와 『주역』의 관계에 대한 네 가지 논의들 중에서 공자가 괘효사를 지었다는 '공자작역'의 관점은 크게 언급할 가치가 없다고 판단되기에 여기에서는 논의하지 않으려고 한다. 오히려 여기에서는 마왕퇴(馬王堆) 백서 『역전』에 보이는 공자의 『주역』 해석인 '공자해역(孔子解易)'에 대해 논의하려고 한다. '공자해역'의 부분에서는 공자가 『주역』을 즐겨 보는 이유나 목적, 점에 대한 견해, 『주역』과 도덕의 관계 등에 관한 일종의 '주역철학' 혹은 '주역관'에 대한 관점들이 보인다. 공자와 『주역』의 관계를 '공자찬역', '공자학역', '공자전역'과 '공자해역'이라는 네 가지 문제를 통하여 살펴보려고 한다. 이에 앞서 공자의 점에 대한 언급과 '부점(不占)'이라는 문제에 대해 살펴보도록 하자.

(1) 공자의 『주역』에 대한 언급과 '부점(不占)'

춘추 전국 시대에 이르면 사회의 급격한 변화에 따라 『주역』과 점에 대한 사람들의 이해에 있어서도 근본적인 변화가 발생한다. 이 시기에 이르면 천명이나 귀신의 관점들은 그 본질로부터 많은 변화를 겪게 된다. 종래에 그것들이 가지고 있었던 초월적 · 신비적인 성격들이 점차 사라지게 된다. 이런 상황에서 인간들은 자신들의 운명을 주재한다고 믿었던 초월적인 천명이나 귀신관의 속박에서 벗어나게 된다. 여기에서 독특한 유가적인 인문주의가 출현하여 새로운 조류로 자리잡기 시작하고 이런 전체적인 분위기 속에서 점 또한 유가적 인문주의에 의해 평가되고 해석된다.

유가의 인문적 정신을 대표하는 공자는 귀신이나 신비적인 것들에 대해 관심도 없었고 또한 중요한 것으로 보지 않았던 것 같다. 예를 들면 『논어』에서 귀신 섬기는 일에 대해 묻자, 공자는 "사람을 잘 섬기지 못하는데 어찌 귀신을 섬길 수 있겠는가"라고 말하였다.[119] 또 사람과 귀신을 대하는 도리에 대해 "사람이 지켜야 할 도리를 힘쓰고, 귀신을 공경은 하되 멀리하는 것을 앎이라고 할 수 있다"[120]라고 하였다. 또 "공자는 괴이한 것, 힘을 쓰는 것, 패란(悖亂)의 일, 귀신에 대해서는 말하지 않았다"[121]고 한다. 공자가 보기에 인간이 마땅히 실천하여야 할 본분은 '인간 자신과 다른 사람을 사랑하는 것'이지 귀신이나 괴이한 일들을 억지로 알려고 하거나 섬기려 하는 것은 바람직하지 못하다고 보았다. 이것은 은대에 귀신의 명령에 무조건 복종하고 순종하려는 경향과는 완전히 다르다. 이 때문에 그는 결코 『주역』을 인간사의 길흉을 결정하는 책으로 보지 않는다. 공자의 『주역』에 대한 언급은 『논어』나 『사기』 등에 출현한다.

공자의 『주역』에 대한 관심을 보여주는 말이 있다. 『사기』는 다음과 같이 말한다.

> 공자는 만년에 『역』을 좋아하였는데, … 『역』을 읽으며 가죽끈이 세 번 끊어졌다(韋編三絶). 말하기를, "내게 몇 년을 더하여서 이렇게 한다면, 나는 『역』에서 곧 빛나게 될 것인데"라고 하였다.122)

위의 문장은 공자가 만년에 『주역』을 즐겨 읽었고, 마침내 책의 가죽끈을 세 차례나 끊었음을 말하고 있다. 그는 심지어 다시 몇 년의 시간이 더 있다면, 『역』을 배워서 더욱 깨닫는 바가 있을 것이라는 탄식까지 하고 있다. 그러나 이 구절은 믿을 만한 것이 못 된다는 말도 있다. 그러나 『논어』에도 이와 유사한 문장이 나온다.

> 공자께서 말씀하셨다. "하늘이 나에게 몇 년의 수명을 빌려주어 오십이 되어 주역을 배우게 한다면 큰 허물이 없을 것이다."123)

위의 『논어』 기록에 대해 어떤 학자들은 이 부분의 해석을 달리한다. 그것은 『논어』 판본의 차이에서 생겨난 문제이다. 『논어』는 한대에 세 개의 판본이 유통되고 있었다. 『한서(漢書)』에서 "『논어』는 고(古)본은 21편이며, 제(齊)본은 22편이며, 노(魯)본은 20편이다"124)라고 하였는데, 이 『고논어』·『제논어』·『노논어』 세 판본은 편수가 불일치하고 글자와 자구 또한 다르다. 육덕명(陸德明)은 『경전석문(經典釋文)』에서 말하기를 "노본은 '역易'을 '역亦'으로 읽는데, 지금은 고본을 따른다"125)는 말을 하고 있다. 만약 『노논어』에 따라 문장을 읽으면 "(하늘이) 나에게 몇 년의 수명을 빌려주어 오십이 되어서 배운다면 또한 큰 허물이 없을 것이다(子曰, 加我數年, 五十以學, 亦可以無大過矣)"가 되어 공자와 『주역』은 전혀 관계가 없는 것이 되어 버리기 때문이다. 설령 억지로 더욱 신빙성이 있는 『고논어』를 버려두고 『노논어』의 관점에 따른다고 하여도[126], 공자와 『주역』의 관련성을 보여주는 문장은 『논어』의 다른 구절에서도 충분히 찾을 수 있다.

> 공자께서 말씀하셨다. "남쪽 나라 사람들의 말이 있는데, 사람이 항상적인 덕을 가지고 있지 않으면 무당이나 의원도 될 수 없다고 하였다. 그 말은 맞다. 항상적인 덕을 가지지 못한 사람은 부끄러움을 당할 것이다." 공자께서 말씀하시기를 "(그런 사람은) 점을 칠 필요도 없다"라고 하셨다.[127]

"항상적인 덕을 가지지 못한 사람은 부끄러움을 당할 것이다"라는 말은 항괘(恒卦)의 구삼 효사에서 나온 말이다. 여기에서 공자가 강조하는 것은 인간의 도덕적 수양에 관한 문제이다. 그는 『주역』을 점치는 책으로 간주하기보다는 인격 수양을 가능하게 이끌어주는 책으로 보고 있다. 이 때문에 만약 항상적인 덕[恒德]을 갖추지 못한 사람은 점을 칠 필요가 없다. 왜냐하면 바른 덕을 갖추지 못한 사람이 점을 쳐 보았자 흉만 있고 길은 없을 것이기 때문이다.[128] 이것이 바로 공자가 『주역』을 보는 기본적인 태도라고 할 수 있다.

공자의 『주역』에 대한 관점이 더욱 분명하게 드러나는 부분이 바로 앞에서 말한 "공자께서 말씀하셨다. 하늘이 나에게 몇 년의 수명을 빌려주어 오십이 되어 주역을 배우게 한다면 큰 허물이 없을 것이다"라는 구절이다.

여기에서 공자는 『주역』을 개과천선(改過遷善)하는 책으로 분명하게 규정하고 있다. 『주역』이 가지고 있는 인문주의적 성격들을 강조하여 마치 한 권의 도덕서로 해석하려는 것 같다. 공자의 이런 관점은 후대 유가들의 『주역』 해석에 엄청난 영향을 주게 된다. 특히 "점칠 필요가 없다(不占而已矣)"와 "큰 허물이 없을 것이다(可以無大過矣)"라는 공자의 언급이야말로 춘추전국 시기 역설(易說)의 전체적인 결론이라고 말하여도 과언은 아닐 것이다.[129)]

위의 관점은 전국 시기의 순자(荀子)에게 바로 전달되어 "역을 잘하는 사람은 점을 치지 않는다"[130)]라는 관점으로 나타난다. 순자가 말하는 '부점(不占)'의 관점은 공자가 말했던 "점칠 필요가 없다"는 사상의 발전이라고 할 수 있다. 순자가 말하는 '부점'과 공자가 말하는 '부점'은 언뜻 보기에는 내용적으로 전혀 별개의 것으로 보일지도 모른다. 왜냐하면 공자는 올바른 덕을 갖추지 못한 사람은 "점칠 필요가 없다"라고 말한 것에 비해 순자는 '역을 잘 이해하는 사람'은 "점을 치지 않는다"라고 말한다. 즉 순자의 입장은 『주역』을 바르게 이해하는 사람이라면 『주역』은 다름아닌 도덕적 교훈을 말하는 철학적 경전이라는 사실을 이해하여야 한다는 것이다. 그러므로 그가 말하는 '부점'은 개인의 길흉을 귀신에게 물어보는 무책임한 행동은 하지 않겠다는 의미이다.

공자의 이런 인문주의적 점서관의 영향은 매우 크다. 앞에서 말한 것처럼, 후대의 유가들이 『주역』 해석을 하는 데 결정적인 영향을 주었다. 이런 관점들 중에서 가장 대표적인 것이 바로 『역전』이다. 비록 『역전』이 서점과 서법에 대해서 상세하게 논의하고 있지만 결코 공자가 제시한 『주역』에 대한 인문주의적 해석의 전통을 위배하지는 않는다. 「계사전」에서는 다음과 같이 말하고 있다.

> 주역에는 성인의 도가 네 가지 있다. (역으로써) 말하는 사람은 괘사와 효사를 숭상하고, (역으로써) 행동하려는 사람은 변화의 법칙을 중시하고, (역으로써) 기물을 만드는 사람은 형상을 중시하고, (역으로

써) 점을 쳐서 실천하는 사람은 점치는 기능을 중시한다.[131]

「계사전」에서는 분명히 『주역』이 말하려고 하는 요점이 오직 점서에만 있는 것이 아니라는 사실을 말하고 있다. 『주역』은 점서의 기능뿐만 아니라 인간의 도덕적 행위의 준칙을 제공하고, 문화적 산물을 제작하도록 만드는 등 많은 기능을 가지고 있다. 「계사전」에서 말하는 『주역』의 기능 중에서 점서가 가진 기능은 네 개 중 하나에 불과할 뿐이다. 그만큼 『주역』의 점이 가지고 있었던 원래의 성격은 철학적 해석에 의하여 점차적으로 그 자리를 인간의 지혜와 도덕에 자리를 내어 주게 된다.

『주역』의 원류였던 귀복점이 '귀모'의 단계였다면, 『주역』을 형성시켰던 시초점은 '인모'의 단계에 속하는 것이라고 할 수 있다. 그리고 공자와 유가의 인문주의적 해석에 의한 『주역』의 서점은 '군자모(君子謀)'의 단계라고 할 수 있다. '군자모'라는 말은 "역은 군자를 위하여 도모하지, 소인을 위해 도모하지 않는다"[132]라는 장재(張載)의 말에서 나왔다. 『주역』의 점은 스스로의 '자지지명(自知之明)'을 가진 사람에게만 도움을 주는 '군자의 학(學)'이지 다만 개인적인 사리사욕과 물욕적 길흉만을 따지는 '소인의 술(術)'은 아니다. 군자는 나타난 길흉에 근심하는 것이 아니라, 자신의 행위를 바르게 하는 일에 힘쓴다. 길흉은 인간 자신의 도덕적 행위와 실천방식에 의해서 스스로 만드는 것이기 때문이다.

(2) 공자찬역(孔子贊易)

앞에서 언급한 것처럼, 송대 이전에는 『역전』의 작자를 대부분 공자가 지은 것으로 보는 견해에 대해 이론이 없었다. 그러나 이런 관점은 송대 구양수(歐陽修)의 『역동자문(易童子問)』에서부터 의문이 제기되기 시작한다. 구양수가 의문의 근거로 삼는 것으로는 「계사전」과 「문언전」에 들어있는 '자왈(子曰)'이라는 말 때문이다. '자왈'이라고 말했다면 그것은 이미 공자의 자작(自作)이 아니라는 점을 명백하게 보여주었다는 것이다. 이런 구양수의 관점에 대해 많은 사람들이 호응했다. 특히 현대의 연구 중 주목할 만한 것으로는 대연장(戴璉璋)의 관점이 있다.

대연장은 『역전』과 『논어』를 비교해보면 사상적으로 현저한 차이가 있다고 말한다. 그는 이 설을 종합하여 세 가지 측면에서 비교하고 있다. 첫째, 천(天)의 관점으로 말하면, 『논어』에서 공자가 말하는 천은 인격신 의미의 주재적(主宰的) 천이다. 그러나 『역전』에서 천은 인격신의 의미가 없고 대부분 자연적 천이나 혹은 의리적(義理的) 천이다. 둘째, 귀신의 관점에 대해서 『논어』에서 공자가 말하는 귀신은 모두 종교적 색채가 있는 것으로 제사의 대상이다. 『역전』에서 귀신은 천지조화의 흔적이고 사람들은 수덕(修德)의 공부를 통해 귀신과 서로 감응할 수 있다. 셋째, 도의 관점으로 말하면, 『논어』에서 공자가 말하는 도는 모두 인간사를 통하여 설명하는 것으로 도는 인류행위의 원칙이고 지선(至善)의 준거(準據)이다. 이에 비해 『역전』에서 말하는 도는 거의 대부분 천도이거나 혹은 천지지도(天地之道), 건도(乾道) 혹은 곤도(坤道)이다. 이것들은 모두 본체 우주론의 관점에서 설명하는 것으로 형이상학적 성격을 포함하고 있다. 이런 사상적인 차별 이외에 대연장은 어법(語法) 방면에서 『역전』과 『논어』 또한 현저하게 다름을 설명하고 있다. 이 외에 「문언전」은 자주 대우(對偶) 구절을 이용하여 『순자(荀子)』의 품격과 서로 비슷하다고 보았다. 「단전」과 「상전」의 압운(押韻) 현상은 『순자』 『노자』 및 『초사』 중의 작품과 근접하다. 이들 현상은 『역전』을 지은 사람은 공자 한 사람의 손에서 나오지 않았다는 증거라고 말한다.133)

이처럼 구양수의 '공자찬역'에 대한 부정적인 관점은 영향이 매우 크다. 그런데 구양수의 관점을 처음으로 반박한 사람이 바로 주자(朱子)이다. 주자는 '자왈'이라는 말을 "뒷날 제자들이 첨가해 넣은 것"[134]으로 보기도 한다. 실제로 이런 유사한 용례들이 많이 있다.[135] 이 때문에 '자왈'이라는 말이 있다고 하여서 공자가 『역전』을 지은 것이 아니라고 하는 것은 충분한 이유가 되지 않는다는 것이다.[136] 이처럼 '공자찬역'에 대한 논란은 상당히 치열하다. 마왕퇴 백서 『주역』의 발견을 통하여 공자가 『주역』을 좋아하고 열심히 공부하였다는 언급은 있어도 그가 『역전』을 지었다는 직접적인 언급이나 증거를 발견하기가 어렵다. 다만 "공자는 『주역』에 대해서 단순한 독자가 아니라 어떤 의미에서는 작자라는 가능성을 암시하고"[137] 있을 뿐이다.

(3) 공자학역(孔子學易)

'공자학역'에 관한 문제는 앞에서 말한 『논어』「술이(述而)」편의 "가아수년오십이학역가이무대과의(加我數年五十以學易可以無大過矣)"라는 문장을 어떻게 읽고 해석할 것인가라는 문제와 관련된다. 보통은 "가아수년, 오십이학역, 가이무대과의(加我數年, 五十以學易, 可以無大過矣)"[138]로 읽는다. 만약 "가아수년, 오십이학, 역가이무대과의(加我數年, 五十以學, 亦可以無大過矣)"로 읽는다면 공자와 『주역』의 연결 고리는 완전히 단절되어 버린다. 이런 관점에 찬동하는 학자들 역시 적지 않다.[139] 이런 논란은 마왕퇴 백서 『주역』의 발견을 통하여 새로운 전기를 맞이하게 된다.

백서 『주역』의 「이삼자문(二三子問)」과 「요(要)」편은 대부분 공자가 『주역』에 관해 논의하는 부분들이다. 특히 「요」편에는 공자가 만년에 『주역』을 공부한 내용들을 기록하고 있다.

공자께서는 늙어서 역을 좋아하여 집안에 계실 때는 자리에 두고, 밖으로 행차하실 때에는 자루에 넣어서 다녔다.[140]

위의 자료에 의하면 공자는 분명히 만년(晩年)에 『주역』을 좋아하여 "집안에 계실 때는 언제나 자리에 두고, 밖으로 행차하실 때에는 자루에 넣어서 다닐" 정도였다. 말하자면 공자는 어디에서나 『주역』을 손에서 놓지 않았기 때문에 『사기(史記)』의 「공자세가(孔子世家)」에서 말하는 '위편삼절(韋編三絶)'하는 정도에까지 이르렀다는 것이다. '위편삼절'이라는 말은 바로 공자가 읽은 『주역』이 바로 죽간(竹簡)임을 말한다.

백서 『주역』의 「이삼자문」이나 「요」편의 출토가 공자의 "오십이학역(五十以學易)"의 관점에 유력한 증거를 제공하여 사마천의 주장이 근거가 있음을 보여주지만, 이 점에 대해서도 다양한 관점이 공존하고 있다. 예를 들면 이케다 도모히사(池田知久)는 『논어』「술이」편의 "가아수년오십이학역가이무대과의(加我數年五十以學易可以無大過矣)"라는 문장이 최근에 출토된 정주한묘죽간(定州漢墓竹簡) 『논어』에는 "… 이학, 역가이무대과의(以學, 亦可以無大過矣)"[141]로 쓰여 있는 점으로 미루어 「요」편의 언급은 "춘추말기의 공자에 관한 역사적 사실이 아니라, 서한 초기에 이르기까지 만들어진 공자의 전설에 불과하다. 그러나 이 공자 전설도 어떤 형태의 역사적 사실을 굴절된 형태로 반영하고 있고, …"[142]라고 하여 여전히 공자와 『주역』의 관계를 부정하고 있다. 그러나 대부분의 학자는 「요」편의 기록이 공자와 『주역』의 관계를 잘 설명해 주는 증거로 본다.

예를 들면 이학근(李學勤)은 『노논어』를 근거로 '역易'을 '역亦'으로 읽는 관점을 『노논어』를 전수하였던 한대 학자들의 관점으로 근거할 만한 것이 못 된다고 말한다. 또한 「요」편의 기록을 『좌전(左傳)』의 기록과 대조해 보면, 무리 없이 일치하고 있음을 지적하고 있다.[143] 또 김춘봉(金

春峰)[144]이나 진래(陳來)[145] 역시 「요」편의 기록이 『논어』와 『사기』에 기록된 공자와 『주역』의 관계를 잘 설명해 주는 결정적 증거로 보고 있다.

(4) 공자전역(孔子傳易)

'공자전역'은 공자가 『주역』을 제자나 후학들에게 전수하였다는 관점이다. 이런 근거는 『사기(史記)』[146]와 『한서(漢書)』[147]에 보인다. 이 두 가지 자료 이외에 '공자전역'의 관점을 가장 잘 보여주는 문헌은 역시 『역전』의 「문언전」과 「계사전」이다. 여기에는 '자왈'이라는 말이 모두 30번이나 쓰이고 있다. 그러나 「문언전」과 「계사전」이 공자가 지은 것이 아니라는 의고적인 분위기 속에서 '공자전역'은 큰 설득력을 주지 못한 것이 사실이다. 그러나 마왕퇴 백서 『주역』의 발견은 새로운 토론의 여지를 분명하게 제공하고 있다.

백서 『역전』의 「이삼자문(二三子問)」·「계사」·「역지의(易之義)」·「요(要)」·「무화(繆和)」·「소력(昭力)」 등의 여섯 편에는 공자가 『주역』에 관해 논의하는 부분이 매우 많다. 예를 들면 「이삼자문」에는 '공자왈(孔子曰)'이라고 말하는 부분이 모두 35회나 되고, 「역지의」에는 '자왈(子曰)'이라는 말이 모두 24번 출현한다. 또 「요」 편에는 '부자왈(夫子曰)'이라는 말도 5번이나 발견된다.

공자와 관련된 '자왈·공자왈·부자왈'이라는 말은 통행본 『역전』의 「문언전」과 「계사전」에서 모두 30회, 백서 『역전』에서는 통행본 『역전』보다 훨씬 많은 105회 이상 출현한다. 이런 '~왈'의 형식은 바로 문답형식으로 이루어져 있음을 말한다. 어록체에 가까운 것으로 공자 자신의 저작은 아니라 할지라도 공자가 '전역(傳易)'하였다는 사실은 무리 없이 받아들일 수 있을 것으로 보인다. 비록 '자왈·공자왈·부자왈'이라는 말들이 바로 공자가 『역전』을 지었다는 증거를 제시해 주는 것은 아니지만, 적어도 공자가 『주역』에 관해 논의하였거나 『주역』을 제자들에게 전수해 준 것은 더 이상 의심할 여지가 없는 것으로 보인다.

(5) 공자해역(孔子解易)

마왕퇴 백서 『역전』의 「이삼자문」·「계사」·「역지의」·「요」·「무화」·「소력」 등의 여섯 편은 단순한 복사(卜辭)를 기록한 것이 아니라, 『주역』을 도덕이나 정치사상의 관점으로 해석한 일종의 '역설(易說)' 혹은 '역론(易論)'이다. 공자는 백서 『역전』에서 『주역』에 대한 공자 자신만의 독특한 해석 혹은 관점이라고 할 수 있는 '주역론' 혹은 '주역관'을 말하고 있다. 먼저 공자는 자신이 『주역』을 대하는 기본적인 관점을 「요」편에서 말하고 있다.

> 공자께서는 늙어서 역을 좋아하여 집안에 계실 때는 자리에 두고, 바깥으로 행차하실 때에는 자루에 넣어서 다녔다. 자공(子貢)은 다음과 같이 말했다. 부자께서 다른 때에 제자를 가르치실 적에 "도덕적 행위를 하지 못하는 사람은 신령(神靈)으로 향하는 추세가 있고, 지혜와 모략이 남보다 뛰어나려는 사람은 복서(卜筮) 쪽으로 기운다"라고 말씀하셨다. … 부자는 왜 나이가 들어서 주역을 좋아하게 되었는가? … 『상서(尙書)』는 결손이 많지만 『주역』은 잃어버린 것이 거의 없이 완벽하고 거기에는 고대로부터 전해오는 말들이 있다. 나는 점치는 데 사용하는 것에 만족하지 않는다. … 부자는 지금 점치는 데 사용하는 것에 만족하지 않고 『주역』의 괘효사를 좋아하는데 바로 괘효사를 이용하여 사람들에게 적용하는 것은 정말 좋은 것이 아닌가?[148]

왜 공자는 『주역』을 늘 곁에 두고 애독하는가? 일단 공자는 고대로부터 전해오는 말들이 『주역』 속에 들어 있는 것으로 보고 있다. 공자는 『주역』을 단순한 점치는 책으로만 보는 것이 아니라 '고대의 지혜를 담고 있는 보고(寶庫)'149)로 간주하고 있다. 여기에서 『주역』은 자신이 가지고 있었던 기능이나 지위에서 극적인 변화를 하게 된다. 특히 공자는 『주역』을 점치는 데 사용하기보다는 괘효사 속에 들어 있는 의미들을 즐기는 데서 의미를 찾고 있다. 『주역』의 괘효사는 의리적(義理的)인 것으로 그 속에는 사상과 교훈이 포함되어 있는 것으로 보고 있다.150) 공자는 괘효사를 사상의 재료로 이용하고 있기 때문에 복서를 맹신하는 것과는 전혀 다른 관점을 말하고 있다.

> 자공이 "부자께서도 점치는 것을 믿으십니까?" 하고 물었다. "나는 100번 점을 치면 겨우 70번을 맞춘다"라고 부자께서 말씀하셨다. … 부자께서 "주역에서 점을 치는 축복(祝卜) 부분을 제쳐두고 그 속의 덕(德)과 의(義)만을 볼 뿐이다"라고 말씀하셨다.151)

공자는 그가 『주역』을 좋아하는 이유를 복서가 가지고 있는 영험함을 믿기 때문이 아니라는 점을 분명하게 말하고 있다. 설령 다 같은 『주역』을 보더라도 목적이 각기 다르며 이 때문에 얻는 바도 상이할 수밖에 없다는 것이다. 따라서 공자는 단호하게 "주역에서 점을 치는 축복(祝卜) 부분을 제쳐두고 그 속의 덕과 의만을 볼 뿐이다"라고 말하는 것이다. 말하자면 공자는 『주역』을 '덕의'라는 이성적 관점을 통하여 보려 한다. 공자는 『주역』에서 가장 중요한 의미를 '덕의'라고 생각하고 있는 것으로 보인다. 공자의 이런 해역의 관점은 『주역』이 가지고 있었던 복서의 실용적 목적을 벗어나고 있다.

'덕의'라는 개념을 『주역』에서 나온 말들과 관련하여 말하면, 크게 두 가지 각도에서 살펴볼 수 있다. 하나는 '시지덕(蓍之德), 괘지덕(卦之德), 육효지의(六爻之義)' 등의 말(모두 「계사전」에서 나온 말)과 관련되는 것으로, 우주 만물의 변화하는 이치를 구하는 의미를 말한다. 다른 하나는 '화순어도덕(和順於道德), 리어의(理於義)'라는 말들(모두 「설괘전」에서 나온 말)과 관련되는데, 이는 인간의 덕성 발전이란 문제에 해당한다. 「요」편에서 말하는 '덕의'는 두 번째의 관점과 더욱 관련 있는 것으로 보인다.152)

공자가 '덕의'라는 관점을 통하여 『주역』을 보는 관점은 바로 덕이 점의 지위와 권위를 대신해 버리는 '이덕대점설(以德代占說)'153)이란 말로 표현할 수 있을 것이다. 공자의 이런 '해역(解易)' 혹은 '석역(釋易)'을 통하여 『주역』은 비로소 철학적 체계와 도덕적 교화를 말하는 경전으로 탈바꿈하는 것이다.

4. 『주역』의 유가 경전화(經典化)

『주역』을 말하면 사람들은 보통 두 가지를 연상한다. 하나는 시중(市中)에서 행해지는 이른바 강호(江湖)의 점(占)을 연상하게 만들고, 다른 하나는 생생(生生)하는 거대한 우주의 변화와 자강불식(自彊不息)하는 인간의 적극적 활동을 강조하는 유가철학의 대표적인 경전으로서의 『주역』을 생각하게 만든다. 이렇게 말하는 기본적인 배경에는 실제로 『주역』 속에 점의 기록이나 그것과 관련된 내용뿐만 아니라, 유가의 세계관과 형이상학을 말하는 철학적인 내용들이 함께 공존하고 있기 때문이다.

점서(占筮)의 기록을 창조적으로 편찬한 것이 현재의 통행본 『주역』이다. 점친 기록을 창조적인 편집을 통하여 『주역』이란 책으로 완성하였다는 것 자체가 이미 매우 놀랄만한 지혜 혹은 학문적인 내용을 포함하고 있음을 부인할 수 없다. 『역전(易傳)』과 그 후의 역학(易學)은 모두 『주역』이라는 이런 창조적인 지혜의 기초 위에서 성취된 것이다. 이런 이유에서 『주역』 속에는 도저히 양립(兩立)하기 힘든 점의 내용과 철학적 체계가 함께 동거(同居)하고 있는 매우 특이한 내용과 구조를 가진 기서(奇書)로 칭해지는 것이다.

『주역』은 점과 철학이라는 두 가지 성격을 모두 가지고 있기 때문에 『주역』과 관련된 역대의 저작들 역시 이런 관점에 따라 두 가지 분류 체계로 나누어진다. 구체적으로 말하면 『이십오사(二十五史)』의 「예문지(藝文志)」와 「경적지(經籍志)」의 목록 속에서, 철학을 말하는 것이거나 혹은 철학과 관련 있는 역학 전적들은 일반적으로 경부(經部) 혹은 육예(六藝)에 실려 있다. 그러나 점서만을 말하는 역학 서적들은 대체로 자부(子部)의 수술(數術)이나 오행(五行) 등의 문류(門類)에 수록되어 있다.[154]

『주역』의 발생적 기원은 분명히 점서이다. 점치는 책에서 출발한 『주역』이 어떻게 해서 유가가 가장 중요하게 여기는 경전으로 자리잡을 수 있게 되었는가? 여기에서 우리가 우선적으로 생각할 수 있는 문제는 점서로서의 『주역』이 아닌, 유가철학의 세계관과 형이상학의 근거를 제시해 주는 철학서라는 자격에서의 『주역』은 분명히 육경 또는 오경의 한 자리를 차지할 수 있었을 것이다.

물론 여기에서 우리가 관심을 가져야 하는 것 중의 하나는 『주역』이 가지고 있는 어떤 요소에 의해서 점서(占書)가 철학적 성질을 가진 책으로 변화할 수 있었는가 하는 문제이다. 이 문제는 분명히 본서에서 다루려고 하는 관점과 관련이 있으나, 여기에서는 상세하게 논의하지는 않으려 한다. 그보다는 본서에서 다루려 하는 핵심은 『주역』이라는 점술서가 언제, 어떻게 유가의 경전이 되었는지의 배경과 과정에 초점을 맞추어 살펴보려고 한다.

이 문제를 분석하기 위해서 여기에서는 우선 『주역』이 경전화 되어 육경으로 병칭되는 시기에 대한 다양한 관점과 논란을 의고적(疑古的)인 관점, 경학사(經學史)의 각도와 새롭게 출토된 자료들을 통하여 종합적으로 살펴보려고 한다. 특히 여기에서 관심을 가지고 보아야 할 것은 『주역』이 경전화되는 과정에서 그것의 발생적 기원에 해당하는 복서라는 성격을 어떻게 처리하고 해석하고 있는가라는 문제이다. 이와 관련하여 『주역』이 경전화되는 단계에서의 『주역』의 지위를 예경(禮經)에 종속되는 단계와 이를 벗어나 어떻게 독립하는가 하는 문제를 살펴보고, 공자의 『주역』과 복서에 대한 태도를 백서 『역전』의 「요(要)」 편을 통하여 분석하려고 한다.

(1) 육경(六經)의 형성과 공자(孔子)

경전에 관한 학문인 경학이라는 말은 대체로 한대(漢代)에서 시작되었지만, 전국시대에 이미 육경의 명칭은 출현하였다. 경학의 전체적인 역사 가운데서 경전의 수는 정해져 있지 않았고, 시기에 따라서 약간의 변화가 있었다. 즉 오경 · 육경 · 칠경 · 구경 · 십경 · 십일경 · 십삼경 등이 있었고, 심지어 십사경 또는 이십일경을 말하기도 하지만[155], 모든 경우를 막론하고 육경의 가장 기본적인 경전으로서의 지위는 한번도 바뀐 적이 없었다.

육경은 시(詩) · 서(書) · 예(禮) · 악(樂) · 역(易) · 춘추(春秋)라는 여섯 권의 문헌을 말한다. 이것을 어떤 때는 육예(六藝)로 부르기도 한다.[156] 경학이라는 체계가 확고하게 된 시점을 일반적으로 한무제(漢武帝)가 오경박사를 세우고, 백가(百家)를 배척하며 유학을 높이는(罷黜百家, 獨尊儒術) 것에서 찾는다. 이것은 다만 정치적인 권위를 통해 경학을 높인 결과를 말하는 것에 불과하다. 그러나 이것은 다른 한편으로 경학이 이미 비교적 성숙한 형태에 이르렀다는 것을 의미하기도 한다. 경학이 이와 같이 성숙한 형태의 과정에 도달한 시간을 공자로부터 헤아린다면 거의 400여 년의 시간이 걸렸다고 할 수 있을 것이다.157)

육경을 형성하는 데 있어 결정적 역할을 하는 인물은 당연히 공자이다. 다시 말하면 육경이 유가의 경전이 되는 과정 중에는 항상 공자가 결정적인 작용을 발휘한다는 말이다. 『사기(史記)』「공자세가(孔子世家)」에서는 다음과 같이 말한다.

> 공자의 시대에는 주(周) 왕실이 쇠퇴해져 예악은 폐지되었고, 시(詩)와 서(書)가 흩어졌다. 이에 공자는 삼대의 예를 추적하여 『서전(書傳)』의 편차를 정하되, 위로는 요와 순 임금의 시대로부터 아래로는 진목공(秦繆公)에 이르기까지의 그 사적을 순서에 따라 정리하였다. … 공자는 또 은과 하나라 이래의 예가 손익(損益)된 것을 보고 말하였다. "차후로는 비록 백세의 세월이 흐르더라도 예제(禮制)의 변천을 알 수 있는데, 하나는 화려함을 중시하였고 다른 하나는 질박함을 중시하니 주왕조는 하와 은 2대의 제도를 귀감으로 삼았기 때문에 그 문화는 참으로 풍성하고 화려하다. 나는 주나라를 따르겠다." 그러므로 『서전(書傳)』과 『예기』는 공자로부터 처음 편찬되어 나왔다고 한다. … 옛날에는 『시』가 3천여 편이었으나 공자에 이르러 그 중복된 것을 빼고 예의에 응용할 수 있는 것만 취하였다. … 305편의 시에 공자는 모두 곡조를 붙여 노래로 부름으로써 「소(韶)」, 「무(武)」, 「아(雅)」, 「송(頌)」의 음악에 맞추려고 하였다. 예와 악이 이로부터 회복되어 서술할 수 있게 되었고 이로써 왕도가 갖추어지고 육예(六藝)가 완성되었다. 공자는 만년에 『역(易)』을 좋아하여 「단(彖)」, 「계(繫)」, 「상(象)」, 「설괘(說卦)」, 「문언(文言)」을 정리하였다. 그는 죽간을 묶은 가죽끈이 세 번이나 끊어질 만큼 『역』을 무수히 읽었다. 그가 말하였다. "만약 나에게 몇 년의 시간을 더 준다면 나는 『역』에 대해서는 그 문사(文辭)와 의리

(義理)에 다 통달할 수 있을 것이다." … 공자는 역사의 기록에 근거해서 『춘추(春秋)』를 지었다. 이것은 위로는 은공(隱公)에서 아래로는 애공(哀公) 14년까지 12공(公)의 시대를 포괄하였다. … 『춘추』를 지을 때에는 결단코 기록할 것은 기록하고 삭제할 것은 삭제하였기 때문에 자하(子夏) 같은 제자들도 한마디 거들 수가 없었다. 제자들이 『춘추』의 뜻을 전수받은 뒤, 공자는 말하였다. "후세에 나를 알아주는 사람이 있다면 『춘추』 때문일 것이며, 나를 비난하는 사람이 있다면 그 역시 『춘추』 때문일 것이다."[158]

위에서 인용된 『사기』 「공자세가」에서 사마천은 공자와 육경의 관계에 대해 매우 상세하게 설명하고 있다. 실제로 『논어』에는 『시』·『서』·『예』·『악』·『역』이 모두 언급된다. 『춘추』에 대해서는 비록 직접적으로 언급하고 있지 않지만, 후대의 『맹자』에서는 『춘추』가 공자의 저작임을 명확히 서술하고 있다. 「등문공(滕文公)」에서는 "공자께서 『춘추』를 완성하시니 난신적자(亂臣賊子)들이 두려워하였다"[159]고 하였고, 또 공자가 "나를 알아주는 것도 『춘추』이며, 나를 벌주는 것도 『춘추』이다"[160]라고 말하고 있다. 이것은 공자가 육경의 형성 과정에서 매우 중요한 영향력을 발휘하였다는 것을 의미한다.[161]

복희씨가 팔괘를 만들고, 주 문왕이 괘사를 지었고, 주공이 효사를 지었고, 이어서 공자가 『역전』을 지었다고 말한다. 이후 『주역』과 『서경』·『시경』·『예기』·『악경(樂經)』·『춘추』는 모두 유가의 경전이 되었다. 이후 『악경』은 사라져버리고, 한대에는 『시』·『서』·『예』·『역』·『춘추』를 합하여 오경이라 하였다. 이상은 한대 이후 『주역』의 형성과 경전화에 대한 일반적 주장이다. 그러나 20세기 초에 이르면 의고파가 등장하여 이런 전통적 관점에 대해 회의와 비판을 제기한다. 비록 사마천이 공자와 『주역』은 분명히 관계가 있음을 역설하고 있지만, 20세기

대다수의 의고파 학자들은 공자와 『주역』은 무관하고, 선진유학자들 중에는 역학에 종사하는 자는 거의 없었다고 말한다.

『주역』과 유가의 관련을 보여주는 가장 이른 자료는 『논어』 「술이(述而)」편의 "공자께서 말씀하셨다. 하늘이 나에게 몇 년의 수명을 빌려주어 오십이 되어 주역을 배우게 한다면 큰 허물이 없을 것이다"[162]라는 말이다. 이 문장을 가지고 말하면 공자는 거의 오십 세가 되어서 『주역』을 배우려 한 것 같다. 그러나 이 자료에 대해 의고파의 전현동(錢玄同)은 매우 강력한 비판을 하고 있다. 즉 지금의 『논어』 본문에는 "오십이학역(五十以學易)"이라 쓰여 있는데, 당대(唐代)의 육덕명(陸德明)의 『경전석문(經典釋文)』에 인용된 『노논어(魯論語)』 중에 쓰인 것은 "오십이학, 역가이무대과의(五十以學, 亦可以無大過矣)"이다. 이에 대해 육덕명은 "한대 사람들이 '역亦'을 '역易'으로 바꾼 것으로, 공자가 『역전』을 지었다는 전설이 생긴 것과 일치한다. 비록 공벽(孔壁)에서 발견된 고문(古文) 『논어』에도 또한 '역易'으로 쓰여 있지만, 공벽에서 나온 원본은 유흠(劉歆)이 위조한 것이기 때문에 믿을 만한 것이 못 된다"는 주장이다.[163] 이런 관점에 따르면, 실제로는 공자가 오십 세에 역을 배우려고 한 일은 존재하지 않았고, 공자와 『주역』은 조금의 관계도 없게 된다.[164]

만약 전현동의 관점에 따르면, 이 자료는 『주역』과 전혀 관계가 없다. 이 외에 공자의 시대에는 아직 『주역』이 편찬되어 책으로 이루어지지 않았다는 주장 또한 설득력이 있다. 이 때문에 과거의 일반적인 주장은 공자가 『주역』을 배운 적이 없다는 것이다. 일본 학자들 역시 의고파의 방법적 기초 위에서 『주역』의 형성과 경전화에 대해 새로운 입장을 말하는 경우가 많다.[165]

맹자는 『춘추』를 대단한 것으로 평가하지만, 『주역』은 한번도 말하지 않았다. 순자 역시 『주역』을 중요한 경전으로 보고 있지 않다. 그럼에도 불구하고, 한대 이후의 대부분의 유가들은 공자와 『주역』은 분명히 관련이 있는 것으로 보고 주역을 유가에서 가장 중요하게 여기는 경전으로 보고 있다.

일반적으로 주역을 '오경지수(五經之首)' 또는 '육경지수(六經之首)'라고 말한다. 유가들은 어떤 이유에서 주역을 '오경지수'라고 말하는가? 육경 중에서 가장 늦게 경(經)의 반열에 오른 것이 바로 『주역』임에도 불구하고, 『주역』을 첫머리에 두는 이유는 어디에 있는가?

경학자들이 경전의 순서를 매기는 방식은 두 가지이다. 하나의 경전이 가지고 있는 심천(深淺), 즉 깊고 얕음을 가지고 말하기도 하고, 또 다른 방식은 전후의 순서를 통하여 말하는 방식이다. 전자의 경우는 『시』·『서』·『예』·『악』·『역』·『춘추』의 순서이고, 후자는 『역』·『서』·『시』·『예』·『악』·『춘추』의 순서이다.166) 위의 두 가지 순서는 사실 금문학파와 고문학파의 관점과 관련된다. 즉 『주역』을 '오경지수'라고 할 경우 단순히 오경에서 『주역』이 가장 중요하다는 의미보다는 엄밀히 말하면 가장 먼저 성립되었다는 뜻이다. 그러므로 오경지수는 '오경지시(五經之始)'라고 말하는 것이 정확한 표현일지도 모른다.

비록 한대에 『주역』은 오히려 '육경의 우두머리'라 칭해졌지만, 많은 학자들이 선진 시기에 『주역』은 결코 유가의 경전으로 확고한 지위를 누리지 못하였던 것으로 보고 있다. 이 문제는 많은 논란을 일으키고 있다. 『시경』을 으뜸으로 삼는 것은 선진 유가가 육경을 칭하는 관례였고, 특히 순자나 맹자는 『주역』의 유가 경전으로서의 중요성에 대해 어떠한 언급도 하고 있지 않기 때문이다.

그러면 『주역』은 언제, 어떻게 『시』나 『서』와 같은 동등한 지위로 올라가게 되는가? 이것은 공자 만년에 『주역』에 대한 변화와 밀접한 관계가 있는 것으로 보인다.167) 이런 몇 가지 문제와 관련하여 아래에서는 먼저 『주역』과 육경의 관계에 있어서 논란이 되는 문제를 『장자』와 『순자』 및 출토 문헌을 통하여 살펴보고, 『주역』이 경전화하는 데 있어서 가장 문제가 되는 복서를 공자는 어떻게 보고 있는가 하는 문제를 백서 『역전』의 「요」편을 통하여 살펴보도록 하자.

(2) 초기 유가 경전 체계 속에서 『주역』의 지위: 주역과 육경의 관계에 대한 논란

『시』·『서』·『예』·『악』·『역』·『춘추』 등의 경전은 대부분 주초(周初)에서 춘추시기 사이에 형성된 것으로 보인다. 비록 위의 경전들은 대부분 유가들의 중시를 받았지만, 이 중 『역경』은 춘추시기에 유가들의 주목을 크게 받은 것으로 보이지는 않는다. 우선 사맹(思孟) 학파 속의 자사(子思)와 맹자뿐만 아니라 증자(曾子) 또한 『역경』을 크게 중시하지 않은 것으로 보인다.

『대학』과 자사 학파의 저작에 속하는 『중용』·『치의(緇衣)』·『표기(表記)』·간백(簡帛) 『오행(五行)』 등의 문헌 속에서 『시』와 『서』를 대량으로 인용하였으나, 『역』을 인용한 경우는 거의 보이지 않는다. "맹자는 『시』와 『서』를 대량으로 인용하고 토론하였으며, 아울러 공자가 『춘추』를 지은 공적을 추종하였지만 『역』은 언급하지 않았다. 또 죽간(竹簡) 『성자명출(性自命出)』 또한 『역경』을 언급하고 있지 않다. 『순자』는 「권학(勸學)」과 「유효(儒效)」에서 시·서·예·악·춘추 오경의 지위만 인정하고 있는 것으로 보인다."[168] 그러나 간백 문헌의 출토와 연구가 심화됨에 따라 어떤 학자들은 전국시대에 분명히 육경의 체계가 존재하고 있음을 주장하기도 한다. 육경이라는 말은 『장자(莊子)』에서 가장 먼저 나타난다. 「천운(天運)」에서는 노자와 공자의 우언(寓言)이 실려 있는데, 공자는 대화 중에서 다음과 같이 말한다.

> 나는 시 · 서 · 예 · 악 · 역 · 춘추의 육경(六經)을 스스로 오랫동안 공부하였다.[169]

「천하(天下)」에서는 또 다음과 같이 말하고 있다.

> 이것이 시 · 서 · 예 · 악에 있는 것은 추(鄒)나라와 노(魯)나라의 선비들이 대부분 밝혀 놓고 있다. 시는 사람들의 뜻을 서술한 것이고, 서는 사건들을 서술한 것이며, 예는 행동에 대하여 서술한 것이고, 악은 조화에 대하여 서술한 것이다. 역은 음양의 변화를 서술한 것이고, 춘추는 명분에 대해 서술한 것이다.[170]

위의 『장자』 「천운」 편에서는 직접적으로 육경이라는 명칭을 언급했고, 「천하」 편에서는 육경이 가지고 있는 주된 내용에 대해 말하고 있다. 장자는 비록 전국시기에 활동하였지만, 『장자』는 내(內) · 외(外) · 잡(雜)편으로 구성되어 있어서 내편을 제외하고는 모두 장자의 제자 또는 후학이 쓴 글로 보는 것이 일반적이다. 위에서 인용한 「천운」은 외편에 속하고, 「천하」는 잡편에 속하기 때문에 이전의 학자들은 이 말들이 모두 시기적으로 뒤늦게 출현한 문장으로 간주한다.

특히 여기에서 어떤 학자들은 시 · 서 · 예 · 악 이외에 『역』과 『춘추』가 들어있는 것을 문제 삼는다. 마서륜(馬敍倫)은 『장자의증(莊子義證)』에서 고주(古注)가 정문(正文)에 잡입(雜入)된 경우로 보아, 시 · 서 · 예 · 악의 사경(四經) 이외에 『역』과 『춘추』 이경(二經)이 갑자기 출현하는 것은 분명히 후대의 사람들이 증입(增入)한 것이라고 말한다.[171] 여기에서 한 걸음 더 나아가 장항수(張恒壽)는 단순한 구절의 찬입(羼入)의 문제가 아니라, 「천하」편이 출현한 시기를 진대(秦代) 이후로 보고 있다. 왜냐하면 육경이라는 이 개념의 출현을 더 후대로 잡고 있기 때문이다. 구체적으로 『순자』의 시기에 있어서도 『역』은 아직 유가의 대표적인 경전으로 인정받지 못하고 있다는 것이다.

> 그러므로 서(書)는 정치에 관한 일을 기록한 것이고, 시(詩)는 음악에 알맞은 것들을 모아 놓은 것이고, 예(禮)는 법의 근본이며 여러 가지 일에 관한 규정이다. 그래서 학문은 예에 이르러 끝맺게 된다. 대체로 이것을 일러 도덕의 준칙이라고 한다. 예에서 문식을 중요하게 여기는 것과, 악(樂)에서 알맞게 조화되는 것이나, 시와 서는 넓은 지식을 보여주고, 춘추(春秋)는 미묘하고 세밀하니 이와 같은 경전들은 하늘과 땅 사이에 존재하는 모든 것들이다.172)

> 성인이란 도의 핵심이다. 천하의 모든 도가 여기 있고, 백왕의 모든 도가 여기에 귀일한다. 그러므로 시 · 서 · 예 · 악 역시 여기에 귀일한다. 시는 성인의 뜻이요, 서는 성인의 사업이요, 예는 성인의 행동이요, 악은 성인의 조화요, 춘추는 성인의 은밀한 뜻이다.173)

위에서 인용된 『순자』의 「권학」과 「유효」 편에서 『역』은 분명히 보이지 않는다. 이런 점에서 많은 학자들은 『역』이 육경에 편입된 시기를 훨씬 후대에 발생한 사건으로 간주하여 왔다. 그러므로 『역』이라는 책은 여전히 『시』 · 『서』 · 『예』 · 『춘추』 등과 병렬하지만, 다만 예경(禮經)의 부속품에 지나지 않았다는 주장을 하기도 한다. 말하자면 『역』이라는 학문은 예악과 함께 이야기할 수 없고, 다만 예학(禮學)에 종속될 뿐이다. 예를 들면 예경에서 말하는 서의(筮儀)는 다만 예의(禮儀)의 일종일 뿐이라고 말한다.174) 이런 상황에서 『주역』은 어떻게 『시경』이나 『서경』과 같은 동등한 지위로 올라가게 되었는가?

앞에서 말한 것처럼, 선진유가와 『주역』의 관계에 있어서 두 가지 상반되는 의견이 장기간에 걸쳐 존재하고 있었던 것은 사실이다. 하나는 『장자』의 「천운」과 「천하」편에서 육경에 관한 기록으로 미루어 『주역』은 선진시기에 이미 유가가 존중하는 경전이라는 관점이고, 다른 하나의 의견은 『순자』의 여러 곳에서 『시』·『서』·『예』·『춘추』를 몇 번이나 말하였지만 『역』은 여기에서 보이지 않기 때문에 『역』이 유학의 경전이 된 것은 후대의 일이라는 관점이다.

그러면 왜 선진유가들의 『주역』을 보는 관점이 상반되는가? 이렇게 되는 가장 큰 원인으로 들 수 있는 것은 『주역』의 특수성, 즉 점서의 내용을 가지고 있다는 관점일 것이다. 즉 이런 점서가 선진유학 체계 중에서 가지는 지위로 인해서 『주역』은 『시경』이나 『서경』의 위치로까지는 올라가지 못했다는 것이다.

위의 문제와 관련해서 왕보현(王葆玹)은 매우 독특한 관점을 제시하고 있다. 즉 당시의 점서학은 다만 예학에 종속되는 것이었고 역학은 어디까지나 예학의 한 부분일 뿐이었다는 주장이다.175) 즉 선진 유가가 종사한 예(禮)는 종종 복서로부터 시작하는데, 예를 들면 제례(祭禮)를 거행할 때는 반드시 먼저 복생(卜牲)과 복일(卜日)을 한다. 이러한 예는 현존하는 『의례(儀禮)』「사관례(士冠禮)」에 보인다.

> 사관례는 관례를 하는 길일을 점치는 의식으로 문묘 앞에서 거행된다. 주인은 옅은 흑색의 관을 쓰고 관복을 입고 흑색의 큰 띠를 둘러 백색의 끈을 묶는다. 문의 동쪽에서 즉위하여 서쪽을 향하여 선다. 유사는 주인과 꼭 같은 복장을 입고 문의 서쪽에서 자리하여 동쪽 방향을 향하여 서고 북쪽을 상위로 둔다. 점을 칠 때 쓰는 시초와 자리 및 괘효를 기록하는 도구는 문 바깥의 서당에 진열해둔다. 문 중간에는 자리를 펴고 문지방 서쪽에서 문 바깥의 곳으로 서쪽을 향하는 방향으

> 로 놓아둔다. 서인은 왼손으로 시초통을 잡고 단정히 내려놓고 오른손으로 반을 잡아 내리고 왼손으로 함께 잡아 주인에게 점친 일이 무엇인가를 묻고 명을 청하면서 나아간다. 가신은 주인의 오른편에서서 다시 조금 뒤로 물러나 여기에서 주인의 명령을 전달하는 것을 돕는다. 서인(筮人)은 명을 받은 후에 반드시 승낙해야 하고 오른쪽으로 돌아 북쪽을 향하여 자리의 앞쪽에 앉고 서쪽을 면하여 괘효를 기록한 것을 그 좌측에 놓아둔다. 점서가 완비되면 서인은 얻은 괘를 판 위에 서서 주인이 보도록 한다. 주인은 받아서 한 번 살펴본 후에 다시 서인에게 돌려준다. 서인은 서쪽을 향하여 나아가 유사의 자리로 돌아오고 동쪽을 향하여 선다. 세 사람의 점치는 사람은 얻은 괘에 근거하여 순서에 따라 길흉을 점친 것을 완비하고 주인에게 어떤 날이 길하다고 전달한다. 만약 열흘 내에 길일이 없으면 이 열흘 바깥에서 점을 구한다. 그러나 중복하여 앞으로 나아가 주인에게 명을 받는 의식을 다시 행한다. 길일이 택해진 후에 시초와 자리를 철거한다. 종인은 주인에게 점친 의식이 완비되었음을 고한다.176)

위의 인용문에서 말하고 있는 일련의 과정들은 서일(筮日), 즉 관례(冠禮)를 하는 날을 결정하기 위해 점을 치는 활동에 대해 말하고 있다. 「사관례」 첫 부분에서 더욱 상세하게 말하지만 예를 들면 주인이 점을 치라는 말과 점치는 자가 그 명에 따라 점을 치는 것을 규정하는 것은 모두 어떤 정해진 격식에 의해 행해지는 것이다. 아울러 점치는 자의 신분은 사(史)이고, 복장은 반드시 조복(朝服)을 입어야 한다는 규정도 있다. 위에서 인용한 「사관례」 뿐만 아니라, 『의례』의 많은 부분들에서 서의(筮儀)를 이야기하고 있다.177)

더욱 정확하게 말하면 점서는 본래 선진 유가의 예의의 한 부분으로 점서에 대해 논의하는 것이 예서(禮書)의 중요한 항목이라고 할 수 있다. 다시 말해서 『주역』이라는 책은 비록 시 · 서 · 예 · 춘추 등과 병렬하지만 여전히 예경(禮經)의 부속품이라는 것이다. 즉 『주역』을 다만 예악 중의 한 부분으로만 보았다. 그러면 『주역』은 어떻게 시경이나 서경과 같은 반열로 격상할 수 있었는가? 이 문제를 왕보현은 진시황의 분서(焚書)라는 사건과 연결시키고 있다. 즉 시 · 서 · 예 · 춘추는 모두 금서였지만, 『주역』은 예외였기 때문에 유가들은 바로 이런 틈을 이용하여 『주역』의 해석 방식을 이용해 유학을 선양하였다는 것이다. 여기에서 『주역』이 본격적으로 유학화되고 경전화되는 계기가 되었다고 말한다.[178]

위에서 말한 관점들을 정리해 보면, 『주역』이 유학의 중요한 경전 또는 육경의 반열에 속하게 된 것은 빨라야 진대(秦代) 또는 그 이후라는 입장이다. 곽말약(郭沫若)과 서복관(徐復觀)에서 왕보현, 일본의 이케다 도모히사(池田知久) 등의 학자들은 모두 선진유가는 『주역』을 좋아하지 않았고 『주역』을 경전으로 끌어올린 것은 진한(秦漢) 유가들에 의한 것으로 보고 있다. '오경지수'로서의 『주역』이 분명한 자기 지위를 확립할 수 있었던 때는 한대가 되어야 가능하다는 것이다. 특히 동한(東漢) 이후에 고문경학의 형성에 따라서 『주역』은 오경의 우두머리로 자리하게 된다는 것이다.

(3) 공자의 『주역』에 대한 관점 전이(轉移)를 통해 본 『주역』의 유가 경전화 문제

최근에 출토된 문헌들은 앞에서 말한 의고적인 관점들을 부정하는 것처럼 보인다. 료명춘(廖名春)은 "『논어』 「술이」 편과 「자로(子路)」 편으로부터 『장자』 「천운」 편과 「천하」 편, 『사기』, 또 『요』편으로 대표되는 백서 『역전』에서 곽점초간의 『육덕(六德)』과 『어총일(語叢一)』 등의 전통 문헌과 출토 문헌은 다시 한번 육경의 형성은 공자에서 시작된다는 것을 증명하고 있다”[179]고 말한다. 또 일본의 아사노 유이치(淺野裕一) 역시 비슷한 주장을 하고 있다. 『육덕』은 다음과 같이 말한다.

> (육덕은) 시 · 서를 살펴보면 그 속에 또한 자리하고 있고, 예 · 악을 살펴보면 그 속에 또한 자리하고 있으며, 역 · 춘추를 살펴보아도 그 속에 또한 자리하고 있음을 알 수가 있다.[180]

시 · 서 · 예 · 악 · 역 · 춘추를 함께 언급하여 육경의 체계가 이미 형성되었다는 것을 알 수 있다. 또 다른 하나는 『어총일(語叢一)』에서 보인다.

> 시는 고금의 뜻을 모은 것이고, 서는 … 예는 사귀는 행위의 차례이고, 악은 사람의 마음에 나타나거나 교화에 사용되는 것이며, 역은 천도와 인도를 모은 것이다. 춘추는 고금의 일을 모은 것이다.[181]

여기에서는 육경을 언급할 뿐만 아니라 그것이 말하고 있는 내용이 무엇인가에 대해서도 분명히 말하고 있다. 만약 죽간이 발견된 곽점초묘가 기원전 300년 전후에 매장된 것으로 본다면, 이 시기는 전국 중기 후반에 해당되는 것으로 볼 수 있다.[182] 이것은 『장자』에서 말한 육경에 관한 내용의 진실성을 증명할 뿐만 아니라 육경의 체계가 적어도 이 시기에 이미 형성되었다는 것을 설명하는 것으로 보아야 한다는 주장이다.[183]

이런 논란 때문에 어떤 학자들은 “육경의 체계는 전국 중기 전후에 이미 형성된 것으로 보인다. 그러나 그 시기의 모든 유가들이 이런 육경의 체계를 모두 인정한 것은 아니었던 것으로 보인다. … 즉 선진 유가 중에 최소한 ‘오경’과 ‘육경’이라는 두 가지의 경전 체계가 존재하고 있었던 것으로 보이고, 그들은 동시에 존재하고 있었던 것으로 보인다”[184]고 하여 전국 유가의 두 가지 설의 대립을 절묘하게 절충하려는 시도를 보여주고 있다. 이런 관점과 약간은 차이가 있지만, 유사한 관점을 말하는 학자로는 아사노 유이치가 있다. 그는 전국 유가 중에 "어떤 학파는 공자와 시 · 서 · 예 · 악을 결합하고, 어떤 학파는 공자와 『춘추』를 결합하고, 어떤 일파는 공자와 『역』을 결합하고, 또 어떤 학파는 공자와 육경 전부를 결합하였다"185)는 주장과 일맥상통한다고 할 수 있다.

위의 상반된 관점을 통해서 우리가 인정하고 넘어가야 할 문제는 『역경』은 전국 유가 각파에 의해서 공통으로 추종되지 않고 있다는 사실이다. 여기에서 중요한 것은 언제 『역경』이 유가의 경전이 되었는가의 문제가 아니라, 왜 『역경』을 육경 속에 포함하는 관점도 있고, 그렇지 않은 관점도 있는가라는 것이다. 이것은 앞에서도 논의한 것처럼, 유학의 경전이 가지고 있어야 할 교육적 · 도덕적 가치라는 관점에서 보았을 경우, 『주역』이 가지고 있는 점서라는 특수성을 어떻게 처리해야 할 것인지에 대한 문제가 관건이 되는 것으로 보인다. 이 문제는 보는 관점에 따라서 『주역』은 유가의 주요한 경전의 반열에 낄 수도 있고, 그렇지 않을 수도 있는 것으로 보인다. 물론 여기에서 더욱 중요한 것은 공자가 『주역』을 어떻게 평가하고 있는지의 문제가 핵심적 관건이다.

기타의 유가 경전과 마찬가지로, 『주역』의 유가 경전화 과정 역시 공자의 해석으로부터 시작되었다고 할 수 있다. 공자와 『역경』의 관계를 황패영(黃沛榮)은 네 가지 측면으로 나누어 분석 가능하다고 말한다. 즉 "첫 번째, 『역』(괘효사)을 짓는 문제, 두 번째, 『역』을 학습하는 문제, 세 번째, 『역』을 찬하는(전을 짓는) 문제, 네 번째, 『역』을 전수하는 문제"186)이다. 그 가운데, 첫 번째 문제는 논쟁의 여지가 전혀 없다. 왜냐하면 『역경』은 공자 이전에 이루어진 것이기 때문이다. 논쟁의 여지가 있는 것은 뒤의 세 가지 문제에 집중되어 있다.

마왕퇴(馬王堆) 한묘 백서 『주역』이 출토된 이후부터 대부분의 학자들은 공자와 『주역』의 관계에 대해 기본적으로 공통된 인식을 가지기 시작한 것으로 보인다.[187] 이런 점에서 『논어』「술이」와 『사기』「공자세가」의 기록 및 백서 「요」편에서 자공의 공자에 대한 질의 등을 통해 보면 공자의 역학관은 만년(晩年)에 중대한 변화가 발생한 것으로 보인다. 마왕퇴 한묘에서는 「요」 이외에 「계사(繫辭)」·「이삼자문(二三者問)」·「역지의(易之義)」·「무화(繆和)」·「소력(昭力)」 등도 출토되었다. 이들 문헌들은 통행본 『역전』의 내용과는 차이가 있고, 공통된 부분은 「계사전」이 있을 뿐이다. 마왕퇴 한묘는 기원전 168년에 형성된 것으로 한 문제(文帝) 시기에 해당한다. 이 때문에 백서 『주역』이 형성된 시대는 기원전 202년 후의 한조가 성립되고 얼마 되지 않은 시기에 성립된 것으로 본다. 즉 백서 『역전』은 늦어도 전국 후기(기원전 281~221)에 이미 생겨난 것으로 본다.[188] 이들의 출현은 공개 직후부터 역학사를 새롭게 써야 할 정도의 획기적인 자료로 간주되었다. 특히 「요」는 공자와 『역』의 관계, 구체적으로 『역』의 유가 경전화라는 문제와 관련된 중요한 내용이 포함되어 있다.

아래는 백서 『요』편의 자공과 공자의 유명한 대화이다.

> 공자는 늙어서 『역』을 좋아하여 집안에 계실 때는 자리에 두고 바깥에 행차하실 때에는 자루에 넣어서 다녔다. 자공이 말하기를 "선생님께서 전일 저에게 가르치시기를 '덕행이 없는 자가 신령을 좇아가며 지모(智謀)와 거리가 먼 자가 복서를 번잡하게 한다'고 하셨기에 저는 그렇게 여기고 이 말을 받아들여 열심히 실천해 왔습니다. 선생님께서는 어찌 늙으면서 그것을 좋아하십니까?" 공자께서 말씀하시기를 "군자의 말은 방정해야 한다. (내가) 『역』을 좋아한다는 말은 이전에 (그대들에게) 말한 것과 위배되는 것 같으나 실은 위배되지 않고 틀린 것은 아니다. 그 요체를 살핀 자는 잡된 것에 빠지지 않는다. 『상서』는

결실(缺失)이 많으나 『역』은 결실되지 않았을 뿐 아니라 옛 성인이 남긴 말씀과 도리(遺言)가 들어 있다. 나는 그 괘효의 점사로 점을 쳐서 무엇을 하려는 것은 아니다." 자공이 말하기를 "… 저는 선생께서 올바름에 따라 의를 행하면 사람들이 혼란되지 않는다고 말씀하신 것을 들었는데, 지금 그 괘효의 사(辭)로 점을 치는 것은 아니라면서 그 사를 즐기고 계신데, 이것은 사람들에게 이중적인 태도를 보이는 것입니다. 그래도 되겠습니까?" 공자께서 말씀하시기를 "… 그러므로 『역』은 강(剛)한 자를 두렵게 하고, 부드러운 자에게 강한 것을 알게 하며 어리석은 자를 망령되게 하지 않기 때문에 사람으로 하여금 그 사(詐)를 버리게 한다. …" 자공이 말하기를 "선생님께서도 역시 그 복서를 믿으십니까?" 공자께서 말씀하시기를 "내가 백번 점을 치면 칠십 번은 맞는다. 오직 주양산(周梁山, 공자가 주유열국할 때 지나간 지명)[189]에서 점칠 때는 그 (빈도가) 많은 것을 따랐을 뿐이다." 공자가 말씀하시기를 "『역』에서 나는 축(祝)과 복(卜)을 뒤로한다. 나는 그 덕의(德義)를 볼 뿐이다. 그윽이 신명에 참여하여[幽贊] 서수(筮數)에 이르고, 수를 밝혀 덕에 이르러 인(仁)을 지키고 의(義)를 행할 뿐이다. 신명에 참여하고도 수에 이르지 못하면 무(巫)가 되고, 수를 얻어도 덕에 이르지 못하면 사(史)가 되는 것이다. 사와 무는 의존해도 충분치 않고, 좋아하여도 옳은 것은 아니다. 후세의 사(士)가 나 공구(孔丘)를 『역』 때문에 의심할지 모르지만, 나는 그 덕을 구할 뿐이다. 나와 사·무는 방법은 같지만 그 궁극적인 목표는 다르다. 군자는 덕을 행함으로써 복을 구하기 때문에 제사를 지내도 적게 지냈다. 인의를 행함으로써 길함을 구하기 때문에 복서를 해도 드물게 한다. (이것은) 축·무·복을 뒤로 한 것이 아닌가?"[190]

위의 인용문은 공자가 만년에 "집안에 계실 때는 자리에 두고, 바깥에 행차하실 때에는 자루에 넣어 다니실" 정도로 『역』을 좋아하기 때문에 이전의 가르침과는 너무나 달라진 것에 대한 자공의 항의와 이에 대한 공자의 해명을 기록하고 있다. 자공이 공자에게 항의하는 이유는 『역』은 우선 복서의 책이라는 점이다. 위의 대화를 통하여 "유가가 『역』을 경전화하는 과정에서 발생한 최대의 난제는 바로 『역』과 분리될 수 없는 복서에 대한 긍정 여부에 있음을 잘 보여준다. 즉 유가는 『역』을 수용하기에 앞서 반복서적(反卜筮的) 경향은 물론 이 문제에 대한 자기모순을 스스로 정리할 필요가 있었던 것으로 보인다."191) 이처럼 공자는 왜 비판과 자기모순을 감내하면서 복서의 수용을 의미하는 『역』을 긍정적으로 보고 있는가?

자공의 말을 통해 보면, 이전에 공자는 『역』을 다만 사람이 길(吉)과 이익을 추구하기 위해 사용되는 복서의 책으로 보고 그것을 비판하고 평가절하하였던 것으로 보인다. 만년에 『역』에 대한 공자의 태도가 크게 변하게 되는 근본 원인은 『역』이 가진 성질에 대한 새로운 발견과 해석에 있다.

공자가 만년에 발견한 『역』은 서점(筮占)의 책일 뿐만 아니라, 또한 철리가 충만한 철학서였으며, 인도의 교훈과 옛 성인의 남긴 말씀과 도리[遺言]가 가득 차 있고, "덕의를 보는(觀其德義)" 것을 통하여 숭덕광업(崇德廣業) 할 수 있게 해주는 책이라는 것이다. "『역』에서 나는 축(祝)과 복(卜)을 뒤로 한다. 나는 그 덕의(德義)를 볼 뿐이다"라는 공자의 말은 바로 공자 역학이 점서로부터 '덕의'로 해석의 시야가 근본적으로 전환하였다는 것을 의미한다. 즉 '덕의'의 지평이 전체 『역』 해석 활동의 원칙적인 강령이 되었다는 것이다. 여기에서 말하는 '덕의'는 어떤 의미를 가지고 있는가?

공자 역학이 말하는 '덕', '덕의'의 성격은 크게 네 가지 관점에서 주로 해석되고 있는 것 같다. 첫 번째는 괘효사 자체가 함의하는 도덕 교훈과 치세(治世)의 지혜, 두 번째는 괘효 부호체계 자체가 가지고 있는 덕성의 상징으로 바로 천리의 덕[天理之德], 세 번째는 괘효 부호체계가 나타내는 시덕(蓍德)·괘덕(卦德)·괘의(卦義)·효의(爻義)의 역학적 언어체계를 통하여 우주 만물 변역(變易)의 이치를 찾는 것, 네 번째로 괘효의 부호체계를 빌려서 유가의 도덕·덕성을 발휘하는 것 등을 들 수 있다.[192]

형문(邢文)은 "'덕에 도달한다(達於德)'의 덕은 천리의 덕이지, 인의의 덕이 아니다"[193]라고 하였고, 이학근(李學勤) 역시 '덕의'를 도덕·인의로 해석할 수 없다고 보았다.[194] 이에 비해 진래(陳來)는 '덕의'에 세 번째와 네 번째의 의미를 합한 뜻이 있음을 말하기도 한다.[195] 위에서 말한 네 번째 의미는 공자의 역학 해석 속에 분명히 보인다. 또 첫 번째 의미는 바로 공자가 늙어서 『역』을 좋아하게 된 원인의 하나로 바로 『역』 속에 남아 있는 "옛 성인이 남긴 말씀과 도리(古之遺言)"이다. 두 번째, 세 번째 의미는 공자역학의 방법론으로서 의미가 있고, 네 번째는 공자 역학의 진정한 의미를 뚜렷하게 드러낸 것으로 볼 수 있다. 즉 앞의 세 가지가 네 번째에 모두 결집되는 것으로 볼 수 있다.[196] 여기에서 공자는 '덕의'는 복서보다 더욱 중요한 것으로 생각하고, '덕의'에 도달하는 것이 역학 해석의 목적이라고 보고 있다. "덕의는 공자가 『역』을 이해하고 해석하여서 도달하려는 마지막 목표이자 궁극적으로 추구한 최고 경계라고 할 수 있다."[197] 즉 공자는 '덕의'를 『역』을 해석하는 최고의 높은 경계로 보고 있다.

공자는 『역』을 해석하고 연구하는 경계를 복서·수리(數理)·덕의의 세 개의 단계로 나누고 있다. 첫 번째 단계는 점서하는 기술에는 능하여 다만 『역』의 복서를 알고 쓸 뿐이지만, 『역』의 수리 체계는 알지 못하는 사람들이다. 이들이 바로 무(巫)인데 그들은 하등(下等)에 속한다. 두 번째 단계는 『역』의 수리 체계에는 정통하지만 아직은 유가의 덕성의 단계에 도달하지 못한 사람들이다. 이들이 바로 사(史)이다. 세 번째 단계는 복서에 대해서도 능할 뿐 아니라 수리 계통에 대해서도 정통하여, 이를 통하여 덕에 도달할 수 있는 사람들로 군자가 여기에 속한다. 여기에서 공자는 "자신과 보통의 무 · 사와는 방법은 같지만 궁극적인 목표는 다르다(吾與史巫同途而殊歸者也)"는 말로 정리하고 있다.

공자가 만년에 『역』을 재평가하고 적극적으로 인정하는 이유를 단순히 『역』이 가진 도덕적 덕의에서만 찾고 있지 않다. 그보다는 다른 경전에 비해 『역』이란 텍스트의 우월성에 주목하고 있다. 그는 위의 「요」편에서 "『상서』는 결실(缺失)이 많으나 『역』은 결실되지 않았을 뿐 아니라 옛 성인이 남긴 말씀과 도리[遺言]가 들어 있다(尙書多闕矣, 周易未失也, 且有古之遺言焉)"고 말한다. 이 말을 통하여 우리는 『역』이 가진 경전으로서의 가치를 공자가 기본적으로 어떻게 평가하고 있는가 하는 점을 분명하게 발견할 수 있을 것이다. 여기에서 공자는 한 걸음 더 나아가 시 · 서 · 예 · 악과의 비교를 통한 『역』의 우월성에 대해 말하고 있다.

> 그러므로 『역』이라는 책은 하나의 정해진 류(類)로 『역』의 도리를 속속들이 모두 다 탐구할 수는 없다. 오직 변역(變易)을 사용해서만 비로소 완벽하게 그것의 실정(實情)을 개괄할 수 있기 때문에 이를 일러 역(易)이라고 한다. … 『시』 · 『서』 · 『예』 · 『악』은 백 편에 그치지 않으나 천도 · 지도 · 인도 · 사시의 변화와 군도(君道)를 말하기가 어렵다.198)

"시 · 서 · 예 · 악은 백 편에 그치지 않으나 천도 · 지도 · 인도 · 사시의 변화와 군도(君道)를 말하기가 어렵다"는 말은 시 · 서 · 예 · 악 등 책의 수량은 무척 많아 백 편도 훨씬 넘지만 그 속에서 '천도 · 지도 · 인도 · 군도'를 말하는 것은 결코 쉬운 일이 아니라는 것이다. 그러나 『역』은 '음양 · 강유'가 있어서 천지의 도와 사시의 변화를 볼 수 있고, '상하'가 있어서 '인도 · 군도'를 볼 수 있기 때문에 시 · 서 · 예 · 악의 정수가 모두 여기에 농축되어 있다"[199]고 말한다. 즉 시 · 서 · 예 · 악은 구체적인 일을 기록하기 때문에 당연히 누락을 면할 수 없는 반면에, 『역』은 상징적인 부호체계를 통하여 이치를 말하기 때문에 천인(天人)의 모든 문제를 남김없이 담는 것이 가능하기 때문이라고 말한다. 특히 여기에서 우리는 공자가 『역』을 변화에 대처할 수 있는 상징체계라는 측면에서 접근하고 있다는 점에 주목할 필요가 있을 것으로 보인다.

이처럼 공자는 명확히 시 · 서 · 예 · 악에 상대되는 『역』의 우월성을 말하고 있다. 공자의 만년에 역학관의 중대한 변화로 말미암아 일부 제자들에 의해 『역』은 중요한 경전으로 수용되고 중요시되면서 점차 그 지위와 가치가 높아지게 되는 것이다. 다시 말하면 『역』을 중시하는 일부 공문(孔門) 후학들에 의해 부단한 전승과 해석에 의해서 『역』의 경전의 지위는 점차적으로 확립되는 것이다. 공자는 『역』에 대한 해석을 통하여, 그의 유학 주장을 그 속에 침투시켰으며, 『역』은 이로부터 초기 유가의 경전체계에 진입할 수 있게 된다.[200] 공자 만년의 역학관의 중대한 변화가 『역』의 유가 경전화의 역정을 열었다고 할 수 있을 것이다.

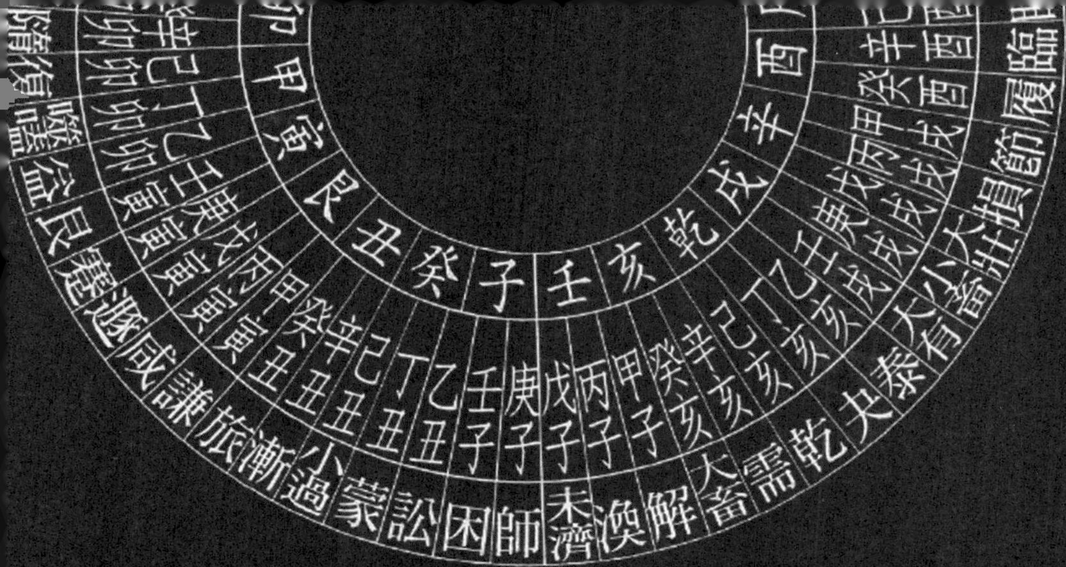

7

맺음말

맺음말

이 책이 이야기하려는 주된 목표는 점서(占書)였던 『주역』이 유가철학의 세계관과 인생관을 담고 있는 대표적인 경전으로 변신하게 되는 철학적 해석의 과정을 살펴보는 데에 있다. 이런 주제에 대한 분석 방향은 기존의 관점과는 상당 부분 차이가 있다.

기존의 연구 경향들은 점서에서 철학적인 책으로의 변신의 과정을 대부분 『역경』에서 『역전』으로의 발전이란 과정과 동일시하였다. 이런 관점에는 『역경』의 내용을 점의 기록 또는 고대의 역사적 고사(故事)가 기록되어 있는 정도로만 간주하고, 여기에는 어떤 철학적 의미도 들어 있지 않는 것으로 보는 입장이다. 그러므로 『주역』이 철학적인 성격을 가지기 위해서는 『역전』의 출현을 기다려야 가능한 것으로 생각한다.

이런 기존의 연구 관점이 가지고 있는 가장 큰 단점은 바로 『역경』과 『역전』을 완전히 다른 것으로 나누어 보는 '지나친 경전분관(經傳分觀)'이란 관점이다. 『역경』에서 『역전』으로의 발전 과정에 대한 구체적 설명 없이 『역경』과 『역전』을 완전히 다른 것으로 분리하여 설명하는 입장은 연속적인 역사발전의 과정을 무시한 것이라고 할 수 있다. 『역경』은 『서점(筮占)을 자료로 하여 성서(成書)된 것이고 또 서점은 그 기원을 귀복점(龜卜占)에 두고 있다. 또 『역전』은 『역경』을 바탕으로 하여 세계와 인간에 대한 철학적 사유를 진행하였기 때문이다.

『역전』의 철학적 해석은 갑자기 출현한 것이 아니다. 『역경』은 물론이고 심지어 복서(卜筮) 속에도 비록 미성숙하지만 당시로서는 최고로 높은 단계의 철학이라고 할 수 있고, 이런 철학적 사유를 바탕으로 하여 발전되고 진화되어 『역전』의 성숙한 철학체계가 형성되었던 것이다. 어떤 하나의 성숙한 철학체계가 출현하기 위해서는 반드시 그것을 가능하게 해주는 사유체계가 존재하고 있기 마련이다. 그러므로 이에 대한 구체적인 분석과 논의는 필수적이다.

그렇다고 하여 『역전』의 철학적 체계의 형성을 가능하게 한 내용이나 요소들이 모두 『역경』이나 복서가 제공한 것이라는 말은 결코 아니다. 여기에는 당연히 『역경』이나 복서가 아닌 외부의 다른 철학적 자극이 있었고, 이런 자극을 통하여 복서나 『역경』 속에 잠재되어 있었던 철학적 단서들이 외부로 삐쳐 나온 것은 분명하다. 「계사전」을 유가와 도가 어느 쪽에 속하는 문헌인가라는 논쟁은 바로 도가나 음양가의 『역경』 해석에서의 자극을 분명하게 보여주는 증거라고 할 수 있다.

이 책은 이런 문제의식에서 '복(卜) → 서(筮) → 『역경』 → 『역전』'으로 이어지면서 점차적으로 발전되어 가는 철학적 내용들에 대해 중점적으로 분석하였다. 이처럼 연속적 역사발전이 가능하게 된 이유는 『주역』의 원 텍스트가 64괘로 이루어진 상징부호체계라는 점이다. 구체적으로 『주역』 형성 이전의 서법에서도 괘상의 체계는 존재하였고 『주역』의 고경 부분에서 64괘로 정형화된다. 상징적인 부호체계이기 때문에 여러 가지 다양한 내용을 담을 수 있고, 동일한 부호체계라 하더라도 각기 다른 구체적 역사조건 하에서 얼마든지 다른 철학 내용을 담을 수 있는 것이다.

64괘의 상징부호체계가 시초점에서 시작되었지만 이런 상징부호체계가 출현할 수 있었던 배경에는 귀복점이 존재하고 있었다는 점에 주목할 필요가 있다. 이런 각도에서 제2장에서는 『주역』의 원류에 해당하는 귀복점에 대해 분석하여 『주역』의 배경 혹은 원류로서의 귀복점이 가지고 있는 사유의 문제들을 분석하고 이것과 후대의 점서역학과의 관련성에 대해 살펴보았다.

복은 귀갑(龜甲)에 구멍을 파고 다시 불에 구운 후 껍데기의 균열의 흔적, 즉 복조(卜兆)에 근거하여 여러 가지의 해석을 하는 것을 말한다. 이른바 '복(卜)'이라는 말의 본의는 바로 뼈 위에 나타나는 열문(裂紋)의 상형(象形)을 말하는 것으로, 열문을 징조로 삼아 길흉을 판정하는 점법이다. 이처럼 거북을 하나의 점복물(占卜物)로 이용하고 있는 관점 속에 이미 독특한 우주관이 내재되어 있는 것을 살펴보았다.

복사(卜辭)는 점친 내용과 행동의 거취를 기록한 것을 말하는데 내용은 매우 풍부하고 다양하다. 조짐을 드러내는 조상 혹은 균열의 조문은 어떤 사물이나 사태의 길흉을 예지하는 일종의 상징적인 부호라고 할 수 있다. 여기에서 조상은 더 이상 순수한 물리적 자연현상에만 머무르지 않는다. 비록 이런 귀조 혹은 조상 그 자체는 귀갑에 구멍을 뚫거나 불에 굽는 지극히 단순한 인위적 조작 행위에 의해 나타난 물리적 자연현상에 속하는 것은 분명하다. 그러나 이런 자연현상인 조상은 일련의 점복의 해석 과정을 통하여 길흉의 가치론적인 의미를 가지는 것으로 전환된다. 즉 물리적 자연현상에 불과한 조상이 점복자의 다양한 해석을 통하여 하나의 가치적 · 문화적인 상징의 부호로 전환된다. 이것은 대자연의 물리적 현상 자체를 다분히 신비적으로 해석하던 단계에서 벗어나 인간의 자각적 이성을 통한 해석으로 넘어가던 과도적 단계에 해당하는 것이라고 할 수 있다.

갑골 복사가 후대 『주역』의 서사, 즉 괘사와 효사의 형성에 많은 영향을 주었던 것은 사실이다. 출토된 갑골 복사와 현존하는 통행본 『주역』의 괘효사는 상당히 많은 부분에서 일치하고 있다. 복사 중에 "길(吉), 대길(大吉), 이(利), 불리(不利)" 등의 말들이 발견되는데 이런 말들은 통행본 『주역』의 "길, 원길(元吉), 이섭대천(利涉大川), 불리섭대천(不利涉大川)"의 구절들과 거의 일치하는 것들이다.

『주역』에 있는 괘사가 갑골문 중에서 발견되는 경우도 많이 있다. 예를 들면 건괘(乾卦)의 '원형이정(元亨利貞)'이라는 유명한 구절 역시 복사에 이미 보인다. 『주역』의 성립 이전에 이미 엄청나게 많은 복사인 송(頌)이 존재하였는데 『주역』의 괘효사가 수천 개가 넘는 복사를 부분적으로 모방하고 있거나 그대로 채택하였을 가능성 역시 부정할 수 없다.

귀복점에서 골복(骨卜)에 어떤 인위적 가공을 통하여 나타난 조상을 살펴보는 시조(視兆) 혹은 관상(觀象)의 행위는 다름아닌 『계사전』에서 말하는 '관물취상(觀物取象)'의 행위이다. 이런 귀복의 조상에 대한 해석 과정은 바로 "상을 보고 말을 붙이고 길흉을 밝힌다(觀象繫辭焉而明吉凶)"는 것을 말한다. '상(象)'에 대한 해석의 문제가 관건이라는 말이다.

거북을 점복물로 이용하는 의도 속에는 이미 중국의 전통적인 우주의 모형과 시간적 영원성, 천지인 삼재(三才)에 대한 원형적 사유가 들어 있다. 아울러 '대정각사(對貞刻辭)' 속에서 대립하면서도 상호 대응하는 성격이나 물과 불의 결합이라는 점법을 통하여 그들은 이미 음양 이론으로 전개될 수 있는 사유의 단초들을 가지고 있음을 발견할 수 있었다.

서점의 출현 문제는 점법의 간이화와 고정화란 입장에서 살펴볼 수 있다. 조상(兆象)을 만들어내는 일이 엄청나게 번잡하고 어려운 일이고, 무엇보다 거북을 잡아 구멍을 내고 불에 지지는 과정은 참으로 복잡하다. 서법의 출현은 이런 번잡하고 복잡한 과정을 면하게 만든다. 괘수는 분명히 고정된 것이 있고 괘효의 아래에는 정해진 사(辭)가 달려있어 점을 칠 때 얻은 어떤 괘상에 의거할 수 있고 괘효사는 그 문제를 통하여 더욱더 폭넓게 추론할 수 있다.

점법과 해석 방법의 고정화를 시도하는 배경 속에는 우주와 만물의 변화를 더 이상 인격적인 귀신이나 천신이 주재하는 것으로 파악하기보다는 일정한 질서와 법칙이 있는 것으로 보려는 경향이 부각되기 때문이다. 이런 관점에서 보자면 귀복에서 점서로 이행한 발전과정은 바로 '귀모에서 인모로의 발전'이다. 귀복이 귀신이나 상제의 예고에 귀를 기울이고 있다면, 『주역』의 서점은 수의 연산에 근거하고 있다. 상제의 계시에 따르는 귀복점은 귀모인 반면에, 서점은 인모의 산물이다.

귀복은 의심을 결단하는 과정 속에서 단지 간단한 판단으로 길흉을 물어 길은 길이고 흉은 흉인, 즉 맞다와 아니다 혹은 길과 흉의 간단한 이원대립인 일종의 배중률이다. 이에 비해 점서 중의 괘효사는 그 길흉 판단으로 말하면 회 · 린 · 구 · 무구 등을 더 추가하여 점친 괘가 비록 길하지 않지만 점을 친 자의 자아반성 혹은 경계를 통하여 화를 복으로 바꾸고 흉을 길로 바꿀 수 있음을 분명히 말하고 있다.

점단 해석이 가지고 있는 가장 큰 특징은 해석의 대상이 점서의 과정을 통해 규정되고, 해석의 내용은 점을 치는 자가 제기한 의문에 대답하는 것이다. 이 때문에 점단 해석은 『역』의 텍스트 자체에 관한 해석이다. 더 이상 신의 뜻을 기다릴 필요가 없게 된다. 이런 질적인 변화는 비록 제와 상제 및 기타 신령의 존재를 인정하지만, 주나라 사람들로 하여금 이미 인간의 가치와 의미 및 인간의 지위와 역량 등을 발견하여 인문정신을 드러내게 만든다. 그들은 줄곧 신에게 명령을 듣던 것에서 인간 자신의 주체적 해석이라는 관점으로 점차 전환되는 경향을 보여주기 시작한다. 그들은 이런 인문정신을 통하여 상제의 주재(主宰)에 대한 새로운 이해와 해석을 하게 되고 이러한 기초 위에서 상제가 주재하는 전체 우주에 대해서 새로운 이해와 해석을 하게 된다.

중국 고대의 전적 중에서 점서 활동을 가장 잘 기록한 것이 바로 『좌전』과 『국어』이다. 이런 『좌전』과 『국어』의 서례(筮例)는 여러 가지 점에서 연구할 만한 충분한 가치가 있다. 『좌전』과 『국어』에는 서점뿐만 아니라 거북점을 친 기록들도 매우 많이 보인다. 여기에 보이는 서례들을 분석해 보면, 후대로 갈수록 점보다는 인간의 덕성이 더욱 강조된다.

덕이라는 것은 무엇보다도 인격의 독립을 인정하는 것으로, 이것은 다른 어떤 것이 아니라 인간 스스로의 수양과 노력을 통하여 획득가능하다는 것이다. 여기에서 "인간의 운명은 상제가 결정한다"는 것을 부정하고 오히려 인간의 도덕적 역량이 강조된다. 이런 덕을 강조하는 인문주의적 사유의 점증에 따라 점서역학 속에는 단순한 취길피흉의 문제만이 아니라 인문정신을 침투시키는 내용들이 부가되기 시작한다.

비록 점서역학에서 인간의 운명은 궁극적으로 상제가 결정하지만, 우주관과 인생 중에서 최고 주재자로서의 상제는 이미 다분히 인문화되고 인성화되기 시작하는데 이런 경향은 『주역』의 형성 이후에 더욱 공고화된다. 구체적으로 말하면 인문적 정서와 인성화의 품격을 가지고 있는 상제가 사람의 운명을 결정할 때 기준으로 삼는 것은 인간의 행동이 어떠한가를 보고서 결정하는 것으로, 사람의 행동이 인문적 정신에 합치할 경우 그를 돕고 이런 기준에 들어맞지 않는 자에게는 징벌을 가한다는 것이다. 이처럼 어떤 의미에서 말하면 인간의 운명은 인간 스스로의 행동에 의해서 만들어진 것으로 인간 자신과 인간 자신의 행위야말로 자기 운명의 진정한 결정자라는 관점에 도달하게 되는 것이다.

우리는 『역』에 두 개의 계통이 있음을 발견할 수 있었다. 그것은 점을 주로 하는 복서역(卜筮易)과 철학적 해석을 중시하는 의리역(義理易)이다. 복서는 다만 『역』이 가지고 있는 하나의 쓰임일 뿐이다. 의리역은 우주

·인생과 도를 말한다. 위에서 말한 망산 초간, 포산 초간이나 신채 초간의 서점 자료들이나 부양 한간 『주역』은 복서역에 속하는 것으로 볼 수 있다. 이에 비해 초죽서 『주역』, 백서 『주역』과 금본 『주역』은 의리역으로 나눌 수 있을 것으로 보인다. 이것은 바로 『한서예문지』의 「육예략(六藝略)」과 「수술략(數術略)」의 구분이나 마찬가지이다.

제4장에서는 『역경』 텍스트의 형성 문제를 역류(易類) 출토자료를 통해 살펴보고, 전통적인 성인작역의 문제에 대해 비판하였다. 일반적으로 한대(漢代) 이후 『주역』은 경학자들에 의해 성인지서로 간주되어 왔는데 그 주된 이유는 『주역』을 구성하는 8괘·64괘·괘효사와 『역전』은 모두 삼성(복희씨, 문왕, 공자) 혹은 사성(복희씨, 문왕, 주공, 공자)으로 지칭되는 성인들에 의해 제작되었기 때문이다. 이것이 바로 성인작역의 관점이다.

수자괘 기원설이 등장하기 이전 괘의 성립에 대한 일반적인 관점은 8괘[單卦]가 먼저 생기고 문왕이 다시 8괘를 중첩하여 64괘[重卦]가 나왔다는 설이 당연시되어 왔다. 그러나 수자괘의 발견은 이런 관점을 의심스럽게 만들어 버렸다. 왜냐하면 단괘(3자괘)보다는 중괘(6자괘)가 먼저 등장한 가능성이 크기 때문이다. 수자괘 기원설의 등장은 역괘와 중괘의 성인 제작설을 부정할 뿐만 아니라 괘효사의 성인 저작설 역시 부정된다. 괘효사의 원작자는 한두 사람이 아니고 많은 사람일 가능성이 크고 문왕이나 주공 한 사람 단독의 저작이라고 말하는 것은 무리가 있는 관점으로 보인다. 『역경』 중의 어떤 괘효사는 분명하게 가공한 특징이 있다.

괘효사의 저작 스타일과 그 중의 역사 고사나 민가나 시가 형태의 구절은 『주역』이 편찬을 통해서 이루어진 것임을 보여준다. 이런 점으로 볼 때 『주역』 괘효사는 주로 기존에 존재한 서사(筮辭)에 역사 고사나 민가 등에 근거하여 가공하거나 어떤 부분들은 편찬자의 창작 등을 결합하여 정리·편찬하여 이루어진 것이지 어떤 한 사람 혹은 한 시대의 산물이라고 할 수는 없을 것이다.

『주역』은 서주시기에 이미 성서(成書)되었을 가능성도 크지만, 오늘날 우리가 보는 통행본 『주역』의 형태로 완성된 때 즉, 9와 6의 효제가 포함되어 한차례 큰 수정이 있었던 시기는 아마도 전국시기인 것으로 보인다. 그리고 이에 따라 내용상에서도 상당한 수정이 있었을 것으로 보인다.

본서에서 중요한 논점 중 하나는 괘효상에서 효가 자기 이름을 가지면서 독립적인 해석을 가능하게 하는 것이 『주역』의 철학적 해석에 중요한 역할을 한다는 것이다. 왜냐하면 여기에는 음양 개념의 개입이 시작되기 때문이다. 사람들은 대부분 음양개념을 마치 『주역』이 처음부터 생득적으로 본유하고 있다고 오해하는데 결코 그렇지 않다. 이른바 효제는 효의 이름으로 여섯 효의 아래 위의 자리의 이름을 말한다. 효제의 발생은 『주역』 구조상의 일대 변혁이라고 할 수 있다. 심지어 효제의 발생을 점서 『주역』과 철학적 『주역』의 경계라고 말하여도 지나친 말은 아닐 것이다.

점서 『주역』으로부터 철학적 『주역』으로 변화되었다는 뚜렷한 징표는, 효제가 『주역』 텍스트 속에서 분명한 지위를 가지게 되면서 『주역』은 더 이상 점서에 종속되지 않고, 점서에서 벗어나 완전히 독립 자주적인 해석이 가능한 철학적 텍스트로 전환될 수 있었다. 효제의 발생은 효의 이름을 구체적으로 지칭하는 정효(定爻)의 기능을 가지고 있다는 점 외에 음양을 통한 철학적 해석 가능성이 본격적으로 생기기 때문이다.

효제는 효획과 음양을 상징하는 구(九)와 육(六)을 결합하도록 하여 '⚊'과 '⚋'의 형식이 역학 속에서 완전히 자리잡게 만들었다. 효획 '⚊'

과 '--'은 음양의 의미를 담고 있는 상징적 부호로 전환하면서 괘상과 괘획은 모두 음양의 의미적 복합체로 변하게 된다. 이런 음양은 철저하게 『주역』 본문의 성질을 변화시키고 "일음일양지위도"라는 형이상학적 명제를 만들어내게 된다.

또 『역경』의 단점지사의 대한 분석을 통하여 괘효사 중의 철학적 의미 또는 인도적 교훈에 관해서 분석하였다. 『역경』 속에는 확실히 풍부한 생존지혜가 포함되어 있다. 비록 그것은 점서의 모습으로 출현하였지만 서점과 귀복은 다르다. 귀모도 있을 뿐만 아니라 인모도 있다. 그러므로 그것은 특수한 방식으로 사람들의 우환의 마음이나 취길피흉하려는 심리를 표현하고 있다.

괘효사 중의 단점지사는 비록 다른 점법의 말들과 차이가 없으나 자세히 음미해보면 모든 것들에 경계하는 작용이 들어 있다. 이것은 바로 행위의 주도권은 기본적으로 사람의 수중에 있고 자신이 가지고 있는 지혜를 통하여 판단하고 행동하라는 것이다. 여기에는 이미 상당한 정도의 철학적 정신이 침투되어 있다. 여기에서 『주역』은 단순한 취길피흉의 복서지서가 아니라 인문정신이 침투되어 있는 철학적인 책으로 변신하기 시작하고 있다.

『주역』이 복서지서에서 철학적인 책으로 변신하는 과정에서 대단히 중요한 또 하나의 사건은 64 중괘에서 8괘의 분리이다. 점서역의 위기는 바로 팔괘취상설의 경향에서 발생하며, 특히 8괘를 통한 상(象) 사유에 의해서 점서역은 완전히 해체된다. 8괘의 취상이라는 관점은 괘획 부호를 완전히 새로운 방향에서 해석하는 것으로, 여기에서 서법은 더 이상 주도권을 가지지 못한다.

8괘의 독립과 취상은 직접적으로 현실세계 속의 사물이나 상황들을 상징하여 64괘의 의미 구조를 완전히 다른 방향에서 해석하게 만든다.

여기에서 세 개의 '⚊'과 '⚋'의 부호로 구성된 8괘는 인간의 길흉화복을 묻는 점서의 형식적 도구가 아니라, 취상이라는 '상'이 나타내는 관계와 상징의 응용을 통하여 철학적·문화적인 방면에서 주체적·창조적인 해석을 할 수 있게 하는 작용을 한다.

『주역』이 한 권의 점치는 책에서 출발하여 이와 같이 방대한 문화적 기능과 철학적 가치를 지닐 수 있었던 관건은 바로 그 자체의 괘상·괘효사·효제 등이 밀접하게 배합된 '취상'의 사유체계와 해석에 기인하기 때문이다. 말하자면 『주역』의 외연이 이처럼 무한대로 확장될 수 있었던 배경에는 이런 '취상'의 인식체계 혹은 사유가 있기 때문에 가능한 것이다. 그러므로 『주역』을 이해하는 데 있어서 선결적인 과제는 '상', 특히 8괘 취상의 의미와 체계에 대한 해석과 판독이다.

8괘 취상은 『주역』의 성질을 근본적으로 변혁시켜 『역전』의 발생에 결정적인 역할을 한다. 8괘 취상의 핵심은 8괘라는 상징 부호를 통하여 다양한 철학적 의미를 표현하는 '상사유(象思惟)'를 하는 데 있다. 이런 상사유는 처음에 8괘 부호의 인위적인 취상으로부터 시작해 그것들을 보다 체계화하여 우주론과 형이상학의 여러 단계로 발전하였고, 세계와 인간을 말하는 철학적 체계를 형성하는 계기를 제공해 준다는 점에서 매우 중요하다. '상사유'는 점서역학의 해체를 의미하고 『역경』의 철학적 해석인 『역전』의 형성을 의미한다.

『역전』이 이야기하려고 하는 것은 『역경』의 언어와 부호체계를 당시 사람들이 이해할 수 있는 객관적인 언어로 전환하는 데 있다. 또 하나의 임무는 텍스트 원의의 기초 위에서 창조적인 해독을 통하여 새로운 내용과 형식 및 새로운 의미를 부여하는 것이다. 비록 『역전』은 점서를 부정하지 않지만, 『역전』의 해석 방향은 기본적으로 『역경』의 점서적 속성을 약화시키고 그것을 철학적으로 해석하려는 시도에 있다. 이런 경향은 『역전』의 각 편이 『역경』을 해석하는 공통된 특징이다.

『역전』에는 점서적 언어와 철학적 언어가 동시에 공존한다고 말하기도 한다. 그러나 이것은 두 가지 언어가 분리된 것으로 보아서는 곤란하다. 즉 한 단락은 점서를 말하고 한 단락은 철학을 말하는 것이 아니라, 그것들은 실제로 같은 글을 통하여 동시에 표현되고 있다. 구체적으로 말하면 점서의 철학화, 즉 점서활동에 대한 철학적 해석을 하고 있는 것이 바로 『역전』이다. 이런 관점을 가장 전형적으로 보여주는 것이 바로 「계사전」이다. 「계사전」은 서법을 논리화하고, 그것에 철학적 의미를 부여하는 해석을 다양한 방식으로 전개하고 있다. 『역경』의 서법, 즉 점을 『역전』은 외면할 수도 없었기 때문에 그것의 본질적 의미를 다른 각도에서 새롭게 규정하고, 해석하게 되는 것이다.

『역전』이 『역경』을 해석하는 데 있어 가장 중요한 방향과 원칙은 일단 서법의 바탕위에서 철학적 논의를 진행하고, 그것을 도(道)라는 철학적 지평위에서 새롭게 해석하고 있다는 점이다. 도의 문제는 『역전』 철학 체계의 핵심과 정수이다. 『역전』은 『역경』을 도라는 철학적 범주 속에 끌어올려 해석하고 있다. 이런 관점을 통하여 천도에 대해 인문적 해석과 해독을 하여 점서를 우주의 근거와 도덕의 규범으로 변화하게 만들고 있다.

『역전』은 천 · 지 · 인의 삼재지도와 귀신의 도를 형이상학적인 차원에서 다루고 있는데, 그것은 "한번 음하고 한번 양한다"는 명제로 귀결된다. "한번 음하고 한번 양한다"는 "일음일양지위도"의 형이상학적 명제는 음양과 도의 두 개념이 합해서 이루어진 것이다. 이 두 개념은 모두 『주역』 본문의 원생적 개념이 아니라 『역전』 발생의 흐름 중에 들어와 역학과 결합한 것이다.

『역전』이 철학일 수 있는 까닭은 그것이 천도 · 지도 · 인도를 건곤 ·

음양·강유의 교감작용에 통일시키고 있기 때문이다. 그것으로 팔괘를 해석하고 이로부터 일체의 사물인 우주의 시원·만물의 발생·인간사의 법칙을 해석하고, 이런 우주의 보편적 질서[天道]와 사회질서[人道]의 일치, 상호인정을 이용하여 만상을 포괄하고 사물을 통일하려는 시도를 하고 있다. 『역전』의 이러한 철학적 관점은 바로 유가의 통일적 세계관을 성립하는 데 결정적 역할을 하게 된다. 여기에서 『주역』은 유가의 경전이 될 수 있는 자격을 갖추게 되는 것이다.

육경과 『주역』의 관계에 대한 의견은 장기간에 걸쳐 많은 논란을 일으켰다. 하나는 『장자』의 「천운」과 「천하」편의 육경에 관한 기록으로 미루어, 『주역』은 선진시기에 이미 유가의 중요 경전이었다는 관점이고, 다른 하나는 『순자』의 여러 곳에서 『시』·『서』·『예』·『춘추』를 몇 번이나 말하였지만, 『주역』은 여기에서 보이지 않기 때문에 『주역』이 유학의 경전이 된 것은 후대의 일이라는 관점이다.

선진유가들이 『주역』을 보는 관점이 상반되는 가장 큰 이유는 『주역』의 특수성인 점서 때문이다. 점서가 가진 부정적인 관점으로 인해서 『주역』은 『시경』이나 『서경』의 위치로까지는 올라가지 못했다는 것이다. 『주역』은 언제, 어떻게 『시경』이나 『서경』과 같은 동등한 지위로 올라가게 되는가? 이것은 공자 만년의 『주역』에 대한 변화와 밀접한 관계가 있는 것으로 보인다.

위의 분석을 통하여 『역』은 전국 유가들에 의해서 공통으로 추종되지 않았던 것으로 보인다. 중요한 것은 언제 『역』이 유가의 경전이 되었는가의 문제가 아니라, 왜 『역』을 육경 속에 포함하는 관점도 있고, 그렇지 않은 관점도 있는가라는 것이다. 이것은 유학의 경전이 가지고 있어야 할 교육적·도덕적 가치라는 관점에서 『역』이 가지고 있는 점서라는 특수성을 어떻게 처리해야 할 것인가라는 문제가 관건이 된다. 이 문제를 보는 관점에 따라서 『역』은 주요한 경전의 반열에 낄 수도 있고, 그렇지 않을 수도 있는 것으로 보인다. 물론 여기에서 더욱 중요한 것은 공자가 『역』을 어떻게 평가하는가라는 문제이다.

백서 「요」편의 자공과 공자의 대화를 통해 보면 공자의 역학관은 만년에 중대한 변화가 생기게 된다. 이전에 공자는 『역』을 다만 사람이 길함과 이익을 추구하기 위해 사용되는 복서의 책으로 보고 그것을 평가절하하였던 것으로 보인다. 만년에 『역』에 대한 공자의 태도가 크게 변하게 되는 근본 원인은 『역』이 가진 성질에 대한 새로운 발견과 해석에 있다. 공자가 만년에 발견한 『역』은 복서의 책일 뿐만 아니라 철리가 충만한 철학서였으며, 인도의 교훈과 옛 성인의 남긴 말씀과 도리가 가득 차 있는 책이라는 것이다. 공자 역학관의 중대한 변화로 말미암아 일부 제자들에 의해 『역』은 중요한 경전으로 수용되고 중요시되면서 『역』의 경전으로서의 지위는 점차적으로 확립되었고, 마침내 유가의 경전 체계에 진입할 수 있게 된다는 것이다.

결론적으로 이런 『주역』의 변신이 의미하는 것은 복서 자체의 철학화를 의미한다고 할 수 있다. 특히 이런 측면들은 『역전』 속의 복서관을 통해 보면 더욱 분명해진다. 『주역』과 복서의 변천은 오랜 시간을 필요로 하였는데 그 과정 중에서 우리는 인문적인 덕과 점서가 상호 긴장관계를 가지면서 충돌하는 것을 보았다. 후대로 올수록 인문주의적인 덕이 점을 대체하는 경향이 강해지면서 마치 『주역』이 발생적 원류였던 점서적 요소를 완전히 배제해 버리는 것으로 보일 수도 있다. 그러나 중요한 것은 『주역』의 인문적인 도덕이나 철학적 해석은 어디까지나 복서의 기초 위에서 성립되었다는 사실을 망각하여서는 곤란하다는 점이다.

저자 후기

이 책의 출판은 필자 개인의 입장에서는 이런저런 개인사와 관련된 소회가 많이 담겨 있는 작업의 일단락이라고 할 수 있다. 당연히 이 세상의 모든 책은 그것을 쓴 저자에게는 당연히 그 나름대로의 사연이 있을 수밖에 없다. 무엇보다도 이 책에 대해 필자가 가지고 있는 소회가 어쩌면 다른 책을 펴낸 저자들에 비해 별반 크게 드라마틱하지도 못할 가능성이 크다.

이 책의 상당 부분은 출판되기 몇 달 전에 엄청난 속도로 급조된 부분이 많은 것은 사실이다. 그러나 이 책의 시작은 무려 13년 전으로 거슬러 올라간다. 2001년에 연구년을 이용하여 미국의 인디애나 대학이 소재한 블루밍턴이라는 작은 도시에 1년 정도 체류한 적이 있었다. 그때 출발하면서 지금의 책을 구상하고 상당히 많은 자료들을 가지고 출국하였다. 결과적으로 1년 동안의 작업은 이 책의 제3장 앞부분까지만 진행되었다. 여러 가지 원인이 있기도 하지만, 생각이나 의욕만 앞섰지 마음먹은 대로 일이 진행되지 않았고, 가지고 간 자료는 써먹지도 못하고, 자료의 무게만큼 마음의 스트레스만 받았다. 그나마 인디애나 대학 도서관에 비치되어 있었던 많은 귀중한 자료들을 수집하여 이 책을 쓰는데 유용하게 사용하였다는 점이 큰 소득이자 위안이라고 할 수 있다.

『주역』을 공부하면서 자주 경험하는 장면 중의 하나는 "『주역』은 점치는 책인가 그렇지 않으면 철학책인가"라는 질문에 대해 어느 하나를 급박하게 선택해야 하는 양자택일의 관문이 의례히 기다리고 있다는 것이다. 여기에서 질문하는 사람들은 둘 중 하나를 선택하여야 질문한 효과를 얻은 것으로 생각하는 것 같은데, 필자의 대답은 늘 "발생적 기원은 점이지만, 후대에 철학적인 해석을 통하여 어쩌고저쩌고" 하면 질문하는 사람은 이미 흥미를 잃어버리는 것 같았다. 물론 질문하는 사람들의 의도와 선입견이 그렇게 만들 수도 있지만, 아마도 필자의 대답이 정밀하지 못하거나 분명하지 못했을 가능성이 더욱 크다는 생각을 늘 해왔다. 이런 점에서 이런 내용을 보다 체계적으로 이야기할 수 있는 책을 한 권 만들어 보았으면 좋겠다는 개인적인 생각을 늘 해왔다.

유가철학의 역사 발전이나 철학적 흐름이 가지고 있는 특성을 필자는 '연속성'이란 관점에서 찾고 있다. 이런 문제의식에서 『유학, 연속성의 세계와 철학』이라는 책을 쓰기도 하였다. 필자는 『주역』의 역사인 역학사 또한 연속성이란 흐름을 벗어나지 않는 것으로 본다. 이 책은 연속성이란 관점에서 『주역』이 점치는 책에서 철학서로 전환하는 과정을 분석하였다. 즉 거북점 → 시초점 → 『역경』 → 『역전』으로 이어지면서 점차적으로 발전되어 가는 『주역』의 진화와 변신의 과정을 추적해 보았다. 이런 연속적 역사발전이 가능하게 되는 이유는 『주역』의 원 텍스트가 64괘로 이루어진 상징부호체계라는 점이다. 여기에서 말하는 연속성은 단순한 역사적 연속뿐만 아니라 점과 철학의 공존을 말하는 것이기도 하다. 양립할 수 없는 점과 철학이 기묘하게 공존하는 책이 바로 『주역』의 본 모습이다.

누가 말하기를 이 세상의 명문장치고 시간에 쫓겨서 나오지 않은 것이 없다고 하였는데, 이 졸문도 분명히 시간에 쫓겼지만 그렇다고 분명히 명문장은 아니고, 나름 제법 긴 시간을 온양(醞釀)하였으나 결과적으로는 깊은 향기를 지닐 시간도 없이 급조한 술처럼, 이도 저도 아닌 것이 되어 버렸다는 것에 스스로 많은 자괴감이 든다. 다만 운 좋게 한국연구

재단의 저술지원에 선정되어 졸문이나마 책으로 엮어 문세(問世)할 기회를 준 것에 대해 무한한 고마움을 느낄 뿐이다.

비록 졸저이기는 하지만, 이 책이 이루어지는데 많은 사람들의 보이지 않는 배려와 도움을 듬뿍 받았다. 먼저, 이 책이 나오기 직전에 우리의 곁을 급하게 떠난 동료 교수이자 필자의 가장 가까운 후배였던 고(故) 이종왕 교수와 함께한 세상사의 이야기들과 철학적 토론의 시간들 역시 이 책이 결실을 맺는 데 알찬 밑거름이 되었다. 삼가 명복을 빌면서 이 보잘것없는 글이 책으로 묶여졌음을 이 교수에게 먼저 고하려 한다.

늘 가르침을 주시고 격려해 주신 은사님들, 항상 무한한 사랑을 주시는 부모님, 아울러 이 책을 만드는 과정에서 성원해준 학교의 동료 교수들, 『주역』 연구라는 같은 길을 가면서 많은 격려와 성원을 해준 동료 학자들, 또 늘 말없이 자리를 지키면서 무한정 지지해 준 내자의 배려와 도움에 일일이 고마움을 이야기하기는 약간 쑥스러운 것이 사실이다. 다만 지면을 빌려서 진심어린 고마움을 표할 뿐이다. 아울러 송호영, 이오륜, 배다빈 군 등 우수한 제자들의 진심어린 도움이 없었으면 더욱 어려웠을 작업이었을 것이다.

마지막으로 이 책을 출판하는데 큰 애를 써준 황병기 박사님과 동과서 출판부에 다시 한번 감사를 드린다.

2014년 6월

압량벌 연구실에서

정병석 삼가 씀

참고문헌

(1) 원전류

『康熙字典』『管子』『歐陽文忠全集』『國語』『國語注』『群經補義』『老子』『論語』『論語疏』『論語正義』『論衡』『孟子』『墨子』『白虎通』『書經』『西溪易說』『說文解字』『說文解字注』『性理大全』『荀子』『易程傳』『易纂言』『玉篇』『類經附翼』『儀禮』『莊子』『張載集』『周禮』『周禮鄭注』『周易』『周易內傳』『周易本義』『周易尙氏學』『周易略例』『周易外傳』『周易折中』『周易正義』『周易集解』『周易通義』『朱子語類』『左傳』『春秋左傳正義』『韓非子』『漢書』『皇極經世書』『皇淸經解』『淮南子』

(2) 단행본

賈豐臻, 『易之哲學』, 上海: 上海書店, 1991

李旭昇 主編, 陳惠玲 · 連德榮 · 李綉玲 合撰, 『上海博物館藏戰國楚竹書(三)讀本』, 臺北: 萬卷樓, 2005

高明, 『中國古文字學通論』, 北京: 文物出版社, 1987

高亨, 『周易古經通說』, 中華書局 香港分局, 1983年 重印本

高亨, 『周易大傳今注』, 濟南: 齊魯書社, 1979

高亨 著, 王大慶 整理, 『高亨周易九講』, 北京: 中華書局, 2011

高懷民, 『先秦易學史』, 臺北: 中國學術著作獎助委員會, 1986년 再版

高懷民 著, 정병석 역, 『주역철학의 이해』 문예출판사, 1995

顧頡剛, 『古史辨』, 臺北: 明倫出版社, 1970

溝九雄三 · 丸山松幸 · 池田知久 편저, 김석근 · 김용천 · 박규태 옮김, 『중국사상문화사전』, 민족문화문고

屈萬裏, 『先秦漢魏易例述評』, 臺北: 學生書局, 1985

郭寶鈞, 『中國青銅時代』, 北京: 三聯書店, 1963

郭沫若, 『中國古代社會研究』, 北京: 人民出版社, 1954

郭沫若, 『郭沫若全集』 考古編 第二卷, 北京: 科學出版社, 1982

金景芳 講述, 呂紹綱 整理, 『周易講座』, 長春: 吉林大學出版社, 1993
金景芳, 呂紹綱 著, 『周易全解』, 上海古籍出版社, 2005
金景芳 著, 『周易通解』, 長春: 長春出版社, 2007
金春峰, 『周易經傳梳理與郭店楚簡思想新釋』, 臺北: 臺灣古籍出版社, 2003
戴璉璋, 『易傳的形成與其思想』, 臺北: 文津出版社, 1989
陶磊, 『從巫術到數術』, 濟南: 山東人民出版社, 2008
鄧球柏, 『帛書周易校釋』, 長沙: 湖南出版社, 1996
勞思光, 『中國哲學史』, 臺北: 三民書局, 1980
羅振玉, 『增訂殷墟書契考釋』, 臺北: 藝文書局 景印版, 1980
尙秉和, 『焦氏易詁』, 北京: 中華書局, 1991
馬承源, 『戰國楚竹書』, 上海: 上海古籍出版社 2003
馬如森, 『殷墟甲骨文引論』, 長春: 東北師範大學出版社, 1993
牟宗三, 『周易的自然哲學與道德含意』, 臺北: 文津出版社
牟宗三, 『周易哲學演講錄』, 臺北: 文津出版社, 2003
蒙培元, 『人與自然』, 北京: 人民出版社, 2004
謝維揚, 『至高的哲理』, 北京: 三聯書店, 1997
宋兆麟, 『巫與巫術』, 四川民族出版社, 1989
아소오 켄 지음, 이수정 옮김, 『해석학의 흐름』, 이문출판사, 1990
알프레드 포르케 저, 양재혁 · 최해숙 역주, 『중국고대철학사』, 소명출판, 2004
楊慶中, 『二十世紀中國易學史』, 北京: 人民出版社, 2000
楊慶中, 『周易經傳研究』, 北京: 商務印書館, 2005
楊伯峻, 『春秋左傳注』 一, 北京: 中華書局, 1983
嚴可均, 『全上古三代秦漢三國六朝文』, 北京: 中華書局, 1958
嚴靈峯, 『易學新論』, 臺北: 正中書局, 1979年 第四版
嚴靈峯, 『馬王堆帛書易經斠理』, 臺北: 文史哲出版社, 1994
嚴一萍, 『甲骨學』, 北京: 藝文印書館, 1978
列維 布留爾, 丁由中 譯, 『原始四維』, 北京: 商務印書館, 1987
吳森, 『比較哲學與文化』, 臺北: 東大圖書公司, 1982
吳前衡, 『傳前易學』, 武漢: 湖北人民出版社, 2008
廖名春. 康學偉. 梁韋弦 著, 『周易研究史』, 湖南出版社, 1991
廖名春, 『『周易』經傳與易學史新論』, 濟南: 齊魯書社, 2001
王博, 『易傳通論』, 北京: 中國書店, 2003

王葆玹,『兩漢經學源流』, 臺北: 東大圖書公司, 1994
王新春,『神妙的周易智慧』, 北京: 中國書店, 2001
王新春,『易學與中國哲學』, 北京: 人民出版社. 2012
王宇信,『甲骨學通論』, 北京: 中國社會科學出版社, 1989
廖名春. 康學偉. 梁韋弦 著,『周易研究史』, 長沙: 湖南出版社, 1991
劉百閔,『經學通論』, 臺北: 國防研究院, 1970
劉寶楠 撰,『論語正義』, 北京: 中華書局, 1998
劉寶才,『先秦文化散論』, 西安: 陝西人民出版社, 2001
劉彬,『帛書要篇校釋』, 北京: 光明日報出版社, 2009
劉述先,『哲學思考漫步』, 臺北: 三民書局, 1995
劉玉建,『中國古代龜卜文化』, 廣西師範大學出版社, 1992
劉正,『周易發生學』, 北京: 中國環境科學出版社, 1997
李鏡池,『周易通義』, 北京: 中華書局, 1981
李鏡池,『周易探源』, 北京: 中華書局, 1982
李零,『簡帛古書與學術源流』, 北京: 三聯書店, 2004
李零,『中國方術正考』, 北京: 中華書局, 2006
李學勤,『周易經傳溯源』, 長春出版社, 1992
李學勤,『簡帛佚籍與學術史』, 江西教育出版社, 2001
林尹,『周禮今註今譯』, 臺北: 臺灣商務印書館, 1983
林忠軍,『易學源流與現代闡釋』, 上海古籍出版社, 2012
張劍,『周易歌謠破譯』, 北京: 中國文學出版社, 1997
張光直,『美術、神話與祭祀』, 沈陽: 遼寧教育, 1988
張其成 主編,『易學大辭典』, 北京: 華夏出版社, 1995
張岱年,『中國古典哲學概念範疇要論』, 北京: 中國社會科學出版社店, 1987
張立文,『周易思想研究』, 武漢: 湖北人民出版社, 1983
張立文,『中國文化與中國哲學』, 北京: 三聯書店, 1990
張明,『春秋易學研究』, 上海: 上海人民出版社, 2012
張善文,『象數與義理』, 沈陽: 遼寧教育出版社, 1993
張善文,『周易入門』, 上海: 華東師範大學出版社, 2004
張心澂,『僞書通考』, 臺北: 明倫出版社, 1984
張汝金,『解經與弘道』, 濟南: 齊魯書社, 2007
章秋農,『周易占筮學』, 杭州: 浙江古籍出版社, 1999
張恒壽,『莊子新探』, 湖北人民出版社, 1983

鄭吉雄 主編, 『周易經傳文獻新詮』, 臺北: 臺大出版中心, 2010
鄭萬耕, 『易學源流』, 沈陽: 沈陽出版社, 1997
정병석 역주, 『주역』 상 · 하권, 을유문화사
정병석, 『유학, 연속성의 세계와 철학』, 영남대학교 출판부, 2013
丁四新, 『楚竹書與漢帛書周易校注』, 上海: 上海古籍出版社, 2011
丁原植 著, 『儒家佚籍四種釋析郭店楚簡』, 臺北: 臺灣古籍, 2000
定州漢墓竹簡 『論語』, 北京: 文物出版社, 1997
朱伯崑, 『易學哲學史』, 北京: 華夏出版社, 1995
朱伯崑, 『朱伯崑論集』, 沈陽: 沈陽出版社, 1998
朱維錚 編, 『周予同經學史論著選集』, 上海人民出版社, 1996
朱駿聲, 『說文通訓定聲』, 臺北: 藝文印書館, 1986
池田知久 監修, 『上海博楚簡の研究』, 大東文化大學上海博楚簡班, 2007
陳來, 『古代宗教與倫理』, 北京: 三聯書店, 1996
陳來, 『古代思想文化的世界』, 北京: 三聯書店, 2002
陳來 著, 진성수. 고재석 옮김, 『중국고대사상문화의 세계』, 유교문화연구소, 2008
陳來, 『竹帛「五行」與簡帛研究』, 北京: 三聯書店, 2009
馮友蘭, 『中國哲學史新編』 第一冊, 北京: 人民出版社, 1992
한국철학사상연구회 편, 『철학대사전』, 서울: 동녘, 1989
韓自強, 『阜陽漢簡周易研究』, 上海: 上海古籍出版社, 2004
韓仲民, 『帛易略說』, 北京: 北京師範大學出版社, 1992
黃壽祺, 張善文 主編 『周易研究論文集』 第二輯, 北京: 北京師範大學出版社, 1987
黃玉順, 『易經古歌考釋』, 成都: 巴蜀書社, 1995
黃沛榮, 『易學論著選集』, 臺北: 大安出版社印行, 1985
黃沛榮, 『易學乾坤』, 臺北: 大安出版社, 1998

Arthur Waley, *The Nine Songs: A study of Shamanism in Ancient China*, London : Allen & Unwin, 1955
Bryan Magee (이명현, 이건원, 이종권 공역), 『현대철학의 쟁점들은 무엇인가?』, 서울: 심설당, 1985
David Keightley, *The Religious Commitment: Shang Theology and the Genesis of Chinese Political Culture, History of Religious,*

No. 17, 1978
David L. Hall and Roger T. Ames, *Thinking Through Confucius*, Albany, State University of New York Press, 1987
D. Howard Smith, *Chinese Religions*, Holt, Rinehart and Winston, 1971
Edward L. Shaughnessy, *I Ching: The Classic of Changes*, Ballantine Books. New York, 1996
Encyclopedia Philosophique Universiere, Les Notions Philosophiques : P.U.F. tome 2 1950
Ernst Cassirer, *An Essay On Man*, New Haven and London: Yale University Press, 1944
K. C. Chang, *Art, Myth, and Ritual: The path to political authority in ancient China*, Massachusettes, Havard University Press, 1983
Kwang-chih Chang, *Chinese Archaeology*, Edited by John Meskill, *An introduction to Chinese Civilisation*, D.C. Heath and Company, 1973
Michael Loewe and Carmen Blacker, ed., *Divination and Oracles*, George Allen & Unwin, London, Boston, Sydney, 1981
Paul Edwards, *The Encyclopedia of Philosophy*, Collier Macmillian, Vol. 5, Models and Analogy in Science, 1967
Richard Wilhelm/Baynes Cary F trans, *The I Ching or Book of Changes*, New Jersey, Princeton University Press, 1997
Roger T. Ames, Henry Rosemont, Jr. *The Analects of Confucius: A Philosophical Translation*, Ballantine Books, New York, 1999
Sarah Allan, *The Shape of the Turtle: Myth, Art, and Cosmos in Early China*, 오만종 옮김, 예문서원, 2002
William Lessa and Evon Vogt, ed., *Reader in Comparative Religion: An Anthropological Approach*, Harper & Row, New York, 1965

(3) 논문류

薑廣輝, 「"文王演≪周易≫"新說」, 『哲學研究』, 1997, 第3期
高達聲, 「略論模型法」, 『哲學研究』, 第7期, 北京: 人民出版社, 1951

屈萬裏, 「易卦源於龜卜考」, 『周易研究論文集』 第1輯, 北京師大出版社, 1987
김학권, 「『春秋左傳』을 통해서 본 春秋時代 『周易』에 대한 고찰」, 『범한철학』 제59집, 2010. 겨울
唐蘭, 「在甲骨金文中所見的一種已經遺失的中國古代文字」, 『考古學報』 제2기, 1957
「阜陽漢簡簡介」, 『文物』, 1983, 第2期
徐強, 「今, 帛本易傳"剛柔"解易的詮釋學考察」, 『周易研究』 2009, 第1期
梁韋弦, 「王家台秦簡易占與殷易歸藏」, 『周易研究』, 2002, 第3期
엄연석, 「『맹자』에서 자연과 도덕본성 사이의 일관성과 모순성 문제」, 『인문과학연구』 14, 동덕여대 인문과학연구소, 2008
餘敦康, 「從易經到易傳」 『易學論著選集』, 黃沛榮 編, 臺北: 長安出版社, 1985
餘敦康, 「周易與中國傳統文化的關係」, 『哲學研究』 191號
呂紹剛, 蔡先金, 「蓍龜占卜辨異」, 『中國易學』, 福建教育出版社, 2010
餘永梁, 「易卦爻辭的時代及其作者」, 黃壽祺, 張善文 編, 『周易研究論文集』 第一三輯, 北京: 北京師範大學出版社, 1987
吳前衡, 「春秋『易』文本」, 『周易研究』, 1997, 1기
王國雨, 「論『易經』在早期儒家經傳體系中的地位」, 『燕山大學學報』 第12卷 第4期. 2011
王明欽, 「試論歸藏的幾個問題」, 『一劍集』, 北京: 中國婦女出版社, 1996
王博, 「荀子的經典之學」, 『哲學門』 第九卷 第二冊, 北京: 北京大學出版社, 2009
汪寧生, 「八卦起源」, 『考古』, 1976, 제4기
王葆玹, 「儒家學院派易學的起源和演變」, 『哲學研究』, 1996, 3期
廖名春, 「王家台秦簡歸藏管窺」, 『周易研究』, 2001, 제2기
劉明武, 「道與器的分離」, 『中國文化研究』 第30期, 北京言語文化大學, 2000, 冬之卷
劉百閔, 「易事理學序論」, 『新亞學報』 第一期, 1963
劉新華, 「從數字卦和卦象看『周易』的成書」, 『周易研究』, 2009年 第4期
劉長林, 「易傳的類概念和模型思想」, 『中國哲學史』 32期, 中國哲學史學會, 1988
廖明春, 「〈〈周易 · 說卦傳〉〉錯簡說新考」, 『周易研究』, 1997, 第32期
廖名春, 「王家台秦簡歸藏管窺」, 『周易研究』, 2001, 제2기
饒宗頤, 「殷代易卦及有關占卜諸問題」, 『文史』 第20輯, 1983
饒宗頤, 「論龜爲水母及有關問題」, 『文物』 總521期, 1999.10

李家浩, 「王家台秦簡易占爲歸藏考」, 『傳統文化與現代化』, 1997, 第1期
이성규, 「史記와 易學」, 『서강인문논총』 제14집, 2011
李亦園, 「說占卜 - 一個民族學的考察」, 『中華文化復興月刊』 第十一卷, 第六期, 1978
李學勤, 「馬王堆帛書周易的卦序卦位」, 『中國哲學』 第14輯, 北京: 人民出版社, 1984
李學勤, 「出土文獻與『周易』研究」, 『齊魯學刊』 2005, 第2期
林忠軍, 「王家台秦簡歸藏出土的易學價値」, 『周易硏究』, 2001, 第1期
張靜, 「從左傳與易傳的解易模式看易象的生成 - 兼論經傳關係」, 『周易研究』, 2010年 第3期
張政烺, 「試釋周初靑銅器銘文中的易卦」, 『考古學報』 第4期, 1980
張政烺, 「帛書六十四卦跋」, 『文物』 第3期, 1984
張政烺, 「殷墟甲骨文中所見的一種筮卦」, 『文史』 24輯, 1985
鄭吉雄, 「從卦爻辭字義演繹論易傳對易經的詮釋」, 『漢學研究』, 臺北: 漢學研究中心, 2006
鄭吉雄, 「論『易經』非占筮記錄」, 『周易硏究』, 2012, 제2기
정병석, 「설괘전의 팔괘괘상설에 나타난 우주의 해석체계」, 『주역연구』 제3輯, 한국주역학회, 1999
정병석, 「태극 개념 형성의 연원적 배경과 해석」, 『철학』 88집, 한국철학회, 2006, 가을
정병석, 「易傳의 道器結合的 聖人觀」, 『유교사상연구』 제28집, 한국유교학회, 2007
程旺, 「論孔子易學中的德與占」, 『易學文化研究』 제4집, 2012
陳來, 「馬王堆帛書易傳及孔門易學」, 『哲學與文化』 21권 제2기, 臺北, 1994.2
陳仁仁, 「從楚地出土易類文獻看周易文本早期形態」, 『中國哲學』, 中國人民大學, 2007
淺野裕一, 「儒家對易的經典化」, 『周易研究』 94期, 2009
邢文, 「論帛書「要」篇的巫史之變」, 李學勤, 謝桂華 主編 『簡帛研究』 第3輯, 廣西教育出版社, 1998
邢文, 「秦簡歸藏與周易用商」, 『文物』, 2002.2
荊州地區博物館, 「江陵王家台15號秦墓」, 『文物』, 1995, 第1期

미주

제1장

1) 64괘가 끝나고 난 뒤의 『역전』 부분에는 「계사전(繫辭傳)」, 「설괘전(說卦傳)」, 「서괘전(序卦傳)」, 「잡괘전(雜卦傳)」 등이 있다. 이른바 『역전』의 다른 이름인 십익(十翼)은 「단전(彖傳)」 상 · 하 2편(괘의 종합적 해설), 「상전(象傳)」 상 · 하 2편(64괘의 해설), 「계사전」 상 · 하 2편(종합적인 철학적 해석, 십익의 핵심사상), 「문언전(文言傳)」(乾坤 2괘의 윤리적 해석), 「설괘전」(8괘의 성질에 대한 설명), 「서괘전(序卦傳)」(64괘 배열순서의 설명), 「잡괘전(雜卦傳)」(서로 대립하는 괘의 설명)의 7종 10편으로 이루어져 있다.

2) 金景芳 著, 『周易通解』, 長春: 長春出版社, 2007, 209쪽 참조.

3) 張善文, 『周易入門』, 上海: 華東師範大學出版社, 2004, 35쪽.

4) "복서(卜筮)는 과학을 결핍한 시대의 과학으로 이 점에 대해서 엥겔스도 이미 비슷한 논의를 하고 있다. 비록 복서가 오늘날에 있어서는 다만 어리석은 생각의 창고라고 말하지만 역사 이전 시대에 있어서 이것은 사회생활에 있어서 하나의 중요한 부분이었고 이것은 그 시대의 저급한 경제발전에 의해서 비롯된 것이다. 우리는 물론 그 시대 사람들이 왜 그렇게 비과학적인가라는 것을 비판할 수도 있다. 그러나 그 문제는 어리석은 질문이다. 왜냐하면 오늘날의 과학 역시 저급한 단계의 과학에서 발전되어 온 것이기 때문이다. 복서의 흥기는 사람들이 현재의 일에 관심을 두기보다는 미래의 일에 대해 관심을 두고 있음을 의미한다. 왜냐하면 만약 미래의 일에 대해서 눈앞의 일처럼 분명하게 볼 수만 있다면 미리 앞서서 예측하여 적당한 방법과 절차를 이용하여 얻는 것을 더 많게 하고 손실을 감소시켜 재해에 부딪치지 않고 영원히 행복한 생활을 할 수 있기 때문이다. 인류는 이 시기로부터 미래를 예지(預知)하려는 것들을 찾으려고 노력하여 결과적으로 복서라는 이 허위적인 표상만을 찾을 수 있었다. 그러나 노동 생산력의 점차적인 제고(提高)에 따라서 물질생활의 생성 과정 중의 사람과 사람, 사람과 자연 간의 상응하는 관계의 점차적인 확대로 말미암아 필연적으로 인간의 의식 속에서 복서의 내용 역시 끊임없이 변화된다. 즉 복서의 매우 황당하고 불합리한 내용을 감소시키고 점차 비교적 합리적인 내용을 보충하게 되는 것이다. 복서의 발전은 … 끊임없이 발전된 역사의 요구에 의해 더 이상 이전의 형태에 만족할 수 없게 된다. 복서의 발전을 종합적으로 살펴보면 이미 오래된 역사 발전을 통하여 『주역』의 출현에 이르러서는 근본적인 전환점을 맞게 된다." 金景芳, 『周易通解』, 210쪽 참조.

5) 『周易通解』, 209~220쪽 참조 바람.

6) 吳前衡, 『傳前易學』, 武漢: 湖北人民出版社, 2008. 5~12쪽 참조.

7) 劉述先, 『哲學思考漫步』, 臺北: 三民書局, 1995, 184~185쪽 참조.

8) Ernst Cassirer, *An Essay On Man*, New Haven and London: Yale University Press, 1944, p.223.

9) 劉述先, 『哲學思考漫步』, 186쪽.

10) 아소오 켄 지음, 이수정 옮김, 『해석학의 흐름』, 대구: 이문출판사, 25쪽 참조.

11) '인문(人文)'이라는 말은 『주역』의 비괘(賁卦) 「단전(彖傳)」의 "천문(일월성신의 장식)을 보고서 사시의 변화를 관찰하며, 인문을 관찰함으로써 천하를 교화해서 이룬다(觀乎天文, 以察時變, 觀乎人文, 以化成天下)"라는 곳에서 나왔다. '인문'이란 말은 처음에는 인간사의 도리를 통하여 천하를 교화한다는 의미를 가지고 있었다. 이에 대해 정이천(程伊川)은 『역정전(易程傳)』에서 "천문은 천의 이치이고, 인문은 인간의 도리이다(天文, 天之理也. 人文, 人之道也)"라고 하였다. 본 논문에서는 '인문주의'라는 말을 '인지도(人之道)' 즉 '인도(人道)'라는 말로 쓰려고 하는데, 그 초점을 '천문(天文)'에 대한 '인도'의 의미보다는 '신도(神道)'(賁卦 「彖傳」, "神道設教"의 말)에 대한 '인도'의 의미로 사용하려 한다.

제2장

1) 郭寶鈞, 『中國靑銅時代』, 北京: 三聯書店, 1963, 227쪽.

2) 王宇信, 『甲骨學通論』, 北京: 中國社會科學出版社, 1989, 114쪽.

3) K. C. Chang, *Art, Myth, and Ritual: The path to political authority in ancient China*(Massachusettes, Havard University Press, 1983), p.54.

4) 李亦園, 「說占卜 - 一個民族學的考察」 『中華文化復興月刊』, 第十一卷, 第六期, 1978, 40쪽.

5) 李零, 『中國方術正考』, 北京: 中華書局, 2006, 제16~17쪽.

6) 조수점(鳥獸占, augury)이라는 것은 광의적인 의미에서 지상의 모든 자연 변화를 관찰하는 의미를 가지고 있지만, 협의적인 의미는 특히 조류를 관찰하여 어떤 징조(徵兆)를 발견하여 해석하는 것을 말한다. 라틴어 'omen'이라는 말은 어떤 사물이나 사건을 미래에 나타날 행운이나 불행의 표시로 간주하는 뜻을 가지고 있다. 참고로 징조라는 말의 희랍어 'omen'이라는 말은 매와 같은 새를 의미하는 것이었다. 무섭다는 느낌보다는 더럽고 지저분하다는 느낌을 자주 들게 만드는 서양의 괴기 영화들 중에 〈오멘〉이라는 제목의 영화도 있다. 이런 괴기 영화에는 일종의 매와 같은 살인조(殺人鳥)가 단골로 등장하는 경우를 자주 볼 수 있다. 李亦園, 「說占卜 - 一個民族學的考察」, 40쪽.

7) 체상(體相, somatomancy)은 크게 두 가지 종류로 나눌 수 있다. 그것은 바로 자연체상(自然體相, natural somatomancy)과 천상체상(天象體相, astral somatomancy)이다. 자연체상은 인체의 각 부위를 직접 관찰하여 그것을 징조로 삼아 운명을 판단하는 것을 말한다. 예를 들면 얼굴을 보고 점을 치는 관상(觀相)이나 손금 등을 들 수 있을 것이다. 천상체상은 인체의 현상을 가지고 직접 판단을 하는 것이 아니라

인체의 현상과 천체의 성상(星象)의 부위를 서로 대비하여 판단하는 것을 말한다. 李亦園, 「說占卜 - 一個民族學的考察」, 41쪽.

8) 李亦園, 「說占卜 - 一個民族學的考察」, 41쪽.

9) 羅振玉, 『增訂殷墟書契考釋』, 臺北: 藝文書局 景印版, 1980.3月, 40쪽에서 145쪽 참조.

10) 『周禮』, 「春官宗伯下」, "大卜, 掌三兆之法一曰玉兆, 二曰瓦兆, 三曰原兆. 其經兆之體皆百有二十, 其頌皆千有二百."

11) 『春秋』, 「僖公」 二十五年, "使卜偃卜之, 曰, 吉, 遇黃帝戰於阪泉之兆."

12) 『周禮』, 「春官宗伯下」, "凡國之大事, 先筮而後卜."

13) William Lessa and Evon Vogt, ed., *Reader in Comparative Religion: An Anthropological Approach*, New York, Harper & Row, 1965, p.299.

14) William Lessa and Evon Vogt, ed., *Reader in Comparative Religion: An Anthropological Approach*, p.299.

15) "己巳, 王卜, 貞今歲商受年. 王占曰吉. 東土受年, 南土受年, 西土受年, 北土受年."(『甲骨文合集』 36975)

16) Sarah Allan, *The Shape of the Turtle: Myth, Art, and Cosmos in Early China*, 오만종 옮김, 『거북의 비밀』, 예문서원, 2002, 187쪽.

17) "丙子卜, 韋貞, 我受年. 丙子卜, 韋貞, 我不其受年."(『乙』 867) 여기에서 '我'라는 말은 陳夢家가 『殷墟卜辭綜述』에서 말하는 것처럼 집합적 명사로 商나라를 말하는 것으로 보인다. 劉玉建, 『中國古代龜卜文化』, 廣西師範大學出版社, 1992, 163쪽 참조.

18) 高明, 『中國古文字學通論』, 北京: 文物出版社, 1987, 275쪽 참조.

19) 이 문제에 대해서는 David Keightley, *The Religious Commitment: Shang Theology and the Genesis of Chinese Political Culture, History of Religious*, No. 17, 1978, pp.210~219를 참조.

20) 『禮記』, 「禮運」 "何謂四靈? 麟鳳龜龍謂之四靈." 이런 '四靈之說'은 처음에는 萬物有靈論의 단계에 있었으나 秦漢 시기에 이르면 四季나 五行 등과 결합된다.

21) 『禮記』, 「禮運」, "龜以爲畜, 故人情不失."

22) 饒宗頤, 「論龜爲水母及有關問題」, 『文物』 總521期, 1999.10월, 36~37쪽 참조.

23) Sarah Allan, *The Shape of the Turtle: Myth, Art, and Cosmos in Early China*, 오만종 옮김, 118쪽.

24) 劉玉建 著, 『中國古代龜卜文化』, 37쪽.

25) 『淮南子』, 「覽冥訓」, "往古之時, 四極廢, 九州裂, 天不兼覆, 地不周載, 火爁炎而不滅, 水浩洋而不息, 猛獸食顓民, 鷙鳥攫老弱. 於是女媧鍊五色石以補蒼天, 斷鼇足, 以立四極."

26) Sarah Allan, *The Shape of the Turtle : Myth, Art, and Cosmos in Early China*, 오만종 옮김, 170쪽.

27) 단옥재(段玉裁)의 『설문해자주(說文解字注)』는 "龜, 歸也"라는 구절에 대한 해석을 "即久字也. … 以其長久, 故能辨吉凶"라고 하여 거북의 장수와 우주의 영원성의 문제를 연결시키고 있다. 이런 관점은 왕충(王充)의 『논형(論衡)』에서도 "龜之爲言歸也"라는 말을 하고 있다.

28) 屈萬里, 「易卦源於龜卜考」, 『周易研究論文集』 第1輯, 北京師大出版社, 1987, 52쪽.

29) 『周禮』, 「春官宗伯下」, "凡卜事, 視高. 揚火以作龜, 致其墨. 凡卜, 辨龜之上下左右陰陽, 以授命龜者而詔相之."

30) 『尙書』, 「洪範」, "七, 稽疑, 擇建立卜筮人, 乃命卜筮. 曰雨, 曰霽, 曰蒙, 曰驛, 曰克, 曰貞, 曰悔. 凡七, 卜五, 占用二, 衍忒."

31) 謝維揚, 『至高的哲理』, 北京: 三聯書店, 1997, 13쪽.

32) Michael Loewe and Carmen Blacker, ed., *Divination and Oracles* (London, Boston, Sydney: George Allen & Unwin, 1981), p.40.

33) 『玉篇』, "兆, 事先見也."

34) 『說文解字』, "占, 視兆問也, 從卜口."

35) 『周禮』, 「春官宗伯下」, "凡國之大事, 先筮而後卜."

36) 지금까지 발견한 갑골은 그야말로 일부분 중에서도 일부분에 불과하다. 중국 고대 역사의 비밀을 고스란히 담고 있는 엄청난 양의 갑골 자료는 귀중한 탕약(湯藥)의 재료로 이용되어 사라져 버렸다. 소중한 인류의 자산을 중국인들은 용의 뼈(龍骨)라는 그럴듯한 이름을 통하여 곰탕으로 또는 가루약으로 먹어 치워버렸다. 지금도 우리는 한의원의 약장에서 "용골(龍骨)"이라는 약 서랍장을 발견할 수 있는데 이것은 고대의 맘모스나 들소 등의 뼈 화석 등을 지칭하는 것이다. 중국의 가장 초기의 한약 전문 서적인 『신농본초경(神農本草經)』에서는 용골이 기침이나 변혈(便血)을 치료하는데 좋은 약이라고 기록되어 있다. 실제의 용골 화석은 매우 귀하였다. 갑골문이 출토되고 난 후에 그것들이 그렇게 가치가 있는 줄은 모르고 용골로 대치되어 사용되었던 것이다. 당시에 상당히 많은 사람이 이른바 용골을 채취하는 일로 생업을 삼았다. 심지어 어떤 집안은 몇 대에 걸쳐 용골을 발굴하고 매매하는 것을 주된 생업으로 삼기도 하였다. 정확하게 어느 시기부터 갑골을 가지고 용골을 대신하였는지는 알 수 없다. 다만 1000년 전의 『신농본초경』에 이미 용골이라는 말을 기록하고 있는 것으로 보아, 만약 일 년에 천 조각의 갑골을 먹었다고 가정하면 대체로 100만 조각 이상은 먹어 치운 것으로 계산할 수 있다. 이런 현상은 청말(1899)에 이른바 용골이 바로 갑골문이라는 사실을 알고 난 뒤에 종식되었다.

37) 『玉篇』, "兆, 事先見也."

38) 『說文解字』, "占, 視兆問也, 從卜口."

39) 嚴一萍, 『甲骨學』, 北京: 藝文印書館, 1978, 732쪽 참조.

40) 정인(貞人)은 복인(卜人)이라고도 한다. 복사(卜辭)의 '서사(敍事)' 중에는 점을 친 시간과 정인의 이름이 기재되어 있다. 예를 들면 "갑진복, 각정(甲辰卜, 㱿貞)", "을축복, 빈정(乙丑卜, 賓貞)"이라는 복사에서 '각(㱿)'과 '빈(賓)'이라는 말은 바로 정인의 이름을 가리키는 것이다. 이런 식으로 위의 복사를 해석하면 갑진일(甲辰日)의 점복은 각(㱿)이 쳤고, 을축일(乙丑日)의 점복은 빈(賓)이 쳤다는 뜻이 된다.

41) 『周禮』, 「春官宗伯下」, "卜師, 掌開龜之四兆, 一曰方兆, 二曰功兆, 三曰義兆, 四曰弓兆.. 凡卜事, 視高. 揚火以作龜, 致其墨. 凡卜辨龜之上下左右陰陽, 以授命龜者而詔相之."

42) 『周禮』, 「春官宗伯下」, "龜人, 掌六龜之屬, 各有名物, 天龜曰靈屬, 地龜曰繹屬, 東龜曰果屬, 西龜曰雷屬, 南龜曰獵屬, 北龜曰若屬, 各以其方之色與其體辨之."

43) 『周禮』, 「春官宗伯下」, "華氏, 掌共燋契, 以待卜事. 凡卜以明火爇燋, 遂吹其焌契, 以授卜師, 遂役之."

44) 『周禮』, 「春官宗伯下」, "占人, 掌占龜, 以八簭占八頌, 以八卦占簭之八故, 以視吉凶. 凡卜簭, 君占體, 大夫占色, 史占墨, 卜人占坼. 凡卜簭, 旣事, 則繫幣, 以比其命, 歲終, 則計其占之中否."

45) 『周禮』, 「春官宗伯下」, "凡卜簭, 君占體, 大夫占色, 史占墨, 卜人占坼."

46) 『繫辭傳』 上, 2章, "聖人設卦觀象繫辭焉而明吉凶."

47) 馬如森, 『殷墟甲骨文引論』, 長春: 東北師範大學出版社, 1993, 180쪽.

48) "戊辰卜, 爭, 貞: 來乙亥, 其雨? 戊辰卜, 爭, 貞: 來乙亥, 不其雨?"(『前』 7 · 27 · 2)

49) 郭沫若, 『卜辭通簒』 『郭沫若全集』 考古編, 第二卷, 科學出版社, 1982의 58쪽에 보인다. 곽말약은 이 갑골편은 일본의 河井씨가 소장한 것으로 그중에서 가장 보존이 잘되어 있을 뿐만 아니라 대정(對貞)의 경우를 잘 보여주고 있다고 말한다.

제3장

1) 무(巫) 혹은 샤만(shaman)이라는 말은 당연히 shamanism과 관련된다. 일반적으로 shamanism이란 말은 동북아시아와 시베리아의 알타이어 계통의 민족들이 가지고 있는 원시 종교를 말한다. 무를 말하는 shaman이라는 말은 만주-퉁구스의 말로 "흥분하여 미친 듯이 날뛰면서 춤추는 사람"이라는 뜻을 가지고 있다. shaman이라는 말이 중국의 문헌에 처음 출현하는 시기는 약 12세기 무렵이다. 이 말이 가장 먼저 출현하는 문헌은 남송(南宋) 시기 서몽신(徐夢莘)의 『삼조북맹회편(三朝北盟會編)』인데 이 책에서는 다음과 같은 말을 하고 있다. "산만(즉 사만)이라는 것은 여진어의 무당을 말하는 것이다(珊蠻者, 女眞語巫嫗也)." shamanism이 가지고 있는 일반적인 특징은 무축(巫祝), 즉 무당을 인신(人神) 교감(交感)의 매개로 삼는다는 점이다. 이런 사만이라는 용어를 중국 문헌에서는 무(巫), 무격(巫覡), 무사(巫師) 등의 말과 통용해서 쓰고 있다. K. C. Chang, *Art, Myth and Ritual: The Path to political Authority in ancient China*, Massachusettes Havard University Press, 1983, pp.49~50 주석1)을 참조.

2) Arthur Waley, *The Nine Songs: A study of Shamanism in Ancient China*, London: Allen & Unwin, 1955, p.9.

3) 高亨 著, 王大慶 整理 『高亨周易九講』, 北京: 中華書局, 2011年, 5쪽 참조.

4) 高亨 著, 王大慶 整理 『高亨周易九講』, 5쪽 참조.

5) 陳來, 『古代宗教與倫理』, 北京: 三聯書店, 1996, 73쪽.

6) K. C. Chang, *Art, Myth and Ritual: The Path to political Authority in ancient China*, p.49.

7) 점복(占卜)에서 무술(巫術)이 가지고 있는 공통점은 신비로운 관계에 대한 동일집체(同一集體)의 표상(表象)이라는 기초 위에서 형성되어 있다는 것이다. 점복이 주로

이런 관계를 발견하는데 초점이 있는 반면에 무술은 이런 관계를 이용한다는 점에서 이 둘은 구별된다. 列維 布留爾, 丁由中 譯, 『原始思維』, 北京: 商務印書館, 1987, 280쪽 참조.

8) K. C. Chang, *Art, Myth and Ritual: The Path to political Authority in ancient China*, p.51.

9) 『좌전』, 「僖公」 四年, "初, 晉獻公欲以驪姬爲夫人, 卜之, 不吉; 筮之, 吉. 公曰, '從筮.' 卜人曰, '筮短龜長, 不如從長. 且其繇曰, '專之渝, 攘公之羭. 一薰一蕕, 十年尙猶有臭.' 必不可.' 弗聽, 立之. 生奚齊, 其娣生卓子"라는 말에서 그 단서를 찾을 수 있다. 진나라 헌공은 여희를 왕후로 맞을 생각으로 점을 치게 하였다. 복점의 결과는 매우 길(吉)하지 않다는 괘가 나왔다. 헌공은 이에 못마땅하여 시초(蓍草)로 점을 치는 사람을 불러 다시 점을 치게 하였다. 길하다는 점괘가 나왔다. 그러자 복점을 치는 사람이 "시초로 치는 점은 잘 안 맞고, 거북으로 치는 복점은 잘 맞으니 잘 맞는 쪽을 따르시는 게 좋습니다. 그리고 점괘의 풀이에 이르기를 '어느 한 사람이 사랑해주면 잘난 체하여 마음이 변하고, 또 군주가 기르는 숫양을 훔칠 것이다. 하나의 향기나는 풀과 하나의 더러운 냄새가 나는 풀을 함께 두면 10년이 가도 더러운 냄새만 남게 된다'라고 하였으니, 절대 안 됩니다"라고 하였다. 이에 불구하고 헌공은 여희를 왕후로 삼고, 여희의 아들 해제(奚齊)를 태자로 옹립하였다. 헌공이 죽은 후, 해제는 대신(大臣)들에게 살해되었으며, 진나라 조정은 십여 년 동안 조용할 날이 없었다. 『좌전』의 이 말은 점의 예측대로 비록 비참한 결과를 초래하였지만 왕명(王命)이 천명(天命)을 이기는 전형적인 경우에 속한다.

10) K. C. Chang, *Art, Myth and Ritual: The Path to political Authority in ancient China*, p.51.

11) 여기에서 말하는 '정인(貞人)'의 '정(貞)'이라는 말에 대해 이경지(李鏡池)는 '문(問)'의 뜻으로 해석하고 있다. 갑골문의 복사에 나오는 '貞'은 거북(龜)에게 묻는다는 뜻이다. 『주역』의 괘효사에서 말하는 '貞'의 뜻은 시초(蓍)에 묻는다는 뜻으로 보고 있다. 李鏡池, 「周易筮辭考」, 『周易探源』, 北京: 中華書局, 1982, 30~31쪽 참조.

12) 高明, 『中國古文字學通論』, 北京: 文物出版社, 1987, 275쪽 참조.

13) Kwang-chih Chang, *Chinese Archaeology*, Edited by John Meskill, *An introduction to Chinese Civilisation*, D. C. Heath and Company, 1973, p.402. D. Howard Smith, *Chinese Religions*, Holt, Rinehart and Winston, 1971, p.2.

14) 앞의 제2장의 그림1)을 참조.

15) 이 말의 출처는 원래 『주역』 「계사상전」 제2장의 "聖人設卦觀象, 繫辭焉而明吉凶"에서 나온 말이다.

16) 鄭萬耕, 『易學源流』, 沈陽: 沈陽出版社, 1997, 8쪽.

17) 『周禮』, 「春官宗伯下」, "其經兆之體皆百有二十, 其頌皆千有二百."

18) 鄭玄, 『周禮鄭注』, 卷二十四, "頌謂繇也."

19) 주(繇)라는 말의 발음은 '요'로 하기도 하고 '주'라고 하기도 한다. 원래 '繇'라는 말은 부리다(役事), 노래나 가요(歌謠), 무성하다의 뜻으로 사용되기도 하고 점사(占辭: 점괘에 나타난 말)나 점괘(占卦)를 의미하는 경우도 있다. 부리다(役事), 노래나

가요(歌謠), 무성하다의 뜻으로 사용될 경우의 발음은 '요'이고, 점사(占辭)나 점괘를 의미할 경우는 '주'로 발음하는 것이 옳을 것으로 보인다.

20) 『左傳』, 「昭公」 二年, "晉韓宣子爲政聘於諸侯之歲, 婤姶生子, 名之曰元. 孟縶之足不良能行. 孔成子以周易筮之, 曰, '元尙享衛國, 主其社稷.' 遇屯. 又曰, '餘尙立縶, 尙克嘉之.' 遇屯之比且其繇曰, '利建侯.'."

21) 『國語』, 「晉語」, "公子親筮之, … 皆八也. 筮史占之, 皆曰 不吉. 閉而不通, 爻無爲也. 司空季子曰, 吉. 是在周易, 皆利建侯. … 其繇曰, 元亨利貞, 勿用有攸往, 利建侯."

22) 嚴靈峯, 『易學新論』, 臺北: 正中書局, 1979年 第四版, 140~141쪽.

23) 高亨, 『周易古經通說』, 中華書局 香港分局, 1983年 重印本, 11쪽.

24) 『春秋左傳』, 「僖公」 四年, "初, 晉獻公欲以驪姬爲夫人, 卜之, 不吉; 筮之, 吉. 公曰, '從筮.' 卜人曰, … 且其繇曰, '專之渝, 攘公之羭. 一薰一蕕, 十年尙猶有臭.' 必不可."

25) 高亨, 『周易古經通說』, 11쪽.

26) 林尹, 『周禮今註今譯』, 臺北: 臺灣商務印書館, 1983, 251쪽.

27) 물론 이런 측면에서 다룬 가장 이른 효시적인 연구로는 李鏡池의 「周易筮辭考」와 高亨의 「周易卦爻辭的文學價値」 등을 말할 수 있다. 이들 연구 이외에 고대 시가(詩歌) 혹은 가요라는 관점에서 괘효사를 중점적으로 분석한 주목할 만한 저작들이 출판되었다. 예를 들면 黃玉順의 『易經古歌考釋』(巴蜀書社, 1995)과 張劍의 『周易歌謠破譯』(中國文學出版社, 1997) 등을 들 수 있다.

28) 黃玉順, 『易經古歌考釋』, 緖論, 1쪽.

29) 張立文, 『周易思想硏究』, 武漢: 湖北人民出版社, 1983, 21~22쪽 참조. 장립문은 이 책에서 『주역』의 괘효사 중에 나타나는 서사(筮辭)와 운문시가(韻文詩歌) 등의 하나로 통일되지 못한 문체(文體)를 통하여 『주역』의 괘효사가 결코 한 사람의 손에서 나온 것이 아니라, 복사(卜師)나 태복(太卜) 등이 계속적으로 점서하는 과정 중에서 생긴 것으로 보고 있다.

30) 黃玉順, 『易經古歌考釋』, 緖論, 9~10쪽.

31) 余永粱, 「易卦爻辭的時代及其作者」, 黃壽祺, 張善文 編, 『周易硏究論文集』 第一三輯, 北京: 北京師範大學出版社, 1987, 164~165쪽 참조.

32) 余永粱, 「易卦爻辭的時代及其作者」, 162쪽.

33) "初, 懿氏卜妻敬仲. 其妻占之, 曰, '吉. 是謂鳳皇於飛, 和鳴鏘鏘. 有嬀之後, 將育於薑. 五世其昌, 並於正卿. 八世之後, 莫之與京'."

34) 余永粱, 「易卦爻辭的時代及其作者」, 163쪽.

35) 章秋農, 『周易占筮學』, 杭州: 浙江古籍出版社, 1999년, 183쪽 참조.

36) 朱伯崑, 『易學哲學史』, 北京: 華夏出版社, 1995, 제1권, 9쪽.

37) 余永粱, 「易卦爻辭的時代及其作者」, 150쪽.

38) 馮友蘭, 『中國哲學史』 제1편, 제15장 제1절.

39) 『春秋左傳』, 「僖公」 十五年, "龜, 象也; 筮, 數也. 物生而後有象, 象而後有滋, 滋而後有數."

40) 陶磊, 『從巫術到數術』, 濟南: 山東人民出版社, 2008年, 68쪽 참조.

41) 孔穎達, 『周易正義』, "謂象生而後有數, 是數因象而生也. 若易之卦象, 則因數而生, 故先揲蓍而後得卦. 是象從數生也."

42) 朱伯崑, 『易學哲學史』 第一卷, 7쪽.

43) 朱伯崑, 「談儒家人文主義占筮觀」, 『朱伯崑論集』, 沈陽: 沈陽出版社, 1998, 633~634쪽 참조.

44) 「설괘전」, 제4장, "雷以動之, 風以散之, 雨以潤之, 日以烜之, 艮以止之, 兌以說之, 乾以君之, 坤以藏之."

45) 陶磊, 『從巫術到數術』, 68쪽 참조.

46) 呂紹剛, 蔡先金, 「蓍龜占卜辨異」, 『中國易學』, 福建教育出版社, 2010年, 168쪽 참조.

47) 余敦康, 「從易經到易傳」, 『中國哲學論集』, 沈陽: 遼寧大學出版社, 1997, 386~387쪽.

48) 『左傳』 召公. "二年春, 晉侯使韓宣子來聘, 且告爲政, 而來見, 禮也. 觀書於大史氏, 見易象與魯春秋, 曰, "周禮盡在魯矣, 吾乃今知周公之德與周之所以王也."

49) 高亨, 『周易大傳今注』, 濟南: 齊魯書社, 1979, 11쪽.

50) 張其成 主編, 『易學大辭典』, 北京: 華夏出版社, 1995年, 354쪽.

51) "易象, 上下經之象辭."

52) 이런 관점으로 해석하는 경우는 姜廣輝, 「"文王演≪周易≫"新說」, 『哲學研究』, 1997年 第3期, 64~72쪽에서 보인다. 강광휘는 『역상』이 완전히 실전(失傳)되지 않고 여전히 현존하는 주역의 「대상전」의 내용과 모종의 내재적 연관성을 가지고 있는 것으로 보고 있다. 아울러 「대상전」의 내용은 주역의 상(象)을 말하고 있을 뿐만이 아니라 또한 '연덕(演德)'의 내용을 담고 있어서 문왕(文王)과 주공(周公)의 『역상』 정신을 잘 발휘하고 있다고 말한다.

53) 謝維揚, 『至高的哲理』, 118쪽.

54) 劉正, 『周易發生學』, 北京: 中國環境科學出版社, 1997年, 194쪽.

55) 謝維揚, 『至高的哲理』, 118쪽.

56) 高亨은 『周易大傳今注』 11쪽에서 "『易象』과 『象傳』은 '象'이라는 명칭에서 공통점이 있고, 『易經』의 卦爻之象을 다루고 있다는 점에서 내용적으로 거의 유사한 점을 가지고 있다. 그러나 『左傳』의 『易象』은 周禮를 옹호하고 있지만, 『十翼』의 『象傳』은 儒法 兩家의 사상을 동시에 가지고 있기 때문에 그 속에는 '周禮'라는 글자가 보이지 않는다"고 말하고 있다.

57) 李學勤, 『周易經傳溯源』, 長春: 長春出版社, 1992, 46쪽.

58) 『春秋』에는 주역에 대한 말을 "『周易』有之", "是在『周易』", "以『周易』筮之", "是於『周易』曰", "在『周易』" 등의 말로 표현되고 있다.

59) 『左傳』, 「莊公」 22年, "陳厲公, 蔡出也, 故蔡人殺五父而立之. 生敬仲. 其少也, 周史有以周易見陳侯者, 陳侯使筮之, 遇觀之否."

60) 劉正, 『周易發生學』, 194쪽.

61) 劉正, 『周易發生學』, 194쪽.

62) 孔穎達, 『春秋左傳正義』, "周之所以得王天下之由, 由文王有聖德, 能作『易象』故也."

63) 蘇秉國, 『周易通義』 附錄, "易象屬周, 故號周易, 宣子以周公與周幷言, 原非專美周公也."

64) 吳前衡, 『傳前易學』, 117쪽 참조.

65) '시초(蓍草)'는 약용(藥用)으로 쓸 수도 있고 향료와 관상용으로 사용된다. 예부터

시초를 '신시(神蓍)' · '영물(靈物)' · '신물(神物)' 등으로 불렀다. 역대의 천자(天子)들도 매년 춘추로 관리를 파견하여 시초를 가져오게 하였다. 전설에 의하면 시초는 희귀식물로 중국 전체에 단 세 곳, 산동성의 곡부(山東 曲阜), 산서성의 진사(山西 晉祠), 태호복희릉(太昊伏羲陵)에만 자란다고 말한다.

66) 高亨 著, 王大慶 整理, 『高亨周易九講』, 55쪽 참조.

67) "擇地潔處, 爲蓍室, 南戶. 置牀於室中央. 牀, 大約長五尺, 廣三尺, 毋太近壁. 蓍五十莖, 韜以纁帛, 貯以皂囊, 納之櫝中, 置於牀北. 櫝, 以竹筒或堅木, 或布漆爲之, 圓徑三寸, 如蓍之長, 半爲底, 半爲蓋, 下別爲臺函之, 使不偃仆. 設木格於櫝南, 居牀二分之北, 格, 以橫木板爲之, 高一尺, 長竟牀, 當中爲兩大刻, 相距一尺, 大刻之西, 爲三小刻, 相距各五寸許, 下施橫足, 側立案上. 置香爐一於格南, 香合一於爐南, 日炷香致敬, 將筮則灑掃拂拭, 滌硯一注水及筆墨黃漆板於爐東, 東上, 筮者齊潔衣冠, 北面盥手, 焚香致敬. 筮者北面, 見儀禮. 若使人筮, 則主人焚香畢, 少退北面立, 筮者進立於牀前少西, 南向受命, 主人直述所占之事, 筮者許諾, 主人右還西向立, 筮者右還北向立. 兩手奉櫝蓋, 置於格南爐北, 出蓍於櫝, 去囊解韜, 置於櫝東, 合五十策, 兩手執之, 熏於爐上."

68) 吳前衡, 『傳前易學』, 124쪽 참조.

69) 王葆玹, 「儒家學院派易學的起源和演變」, 『哲學研究』, 1996년 3기, 56쪽 참조. 이 문제에 대해서는 제6장의 『주역』의 유가 경전화 문제를 다룰 때 더욱 상세하게 분석함.

70) 吳前衡, 『傳前易學』, 166쪽 참조.

71) "大衍之數五十, 其用四十有九. 分而爲二以象兩, 掛一以象三, 揲之以四以象四時, 歸奇於扐以象閏, 五歲再閏, 故再扐而後掛."

72) 金景芳 · 呂紹綱 著, 『周易全解』, 上海: 上海古籍出版社, 2005, 543쪽 참조.

73) 韓康伯, 『繫辭注』 『周易正義』에서 인용, "演天地之數, 所賴者五十也. 其用四十有九, 則其一不用也. 不用而用以之通, 非數而數以之成, 斯易之太極也. 四十有九, 數之極也."

74) 孔穎達, 『周易正義』, "易有太極, 北辰是也 … 北辰居位不動, 其餘四十有九, 轉運而用也."

75) 왕필의 태극에 대한 관점은 정병석의 「태극 개념 형성의 연원적 배경과 해석」, 『철학』 88집, 한국철학회, 2006년 가을, 57~58쪽 참조.

76) 위의 서법의 해석에 대해서는 정병석 역주, 『주역』 하, 563~565쪽 주석 참조.

77) "乾之策二百一十有六, 坤之策百四十有四, 凡三百有六十, 當期之日. 二篇之策, 萬有一千五百二十, 當萬物之數也. 是故四營而成易, 十有八變而成卦, 八卦而小成. 引而伸之, 觸類而長之, 天下之能事畢矣. 顯道神德行, 是故可與酬酢, 可與祐神矣. 子曰, '知變化之道者, 其知神之所爲乎?'"

78) 정병석 역주, 『주역』 하, 565~567쪽 주석 참조.

79) "天一, 地二, 天三, 地四, 天五, 地六, 天七, 地八, 天九, 地十. 天數五, 地數五, 五位相得而各有合. 天數二十有五, 地數三十, 凡天地之數五十有五. 此所以成變化而行鬼神也.

80) 高亨 著, 王大慶 整理, 『高亨周易九講』, 59쪽 참조.

81) 高亨 著, 王大慶 整理, 『高亨周易九講』, 61쪽 참조.

82) 高亨 著, 王大慶 整理, 『高亨周易九講』, 62쪽 참조.

83) 高亨 著, 王大慶 整理, 『高亨周易九講』, 58~59쪽 참조.

84) 여기에서 말하는 『역(易)』은 일반적인 서서(筮書)를 말한다. 서서를 모두 『역』이라고 칭하고, 『주역』은 주대의 서서를 말한다. 高亨 著, 王大慶 整理, 『高亨周易九講』, 4

쪽 참조.

85) 6, 7, 8, 9의 확률 분포의 문제에 대해서는 吳前衡, 『傳前易學』, 223~227쪽 참조.

86) 吳前衡, 『傳前易學』, 124쪽 참조.

87) 吳前衡, 『傳前易學』, 125~126쪽 참조.

88) 괘효사의 고가(古歌)는 황옥순(黃玉順)이 『주역』 괘효사의 고운(古韻) 분석에 근거하여서 체계적으로 분석한 것이다. 황옥순의 『易經古歌考釋』이라는 책은 『주역』 괘효사를 전부 고가의 형식으로 환원하여 "역경(易經) 속에는 이미 시경(詩經) 연대보다도 더욱 이른 시집을 담고 있다"라고 하였다.

89) 吳前衡, 『傳前易學』, 126~127쪽 참조.

90) 이 말은 『繫辭傳』 下傳의 "天地設位, 聖人成能, 人謀鬼謀, 百姓與能"에서 나온 말이다.

91) 馮友蘭, 『中國哲學史新編』 第一冊, 北京: 人民出版社, 1992, 76쪽.

92) 王夫之는 『周易內傳』 卷六上에서 "若龜之見兆, 但有鬼謀而無人謀, …"라고 하여 귀복점을 귀모(鬼謀)와 관련시키고 있다.

93) 朱伯崑, 『朱伯崑論集』, 沈陽: 沈陽出版社, 1998, 634쪽.

94) 革卦 괘사.

95) 呂紹剛, 蔡先金, 「蓍龜占卜辨異」, 『中國易學』, 福建教育出版社, 2010年, 169쪽 참조.

96) 일반적으로 기원전 300년경으로 추측하지만, 이런 중국학자들의 관점에 의심을 가지는 대표적인 학자로는 일본의 이케다 도모히사(池田知久)가 있다. 그는 상박장 초죽서『주역』의 형성과 초서(抄書) 시기 등을 더 후대에 이루어진 것으로 보고 있다. 池田知久 監修, 『上海博楚簡の硏究』, 大東文化大學上海博楚簡班, 2007, 4쪽 참조.

97) 陳來 著, 진성수 · 고재석 옮김, 『중국고대사상문화의 세계』, 성균관대학교 유교문화연구소, 2008년, 33쪽 참조.

98) "其經卦皆八, 其別六十有四."

99) "觀國之光, 利用賓於王."

100) "女承筐, 無實. 士刲羊, 無血. 無攸利."

101) "小往大來, 吉, 亨."

102) "元亨, 利貞. 勿用有攸往, 利建侯."

103) "利建侯, 行師."

104) "公用亨於天子, 小人弗克."

105) "師出以律, 否臧凶."

106) "元亨, 利貞, 無咎."

107) "困於石, 據於蒺藜, 入於其宮, 不見其妻, 凶."

108) "迷復, 凶."

109) "明夷於飛, 垂其翼. 君子於行, 三日不食. 有攸往, 主人有言."

110) "利居貞, 利建侯."

111) "黃裳, 元吉."

112) "帝乙歸妹, 以祉元吉."

113) 『좌전』의 원문은 "만약 제을의 원자가 누이를 시집보내면 길하고 록이 있지만

(若帝乙之元子歸妹 而有吉祿)"으로 되어 있음.

114) "磐桓, 利居貞, 利建侯."

115) "無德而貪. 其在周易豐之離弗過之矣."

116) "豐其屋, 蔀其家, 闚其戶, 闃其無人, 三歲不覿, 凶."

117) "在周易, 女惑男, 風落山謂之蠱."

118) "女惑男, 風落山."

119) 吳前衡, 「春秋『易』文本」, 『周易硏究』 1997년 1기, 22쪽 참조.

120) "在易卦, 雷乘乾曰大壯, 天之道也."

121) 『左傳』 「僖公」 15年, "晉饑, 秦輸之粟; 秦饑, 晉閉之糴, 故秦伯伐晉. 卜徒父筮之, 吉, "涉河, 侯車敗." 詰之. 對曰, "乃大吉也. 三敗, 必獲晉君. 其卦遇蠱☶, 曰, '千乘三去, 三去之餘, 獲其雄狐.' 夫狐蠱, 必其君也. 蠱之貞, 風也; 其悔, 山也. 歲雲秋矣, 我落其實, 而取其材, 所以克也. 實落、材亡, 不敗, 何待?"

122) "元亨, 利涉大川. 先甲三日, 後甲三日."

123) 『左傳』 「成公」 16年, "六月, 晉、楚遇於鄢陵. … 苗賁皇言於晉侯曰, "楚之良, 在其中軍王族而已. 請分良以擊其左右, 而三軍萃於王卒, 必大敗之." 公筮之. 史曰, "吉. 其卦遇復☷, 曰, '南國蹙, 射其元王, 中厥目." 國蹙、王傷, 不敗, 何待?"

124) "復, 亨. 出入無疾, 朋來無咎, 反復其道, 七日來復. 利有攸往."

125) 陳來 著, 진성수 · 고재석 옮김, 『중국고대사상문화의 세계』, 38쪽 참조.

126) 高亨은 19번으로 보고 있다. 이 문제에 대해서는 고형의 「『左傳』『國語』的『周易』說通解」, 『周易雜論』, 107쪽 참조.

127) "陳厲公, 蔡出也. 故蔡人殺五父而立之, 生敬仲. 其少也, 周史有以周易見陳侯者, 陳侯使筮之, 遇觀之否, 曰"是謂'觀國之光, 利用賓於王'. 此其代陳有國乎. 不在此, 其在異國. 非此其身, 在其子孫. 光遠而自他有耀者也. 坤土也. 巽風也. 乾天也. 風爲天於土上, 山也. 有山之材而照之以天光, 於是乎居土上. 故'曰觀國之光, 利用賓於王'. 庭實旅百, 奉之以玉帛, 天地之美具焉, 故曰'利用賓於王'. 猶有觀焉, 故曰'其在後乎'. 風行而著於土, 故曰'其在異國乎'. 若在異國, 必薑姓也. 薑大嶽之後也. 山嶽則配天, 物莫能兩大. 陳衰, 此其昌乎". 及陳之初亡也, 陳桓子始大於齊. 其後亡也, 成子得政."

128) 『周易』 觀卦 六四, "觀國之光, 利用賓於王."

129) 『周易』 「說卦傳」 11章, "乾爲天 … 坤爲地 … 巽爲風."

130) 楊伯峻, 『春秋左傳注』 一, 北京: 中華書局, 1983, 223쪽 참조.

131) 『周易』 「說卦傳」 11章, "乾爲天, 爲君, 爲父, 爲玉 … 坤爲地, 爲母, 爲布."

132) 『左傳』 「僖公」 15年, "晉獻公筮嫁伯姬於秦, 遇歸妹之睽, 史蘇占之曰, "不吉, 其繇曰, '士刲羊, 亦無衁也, 女承筐, 亦無貺也.' 西鄰責言, 不可償也. 歸妹之睽, 猶無相也. 震之離, 亦離之震, 爲雷爲火, 爲嬴氏敗姬氏. 車說其輹, 火焚其旗, 不利行師, 敗於宗丘. 歸妹睽孤, 寇張之弧, 姪其從姑, 六年其逋, 逃歸其國, 而棄其家, 明年其死於高梁之虛." 及惠公在秦, 曰"先君若從史蘇之占. 吾不及此夫"."

133) 『周易』 歸妹卦 上六, "女承筐無實, 士刲羊無血, 無攸利."

134) 『國語』, 「晉語」 四, "公子親筮之, 曰尙有晉國. "得貞屯悔豫, 皆八也. 筮史占之, 皆曰 : 不吉.

閉而不通, 爻無爲也. 司空季子曰： 吉. 是在周易, 皆利建侯. 不有晉國, 以輔王室, 安能建侯? 我命筮曰 尙有晉國, 筮告我曰 利建侯, 得國之務也, 吉孰大焉! 震, 車也. 坎, 水也. 坤, 土也. 屯, 厚也. 豫, 樂也. … 震, 雷也, 車也. 坎, 勞也, 水也, 衆也. 主雷與車, 而尙水與衆. 車有震, 武也. 衆而順, 文也. 文具, 厚之至也. 故曰屯. 其繇曰： 元亨利貞, 勿用有攸往, 利建侯. 主震雷, 長也, 故曰元. 衆而順, 嘉也, 故曰亨. 內有震雷, 故曰利貞. 車上水下, 必伯. 小事不濟, 壅也. 故曰勿用有攸往, 一夫之行也. 衆順而有武威, 故曰'利建侯'. 坤, 母也. 震, 長男也. 母老子強, 故曰豫. 其繇曰, 利建侯行師." 居樂、出威之謂也. 是二者, 得國之卦也."

135) 韋昭, 『國語注』, "筮、史, 筮人, 掌以《三易》辨九筮之名. 一夏《連山》; 二殷《歸藏》; 三周《易》. 以《連山》、《歸藏》占此兩卦, 皆言不吉."

136) 『左傳』, 「僖公」 25年, "公曰'筮之', 遇大有之睽, 曰"吉, 遇'公用享於天子'之卦也. 戰克而王饗, 吉孰大焉. 且是卦也, 天爲澤以當日, 天子降心以逆公, 不亦可乎. 大有去睽而復, 亦其所也." 晉侯辭秦師而下."

137) 『周易』, 大有卦 九三, "公用亨於天子."

138) 이 구절에 대한 해석은 주석에 따라 다른데 정이천(程伊川)의 경우는 통행본 『주역』의 "公用亨於天子"라는 구절에 따라 "공이 천자에게 형통함"으로 해석하나 주자는 『주역본의』에서 『좌전』의 "公用享於天子"를 참고하여 "공이 천자에게 조공을 바치는" 것으로 해석하고 있다.

139) 『左傳』, 「昭公」 七年, "衛襄公夫人姜氏無子, 嬖人婤姶生孟縶. 孔成子夢康叔謂己, "立元, 余使羈之孫圉與史苟相之." 史朝亦夢康叔謂己, "余將命而子苟與孔烝鉏之曾孫圉相元." 史朝見成子, 告之夢, 夢協. 晉韓宣子爲政聘於諸侯之歲, 婤姶生子, 名之曰元. 孟縶之足不良能行. 孔成子以周易筮之, 曰, "元尙享衛國, 主其社稷." 遇屯. 又曰, "餘尙立縶, 尙克嘉之." 遇屯之比. 以示史朝. 史朝曰, "元亨, 又何疑焉?" 成子曰, "非長之謂乎?" 對曰, "康叔名之, 可謂長矣. 孟非人也, 將不列於宗, 不可謂長. 且其繇曰'利建侯.' 嗣吉, 何建? 建非嗣也. 二卦皆雲, 子其建之! 康叔命之, 二卦告之, 筮襲於夢, 武王所用也, 弗從何爲? 弱足者居. 侯主社稷, 臨祭祀, 奉民人, 事鬼神, 從會朝, 又焉得居? 各以所利, 不亦可乎?" 故孔成子立靈公."

140) 吳前衡, 『傳前易學』, 202쪽 참조.

141) 張明, 『春秋易學硏究』, 上海: 上海人民出版社, 2012, 10~11쪽 참조.

142) 李鏡池, 『周易探源』, 北京: 中華書局, 1978, 65~66쪽 참조.

143) 吳前衡, 『傳前易學』, 190쪽 참조.

144) 이 문제에 대해 오전형(吳前衡)은 "어떤 사람의 이름을 부르는 것은 유일한 지칭(指稱) 방법은 아니다. 간접적인 지칭방법이 있다. 예를 들면 '누구의 아내' · '누구의 어머니' · '누구의 지도교수' 등이다. 이들 간접지칭 중에 지칭되는 모든 것들은 '누구의'라는 말에 의부(依附) 혹은 의존한다. 이 때문에 간접지칭의 방법은 의부관계를 포함하고 있다. 효제(爻題)가 없는 상황에서 효획(爻畫)과 효사(爻辭)는 모두 간접적으로 지칭될 뿐이다. 그 간접지칭의 방식은 'A 之 B'의 형태이다." 『傳前易學』, 190쪽 참조.

145) 王新春, 『神妙的周易智慧』, 北京: 中國書店, 2001, 99~100쪽 참조.

146) 王新春, 『神妙的周易智慧』, 101~103쪽 참조.

147) 吳前衡, 『傳前易學』, 129쪽 참조.

148) 吳前衡, 『傳前易學』, 129쪽 참조.

149) "盍請濟師於王?" 對曰, "師克在和, 不在衆. 商､周之不敵, 君之所聞也. 成軍以出, 又何濟焉?" 莫敖曰, "卜之?" 對曰, "卜以決疑. 不疑, 何卜?" 遂敗鄖師於蒲騷, 卒盟而還.

150) 陳來 著, 진성수 · 고재석 옮김, 『중국고대사상문화의 세계』, 55~56쪽 참조.

151) 『尙書』, 「洪範」, "汝則有大疑, 謀及乃心, 謀及卿士, 謀及庶人, 謀及卜筮."

152) 高懷民, 『先秦易學史』, 227쪽.

153) 『尙書』, 「洪範」, "汝則從, 龜從, 筮從, 卿士從, 庶民從, 是謂之大同. 身其康彊, 子孫其逢吉. 汝則從, 龜從, 筮從, 卿士逆, 庶民逆, 吉. 庶民從, 龜從, 筮從, 卿士從, 汝則逆, 卿士逆, 吉. 汝則從, 龜從, 筮逆, 卿士逆, 庶民逆, 作內吉, 作外凶. 龜筮共違於人, 用靜吉, 用作凶."

154) 陳來, 『고대 사상문화의 세계』, 67쪽 참조.

155) 廖名春 · 康學偉 · 梁韋弦 著, 『周易硏究史』, 長沙: 湖南出版社, 1991, 23~26쪽 참조.

156) 『左傳』, 「僖公」 15年, "晉獻公筮嫁伯姬於秦, 遇歸妹䷵之睽䷥. 史蘇占之, 曰, "不吉. 其繇曰, '士刲羊, 亦無衁也; 女承筐, 亦無貺也. 西鄰責言, 不可償也. 歸妹之睽, 猶無相也.' … 及惠公在秦, 曰, "先君若從史蘇之占, 吾不及此夫!" 韓簡侍曰, "… 先君之敗德, 及可數乎? 史蘇是占, 勿從何益? 詩曰'下民之孼, 匪降自天, 僔遝背憎, 職競由人'."

157) 『左傳』, 「昭公」 12年, "南蒯枚筮之, 遇坤䷁之比䷇曰'黃裳元吉', 以爲大吉也. 示子服惠伯, 曰, "卽欲有事, 何如?" 惠伯曰, "吾嘗學此矣, 忠信之事則可, 不然, 必敗. … 故曰'黃裳元吉'. 黃, 中之色也; 裳, 下之飾也; 元, 善之長也. 中不忠, 不得其色; 下不共, 不得其飾; 事不善, 不得其極. 外內倡和爲忠, 率事以信爲共, 供養三德爲善, 非此三者弗當. 且夫易, 不可以占險, 將何事也?且可飾乎? 中美能黃, 上美爲元, 下美則裳, 參成可筮. 猶有闕也, 筮雖吉, 未也"."

158) 백서 『주역』 「要」편의 말.

159) 王新春, 『神妙的周易智慧』, 104쪽 참조.

제4장

1) 「계사하(繫辭下)」에 나오는 "옛날에 포희씨가 천하에 왕노릇할 때 우러러 하늘의 상을 관찰하고 굽어 땅의 형태들을 관찰하며, 새와 짐승의 무늬와 땅에 적합한 것에 대해 관찰하며, 가깝게는 자기에서 취하였고, 멀리는 다른 사물에서 취하여, 이럼으로써 비로소 팔괘를 만들어(古者包犧氏之王天下也, 仰則觀象於天, 俯則觀法於地, 觀鳥獸之文與地之宜, 近取諸身, 遠取諸物, 於是始作八卦)"라는 말이다.

2) 「계사상(繫辭上)」에 나오는 "크게 넓힌 대연(大衍)의 수가 50이지만 사용하는 것은 49이다. 이를 나누어 둘로 만들어 하늘과 땅의 양의(兩儀)를 상징하고, 하나를 걸어서 하늘, 땅, 인간의 삼재(三才)를 상징하고, 나머지 시초를 네 개씩 세어 사계절을 상징하고, 네 개씩 덜어낸 나머지를 손가락 사이에 끼움으로 윤달을 상징하니 윤달이 대개 5년에 두 차례 있으므로 (그 이치를 상징하여) 다시 그 나머지를 손가락 사이에 끼운 후에 거는 것이다(大衍之數五十, 其用四十有九. 分而爲二以象兩, 掛一以象三, 揲之以四以象四時, 歸奇於扐以象閏, 五歲再閏, 故再扐而後掛)"에 보인다.

3) 「계사상(繫辭上)」에 나오는 "이러한 까닭에 역(易)에는 태극(太極)이 있으니, 이것이

양의(兩儀)를 내고, 양의는 사상(四象)을 내고, 사상은 팔괘를 내니, 팔괘는 길함과 흉을 정하고(是故易有太極, 是生兩儀, 兩儀生四象, 四象生八卦, 八卦定吉凶)"라는 말에서 나왔다.

4) 「설괘전(說卦傳)」의 "옛날 성인이 역을 지음에 그윽히 신명을 도와 시초를 내었고, 하늘의 3의 수와 땅의 2의 수를 취하여 (陰陽奇偶의) 수를 세우고 음양의 변화함을 보아서 괘를 세우고, 강유에서 발휘하여 효를 만들어내니(昔者聖人之作易也, 幽贊於神明而生蓍, 參天兩地而倚數, 觀變於陰陽而立卦, 發揮於剛柔而生爻)"라는 말에서 나왔다.

5) 「설괘전(說卦傳)」의 "건은 하늘이라 그러므로 부(父)라 일컫고, 곤(坤)은 땅이라 그러므로 모(母)라 일컫는다. 진(震)은 첫 번째로 구하여 남(男)을 얻음이라 그러므로 장남이라 이르고, 손(巽)은 첫 번째로 구하여 여(女)를 얻음이라 그러므로 장녀라 이르고 감(坎)은 두 번째로 구하여 남을 얻음이라 그러므로 중남(中男)이라 이르고, 이(離)는 두 번째로 구하여 여자를 얻음이라 그러므로 중녀(中女)라 이른다. 간(艮)은 세 번째로 구하여 남을 얻음이라 그러므로 소남(少男)이라 이르고, 태(兌)는 세 번째로 구하여 여를 얻음이라 그러므로 소녀(少女)라 이른다(乾, 天也, 故稱乎父, 坤, 地也, 故稱乎母, 震一索而得男, 故謂之長男, 巽一索而得女, 故謂之長女, 坎再索而得男, 故謂之中男, 離再索而得女, 故謂之中女, 艮三索而得男, 故謂之少男, 兌三索而得女, 故謂之少女)"라는 말에 보인다.

6) 楊慶中, 『周易經傳研究』, 北京: 商務印書館, 2005. 3쪽 참조.

7) 余永梁, 「易卦爻辭的時代與作者」, 『古史辨』 第3冊, 上海: 上海古籍出版社, 1982, 149쪽.

8) 馮友蘭, 『中國哲學史新編』 上, 北京: 人民出版社, 1998판. 84쪽.

9) 楊慶中, 『周易經傳研究』, 6쪽 참조.

10) 『漢書』, 「藝文志」, "宓戱始作八卦. 文王重易六爻, 作上下篇. 孔子爲彖, 象, 繫辭, 文言, 序卦之屬十篇. 故曰易道深矣, 人更三聖, 世歷三古."

11) 孔穎達의 『周易正義』, 臺北: 藝文印書館, 1982, 序, 417쪽 참조.

12) 『繫辭傳』 下, 제2장, "古者包犧氏之王天下也, 仰則觀象於天, 俯則觀法於地, 觀鳥獸之文, 與地之宜, 近取諸身, 遠取諸物, 於始作八卦, 以通神明之德, 以類萬物之情."

13) 『繫辭傳』 上, 제11장, "河出圖, 洛出書, 聖人則之. …"

14) 「說卦傳」 제1장, "昔者聖人之作易也, 幽贊於神明而生蓍 … 觀變於陰陽而立卦."

15) 『周易本義』, "俯仰遠近所取不一, 然不過以驗陰陽消息兩端而已. 神明之德, 如健順動止之性. 萬物之情, 如雷風山澤之象."

16) 「說卦傳」 第一章, "昔者聖人之作易也. … 觀變於陰陽而立卦, 發揮於剛柔而生爻, 和順於道德而理於義."

17) 『史記』, 「日者列傳」, "自伏犧作八卦, 文王演三百八十四爻."

18) 『論衡』, 「正說」, "說易者皆謂伏犧作八卦, 文王演爲六十四."

19) 「繫辭傳」 下, 제1장. "八卦成列, 象在其中矣. 因而重之 爻在其中矣, 剛柔相推 變在其中矣."

20) 「說卦傳」 第一章, "昔者聖人之作易也, 將以順性命之理. 是以天之道曰陰與陽, 立地之道曰柔與剛, 立人之道曰仁與義. 兼三才而兩之, 故易六畫而成卦."

21) 『史記』, 「孔子世家」, "孔子晩而喜易, 序彖, 繫, 象, 說卦, 文言."

22) 歐陽修, 『歐陽文忠全集』 권78, “童子問曰, 繫辭非聖人之作乎? 曰, 何獨繫辭焉, 文言, 說卦而下, 皆非聖人之作, 而衆說淆亂, 亦非一人之言也.”

23) 顧頡剛 編, 『古史辨』, 臺北: 明倫出版社, 1970, 第3冊, 自序 참조.

24) 이 시기에 고힐강 이외에 비슷한 견해를 가진 학자로는 곽말약(郭沫若)과 고형(高亨)이 있다. 곽말약은 유물사관의 입장에서 『주역』에 관한 두 편의 논문을 발표하였다. 하나는 1927년에 쓴 「周易的時代背景與精神生産」이고, 다른 하나는 1935년에 쓴 「周易之制作時代」이다. 「周易的時代背景與精神生産」은 『주역』 괘효사의 사료 가치를 이용하여 은주(殷周) 사회의 정치, 경제구조와 정신문제 등을 말하고 있다. 「周易之制作時代」는 주로 『주역』 경전의 저자와 성서(成書) 시대를 고증하고 있다. 고형은 유명한 『周易古經今注』와 『周易大傳今注』를 통하여 ‘경의(經意)’ 즉 경(經)의 원의와 전(傳)의 이해인 ‘전해(傳解)’를 구별하고 있다. 그는 분명히 『역경』과 『역전』을 구별하여 『역전』을 통한 해경(解經)이 『역경』의 원의와 엄청난 차이를 가지고 있음을 지적하고 있다.

25) 이 관점에 대해서는 전현동(錢玄同)의 「답고힐강선생서(答顧頡剛先生書)」, 『古史辨』 제1책) 77쪽과 郭沫若, 『中國古代社會研究』, 北京: 人民出版社, 1954, 제26쪽 참조.

26) 알프레드 포르케 저, 양재혁 · 최해숙 역주, 『중국고대철학사』, 소명출판, 2004, 45쪽 참조.

27) 이 관점은 郭沫若의 「周易之制作年代」(『青銅時代』, 人民出版社), 63~70쪽 참조.

28) 이 문제에 대해서는 余永粱의 「易卦爻辭的時代及其作者」(『歷史語言研究所集刊』 第一本第一分)와 屈萬里의 「易卦源於龜卜考」(『歷史語言研究所集刊』 第27本) 등을 참조.

29) 唐蘭, 「在甲骨金文中所見的一種已經遺失的中國古代文字」, 『考古學報』 제2기, 1957, 33~36쪽 참조.

30) 張政烺, 「試釋周初青銅器銘文中的易卦」, 『考古學報』, 1980, 第4期와 「帛書六十四卦跋」(『文物』 第3期, 1984) 및 「殷墟甲骨文中所見的一種筮卦」(『文史』 24輯, 1985) 등을 참조.

31) 첫 번째 과정을 다시 세밀하게 두 단계로 나누어 서수(筮數)가 더욱 간략화되어 가는 과정을 말하는 입장도 있다. 즉 一을 버리고 오직 六 · 七 · 八 · 九만을 사용하고 있다는 것이다. 饒宗頤는 「殷代易卦及有關占卜諸問題」(『文史』 20輯, 1983)에서 “숫자는 단지 六 · 七 · 八 · 九만을 사용하고 一에서 五까지의 수는 사용하지 않았다”고 하였다. 六 · 七 · 八 · 九 이 네 가지 수는 통행본 『주역』에서 사용되는 서수(七 · 八 · 九 · 六)와 거의 일치한다.

32) 출토된 골각(骨角)에 새겨져 있는 돈괘(遯卦)와 귀매괘(歸妹卦)의 수자괘의 형태를 있는 그대로 그려보면 다음과 같다.

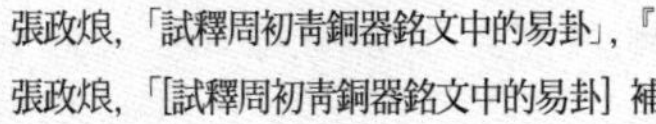

33) 張政烺, 「試釋周初青銅器銘文中的易卦」, 『考古學報』, 1980, 第4期, 補記 414쪽 참조.

34) 張政烺, 「[試釋周初青銅器銘文中的易卦] 補記」, 414쪽 참조.

35) 戴璉璋, 『易傳之形成及其思想』, 臺北: 文津出版社, 1988, 19쪽.

36) 安徽省 阜陽 雙古堆 西漢汝陰侯墓 竹簡 『周易』에 관한 자료에 대해서는 「阜陽漢簡簡介」(『文物』, 1983, 第2期)를 참조.

37) 汪寧生, 「八卦起源」, 『考古』, 1976, 제4기, 245쪽.

38) 韓仲民은 『帛易略說』(北京師範大學出版社, 1992) 93~97쪽에서 여섯 가지의 근거를 통하여 중괘설(重卦說)을 부정하고 64괘가 오히려 8괘보다 앞서 존재한다고 말한다. 대련장(戴璉璋) 역시 같은 주장을 하고 있다. 『易傳之形成及其思想』 17쪽 참조. 그러나 이에 비해 등구백(鄧球栢)은 『帛書周易校釋』(湖南出版社, 1996) 31~32쪽에서 64괘는 8괘가 결합되어 이루어진 흔적을 『백서주역』에서 발견할 수 있다고 말한다. 이것이 바로 8괘에서 64괘로 발전하는 체계적 사유방식이라고 말한다.

39) 『주역』의 괘효사를 고가(古歌)로 연구한 대표적인 저작에는 李鏡池의 「周易筮辭考」와 高亨의 「周易卦爻辭的文學價值」가 있고 최근의 연구 성과로는 黃玉順의 『易經古歌考釋』 등이 있다.

40) 荊州地區博物館, 「江陵王家台15號秦墓」(『文物』, 1995, 第1期) 참조.

41) 대표적인 것으로는 馬國翰의 『玉函山房輯佚書』가 있다.

42) 王家台 秦簡 『易占』을 『歸藏』으로 보는 대표적인 논문에는 王明欽의 「試論歸藏的幾個問題」(『一劍集』, 中國婦女出版社, 1996), 李家浩의 「王家台秦簡易占爲歸藏考」(『傳統文化與現代化』, 1997, 第1期), 林忠軍의 「王家台秦簡歸藏出土的易學價值」(『周易研究』, 2001, 第1期), 邢文의 「秦簡歸藏與周易用商」(『文物』, 2002.2) 등이 있다.

43) 梁韋弦, 「王家台秦簡易占與殷易歸藏」, 『周易研究』, 2002, 第3期 참조.

44) 廖名春, 「王家台秦簡歸藏管窺」, 『周易研究』, 2001, 제2기를 참조.

45) 嚴可均, 『全上古三代秦漢三國六朝文』, 中華書局, 1958, 104쪽.

46) 廖名春, 「王家台秦簡歸藏管窺」, 『周易研究』, 2001, 제2기, 15쪽.

47) 李過는 『西溪易說序』(文淵閣 『四庫全書』本)에서 『주역』이 『귀장』을 바탕으로 삼고 있는데 괘명을 상나라 역(易)을 채용하고 있을 뿐만 아니라 괘사(卦辭) 역시 상나라 역을 채용하고 있음을 말하고 있다.

48) 尙秉和는 『焦氏易詁』(中華書局, 1991), 241쪽에서 "『周易』의 글은 고대의 두 『易』을 因襲하고 있다(周易之文, 因襲於二易)"라고 하였다.

49) 張心澂, 『僞書通考』 上, 明倫出版社, 1984, 43쪽.

50) 林忠軍, 「王家台秦簡歸藏出土的易學價值」, 10쪽 참조.

51) 林忠軍, 「王家台秦簡歸藏出土的易學價值」, 10쪽 참조.

52) 張亞初, 劉雨, 「從商周八卦數字符號談筮法的幾介問題」, 『考古』 1981, 第2期, 159쪽.

53) 張亞初, 劉雨, 「從商周八卦數字符號談筮法的幾介問題」, 『考古』 1981, 第2期, 163쪽.

54) 陳仁仁, 「從楚地出土易類文獻看周易文本早期形態」, 『中國哲學』, 中國人民大學, 2007.9, 7쪽 참조.

55) 이 도표는 陳仁仁, 「從楚地出土易類文獻看周易文本早期形態」, 4쪽을 참조한 것임.

56) 何澤恒, 「論上博楚竹書周易的易學符號與卦序」, 鄭吉雄 主編, 『周易經傳文獻新詮』, 臺北: 臺大出版中心, 2010, 10쪽.

57) 季旭昇 主編, 陳惠玲 · 連德榮 · 李綉玲 合撰, 『上海博物館藏戰國楚竹書(三)讀本』, 臺北: 萬卷樓, 2005, 2쪽.

58) 夏含夷(Edward L. Shaughnessy), 「從出土文字資料看周易的編纂」, 鄭吉雄 主編, 『周易經傳

文獻新詮』, 臺大出版中心, 2010, 37~38쪽 참조.

59) 韓自強, 『阜陽漢簡周易研究』, 上海: 上海古籍出版社, 2004, 96쪽.

60) 李學勤, 「出土文獻與『周易』研究」, 『齊魯學刊』, 2005, 第2期, 7쪽.

61) 陳仁仁, 「從楚地出土易類文獻看周易文本早期形態」, 7쪽.

62) 韓子奇, 「近年出土文物對歐美易學的影響」, 鄭吉雄 主編, 『周易經傳文獻新詮』, 2010, 86쪽 참조.

63) 李零, 『簡帛古書與學術源流』, 北京: 三聯書店, 2004, 410쪽.

64) 陳仁仁, 「從楚地出土易類文獻看周易文本早期形態」, 7~8쪽 참조.

65) 陳來, 古代思想文化的世界, 北京: 三聯書店, 2002. 27쪽.

66) 李學勤, 「出土文獻與『周易』研究」, 『齊魯學刊』 2005, 第2期, 7쪽.

67) 劉新華, 「從數字卦和卦象看『周易』的成書」, 『周易研究』, 2009, 第4期, 47쪽.

68) 李學勤, 「出土文獻與『周易』研究」, 『齊魯學刊』 2005, 第2期, 8쪽.

69) 劉新華, 「從數字卦和卦象看『周易』的成書」, 47쪽.

70) 劉新華, 「從數字卦和卦象看『周易』的成書」, 47쪽.

71) 『春秋左傳』, 「襄公」 25年, "齊棠公之妻, 東郭偃之姊也. 東郭偃臣崔武子. 棠公死, 偃禦武子以弔焉, 見棠薑而美之, 使偃取之. 偃曰"男女辨姓, 今君出自丁, 臣出自桓, 不可." 武子筮之, 遇困之大過, 史皆曰'吉'". 示陳文子, 文子曰"夫從風, 風隕妻, 不可娶也. 且其繇曰'困於石, 據於蒺藜, 入於其宮, 不見其妻, 凶.' '困於石', 往不濟也. '據於蒺藜', 所恃傷也. '入於其宮, 不見其妻, 凶', 無所歸也." 崔子曰"嫠也何害, 先夫當之矣." 遂取之."

72) 위에서 말한 구어 시대의 점서에 대한 문제는 吳前衡, 『傳前易學』, 129쪽을 주로 참조함.

73) "屯如邅如. 乘馬班如, 匪寇婚媾."

74) "匪寇, 婚媾, 往遇雨則吉."

75) "需於血, 出自穴."

76) "入於穴, 有不速之客三人來, 敬之, 終吉."

77) "習坎, 入於坎窞, 凶."

78) "即鹿無虞, 惟入於林中."

79) "田獲三狐, 得黃失."

80) "畜牝牛, 吉."

81) "康侯用錫馬蕃庶, 晝日三接."

82) "喪羊於易."

83) 楊慶中, 『周易經傳研究』, 24쪽 참조.

84) 劉寶才, 『先秦文化散論』, 西安: 陝西人民出版社, 2001, 122쪽.

85) 高亨 著, 王大慶 整理, 『高亨周易九講』, 10쪽 참조.

86) 본래 같은 운(韻)에 속하지 않는 글자를 동일한 운으로 사용하는 것으로 이것을 협운(協韻)이라고 한다. 즉 운율(韻律)을 맞춘다는 의미이다.

87) 李鏡池, 『周易探源』, 192쪽.

88) 李鏡池, 『周易探源』, 38~39쪽 참조.

89) 예를 들면, 둔괘(屯卦)의 육이 효사의 "屯如邅如, 乘馬班如" 상육의 "乘馬班如, 泣血漣如", 비괘(否卦) 구오의 "其亡其亡, 繫於苞桑", 비괘(賁卦) 육사의 "賁如皤如, 白馬翰如", 이괘(離卦) 구삼의 "日昃之離, 不鼓缶而歌, 則大耋之嗟, 凶" 등을 말하고 있다.

90) 黃玉順, 『周易古歌考釋』, 緒論 참조. 황옥순은 이 책에서 『역경』의 어구(語句)가 난해한 근본 원인을 운명판단(점사)이 가요의 구절 속에 들어가 가요 자체의 어구 형태를 변화시켰기 때문이라고 말한다.

91) 李鏡池, 『周易探源』, 198쪽 참조.

92) 정병석 역주, 『주역』 하, 372쪽 참조.

93) 李鏡池, 『周易探源』, 198~199쪽 참조.

94) 위의 도표는 鄭吉雄, 「論『易經』非占筮記錄」, 『周易研究』, 2012, 第2期(112기), 28~29쪽을 참조함.

95) 비(比)는 비유(譬喩)를 말한다. 이것으로 저것을 비유하는 것을 말하는데, 이것을 이용하여 상징적인 효과를 드러낸다. 흥(興)은 어떤 것에 기탁(寄托)하는 것으로 사물이나 사태에 근거하여 감정을 일으키게 하는데 이것을 통하여 암시적(暗示的) 효과를 나타낸다. 비와 흥은 『시경』 육의(六義) 중의 두 가지이다. 고대의 유가들은 이 두 가지 수법을 이용하여 현실을 반영하고 묘사하거나 사회정치적 내용을 표현하는 데 이용하였다.

96) 高亨 著, 王大慶 整理, 『高亨周易九講』, 18~21쪽 참조.

97) 高亨 著, 王大慶 整理, 『高亨周易九講』, 18~23쪽 참조.

98) 李鏡池, 『周易探源』, 「周易筮辭續考」편 참조.

99) 高亨 著, 王大慶 整理, 『高亨周易九講』, 11쪽 참조.

100) 『左傳』, 「昭公」 12年, "南蒯枚筮之, 遇坤之比曰'黃裳元吉', 以爲大吉也. 示子服惠伯, 曰, "卽欲有事, 何如?" 惠伯曰, "吾嘗學此矣, 忠信之事則可, 不然, 必敗"."

101) 『좌전』, 「莊公」 22년, "陳厲公, 蔡出也. 故蔡人殺五父而立之, 生敬仲. 其少也, 周史有以周易見陳侯者, 陳侯使筮之, 遇觀之否, 曰"是謂'觀國之光, 利用賓於王'. 此其代陳有國乎."

102) 『左傳』, 「僖公」 25年, "公曰筮之, 遇大有之睽, 曰"吉, 遇'公用享於天子'之卦也. 戰克而王饗, 吉孰大焉. 且是卦也, 天爲澤以當日, 天子降心以逆公, 不亦可乎. 大有去睽而復, 亦其所也. 晉侯辭秦師而下"."

103) 吳前衡, 「春秋『易』文本」, 『周易研究』, 1997, 제1기, 18쪽.

104) 高亨, 『周易古經今注』, 北京: 清華大學出版社, 2010판, 16쪽.

105) 李鏡池, 『周易通義』, 北京: 中華書局, 1981판, 6쪽.

106) 王新春 著, 『易學與中國哲學』, 北京: 人民出版社, 2012, 47쪽.

107) 馬承源, 『戰國楚竹書』(3), 上海: 上海古籍出版社, 2003판, 113쪽.

108) 馬承源, 『戰國楚竹書』(3), 159~198쪽.

109) 丁四新, 『楚竹書與漢帛書周易校注』, 上海: 上海古籍出版社, 2011, 3쪽.

110) 馬承源, 『戰國楚竹書』(3), 136쪽.

111) 馬承源, 『戰國楚竹書』(3), 134쪽.

112) 王新春 著, 『易學與中國哲學』, 48쪽.

113) 吳前衡, 『傳前易學』, 190쪽 참조.

114) 吳前衡, 『傳前易學』, 191쪽 참조.

115) 吳前衡, 『傳前易學』, 191쪽 참조.

116) 王新春 著, 『易學與中國哲學』, 59쪽.

117) 王新春 著, 『易學與中國哲學』, 59쪽.

118) 吳前衡, 『傳前易學』, 314쪽 참조.

119) "繫辭曰, 爻效天下之動也. 然則連山､歸藏占彖, 本其質性也. 周易占變者, 效其流動也."

120) 林忠軍 主編, 『易學心知』 王新春, 「易中"九"·"六"由來蠡測」 52쪽 참조.

121) 吳前衡, 『傳前易學』, 431~434쪽 참조.

122) 高懷民 著, 정병석 역, 『주역철학의 이해』, 서울: 문예출판사, 1995, 286쪽 참조.

123) 「계사전」, "吉凶悔吝者, 生乎動者也."

124) 「계사전」, "是故易者, 象也. 象也者, 像也. 彖也, 材也. 爻也者, 效天下之動者也. 是故吉凶生而悔吝著也."

125) "爻有變動, 位有得失, 變而合於道者爲得, 動而乖於理者爲失. 人事之情僞, 物理之是非, 皆在六爻之中, 所以象天下之動."

126) 高懷民 著, 정병석 역, 『주역철학의 이해』, 288쪽 참조.

127) 「계사전」, "變動以利言, 吉凶以情遷, 是故愛惡相攻而吉凶生, 遠近相取而悔吝生, 情僞相感而利害生. 凡易之情, 近而不相得則凶, 或害之, 悔且吝."

128) 『周易折中』, "遠謂應與不應, 近謂比與不比, 或取遠應而捨近比, 或取近比而捨遠應由此遠近相取, 所以生悔吝於繫辭矣."

129) "吉則得, 凶則失, 知悔吝則知憂虞, 知憂虞則可趣吉避凶."

130) "是故吉凶者, 失得之象也."

131) "吉凶者, 言乎其失得也."

132) 屯卦 六四, "乘馬班如, 求婚媾, 往吉, 無不利."

133) 旣濟 괘사, "亨小, 利貞, 初吉終亂."

134) 訟卦 괘사, "訟, 有孚窒惕, 中吉, 終凶, 利見大人, 不利涉大川."

135) 家人卦, 上九, "有孚, 威如, 終吉."

136) 否卦 初六, "拔茅茹, 以其彙, 貞吉, 亨."

137) 家人卦 六四, "富家, 大吉."

138) 履卦, 九四, "履虎尾, 愬愬, 終吉."

139) 無妄卦, 初九, "無妄, 往吉."

140) 정병석 역주, 『주역』 상권, 415쪽 역주 참조.

141) 謙卦, 九三, "勞謙, 君子有終, 吉."

142) "師出以律, 否臧凶."

143) 履卦, 六三, "眇能視, 跛能履, 履虎尾咥人, 凶, 武人爲於大君."

144) 정병석 역주, 『주역』 상권, 211쪽 역주 참조.

145) "吉卽順理而得之象也, 凶卽逆理而失之象也."

146) 楊慶中, 『周易經傳研究』, 143쪽 참조.
147) 정병석 역주, 『주역』 하권, 671~673쪽 역주 참조.
148) 「계사전」, "悔吝者, 言乎其小疵也."
149) 「계사전」, "憂悔吝者存乎介."
150) '린(吝)'의 의미는 후회하다, 부끄러워하다, 애석해하다, 한탄하다 등의 뜻을 가지고 있는데 문의(文意)에 따라 약간씩 그 내용이 달라진다. 허신(許愼)의 『설문해자』에서는 "린(吝)이란 원망스럽고 애석함(吝, 恨惜也)"이라고 하였다. 유명한 유가 경전의 영어 번역자인 James Legge(1815~1897)는 'I Ching: Book of Changes'에서 '린(吝)'을 'regret(아까워하다, 후회하다)'로 번역하고 있다. Wilhelm의 독일어 번역본을 영어로 번역한 Baynes는 'humiliation(치욕을 당하다, 창피를 당하다)'으로 해석하였다. 즉 변명의 여지가 없이 떳떳하지 못하고 궁색하여 부끄러움을 당하게 된다는 의미이다. 정병석 역주, 『주역』 상권, 122쪽 역주 참조.
151) 고회민, 『주역철학의 이해』, 294쪽 참조.
152) "卽鹿無虞, 惟入於林中, 君子幾, 不如舍, 往吝."
153) 困卦 上六, "困於葛藟, 於臲卼, 曰動悔有悔, 征吉."
154) "悔者, 其事已過, 意有所追悔之也."
155) "亢之爲言也, 知進而不知退, 知存而不知亡, 知得而不知喪."
156) "盱豫悔, 遲有悔."
157) "閑有家, 悔亡."
158) 정병석 역주, 『주역』 하권, 101쪽 역주 참조.
159) "閑有家, 志未變也."
160) 정병석 역주, 『주역』 하권, 102쪽 역주 참조.
161) 『周易本義』 卷三, "悔自凶而趣吉."
162) 楊慶中, 『周易經傳研究』, 131쪽 참조.
163) "同人於宗, 吝."
164) 정병석 역주, 『주역』 상권, 257쪽 역주 참조.
165) "婦子嘻嘻, 終吝."
166) 정병석 역주, 『주역』 하권, 103쪽 역주 참조.
167) 高亨, 『周易古經今注』, 133쪽.
168) 夬卦, 初九, "壯於前趾, 往不勝爲咎."
169) 大有, 初九, "無交害, 匪咎, 艱則無咎."
170) 隨卦, 九四, "隨有獲, 貞凶, 有孚在道, 以明, 何咎!"
171) 楊慶中, 『周易經傳研究』, 137~140쪽 참조.
172) "無咎者, 善補過也."
173) 위의 무구에 대한 논의는 정병석 역주, 『주역』 하권, 522쪽 역주 참조.
174) 高懷民 著, 정병석 역, 『주역철학의 이해』, 297쪽 참조.
175) "震無咎者, 存乎悔."
176) "無交害, 匪咎, 艱則無咎."

177) 남송시기의 역학자로 보통 복재선생(復齋先生)으로 알려져 있다. 저서로는 『복재역학(復齋易學)』 6권이 있음.

178) "匪咎由時, 無咎由己."

179) 정병석 역주, 『주역』 상권, 267쪽 역주 참조.

제5장

1) 이 말은 『역위(易緯)』 「건곤착도(乾坤鑿度)」에서 나왔다. '익(翼)'의 원래 의미는 새의 날개를 가리키는 것으로 새가 비행하는 것을 돕는 것으로 이 때문에 보익, 보조의 뜻이 있는 것으로 확장된다. '십익'은 『주역』을 이해하게 도와주는 열 편의 작품을 말한다.

2) 『史記』, 「孔子世家」, "孔子晚而喜易, 序彖繫象說文言."

3) 『漢書』, 「藝文志」, "孔氏爲之彖象繫辭文言序卦之屬十篇."

4) 『易童子問』, "皆非孔子所作, … 亦非一人之言."

5) 高亨 著, 王大慶 整理, 『高亨周易九講』, 99쪽.

6) 『역전』 10편이 모두 공자가 지은 것이 아니며 유가 후학에서 나온 것이고, 그것들 또한 한 사람이 한 시기에 지은 작품이 아니라는 점은 대부분의 학자들이 말하는 바이다. 다만 구체적으로 『역전』 각 편의 저작연대에 대해서 학자간의 견해는 결코 일치하지 않는다. 어떤 학자는 『역전』 각편은 주로 전국시기에 만들어진 것으로 보고, 또 어떤 사람은 이것은 진한의 사이와 한나라 초기에 만들어진 것이라고 보기도 한다.

7) 余敦康, 「從易經到易傳」, 黃沛榮, 『易學論著選集』, 臺北: 大安出版社印行, 1985, 236쪽 참조

8) 孔子와 『역전』의 관계에 관하여, 근대 歐陽修의 『易童子問』 이후로, 崔述의 『考信錄』에서 처음으로 증거를 들어 『역전』이 공자가 지은 것이 아니라고 논하였고, 고사변파 학자들에 의해 그 설이 널리 퍼졌다. 이런 문제에 대해서는 徐威雄(Ser Wue Hiong)의 「有關《易傳》問題的再觀察」, 『先秦儒學與易關係之研究』(제4장), 싱가포르 국립대학교 중문연구소 박사논문, 2007년 작품을 참고할 수 있다. 또 20세기 역학연구의 경향은 楊慶中의 『二十世紀中國易學史』에서 가장 상세하게 논하고 있다.

9) 주백곤의 논점은 그가 저술한 『易學哲學史(1)』(北京: 華夏出版社, 1995)에서 보인다. 주백곤이 1997년에 홍콩도교학원에서 강연한 「易學研究中的若幹問題」(『朱伯崑論著』에 수록, 沈陽: 沈陽出版社, 1998, 831~882쪽)를 참고할 수 있다. 여기에서 그는 '經傳分離'에 대한 주장을 통하여 '以經解傳', '以傳解經', '以學釋傳'의 관점에 대해 상당히 상세하게 이야기하고 있다. 대체적으로 말하면 주백곤은 『易經』을 占筮言語로, 『易傳』을 哲學言語로 보았고, 이 두 가지는 뒤섞을 수 없는 것으로 보고 있다.

10) 鄭吉雄, 「論『易經』非占筮記錄」, 『周易研究』 2012年 제2기(전체112기).

11) 이런 관점을 가진 연구로는 戴璉璋의 『易傳之形成及其思想』과 黃沛榮의 『易學乾坤』 등이 있다.

12) 戴璉璋, 『易傳之形成及其思想』, 4쪽.

13) 張靜, 「從左傳與易傳的解易模式看易象的生成 - 兼論經傳關係」, 『周易研究』, 2010, 第3期,

37쪽.

14) 『左傳』, 「昭公」 七年, "衛襄公夫人姜氏無子, 嬖人婤姶生孟縶. 孔成子夢康叔謂己, "立元, 余使羈之孫圉與史苟相之." 史朝亦夢康叔謂己, "余將命而子苟與孔烝鉏之曾孫圉相元." 史朝見成子, 告之夢, 夢協. 晉韓宣子爲政聘於諸侯之歲, 婤姶生子, 名之曰元. 孟縶之足不良能行. 孔成子以周易筮之, 曰, "元尙享衛國, 主其社稷." 遇屯. 又曰, "餘尙立縶, 尙克嘉之." 遇屯之比. 以示史朝. 史朝曰, "'元亨', 又何疑焉?" 成子曰, "非長之謂乎?" 對曰, "康叔名之, 可謂長矣. 孟非人也, 將不列於宗, 不可謂長. 且其繇曰, '利建侯.' 嗣吉, 何建? 建非嗣也. 二卦皆雲, 子其建之! 康叔命之, 二卦告之, 筮襲於夢, 武王所用也, 弗從何爲?弱足者居. 侯主社稷, 臨祭祀, 奉民人, 事鬼神, 從會朝, 又焉得居? 各以所利, 不亦可乎?" 故孔成子立靈公."
15) 張靜, 「從左傳與易傳的解《易》模式看《易》象的生成 - 兼論經傳關係」, 49쪽 참조.
16) 「문언전」, "元者, 善之長也, 亨者, 嘉之會也, 利者, 義之和也, 貞者, 事之幹也. 君子體仁足以長人, 嘉會足以合禮, 利物足以和義, 貞固足以幹事."
17) 이 문제에 대해서는 鄭吉雄의 「論『易經』非占筮記錄」(『周易研究』, 2012, 第2期)와 「從卦爻辭字義演繹論《易傳》對《易經》的詮釋」(『漢學研究』, 臺北: 漢學研究中心, 2006, 1~33쪽) 및 張靜의 「從左傳與易傳的解易模式看易象的生成 - 兼論經傳關係」라는 논문들을 참조.
18) "離, 麗也." 이에 대해 왕필(王弼)은 『周易注』에서 "麗, 猶著也"라고 말한다.
19) 朱駿聲, 『說文通訓定聲』, 臺北: 藝文印書館, 1986, 536쪽 참조.
20) 정병석, 『周易』 상권, 487쪽.
21) 『좌전』, 「閔公」 원년, "初, 畢萬筮仕於晉, 遇屯之比. 辛廖占之, 曰, "吉. 屯固、比入, 吉孰大焉? 其必蕃昌. 震爲土, 車從馬, 足居之, 兄長之, 母覆之, 衆歸之, 六體不易, 合而能固, 安而能殺, 公侯之卦也. 公侯之子孫, 必復其始"."
22) 『國語』, 「晉語」 四, "公子親筮之, 曰: "尙有晉國." 得貞屯悔豫, 皆八也. 筮史占之, 皆曰: "不吉. 閉而不通, 爻無爲也." 司空季子曰: "吉. 是在周易, 皆利建侯." 不有晉國, 以輔王室, 安能建侯? 我命筮曰 "尚有晉國", 筮告我曰 "利建侯", 得國之務也, 吉孰大焉! 震, 車也. 坎, 水也. 坤, 土也. 屯, 厚也. 豫, 樂也. … 震, 雷也, 車也.坎, 勞也, 水也, 眾也. 主雷與車, 而尚水與眾. 車有震, 武也. 眾而順, 文也. 文具, 厚之至也. 故曰屯. 其繇曰: "元亨利貞, 勿用有攸往, 利建侯." 主震雷, 長也, 故曰元. 眾而順, 嘉也, 故曰亨. 內有震雷, 故曰利貞. 車上水下, 必伯. 小事不濟, 壅也. 故曰勿用有攸往, 一夫之行也. 眾順而有武威, 故曰'利建侯'. 坤, 母也. 震, 長男也. 母老子強, 故曰豫. 其繇曰 : "利建侯行師." 居樂、出威之謂也. 是二者, 得國之卦也."
23) "屯, 元亨, 利貞, 勿用有攸往, 利建侯."
24) "彖曰, 屯, 剛柔始交而難生, 動乎險中, 大亨貞. 雷雨之動滿盈, 天造草昧, 宜建侯而不寧."
25) "有天地然後萬物生焉. 盈天地之間者唯萬物, 故受之以屯, 屯者盈也, 屯者物之始生也."
26) "屯見而不失其居."
27) 許慎 撰, 段玉裁 注, 『說文解字注』, "不堅固, 不盈滿, 則不能出."
28) 高亨, 『左傳, 國語的周易說通解』, 黃壽祺, 張善文主編, 『周易研究論文集』 第二輯, 北京: 北京師範大學出版社, 1987, 132쪽.
29) 정병석, 『周易』 상권 125쪽 참조.
30) 張靜, 「從左傳與易傳的解易模式看易象的生成 - 兼論經傳關係」 51쪽 참조.

31) 『周易本義』, "屯震遇坎, 震動故見, 坎險不行也."

32) 위의 『좌전』, 『국어』와 『역전』의 해석 방식에 대한 더욱 구체적인 논의는 張靜의 「從左傳與易傳的解易模式看易象的生成 - 兼論經傳關係」 49~51쪽을 참조.

33) 이 문제에 대한 상세한 분석은 鄭吉雄의 「論『易經』非占筮記錄」을 참조.

34) "引而伸之, 觸類而長之, 天下之能事畢矣."

35) 吳前衡, 『傳前易學』, 245쪽 참조.

36) 張善文, 『象數與義理』, 沈陽: 遼寧教育出版社, 1993판, 16쪽.

37) 張善文, 『象數與義理』, 16쪽.

38) 吳前衡, 『傳前易學』, 246쪽 참조.

39) 吳前衡, 『傳前易學』, 246쪽 참조.

40) 위의 점서 해석의 한계와 위기에 대해서는 吳前衡, 『傳前易學』, 253~254쪽 참조.

41) 吳前衡, 『傳前易學』, 248쪽 참조.

42) 陳來, 『古代宗教與倫理』, 9~10쪽 참조. 물론 여기에서 진래가 말하는 초점은 분명히 무격(巫覡) 문화가 어떻게 예악문화로 발전하여 가는가라는 문제를 논의하는 것에 있지, 고대의 점복이 유가의 형이상학적인 철학 체계로 변천하고 발전하는 과정에 대해 중점적으로 기술하고 있는 것은 아니다.

43) 이러한 예들은 특히 『좌전』과 『국어』의 서안(筮案)에서 보인다. 吳前衡, 『傳前易學』, 255쪽 참조.

44) "易道廣大, 無所不包, 旁及天文, 地理, 樂律, 兵法, 韻學, 算術, 以逮方外之爐火, 皆可援易以爲說."

45) "見乃謂之象, 形乃謂之器."

46) 「계사전」 하전, "易者, 象也, 象也者, 像也."

47) 이 부분의 내용에 대해서는 張其成, 「象數範疇論」, 『周易研究』 1998, 第4期(總第三十八期) 28~29쪽을 참조.

48) 牟宗三, 『周易的自然哲學與道德含意』, 臺北: 文津出版社, 導言, 4쪽.

49) 『繫辭傳』 下, 2장, "古者包犧氏之王天下也, 仰則觀象於天, 俯則觀法於地, 觀鳥獸之文, 與地之宜, 近取諸身, 遠取諸物, 於始作八卦, 以通神明之德, 以類萬物之情."

50) 「계사전」 상, 11장, "天垂象, 見吉凶. 聖人象之."

51) 「계사전」 상, 2장, "聖人設卦觀象, 繫辭焉而明吉凶."

52) 「계사전」 하, 12장, "八卦以象告, 爻彖以情言." 이 구절에 대해 주자는 『주역본의』에서 "상은 괘의 획을 말한 것이고, 효단은 괘사와 효사를 말한다"(象謂卦劃, 爻彖謂卦爻辭)라고 하였다.

53) 「계사전」 상, "聖人 有以見天下之賾, 而擬諸其形容, 象其物宜, 是故謂之象."

54) 「계사전」 하, "易者, 象也, 象也者, 像也."

55) 戴璉璋, 『易傳的形成與其思想』, 158쪽.

56) 牟宗三, 『周易的自然哲學與道德含意』, 115~116쪽.

57) 牟宗三, 『周易哲學演講錄』, 臺北: 文津出版社, 2003, 68쪽.

58) 「계사전」 하, 2장, "作結繩而爲罔罟, 以佃以漁, 蓋取諸離. 包犧氏沒, 神農氏作, 斲木爲耜,

揉木爲耒, 耒耨之利, 以教天下, 蓋取諸益."

59) 「계사전」 하, 2장, "上古穴居而野處, 後世聖人易之以宮室, 上棟下宇, 以待風雨, 蓋取諸大壯. 古之葬者, 厚衣之以薪, 葬之中野, 不封不樹, 喪期無數, 後世聖人易之以棺槨, 蓋取諸大過. 上古結繩而治, 後世聖人易之以書契, 百官以治, 萬民以察, 蓋取諸夬."

60) 劉明武, 「道與器的分離」, 『中國文化硏究』 第30期, 北京言語文化大學, 2000, 冬之卷, 21쪽 참조.

61) 정병석, 「역전의 도기결합적 성인관」, 『유교사상연구』, 2007.4, 199쪽 참조.

62) 余敦康, 「從易經到易傳」, 黃沛榮 編, 『易學論著選集』, 臺北: 長安出版社, 1985, 240쪽.

63) 「繫辭傳」, "易者, 象也, 象也者, 像也."

64) 이런 관점은 『좌전』 「莊公」 22년 조와 『국어』 「晉語四」 등에 기재되어 있다.

65) 『좌전』, 『국어』 중에는 『주역』에 관한 기록이 22조 있다. 그중 대부분이 점복에 사용되고 나머지는 점복에 사용하지 않고 있다. 『주역』의 발전이 두 갈래로 갈라지는 경향을 볼 수 있다.

66) 孔穎達, 『周易正義』, "陳說八卦之德業, 變化及法象之所爲也."

67) 이런 관점에 대해서는 嚴靈峯의 『易學新論』(臺北: 正中書局, 1969)과 『馬王堆帛書易經斠理』(臺北: 文史哲出版社, 1994), 李學勤의 「馬王堆帛書周易的卦序卦位」, 『中國哲學』(北京: 人民出版社, 1984) 第14輯, 廖明春의 「周易 · 說卦傳錯簡說新考」, 『周易硏究』(山東大學周易硏究中心, 1997) 第32期 참조.

68) 吳前衡, 『傳前易學』, 270쪽.

69) 屈萬裏, 『先秦漢魏易例述評』, 臺北: 學生書局, 1985, 58쪽 참조.

70) 吳前衡, 『傳前易學』, 271쪽 참조.

71) 王弼, 『周易略例』, "義苟在健, 何必馬乎? 類苟在順, 何必牛乎?"

72) 高明, 「易象探源」, 黃沛榮 著, 『易學論著選集』, 臺北: 長安出版社, 370쪽.

73) 「說卦傳」 第3章, "天地定位, 山澤通氣, 雷風相薄, 水火不相射, 八卦相錯. 數往者順, 知來者逆, 是故易逆數也."

74) 「說卦傳」 第4章, "雷以動之, 風以散之,雷以潤之, 日以烜之, 艮以止之, 兌以說之, 乾以君之, 坤以藏之."

75) 「說卦傳」 第5章, "帝出乎震, 齊乎巽, 相見乎離, 致役乎坤, 說言乎兌, 戰乎乾, 勞乎坎, 成言乎艮."

76) 「說卦傳」 第6章, "神也者, 妙萬物而爲言者也. 動萬物者莫疾乎雷. 橈萬物者莫疾乎風, 燥萬物者莫熯乎火, 說萬物者莫說乎澤, 潤萬物者莫潤乎水, 終萬物始萬物者莫盛乎艮. 故水火相逮, 雷風不相悖, 山澤通氣, 然後能變化旣成萬物也."

77) 高明, 「易象探源」, 369~371쪽 참조.

78) 정병석, 『주역』 하권, 684쪽 주석 참조.

79) 邵康節, 『性理大全 · 皇極經世書』, 「八卦正位圖邵伯溫解」, "天地定位, 乾與坤對也. 山澤通氣, 艮與兌對也. 雷風相薄, 震與巽坤對也. 水火不相射, 離與坎對也. 此伏羲氏之易也."

80) 즉 「序卦傳」에서 "천지가 있은 연후에야 만물이 생하나니, 천지의 사이에 가득한 것이 오직 만물이라(有天地然後, 萬物生焉, 盈天地之間者, 唯萬物)"는 것에 해당한다.

81)「繫辭傳」上,“乾坤其易之蘊耶.”

82) 金景芳 講述, 呂紹綱 整理,『周易講座』, 吉林大學出版社, 1997, 91쪽.

83) 勞思光,『中國哲學史』(一), 臺北: 三民書局, 1980, 87쪽.

84)『周易正義』,“此一節總明八卦養物之功.”

85) 정병석,『주역』하권, 686쪽 주석 참조.

86) 朱伯崑,『易學哲學史』, 95쪽.

87)「설괘전」第5章,“萬物出乎震, 震, 東方也. 齊乎巽, 巽, 東南也. 齊也者, 言萬物之絜齊也. 離也者, 明也. 萬物皆相見, 南方之卦也. 聖人南面而聽天下, 嚮明而治, 蓋取諸此也. 坤也者, 地也, 萬物皆致養焉, 故曰致役乎坤. 兌, 正秋也, 萬物之所說也, 故曰說言乎兌. 戰乎乾, 乾, 西北之卦也, 言陰陽相薄也. 坎者, 水也, 正北方之卦也, 勞卦也, 萬物之所歸也, 故曰勞乎坎. 艮, 東北之卦也, 萬物之所成終而所成始也, 故曰成言乎艮.”

88)「설괘전」第1章,“昔者聖人之作易也, 幽贊於神明而生蓍, 參天兩地而倚數, 觀變於陰陽而立卦, 發揮於剛柔而生爻, 和順於道德而理於義, 窮理盡性以至於命.”

89)「설괘전」第2章,“昔者聖人之作易也, 將以順性命之理. 是以立天之道曰陰與陽, 立地之道曰柔與剛, 立人之道曰仁與義. 兼三才而兩之, 故易六畫而成卦, 分陰分陽, 迭用柔剛, 故易六位而成章.”

90) 吳前衡,『傳前易學』, 474쪽 참조.

91) 吳前衡,『傳前易學』, 474쪽 참조.

92) 한국철학사상연구회 편,『철학대사전』, 서울: 동녘, 1989, 387쪽.

93) Encyclopedia Philosophique Universiere, Les Notions Philosophiques: P.U.F. tome 2 1950 models.

94) Bryan Magee(이명현, 이건원, 이종권 공역),『현대철학의 쟁점들은 무엇인가?』, 서울: 심설당, 1985, 45~47쪽 참조.

95)『현대철학의 쟁점들은 무엇인가?』, 47쪽 참조.

96)『철학대사전』, 389쪽 참조.

97)「繫辭傳」,“易之爲書也, 廣大悉備, 有天道焉, 有地道焉, 有人道焉. 兼三材而兩之, 故六, 六者, 非它也, 三才之道也.”

98)「繫辭傳」,“古者包犧氏之王天下也, 仰則觀象於天, 俯則觀法於地, 觀鳥獸之文與地之宜, 近取諸身, 遠取諸物, 於是始作八卦, 以通神明之德, 以類萬物之情.”

99)「繫辭傳」,“聖人有以見天下之賾, 而擬諸其形容, 象其物宜, 是故謂之象.”

100)「繫辭傳」上,“聖人有以見天下之動, 而觀其會通, 以行其典禮, 繫辭焉以斷其吉凶, 是故謂之爻.”

101)「繫辭傳」上, 8章,“聖人有以見天下之賾, 而擬諸其形容, 象其物宜, 是故謂之象.” 주석9)와 동일함.

102)「繫辭傳」上, 6章,“廣大配天地, 變通配四時, 陰陽之義配日月, 易簡之善配至德.”

103)「繫辭傳」上, 4章,“易與天地準, 故能彌綸天地之道.”

104)“五行, 一曰水, 二曰火, 三曰木, 四曰金, 五曰土. 水曰潤下, 火曰炎上, 木曰曲直, 金曰從革, 土爰稼穡. 潤下作鹹, 炎上作苦, 曲直作酸, 從革作辛, 稼穡作甘.”

105) 오재에서 오행이라는 다섯 가지 기능적 속성의 발견 또는 부가(附加)라는 관점은 劉長林, 「易傳的類概念和模型思想」, 『中國哲學史』, 中國哲學史學會 32期, 1988, 12쪽을 참조하여 정리한 것임.

106) 張介賓, 『類經附翼』, 「醫易」, "以體而言爲天地, 以用而言爲乾坤."

107) 劉長林, 「易傳的類概念和模型思想」, 13~14쪽 참조.

108) 吳前衡, 『傳前易學』, 264쪽 참조.

109) 「說卦傳」, "乾, 天也, 故稱乎父, 坤, 地也, 故稱乎母, 震一索而得男, 故謂之長男, 巽一索而得女, 故謂之長女, 坎再索而得男, 故謂之中男, 離再索而得女, 故謂之中女, 艮三索而得男, 故謂之少男, 兌三索而得女, 故謂之少女."

110) 「계사전」 상, 9장, "八卦而小成, 引而伸之, 觸類而長之, 天下之能事畢矣."

111) 이 말은 건괘(乾卦) 「문언전(文言傳)」의 "여섯 효로 발휘함은 실정을 두루 사방으로 통함이요(六爻發揮, 旁通情也)"라는 말에서 나왔다. 여기에서 말하는 '발휘'라는 개념은 그 기능을 응용하여 펼친다는 의미로 하나의 관점을 다른 방면으로 확대하여 적용하는 것을 말한다. '방(旁)'은 두루 가지 않는 곳이 없음을 말한다. 이 때문에 주자는 『주역본의』에서 "방통은 곡진하다고 말하는 것과 같다(旁通, 猶言曲盡)"고 말한다. '정(情)'은 실정(實情) 혹은 실제의 뜻이다. 그러므로 "실정을 두루 사방으로 통한다(旁通情也)"는 말은 "옆으로 확대하여 만사만물의 실정과 뜻을 모두 통하게 한다"는 의미이다.

112) 정병석, 『유학, 연속성의 세계와 철학』, 경산: 영남대학교출판부, 2013, 111~112쪽 참조.

113) 咸卦, 「彖傳」, "天地感而萬物化生."

114) 姤卦, 「彖傳」, "天地相遇品物咸章也."

115) 吳森, 『比較哲學與文化』, 臺北: 東大圖書公司, 1982, 1540쪽 참조.

116) "天行健, 君子以自强不息."

117) "天與水違行, 訟, 君子以作事謀始."

118) "山下有火, 賁, 君子以明庶政, 无敢折獄."

119) 賈豊臻, 『易之哲學』, 上海: 上海書店, 1991, 7쪽.

120) 朱熹, 『朱子語類』 卷67, "卦體, 如內健外順, 內陰外陽之類. 卦德, 如乾健坤順之類."

121) 朱熹, 『朱子語類』 卷70, "'山下有險'是卦象, '險而止'是卦德."

122) 張汝金, 『解經與弘道』, 濟南: 齊魯書社. 2007. 150쪽 참조.

123) 王夫之, 『周易內傳』 卷五, "數以生畫,畫積而象成, 象成而德著, 德立而義起, 義可喩而辭達之, 相爲屬繫而不相離."

124) 「설괘전」, "乾, 健也, 坤, 順也, 震, 動也, 巽, 入也, 坎, 陷也, 離, 麗也, 艮, 止也, 兌, 說也."

125) 「설괘전」, "雷以動之, 風以散之, 雨以潤之, 日以烜之, 艮以止之, 兌以說之, 乾以君之, 坤以藏之."

126) 張汝金, 『解經與弘道』, 153쪽 참조.

127) 訟卦 괘사, "訟, 有孚窒惕, 中吉, 終凶, 利見大人, 不利涉大川."

128) 訟卦「단전」, "訟, 上剛下險, 險而健, 訟. '訟, 有孚窒惕, 中吉', 剛來而得中也. '終凶', 訟不可成也. '利見大人', 尙中正也. '不利涉大川', 入於淵也."

129) 泰卦 괘사, "泰, 小往大來, 吉, 亨."

130) 泰卦「단전」, "泰, 小往大來, 吉, 亨. 則是天地交而萬物通也, 上下交而其志同也. 內陽而外陰, 內健而外順, 內君子而外小人, 君子道長, 小人道消也."

131) 정병석 역주, 『주역』 상권, 228쪽 주 참조.

132) 吳前衡, 『傳前易學』, 309쪽 참조.

133) 괘위(卦位) 관계에 대한 논의는 고회민, 『주역철학의 이해』, 311~312쪽의 관점을 주로 참조하여 정리하였음.

134) 吳前衡, 『傳前易學』, 310~301쪽 참조.

135) 고회민, 『주역철학의 이해』, 318~319쪽 참조.

136) 정병석 역주, 『주역』 상권, 87~88쪽 참조.

137) 孔穎達, 『周易正義』, 序卦 第十 참조.

138) 江永, 「卦變考」, 『群經補義』 『皇淸經解』, 漢京, 卷256, 3쪽, "不可反者八卦, 可反者五十六卦, 上下經以此爲序. 天道人事, 恒以相易而相反, 又以相反而復初. 此易中一大義. 上下立卦名, 如泰否 · 剝復 · 蹇解 · 損益之類, 分明有相反之義."

139) "視履考祥, 其旋元吉."

140) "城復於隍."

141) "傾否, 先否後喜."

142) "冥豫, 成有渝."

143) "初登於天, 後入於地."

144) "亢龍有悔."

145) "龍戰於野, 其血玄黃."

146) "迷復, 凶, 有災眚. 用行師, 終有大敗, 以其國, 君凶, 至於十年不克征."

147) 노사광 저, 정인재 역, 『중국철학사』, 33~34쪽.

148) 「서괘전」, "有天地然後萬物生焉. 盈天地之間者唯萬物, 故受之以屯, 屯者盈也, 屯者物之始生也. 物生必蒙, 故受之以蒙, 蒙者蒙也, 物之穉也. 物穉不可不養也, 故受之以需, 需者飮食之道也. 飮食必有訟, 故受之以訟. 訟必有衆起, 故受之以師, 師者衆也. 衆必有所比, 故受之以比, 比者比也. 比必有所畜, 故受之以小畜. 物畜然後有禮, 故受之以履. 履而泰, 然後安, 故受之以泰, 泰者通也. 物不可以終通, 故受之以否."

149) 王夫之, 『周易外傳』 卷七, 「序卦傳」.

150) 王博, 『易傳通論』, 北京: 中國書店, 2003, 251쪽 참조.

151) 정병석 역주, 『주역』 하권, 708~709쪽 참조.

152) 정병석 역주, 『주역』 하권, 719~720쪽 참조.

153) 정병석 역주, 『주역』 하권, 708~710쪽 참조.

154) 吳前衡, 『傳前易學』, 320쪽 참조.

제6장

1) 張立文,『周易帛書淺說』,『中國文化與中國哲學』, 北京: 三聯書店, 1990.12, 104쪽 참조.

2) 張汝金,『解經與弘道』, 濟南: 齊魯書社. 2007, 127쪽 참조.

3)「계사전」상, "易有聖人之道四焉, 以言者尙其辭, 以動者尙其變, 以制器者尙其象, 以卜筮者尙其占."

4)「계사전」상, "夫易, 聖人之所以極深而硏幾也. 唯深也, 故能通天下之志, 唯幾也, 故能成天下之務, 唯神也, 故不疾而速, 不行而至. 子曰'易有聖人之道四焉'者, 此之謂也."

5)『周易本義』, "硏, 猶審也. 幾, 微也. 所以極深者, 至精也. 所以硏幾者, 至變也."

6)「계사전」상, "夫易何爲者也? 夫易開物成務, 冒天下之道, 如斯而已者也. 是故聖人以通天下之志, 以定天下之業, 以斷天下之疑. 是故蓍之德圓而神, 卦之德方以知, 六爻之義易以貢. 聖人以此洗心, 退藏於密, 吉凶與民同患, 神以知來, 知以藏往. 其孰能與此哉? 古之聰明叡知, 神武而不殺者夫."

7)『周易本義』, "開物成務, 謂使人卜筮, 以知吉凶而成事業, 冒天下之道, 謂卦爻旣設而天下之道, 皆在其中."

8) 정병석 역주,『주역』하권, 576~577쪽 참조.

9)「계사전」하, "夫易, 彰往而察來, 而微顯闡幽. 開而當名辨物, 正言斷辭則備矣. 其稱名也小, 其取類也大, 其旨遠, 其辭文, 其言曲而中, 其事肆而隱. 因貳以濟民行, 以明失得之報."

10)「계사전」상, "極數知來之謂占."

11) 王博,『易傳通論』, 150쪽 참조.

12) 朱伯崑,『易學哲學史』上, 32쪽.

13) 王博,『易傳通論』, 154쪽.

14) 謙卦「단전」, "謙, 亨. 天道下濟而光明, 地道卑而上行. 天道虧盈而益謙, 地道變盈而流謙, 鬼神害盈而福謙, 人道惡盈而好謙."

15)「문언전」, "夫大人者 … 與鬼神合其吉凶. 先天而天弗違, 後天而奉天時. 天且弗違, 而況於人乎? 況於鬼神乎?"

16) 豊卦「단전」, "日中則昃, 月盈則食, 天地盈虛, 與時消息, 而況於人乎? 況於鬼神乎?"

17)「계사전」상, "易與天地準, 故能彌綸天地之道. 仰以觀於天文, 俯以察於地理, 是故知幽明之故, 原始反終, 故知死生之說, 精氣爲物, 遊魂爲變, 是故知鬼神之情狀."

18)「계사전」상, "天一, 地二, 天三, 地四, 天五, 地六, 天七, 地八, 天九, 地十. 天數五, 地數五, 五位相得而各有合. 天數二十有五, 地數三十, 凡天地之數五十有五. 此所以成變化而行鬼神也."

19)『易程傳』, "鬼神, 謂造化之跡."

20) 朱子,『朱子語類』卷第三,「鬼神」.

21) 金景芳 · 呂紹綱 著,『周易全解』, 上海: 上海古籍出版社, 147쪽.

22) Richard Wilhelm/Baynes Cary F trans, *The I Ching or Book of Changes*, New Jersey, Princeton University Press, 1997, 462쪽.

23) 金景芳 · 呂紹綱 著,『周易全解』, 34쪽.

24) 高亨,『周易大傳今注』, 齊魯書舍, 1979, 56쪽.

25) 정병석 역주,『周易』하권, 363쪽 주8 참조.

26) 정병석 역주,『周易』하권, 528~529쪽 주55 참조.

27) 王博, 『易傳通論』, 154쪽.

28) 「계사전」 상, 11장, "是以明於天之道, 而察於民之故, 是興神物以前民用. 聖人以此齊戒, 以神明其德夫."

29) 觀卦 「彖傳」, "聖人以神道設教, 而天下服矣"라는 말에서 나왔다.

30) 金景芳 · 呂紹綱 著, 『周易全解』, 83~184쪽 참조

31) 「계사전」 상.

32) 小畜卦, "初九, 復自道, 何其咎? 吉."

33) 履卦, "九二, 履道坦坦, 幽人貞吉."

34) 復卦 卦辭, "復, 亨. 出入無疾, 朋來無咎, 反復其道, 七日來復. 利有攸往."

35) 隨卦, "九四, 隨有獲, 貞凶, 有孚在道, 以明, 何咎!"

36) 吳前衡, 『傳前易學』, 393~407쪽 참조.

37) 「설괘전」, "昔者聖人之作易也, 幽贊於神明而生蓍, 參天兩地而倚數, 觀變於陰陽而立卦, 發揮於剛柔而生爻."

38) 『周易本義』, "天圓地方, 圓者一而圍三, 三各一奇, 故參天而爲三, 方者一而圍四, 四合二耦, 故兩地而爲二, 數皆倚此而起. 故揲蓍三變之末, 其餘三奇則三三而九, 三耦則三二而六, 兩二一三則爲七, 兩三一二則爲八."

39) 정병석 역주, 『周易』 하권, 679쪽 주3 참조.

40) "陽卦多陰, 陰卦多陽. 其故何也? 陽卦奇, 陰卦耦. 其德行何也? 陽一君而二民, 君子之道也, 陰二君而一民, 小人之道也."

41) 『周易本義』, "凡陽卦皆五劃, 凡陰卦皆四劃."

42) 朱伯崑 著, 『易學哲學史』, 75쪽 참조.

43) 「繫辭傳」, "乾道成男, 坤道成女. 乾知大始, 坤作成物."

44) 「繫辭傳」, "乾坤, 其易之縕邪? 乾坤成列, 而易立乎其中矣, 乾坤毁, 則無以見易, 易不可見, 則乾坤或幾乎息矣."

45) 「繫辭傳」, "乾坤, 其易之門邪? 乾, 陽物也, 坤, 陰物也. 陰陽合德而剛柔有體, 以體天地之撰, 以通神明之德."

46) 「繫辭傳」, "夫乾, 天下之至健也, 德行恒易以知險, 夫坤, 天下之至順也, 德行恒簡以知阻. 能說諸心, 能研諸侯之慮, 定天下之吉凶, 成天下之亹亹者."

47) 吳前衡, 『傳前易學』, 407쪽 참조.

48) "潛龍勿用, 陽在下也."

49) "履霜堅冰, 陰始凝也."

50) "潛龍勿用, 陽氣潛藏."

51) "陰疑於陽必戰. 爲其嫌於無陽也."

52) "二氣感應以相與."

53) 吳前衡, 『傳前易學』, 423쪽 참조.

54) 「繫辭傳」, "一陰一陽之謂道. 繼之者善也, 成之者性也. 仁者見之謂之仁, 知者見之謂之知, 百姓日用而不知, 故君子之道鮮矣."

55) 『周易折中』, "一陰一陽, 兼對立與迭運二義. 對立者, 天地日月之類是也. 卽前章所謂剛柔也. 迭運者, 寒暑往來之類是也. 卽前章所謂變化也."

56) 「繫辭傳」, "乾坤成列, 而易立乎其中矣. 乾坤毁, 則無以見易, 易不可見, 則乾坤或幾乎息矣."

57) "觀變於陰陽而立卦, 發揮於剛柔而生爻."

58) 朱伯崑 著, 『易學哲學史』, 79쪽 참조.

59) 「계사전」 하, "易之爲書也, 不可遠. 爲道也屢遷, 變動不居, 周流六虛, 上下無常, 剛柔相易, 不可爲曲要, 唯變所適."

60) 이 말은 공영달(孔穎達)의 관점임.

61) 정병석 역주, 『周易』 하권, 657쪽.

62) 王博, 『易傳通論』, 177~178쪽.

63) 「繫辭傳」下, "八卦成列, 象在其中矣, 因而重之, 爻在其中矣, 剛柔相推, 變在其中矣, 繫辭焉而命之, 動在其中矣."

64) "剛柔, 卽陰陽也. 論其氣, 卽謂之陰陽, 語其體, 卽謂之剛柔也."

65) 정병석 역주, 『周易』 하권, 604쪽 참조.

66) 朱伯崑, 『周易哲學史』 第一卷, 63쪽.

67) 『詩經』, 「商頌」 「長發」, "不競不絿, 不剛不柔. 敷政優優, 百祿是遒."

68) 『商書』, 「舜典」, "直而溫, 寬而栗, 剛而無虐, 簡而無傲,"

69) 『老子』 36장, "柔弱勝剛強."

70) 『老子』 78장, "弱之勝強 柔之勝剛."

71) 『左傳』, 「召公」 20년, "清濁、小大、短長、疾徐、哀樂、剛柔、遲速、高下、出入、周疏, 以相濟也."

72) 徐強, 「今, 帛本易傳"剛柔"解易的詮釋學考察」, 『周易研究』, 2009, 第1期, 28~29쪽 참조.

73) 「계사전」 상, 3장, "爻者, 言乎變者也."

74) 「계사전」 상, 1장, "天尊地卑, 乾坤定矣. 卑高以陳, 貴賤位矣. 動靜有常, 剛柔斷矣. 方以類聚, 物以羣分, 吉凶生矣. 在天成象, 在地成形, 變化見矣."

75) 「계사전」 상, 1장, "是故剛柔相摩, 八卦相盪. 鼓之以雷霆, 潤之以風雨, 日月運行, 一寒一暑. 乾道成男, 坤道成女. 乾知大始, 坤作成物."

76) 정병석 역주, 『周易』 하권, 509쪽 주9 참조.

77) 楊慶中, 『周易經傳研究』, 北京: 商務印書館, 2005.11, 246쪽.

78) 「계사전」 상, 2장, "聖人設卦觀象, 繫辭焉而明吉凶, 剛柔相推而生變化. 是故吉凶者, 失得之象也, 悔吝者, 憂虞之象也. 變化者, 進退之象也, 剛柔者, 晝夜之象也. 六爻之動, 三極之道也."

79) 朱熹, 『周易本義』, "柔變而趣於剛者, 退極而進也. 剛化而趣於柔者, 進極而退也. 旣變而剛, 則晝而陽矣. 旣化而柔, 則夜而陰矣."

80) 朱熹, 『周易本義』, "動, 卽變化也. 極, 至也. 三極, 天地人之至理."

81) '삼재'와 같은 의미로 통용되는 '三極'이라는 말은 「繫辭傳」 上, 第2章의 "六爻之動, 三極之道也"라는 곳에 보인다.

82) 「說卦傳」, "昔者聖人之作易也, 將以順性命之理. 是以立天之道曰陰陽, 立地之道曰柔與剛, 立人之道曰仁與義. 兼三才而兩之, 故易六畫而成卦, 分陰分陽, 迭用柔剛, 故六位而成章."

83) 「繫辭傳」 下, "易之爲書也, 廣大悉備, 有天道焉, 有地道焉, 有人道焉. 兼三材而兩之, 故六, 六者, 非它也, 三才之道也."

84) 王博, 『易傳通論』, 222~223쪽.

85) 乾卦 「문언전」, "九三重剛而不中, 上不在天, 下不在田, 故乾乾因其時而惕, 雖危無咎矣. 九四重剛而不中, 上不在天, 下不在田, 中不在人, 故'或'之. '或'之者, 疑之也, 故無咎."

86) 金景芳 · 呂紹綱 著, 『周易全解』, 33쪽 참조.

87) 張岱年, 『中國古典哲學概念範疇要論』, 北京: 中國社會科學出版社, 1987, 26쪽.

88) 이 문제에 대해 張載는 "易一物而合三才, 天地人, 陰陽其氣, 剛柔其形, 仁義其性"이라고 말한다. 『張載集』(北京: 中華書局, 1978) 235쪽. 吳澄은 『易纂言』(臺北: 商務印書館, 1986) 5640쪽에서 역시 말하기를 "6이란 것은 다른 것이 있는 것이 아니라, 삼재의 도가 각각 음양을 갖추고 있는 것을 말한다(六者非有他也, 以三才之道, 各有陰陽也)"라고 하였다.

89) 謝維揚, 『至高的哲理』, 154쪽.

90) 蒙培元, 『人與自然』, 北京: 人民出版社, 2004, 113쪽.

91) 乾卦, 「彖傳」, "乾道變化, 各正性命."

92) 乾卦, 「文言傳」, "或躍在淵, 乾道乃革."

93) "離下而上, 變革之時."

94) 坤卦, 「文言傳」, "坤道其順乎! 承天而時行."

95) 坤卦, 「文言傳」, "陰雖有美, 含之以從王事, 弗敢成也. 地道也, 妻道也, 臣道也. 地道無成而代有終也."

96) 『序卦傳』, 第2章, "有天地,然後有萬物, 有萬物,然後有男女, 有男女然後有夫婦, 有夫婦然後有父子. … 有君臣然後有上下, 有上下然後禮義有所錯."

97) 泰卦 「彖傳」, "內陽而外陰, 內健而外順, 內君子而外小人, 君子道長, 小人道消也."

98) 否卦 「彖傳」, "內陰而外陽, 內柔而外剛, 內小人而外君子, 小人道長, 君子道消也."

99) 剝卦 「彖傳」, "剝也, 柔變剛也. 不利有攸往, 小人長也."

100) 「說卦傳」의 "昔者聖人之作易也, …" 등에서 나온 말임.

101) 「繫辭傳」 상, 10장의 "以制器者尙其象, …"에서 나온 말임.

102) 「繫辭傳」 상, 7장의 "聖人所以崇德而廣業也. …"에서 나온 말임.

103) 「繫辭傳」 상, 11장의 "天垂象, … 聖人象之, … 聖人則之"에서 나온 말임.

104) 觀卦 「彖傳」의 "聖人以神道設敎, 而天下服矣"에서 나온 말임.

105) 「繫辭傳」 상, 11장, "是故法象莫大乎天地, 變通莫大乎四時, 縣象著明莫大乎日月, 崇高莫大乎富貴, 備物致用, 立成器以爲天下利, 莫大乎聖人."

106) 정병석, 「易傳의 道器結合的 聖人觀」, 『유교사상연구』 제28집, 196쪽 참조.

107) 「繫辭傳」 下, 第2章, "作結繩而爲罔罟, 以佃以漁, 蓋取諸離. 包犧氏沒, 神農氏作, 斲木爲耜, 揉木爲耒, 耒耨之利, 以教天下, 蓋取諸益." 「繫辭傳」 下, 第2章, "上古穴居而野處, 後世聖人易之以宮室, 上棟下宇, 以待風雨, 蓋取諸大壯. 古之葬者, 厚衣之以薪, 葬之中野, 不封不樹, 喪期無數, 後世聖人易之以棺槨, 蓋取諸大過. 上古結繩而治, 後世聖人易之以書契, 百官以治, 萬民以察, 蓋取諸夬."

108) 정병석, 「易傳의 道器結合的 聖人觀」, 198쪽 참조.

109) 『繫辭傳』 上.

110) 孔穎達, 『周易正義』, "能成其萬物之性, 存其萬物之存."
111) 『繫辭傳』 下, 第12章, "天地設位, 聖人成能, 人謀鬼謀, 百姓與能."
112) 恒卦 『彖傳』, "天地之道, 恒久而不已也. 利有攸往, 終則有始也. 日月得天而能久照, 四時變化而能久成, 聖人久於其道而天下化成, 觀其所恒, 而天地萬物之情可見矣"
113) 咸卦 『彖傳』, "天地感而萬物化生, 聖人感人心而天下和平."
114) 泰卦 『象傳』, "財成天地之道, 輔相天地之宜, 以左右民."
115) 『繫辭傳』 上, 第4章, "範圍天地之化而不過, 曲成萬物而不遺."
116) 리쩌허우 저, 정병석 옮김, 『중국고대사상사론』, 한길사. 266쪽.
117) 이런 관점을 가진 학자로는 남송(南宋)의 이석(李石)과 청대(淸代)의 요평(廖平)과 강유위(康有爲) 등을 들 수 있다.
118) 『論語』, 「述而」, "子曰, 加我數年, 五十以學易, 可以無大過矣."
119) 『論語』, 「先進」, "子曰, 未能事人, 焉能事鬼."
120) 『論語』, 「雍也」, "樊遲問知, 子曰, 務民之義, 敬鬼神而遠之, 可謂知矣."
121) 『論語』, 「述而」, "子不語怪力亂神."
122) 『史記』, 「孔子世家」, "孔子晩而喜『易』, … 讀『易』韋編三絶. 曰, '假我數年, 若是, 我於『易』則彬彬矣!'"
123) 『論語』, 「述而」, "子曰, 加我數年, 五十以學易, 可以無大過矣."
124) 『漢書』, "『論語』古二十一篇, 齊二十二篇, 魯二十篇."
125) 『經典釋文』, 『論語音義』, "魯讀'易'爲'亦', 今從'古'."
126) 『古論語』는 공자의 집에서 나온 것으로 분서 이전에 사용된 고본이다. 이 두 가지 판본 자체를 가지고 말하면, 『魯論語』는 진시황 분서 이후의 한대의 전본(傳本)이며, 시대가 비교적 늦고, 여러 왜곡을 면하기 어렵다. 『고논어』는 신빙성이 매우 높다. 이런 점에서 『고논어』가 '易'자를 쓴 것이 『논어』의 원래 모양이다. 董治安의 「孔子與周易」, 北京: 『易學文化硏究』, 2007, 3쪽을 참조.
127) 『論語』, 「子路」, "子曰, 南人有言曰, 人而無恒, 不可以作巫醫. 善夫! 不恒其德, 或承之羞. 子曰, 不占而已矣."
128) "不占而已矣"의 해석에 대해서는 劉寶楠 撰, 『論語正義』(北京: 中華書局, 1998, 下卷), 545쪽에서는 "無恒之人, 有凶無吉"이라고 말한다. Roger T. Ames, Henry Rosemont, Jr. *The Analects of Confucius: A Philosophical Translation*, Ballantine Books, New York, 1999, p.168 참조.
129) 朱伯崑, 『易學哲學史』 第一卷, 32쪽.
130) 『荀子』, 「大略」, "善爲易者不占"
131) 「繫辭傳」, "易有聖人之道四焉, 以言者尙其辭, 以動者尙其變, 以制器者尙其象, 以卜筮者尙其占"
132) 張載, 『橫渠易說』, 「繫辭」 下, "易爲君子謀, 不爲小人謀."
133) 戴璉璋, 『易傳的形成與其思想』, 6~10쪽 참조.
134) 朱熹, 『朱子語類』, 中華書局, 1986, 第67卷, "他所謂'子曰'者, 往往是弟子後來旋添入, 亦不可知."

135) 예를 들면『墨子』에서 자주 보이는 '子墨子',『史記』의 '太史公曰',『孟子』에서 일관되게 '孟子'라는 말을 하는 것은 같은 용례로 보인다.

136) 이 문제에 관해서는 李學勤의『簡帛佚籍與學術史』, 江西教育出版社, 2001, 256~257쪽 참조.

137) 李學勤,『簡帛佚籍與學術史』, 262쪽.

138) 일반적인 관점으로 邢昺의『論語疏』, 劉寶楠의『論語正義』등에 보인다.

139) 이 관점은 李鏡池의『周易探源』, 張心澂의『僞書通考』, 黃雲眉의『古今僞書考補證』등에 보인다.

140) "夫子老而好易, 居則在席, 行則在槖."

141) 定州漢墓 竹簡『論語』, 北京: 文物出版社, 1997. 3쪽.

142)「馬王堆 漢墓帛書 주역과 21세기」(『국제주역학술회의: 21세기와 주역』, 韓國周易學會), 1998, 74쪽.

143)『史記』는 '韋編三絶'이 들어있는 이 부분을 魯 哀公 11년(기원전 484년) 공자가 노나라로 돌아온 이후의 시기로 보고 있는데 당시 공자의 나이는 이미 68세였다. 이때 子貢 역시 노나라에 돌아와 있었다. 李學勤,『簡帛佚籍與學術史』, 江西教育出版社, 2001, 260쪽 참조.

144) 金春峰,『周易經傳梳理與郭店楚簡思想新釋』, 臺北: 臺灣古籍出版社, 2003, 127쪽 참조.

145) 陳來,「馬王堆帛書易傳及孔門易學」,『哲學與文化』, 1994.2, 21권 제2기, 160~161쪽 참조.

146)『史記』,「仲尼弟子列傳」, "孔子傳易於瞿."

147)『漢書』,「儒林傳」, "自魯商瞿子木受易孔子."

148) 帛書『易傳』,「要」, "夫子老而好易, 居則在席, 行則在槖. 子贛曰, 夫子它日教此弟子曰, 悳行亡者, 神靈之趨, 智謀遠者, 卜筮之蘩. … 夫子何以老而好之乎? 尙書多於闕矣, 周易未失也, 且又古之遺言焉, 予非安其用也. … 夫子今不安其用而樂其辭, 則是用倚於人也, 而可乎?"

149) Translated with an Introduction and Commentary by Edward L. Shaughnessy, *I Ching: The Classic of Changes*, Ballantine Books. New York, 1996, p.25.

150) 李學勤,『簡帛佚籍與學術史』, 261쪽.

151) 帛書『易傳』,「要」, "子贛曰, 夫子亦信其筮乎? 子曰, 吾百占而七十當, … 子曰, 易, 我復其祝卜矣, 我觀其德義耳也."

152) 陳來,「馬王堆帛書易傳及孔門易學」, 162쪽 참조.

153) 廖名春, 康學偉, 梁韋弦 著,『周易研究史』, 湖南出版社, 1991, 23~26쪽 참조.

154) 王葆玹,『兩漢經學源流』, 臺北: 東大圖書公司, 1994, 263쪽.

155) 朱維錚 編,『周予同經學史論著選集』, 上海人民出版社, 1996年, 845쪽 참조.

156) 예를 들면『사기(史記)』의 경우를 들 수 있다.『史記』,「滑稽列傳」, "孔子曰, 六藝於治, 一也. 禮以節人, 樂以發和, 書以道事, 詩以達意, 易以神化, 春秋以道義."

157) 王博,『易傳通論』, 1~3쪽 참조.

158)『史記』,「孔子世家」, "孔子之時, 周室微而禮樂廢, 詩書缺. 追跡三代之禮, 序書傳, 上紀唐虞之際, 下至秦繆, 編次其事. … 觀殷夏所損益, 曰: 後雖百世可知也, 以一文一質, 周監二代, 鬱鬱乎文哉, 吾從周. 故書傳禮記自孔氏. … 古者詩三千餘篇, 及至孔子, 去其重, 取可施於禮義. …

三百五篇, 孔子皆弦歌之, 以求合韶武雅頌之音. 禮樂自此可得而述, 以備王道, 成六藝. 孔子晩而喜易, 序彖繫象說卦文言. 讀易, 韋編三絶. 曰: 假我數年, 若是, 我於易則彬彬矣. … 乃因史記作春秋, 上至隱公, 下訖哀公十四年, 十二公 … 至於爲春秋, 筆則筆, 削則削, 子夏之徒不能贊一辭. 弟子受春秋, 孔子曰: 後世知丘者以春秋, 而罪丘者亦以春秋."

159) 『孟子』, 「滕文公」, "孔子成春秋而亂臣賊子懼."

160) 『孟子』, 「滕文公」, "知我者其惟春秋乎. 罪我者其惟春秋乎."

161) 王博, 『易傳通論』, 6쪽 참조.

162) 『論語』, 「述而」, "子曰, 加我數年, 五十以學易, 可以無大過矣."

163) 『古史辨』, 「重論經今古文學問題」, 1934, 주역 부분 참조.

164) 淺野裕一, 「儒家對易的經典化」, 『周易硏究』 94期, 2009, 25쪽 참조.

165) 『역』이 유가 경전이 된 시기에 관해서 쓰다 소오기치(津田左右吉, 1873~1961)는 통행본 역은 전국 중기에 형성된 것이라고 추론한다. 여기에서 그는, 『역』은 한대에 이르러 비로소 유가 경전이 된다고 말한다. 또 히라오카 타케오(平岡武夫, 1909~1995)는 통행본 『주역』은 한대에 형성된 것이라고 말한다. 다케우치 요시오(武內義雄, 1886~1966)는 「단전」과 「상전」은 중(中)을 이야기하는 『중용』의 전반부와 함께 모두 전국(戰國) 전기에 형성된 것으로 보고, 「계사전」과 「문언전」은 성(誠)을 말하는 『중용』의 후반부와 함께 모두 진시황 통일 이후에 형성된 것이라고 말하고, 「설괘전」·「서괘전」과 「대상전」은 한초에 성립되었다고 말한다. 그는 또 역은 유가 경전이 된 시기가 진한(秦漢) 교체기에서 한대에 이르는 때라고 보고 있다. 이어서 가나야 오사무(金谷治)는 『주역』은 분서 이후에 출현하였다고 본다. 그는 또 유가가 『주역』을 경전화하는 원인이 인류 사회의 윤리에 일종의 우주 자연계의 통일적 질서를 부여하는 형이상학적 근거에 있는 것으로 보아, 이것은 진한 시기의 새로운 통일국가 출현의 국면과 부합한다고 보았다. 淺野裕一, 「儒家對易的經典化」, 『周易硏究』 94期, 2009, 25쪽 참조.

166) 劉百閔, 『經學通論』, 臺北: 國防硏究院, 1970, 99쪽.

167) 廖名春, 「"六經"次序探源」, 『歷史硏究』, 2002, 32쪽.

168) 순자는 비록 『역』을 잘 알았지만, 그러나 결코 『역』을 중요하게 보지는 않았다. 郝明朝의 郝明朝, 「論荀子與『周易』的關係兼及"六經幷稱"的時代問題」, 『周易硏究』, 2009, 第5期를 참조하라.

169) 『莊子』, 「天運」, "丘治詩書禮樂易春秋六經, 自以爲久矣."

170) 『莊子』, 「天下」, "其在於詩書禮樂者, 鄒魯之士搢紳先生, 多能明之. 詩以道志, 書以道事. 禮以道行, 樂以道和. 易以道陰陽, 春秋以道名分."

171) 馬敍倫의 관점은 張恒壽, 『莊子新探』, 湖北人民出版社, 1983, 301쪽에서 재인용.

172) 『荀子』, 「勸學」, "故書者政事之紀也, 詩者中聲之所止也, 禮者法之大分, 類之綱紀也. 故學至乎禮而止矣. 夫是之謂道德之極. 禮之敬文也, 樂之中和也, 詩書之博也, 春秋之微也, 在天地之間者畢矣."

173) 『荀子』, 「儒效」, "聖人也者, 道之管也. 天下之道管是矣, 百王之道一是矣 故詩書禮樂之道歸是矣. 詩言是, 其志也, 書言是, 其事也, 禮言是, 其行也, 樂言是, 其和也, 春秋言是, 其微也."

174) 王葆玹,「儒家學院派易學的起源和演變」,『哲學硏究』, 1996, 3期, 56쪽.

175) 王葆玹,「儒家學院派易學的起源和演變」, 57쪽 참조.

176)『儀禮』,「士冠禮」, "士冠禮. 筮於廟門. 主人玄冠・朝服・緇帶・素韠, 即位於門東, 西面. 有司如主人服, 即位於西方, 東面, 北上. 筮與席・所卦者, 具饌幹西塾. 布席於門中闑西・閾外, 西面. 筮人執筴抽上韇兼執之, 進受命於主人. 宰自右少退, 贊命. 筮人許諾, 右還卽席坐, 西面. 卦者在左. 卒筮, 書卦, 執以示主人. 主人受視反之. 筮人還, 東面. 旅占卒, 進告吉. 若不吉, 則筮遠日, 如初儀. 徹筮席, 宗人告事畢."

177) 예를 들면 「사상례(士喪禮)」에는 택일(擇日)을 점치는 규정이 있는데 "점치는 자는 주인의 오른쪽에 있어야 한다"라는 말을 하고 "북쪽을 향하여 무덤의 볼록한 봉분을 보고 점을 치고, 점치는 것이 끝나고 난 뒤에 괘를 가지고 점을 명한 자에게 보여주고 점을 명한 자는 그것을 살펴본다" 등이 있다. 「특생궤식례(特牲饋食禮)」에는 서일(筮日)과 서시(筮尸)에 대한 예의 규정이 있는데 서일과 관례의 의식은 비슷하고, 서시 또한 날을 구하는 의식과 유사하다.

178) 王葆玹,「儒家學院派易學的起源和演變」, 63쪽 참조.

179) 廖名春,『論六經竝稱的時代兼及疑古說的方法論問題』,『孔子硏究』, 2000, 第1期.

180)『六德』, "觀諸詩・書則亦在矣, 觀諸禮・樂則亦在矣, 觀諸易・春秋則亦在矣." 이에 대한 해석은 丁原植 著,『儒家佚籍四種釋析郭店楚簡』, 臺北: 臺灣古籍, 2000, 230쪽 참조.

181)『語叢一』, "詩所以會古今之志也者, 書 …者也, 禮交之行述也, 樂或生或教者也, 易所以會天道人道也, 春秋所以會古今之事也."

182) 1993년 10월 湖北省 荊門市 郭店 一號 楚墓에서 발견된 곽점초간은 현재까지 학자들의 연구에 의하면 墓葬의 형태나 器物의 특징으로 판단하면 戰國 中晩期의 특징을 가지고 있는 것으로 본다. 즉 그것의 매장 시기는 구체적으로 기원전 4세기 중엽에서 기원전 3세기 초엽의 것으로 볼 수 있다. 죽간의 字體로 보면 전국시기 楚나라 문자의 특징을 가지고 있다. 荊門市博物館,『郭店楚墓竹簡』, 前言, 1쪽 참조.

183) 王博,『易傳通論』, 7~8쪽 참조.

184) 王博,「荀子的經典之學」,『哲學門』第九卷 第二冊, 北京: 北京大學出版社, 2009. 53쪽.

185) 淺野裕一,「儒家對『易』的經典化」, 周易硏究, 2009(2), 32쪽.

186) 黃沛榮,『易學乾坤』, 臺北: 大安出版社, 1998, 157쪽

187) 王國雨,「論『易經』在早期儒家經傳體系中的地位」,『燕山大學學報』12卷 第4期, 2011, 31쪽.

188) 淺野裕一,「儒家對『易』的經典化」, 26쪽.

189) '주양산(周梁山)'의 해석에 대해서는 劉彬,『帛書要篇校釋』, 北京: 光明日報出版社, 2009, 41~42쪽을 참조.

190) 廖名春,『帛書易傳初探』,「要」, "夫子老而好易, 居則在席, 行則在囊. 子贛曰: 夫子它日教此弟子曰, 德行亡者, 神靈之趨, 智謀遠者, 卜筮之蔡. 賜以此爲然矣. 以此言取之, 賜緡行之爲也. 夫子何以老而好之乎? 夫子曰 君子言以榘方也. 前逆而至者, 弗逆而巧也. 察其要者, 不詭其德(福). 尙書多闕矣, 周易未失也. 且有古之遺言焉. 予非安其用也. 子贛曰 … 賜聞諸夫子曰, 遜正而行義, 則人不惑矣. 夫子今不安其用而樂其辭, 則是用倚於人也, 而可乎? 子曰… 繆哉, 賜! 吾告汝, 易之道 … 夫故易剛者使知懼, 柔者使知剛, 愚人爲而不妄, 漸人爲而去詐. … 子贛曰, 夫子亦信其筮乎? 子曰, 吾百占而七十當, 唯周梁山之占也, 亦必從其多者而已矣. 子曰, 易, 我後其祝卜矣, 我觀其德義耳也. 幽贊而達乎數, 明數而達乎德, 又仁守者而行之耳. 贊而不達於數, 則其爲之巫, 數而不達於德, 則其爲之史. 史巫之筮, 鄉之而未也, 好之而非也. 後世之士疑丘者, 或以易乎? 吾求其德而已, 吾與史巫同途而殊歸者也. 君子德行焉求福, 故祭祀而寡也. 仁義焉求吉, 故卜筮而希也. 祝巫卜筮其後乎?"

191) 이성규, 「史記와 易學」, 『서강인문논총』 제14집, 2011, 127~128쪽.

192) 이에 대한 상세한 해석은 程旺, 「論孔子易學中的德與占」, 『易學文化研究』 제4집, 2012, 30쪽을 참조.

193) 邢文, 「論帛書「要」篇的巫史之變」을 참조. 李學勤 · 謝桂華 主編, 『簡帛硏究』 第3輯, 廣西教育出版社, 1998.

194) 李學勤, 『周易經傳溯源』, 長春出版社, 1992, 229쪽.

195) 陳來, 『竹帛「五行」與簡帛研究』, 三聯書店, 2009, 224쪽.

196) 程旺, 「論孔子易學中的德與占」, 31쪽 참조.

197) 林忠軍, 『易學源流與現代闡釋』, 上海古籍出版社, 2012, 333쪽.

198) 廖名春, 『帛書易傳初探』, 「要」, "故易之爲書也, 一類不足以亟之, 變以備亓請者也, 故胃之易. … 『詩』, 『書』, 『禮』, 『樂』不「止」 百扁, 難以致之."

199) 廖名春, 『『周易』經傳與易學史新論』, 濟南: 齊魯書社, 2001, 161쪽.

200) 王國雨, 「論『易經』在早期儒家經傳體系中的地位」, 32쪽 참조.

찾아보기

(A)
A Translation of the Confucian Yi King 176

(ㄱ)
간방(間方) 57
갑교(甲橋) 58
강릉천성관(江陵天星觀) 175
강영(江永) 323
경괘(經卦) 133
경전분리(經傳分離) 243
경전석문(經典釋文) 377, 391
고명(高明) 277
고사변(古史辨) 174, 243
고형(高亨) 78, 88, 102, 119, 123, 141, 196, 213, 235, 242, 252, 342
고힐강(顧詰剛) 174
골복(骨卜) 45, 59, 76, 413
공영달(孔穎達) 96, 106, 169, 231, 272, 327, 357, 372
공자작역(孔子作易) 374
공자전역(孔子傳易) 374, 383
공자찬역(孔子贊易) 374, 380
공자학역(孔子學易) 374, 381
공자해역(孔子解易) 374, 384
곽말약(郭沫若) 69, 167, 398
곽박(郭璞) 186
괘변고(卦變考) 323
괘서(卦序) 15, 181, 253, 300, 320, 329

괘위(卦位)　16, 300, 316
구양수(歐陽修)　173, 242, 380
구주(九疇)　170
국어(國語)　17, 30, 132, 268
군자모(君子謀)　379
굴만리(屈萬里)　58, 244, 273
귀갑(龜甲)　43, 53, 153, 412
귀모(鬼謀)　130, 238
귀복(龜卜)　17, 47, 76, 96, 176, 256
귀복점(龜卜占)　13, 30, 40, 85, 410
귀상(龜象)　95
귀장(歸藏)　138, 175, 219
기능적 통일(functional unity)　27
기사각사(記事刻辭)　83
기자(箕子)　197
김경방(金景芳)　21, 113
김춘봉(金春峰)　383
꿈점(夢占)　44

(ㄴ)

낙서(洛書)　169
남근(男根)　56
내장복(內臟卜, haruspicy)　45
내재적 조건(Internal condition)　266
노논어(魯論語)　377, 383, 391
노사광(勞思光)　324
노자(老子)　346
노춘추(魯春秋)　102

(ㄷ)

단옥재(段玉裁)　252
대연서법(大衍筮法)　32, 108, 219, 334
대연장(戴璉璋)　17, 380
대연지수(大衍之數)　43, 100, 113, 166
대정각사(對貞刻辭)　69, 413
동작빈(董作賓)　65
두예(杜預)　103

(ㄹ)

료명춘(廖名春)　399
리하르트 빌헬름(Richard Wilhelm)　341

(ㅁ)
마국한(馬國翰) 181
마서륜(馬敍倫) 395
마왕퇴(馬王堆) 132, 175, 184, 191, 213, 329, 374, 401
마융(馬融) 113, 169
막스 베버(Max Weber) 261
망산(望山) 초간 184, 187
모체명제(母體命題) 16
몽점(夢占) 44, 78
무교(巫教) 80
무문화(巫文化) 261
문왕(文王) 20, 106, 196
민요(民謠) 89

(ㅂ)
박물지(博物志) 186
반고(班固) 168, 242
방통(旁通) 304
배갑(背甲) 54
배중률(排中律) 131, 221, 414
백서(帛書) 132, 174, 186, 214, 329, 374, 384, 393, 401, 416
변괘(變卦) 33, 118, 150, 211
변괘법(變卦法) 119, 211
별괘(別卦) 133
별점(星占) 44
복갑(腹甲) 54
복모좌(濮茅左) 215
복사(卜辭) 49, 59, 69, 79, 90, 98, 192, 384, 412
복사통찬(卜辭通纂) 69
복서역(卜筮易) 190, 415
복언(卜偃) 47, 144, 211
복조(卜兆) 43, 53, 61, 98, 412
부모육자괘 304
부양(阜陽) 175, 184, 214
부양한간(阜陽漢簡) 177, 184
부점설(不占說) 31
부호괘(符號卦) 177
부호체계 14, 23, 26, 97, 161, 263, 275, 312, 333, 351, 364, 404, 411
부호형식(符號形式) 28
부호화(符號化) 177, 301

(ㅅ)

사라 알란(Sarah Allan) 56
사령설(四靈說) 55
사마천(司馬遷) 169, 242, 382, 391
사소(史蘇) 142, 159
사조(史朝) 147, 246
산해경주(山海經注) 186
삼역(三易) 168, 321
삼재지도(三才之道) 286, 343, 363, 420
상박장초죽서(上博藏楚竹書) 132, 177
상병화(尙秉和) 181, 225
상사유(象思惟) 107, 287, 299, 419
상역(商易) 105, 183
상점(象占) 99
상징언어(symbolic language) 203, 248
샤만(薩滿, shaman) 77
샤머니즘 80
서복관(徐復觀) 398
서사(筮辭) 32, 84, 93, 149, 195, 206, 288, 416
서의(筮儀) 109, 127, 396
서점(筮占) 13, 31, 40, 48, 62, 76, 91, 111, 132, 221, 404
설시(揲蓍) 98, 167, 211, 260, 339
성괘법(成卦法) 118, 211
성인사관(聖人史觀) 168, 370
성인작역(聖人作易) 15, 32, 166, 198, 259, 416
성자명출(性自命出) 394
성자애(城子崖) 45
소병국(蘇秉國) 106
소전통(小傳統) 108, 191
손성(孫盛) 169
송(頌) 47, 86, 91, 390, 413
수술략(數術略) 42, 190, 416
수자괘 347
수자괘(數字卦) 15, 167, 174, 176, 416
순자(荀子) 30, 378
술수략(術數略) 42
시귀(蓍龜) 43
시조(視兆) 76, 79, 413
시초(蓍草) 17, 48, 96, 109, 153, 336
시초점(蓍草占) 44, 95, 108,

137, 158, 171, 182, 245, 285, 344, 379, 411
신료(辛廖) 252
신앙의 규범(regulae fidei) 29
신인합일(神人合一) 14, 28, 127
신채(新蔡) 초간 184
실질적 통일(substantial unity) 27
쌍고퇴(雙古堆) 175

(ㅇ)
아더 웨일리(Arthur Waley) 77
아리스토텔레스 290
아사노 유이치(淺野裕一) 399
양경중(楊慶中) 17
양계초(梁啓超) 167
양만리(楊萬里) 167
양백준(楊伯峻) 140
어총일(語叢一) 399
엄가균(嚴可均) 181
에드워드 쇼네시(Edward L. Shaughnessy) 186
에른스트 카시러(Ernst Cassirer) 27
여돈강(余敦康) 101, 244
여영량(余永粱) 91, 167
여왜(女媧) 57
역동자문(易童子問) 173, 380
역보(曆譜) 43
역전지형성급기사상(易傳之形成及其思想) 17
역학계몽(易學啓蒙) 108
연산(連山) 138, 144, 219
예악문화(禮樂文化) 261
오재(五材) 296
오전형(吳前衡) 17, 258
오행(五行) 43, 296, 387
옥조(玉兆) 47, 62
옥함산방집일서(玉函山房輯佚書) 181
와조(瓦兆) 47, 62
왕가태(王家台) 175, 180, 186
왕보현(王葆玹) 396
왕충(王充) 172
왕필(王弼) 114, 169, 275
외재적 조건(External condition) 266
요종이(饒宗頤) 56
용산문화(龍山文化) 60

원대상(原對象, Original) 288
원자모형 290
원조(原兆) 47, 62
위서통고(僞書通考) 181
유가화(儒家化) 332
유비(類比) 64, 291
유비논리(類比論理) 99
유사배(劉師培) 167
유술선(劉述先) 28
유정(劉正) 17
유흠(劉歆) 391
유희(劉熙) 56
육덕(六德) 399
육덕명(陸德明) 377, 391
육적(陸積) 173
은허(殷墟) 61
의고파(疑古派) 202, 214, 391
의리역(義理易) 190, 312, 415
의점설(疑占說) 17, 31, 158
이경지(李鏡池) 17, 149, 197, 207, 244
이과(李過) 181
이광지(李光地) 223, 229, 354
이덕대점설(以德代占說) 17, 31, 159, 386
이령(李零) 42, 189
이리강(二裏岡) 63
이십오사(二十五史) 387
이케다 도모히사(池田知久) 382, 398
이학근(李學勤) 191, 383, 404
인경삼성(人更三聖) 168
인모(人謀) 98, 130, 238
인문정신 160, 221, 238, 332, 414
인문화(人文化) 162, 261, 415
인성화(人性化) 162, 415

(ㅈ)
자연숭배 46
잡점(雜占) 44
장개빈(張介賓) 298
장립문(張立文) 88
장선문(張善文) 20, 257
장심징(張心澂) 181
장자(莊子) 351, 394, 399, 421
장자의증(莊子義證) 395

장정랑(張政烺) 176, 329
장항수(張恒壽) 395
장화(張華) 186
전전역학(前傳易學) 17
전현동(錢玄同) 391
점복각사(占卜刻辭) 83
점서역학(占筮易學) 21, 32, 76, 95, 108, 126, 152, 194, 221, 242, 256, 287, 300, 319, 329, 347, 412, 419
점성술(占星術, astrology) 42
점인(占人) 67, 82, 180
정모경(鄭母經) 181
정인(貞人) 49, 66, 81
정주한묘죽간(定州漢墓竹簡) 382
정현(鄭玄) 86, 169, 219
제사문화 77
조간(兆幹) 59, 65, 76
조사(兆辭) 62, 86, 89, 193
조상(兆象) 32, 40, 47, 60, 63, 76, 91, 130, 413
조상숭배 46
조수점(鳥獸占) 44
조언숙(趙彥肅) 237
조옥천(趙玉泉) 229
조지(兆枝) 59, 65, 76
주(繇) 89, 192
주백곤(朱伯崑) 92, 98, 244, 354
주사(繇辭) 91, 143, 250
주역경전연구(周易經傳硏究) 17
주역고경(周易古經) 38
주역대전금주(周易大傳今注) 253
주역발생학(周易發生學) 17
주역본의(周易本義) 108, 170, 254, 348, 362
주역상씨학(周易尙氏學) 225
주역서사고(周易筮辭考) 197
주역전해(周易全解) 113
주역절중(周易折中) 223, 229, 235, 354
주역정의(周易正義) 169, 231, 322, 357
주역탐원(周易探源) 17
주역통의(周易通義) 253
주자(朱子) 108, 381
중괘설(重卦說) 168, 179
중이(重耳) 87, 142, 250

지괘(之卦)　33, 120, 140, 210, 329, 355
진래(陳來)　261, 383, 404

(ㅊ)
찬착(鑽鑿)　58
천신숭배　46
천원지방(天圓地方)　56
천인합일(天人合一)　14, 28
천지지수(天地之數)　120
청돈(青墩)　178
체상(體相)　44
취상설(取象說)　16, 262, 313
취의설(取義說)　313

(ㅋ)
캐논 맥클라치(Canon McClatchie)　176

(ㅌ)
태복(太卜)　47, 62, 181
토템숭배　46

(ㅍ)
팔괘방위(八卦方位)　284
팔괘취상설(八卦取象說)　256, 262, 302, 418
포산(包山) 초간　184, 187
풍우란(馮友蘭)　94, 167
피타고라스　290
필만(畢萬)　249

(ㅎ)
하도(河圖)　169
한간(韓簡)　43, 95, 159
한선자(韓宣子)　86, 102, 146, 245
협운(協韻)　198
형문(邢文)　404
형법(刑法)　44
호골(虎骨)　53
호병문(胡炳文)　235
호원(胡瑗)　223
호체(互體)　140, 149
홍범(洪範)　157, 183, 296
황종염(黃宗炎)　167
황패영(黃沛榮)　401
회남자(淮南子)　56
효제(爻題)　15, 149, 186, 208, 316, 351
흑도문화(黑陶文化)　45